國家圖書館出版品預行編目資料

金融犯罪的剋星:金融調查 / 詹德恩著.--初版一刷.
--臺北市:三民, 2011
面; 公分

ISBN 978-957-14-5507-5 (平裝)

1.金融犯罪 2.金融檢查

548.545   100011185

© 金融犯罪的剋星：金融調查

著 作 人	詹德恩
責任編輯	王珮穎
美術設計	馮馨尹
發 行 人	劉振強
著作財產權人	三民書局股份有限公司
發 行 所	三民書局股份有限公司
	地址　臺北市復興北路386號
	電話　(02)25006600
	郵撥帳號　0009998-5
門 市 部	(復北店)臺北市復興北路386號
	(重南店)臺北市重慶南路一段61號
出版日期	初版一刷　2011年7月
編　　號	S 585290

行政院新聞局登記證局版臺業字第○二○○號

有著作權‧不准侵害

ISBN　978-957-14-5507-5　（平裝）

http://www.sanmin.com.tw　三民網路書店
※本書如有缺頁、破損或裝訂錯誤，請寄回本公司更換。

Prevention, Investigation and Detection of Financial Crim

金融犯罪的剋星：
金融調查

詹德恩 著

三民

賴　序

　　長期以來，法律的規定與實務的執行之間，常常出現明顯的落差，其中固然有法令規範不盡完善的因素，但最重要的原因，還是在於執行層面的缺失。「徒善不足以為政，徒法不能以自行」(孟子‧離婁)，如果缺乏適當的執法能力，縱有善念善法，終將無法實現。近年來，我國金融法令頻頻修正，刑度不斷提高，但金融犯罪並沒有因此而銷聲匿跡，正是提醒主事者，在修法之外，必須以實際行動，強化執法能力。

　　詹德恩博士的《金融犯罪的剋星：金融調查》，正是探討金融犯罪實際執行問題的一本新書。作者除介紹金融犯罪的基礎理論，並說明金融犯罪的各種類型之外，大部分的篇幅集中在金融犯罪調查的重要問題上面，包括調查體系、證據法則、訊問技巧、臥底偵查、監聽、鑑識會計及洗錢防制、資產沒收與國際合作等問題，涵蓋範圍廣泛而完整。

　　德恩是中正大學法學博士，長年參與政府主管機關的金融犯罪調查工作，兼具學術訓練和實務經驗。綜觀全書，作者對金融調查各項問題的論述，不僅有理論的說明，更有實際案例的剖析，充分展現作者在理論與實務方面的功力。這本書是德恩博士長年研究的心血結晶，本書的出版，既是他個人的成就，更希望能為我國金融犯罪的防制工作，增添一分助力，讓防制犯罪的良法美意，能夠貫徹執行。

賴英照

二〇一一年六月

推薦文一

臺灣的第一本

德恩的工作歷練讓人好奇，因為他曾經先後在調查局、法務部檢察司、金管會、司法院服務。但是，只要看看他的博士論文以及十餘年來他在學術期刊發表過的論文，您就知道不管職務如何異動，工作歷練一直是與他專業領域結合。

金融犯罪所造成傷害，近年來已嚴重影響許多國家的整體經濟發展，以美國的安隆公司 (Enron Inc.)、雷曼兄弟控股公司 (Lehman Brothers Holdings Inc.) 為例，不僅對美國經濟造成損害，影響所及更是全世界的金融體系。但它絕對不是發生後就免疫，誠如著者在自序所說，未來的日子金融犯罪必定「再有、再行」。

金融調查 (Financial Investigation) 有一個非常重要的方法，就是必需結合會計的專業職能，八〇年代美國已將會計領域與公司治理、金融犯罪預防結合，相關著作已有非常亮麗成績。國內雖然已有法官、檢察官在經濟犯罪、證券犯罪等主題上出版專書，也有會計師出版關於鑑識會計的書籍；但是專談「金融調查」，這應該是臺灣的第一本。

讀過本書後發現，各章雖可各自獨立，又有其連貫性邏輯存在。可以讓外行人瞭解什麼叫金融犯罪？誰負責調查金融犯罪？以及探討如何調查；「犯罪類型」、「證據法則」、「調查方法」對內行人則有增添功力之效。這是一本結合理論與實務的專業書，也是非常好用的工具書，相信值得司法、金融，甚至新聞領域的專業人士一讀。

國立臺北大學副校長

王怡心

二〇一一年六月

推薦文二

不法資金的照妖鏡

一般的犯罪，都會留有犯罪現場，經由刑事鑑識進行犯罪現場的調查，而還原犯罪的原貌，但是涉及銀行、期貨、證券或保險業的金融犯罪，諸如貪污索賄、背信掏空資產、業務侵占、詐欺、內線交易、洗錢等等，通常都沒有留下犯罪現場，無從經由刑事鑑識而還原犯罪原貌，非得仰賴金融調查(Financial Investigation)，否則無法將犯罪者全部繩之以法。由此可知，金融調查真是金融犯罪的剋星！

金融調查是一種結合會計和財務的調查方法，臺灣在一九九五年爆發前立法委員郭廷才掏空東港信合社案，一九九九年發生葉素菲的博達科技公司掏空案，都是透過金融調查的程序而使犯罪者無所遁形，所以說「金融調查，是不法資金流向的照妖鏡或顯像劑」，一點都不為過！

德恩的大作初稿完成後，我即先睹為快，真是過癮！大作從金融犯罪的理論及成因談起，分析各種金融犯罪的類型，詳細架構金融調查體系，清楚地說明各種金融調查的調查方法，諸如資金清查法、鑑識會計法、特定項目證明法、間接證明法等等，是偵辦金融犯罪的最佳葵花寶典，對曾經審判經濟犯罪的我而言，益加體會偵審金融犯罪，非賴金融調查不為功的道理！

本人拜讀德恩兄大作之餘，感受其研究功力之深，令人佩服，特予推介！

司法院刑事廳廳長

林俊益

二〇一一年六月

推薦文三

金融犯罪調查者實用的參考書

金融犯罪可以說是近十年來臺灣司法最重要的案件類型，許多社會矚目的焦點案件都與金融犯罪有關。民主化之後的臺灣，因為大量選舉所造成的政商共棲網絡，使得企業內部的弊端及官商勾結的金權遊戲所導致的重大金融、經濟及貪瀆弊案層出不窮，在近幾年來陸續引爆，規模一個比一個大，也讓檢察及審判機關的偵審結果，經常被形容為「動搖國本」。

然而，對於不具備財經專業知識的警調人員、檢察官或法官而言，要偵查、審判這類足以「動搖國本」、且具高度財經專業的智慧型犯罪實非易事，面對這些金融犯罪的嫌疑人或被告，警調人員、檢察官或法官若事先沒有做足功課，充實金融專業知識，於訊問調查時，在專業的犯罪者面前，就很容易露出馬腳，讓他們可以輕易用謊言矇蔽真相。

德恩兄這本書，就是從調查金融犯罪的實務需求出發所寫作的一本以實務操作為主，輔以金融犯罪理論架構的金融犯罪調查工具書。德恩以其過去曾擔任法務部調查局調查員、調法務部檢察司辦事及行政院金融監督管理委員會檢查局科長、專門委員等豐富的實務經歷，並藉著多年鑽研犯罪問題理論研究的深厚學養，將金融犯罪的犯罪手法及相應的調查策略及技巧，一一詳敘，架構嚴謹詳實，實務與理論並重，並兼及外國的法例以作他山之石，是從事金融犯罪調查的警調人員、檢察官及法官極有用的參考書，也是目前坊間極為少見的有關金融犯罪調查的專書，相信一定會受到司法實務界的歡迎與重視。

我與德恩是在法務部檢察司任職時共事，當時他就是負責有關經濟犯罪相關業務，之後因個人生涯規劃，轉換跑道至行政院金融監督管理委員會檢查局任職，對於金融檢查業務有極深入的第一線實務經驗，加上過去從事犯罪調查工作的經歷，以及後來在中正大學犯罪防治研究所繼續深造獲得博士學位，都可以看到他的好學不倦及不斷超越自我、追求專業的積極態度，這

本書的出版，正是過去這些努力成果的累積。德恩願意把個人特殊的經歷所累積的智慧結晶化為文字，分享給司法實務界的辦案同仁，實在值得肯定與敬佩，希望這本書可以讓更多司法人瞭解金融犯罪並知道如何有效的對付金融犯罪，進而提升辦案人員的金融專業知能。

板橋地檢署檢察長

蔡碧玉

二〇一一年六月

自　序

　　《聖經》傳道書第一章第 9 節記載：「已有的事後必再有，已行的事後必再行，日光之下並無新事。」金融犯罪真的不是新鮮事，但受到新興金融商品不斷推陳出新，以及全球化等因素影響下，金融犯罪必定「再有、再行」，其對國家社會安定，總體經濟發展所造成的傷害也將每創新高。

　　近年來，我國金融法每遇修法，幾乎都對刑事責任予以加重。但亂世用重典真能對於金融犯罪有效遏阻？金融犯罪也好，貪瀆案件也好，只要是「社會矚目」案件，必定事實複雜，查證困難，致偵審流程耗費時日。金融調查 (Financial Investigation) 是一種能夠找出真正的「最終受益人」，揪出幕後藏鏡人，釐清犯罪事實的工具。目前國外對這個議題的研究已累積相當成果，但國內卻未見類似專書出版，個人嘗試將近年在工作及學習上一些心得加以彙集，希望能收拋磚引玉之效。

　　本書得以付梓，應感謝：調查局前局長吳東明博士當年遴派出國進修，讓我視野更寬廣。通過博士論文口試後，向賴英照老師請益，承訓：博士只是開啟研究的門，未來應持續研究。當然，家人淑蓉及昕瑜、昕穎更是我最重要的支持及動力。個人資質駑鈍，順利完成本書，再次見證「我靠著那加給我力量的，凡事都能做。」(聖經·腓力比書)。

　　許多法界先進曾給本書建議與指導，但著者才學淺薄，掛萬漏一，違誤錯漏之處仍在所難免，尚祈　讀者、先進不吝予以指正。

詹德恩

二〇一一年六月

金融犯罪的剋星：金融調查
目　次

第三章　金融犯罪的類型

第四章　金融調查體系

第五章　金融犯罪的調查方法

第七章　洗　錢

第八章　財產沒收

Table of Contents

第 <u>1</u> 章

導論

犯罪現場調查 (Crime Scene Investigation, CSI) 是近年非常火紅的電視節目，紐約市警察局、邁阿密警察局的刑事實驗室利用鑑識科技讓歹徒低頭認罪，他們所從事的工作與幫助美國聯邦法院鑑定前美國職業足球明星 O. J. Simpson 殺妻案而成名的華裔神探李昌鈺博士相同，也就是司法人員所熟悉的「刑事鑑識科學」(Criminal Forensic Science)。無論刑事鑑識科學，或當年電影《沈默的羔羊》為追緝殺人魔所使用的刑案描繪 (Criminal Profiling) 都必須從犯罪現場 (Criminal Scene) 進行證物採集。但貪污索賄、背信掏空、詐取財務、內線交易，以及洗錢，這些利用職務、專業知識犯罪的狡詐被告與傳統犯罪不同，通常沒有犯罪現場，不會留下物理跡證，能否讓歹徒繩之以法，就得依賴金融調查 (Financial Investigation)。

本章學習目標

- 犯罪類型有哪些
- 金融犯罪定義
- 什麼是金融調查
- 金融調查使用時機

▶第一節　犯罪類型

壹、傳統犯罪

犯罪是自古人類社會即有的產物，《聖經》創世記第三章第 3–5 節記載，上帝創造人類始祖亞當及夏娃，告訴他們：園子裡任何樹的果子都可以吃，只有園子中間那棵樹的果子不可吃。如果不聽從將招致死亡。結果狡猾的蛇煽動、誘惑他們，如果吃那果子，眼就開了會像上帝一樣能夠辨別善惡，結果……。

傳統對於犯罪分類概念分成對於人身 (People) 侵害及財產 (Property) 侵害兩類。因為犯罪被害對象 (Victims) 可能是人，例如殺人、傷害及妨害自由；

犯罪客體也可能是財產或財物，例如搶奪、侵占及毀損。

　　一九九四年紐約一家出版社將美國聯邦調查局 (Federal Bureau of Investigation, FBI) 一個針對暴力犯罪研究成果予以集結成書，《犯罪分類》(*Crime Classification Manual: A Standard System for Investigating and Classifying Violent Crimes*)，這本書還曾經贏得一九九四年全美刑事司法報導最佳貢獻獎 (1994 Award for The Most Significant Contribution to the Literature of Law Enforcement Intelligence)。主要編者 John E. Douglas 是 FBI 研究行為科學的先驅，曾任該局國家研究中心 (National Center) 主任。研究的犯罪類型：凶殺 (Homicide)、縱火 (Arson)，以及性侵害 (Rape and Sexual Assault)，那個時代對於犯罪類型研究將重點置於暴力犯罪[1]，國內當時情況相似，以暴力犯罪、組織犯罪，以及少年犯罪為重點。

　　對於犯罪分類，學者張甘妹認為，依犯罪行為性質可分為財產犯、暴力犯、智能犯[2]、風俗犯及破壞犯[3]。林山田與林東茂認為，犯罪雖是個人行為，但卻與政治體制、社會結構及經濟型態相關，當上述因素發生變化時，犯罪質與量都會產生變化。可能在質上產生變化，例如新興犯罪出現，可能是傳統型態犯罪在量會產生增減的變化。經濟犯罪是一種白領犯罪、職業犯罪與智力犯罪[4]。黃富源等對財產及經濟犯罪分為竊盜犯罪、詐欺犯罪、期貨及證券犯罪、信用卡犯罪、職務犯罪、走私犯罪、毒品犯罪、洗錢犯罪，是國內首見將「金融犯罪」[5]列入犯罪類型[6]。蔡德輝、楊士隆將財產性犯罪分為竊盜犯罪及白領經濟犯罪，白領犯罪造成直接經濟損害及間接經濟損害[7]。中國學者康樹華認為，金融犯罪是侵害國家金融秩序，例如銀行類詐

---

[1] DOUGLAS JOHN [et al], *CRIME CLASSIFICATION MANUAL*, NY: LEXINGTON BOOKS (1997).

[2] 認為係運用智慧的犯罪，包括白領犯罪及經濟犯罪。

[3] 張甘妹，《犯罪學原論》，頁 10，三民書局，1999 年修訂十三版。

[4] 林山田、林東茂、林燦璋，《犯罪學》，頁 387–392，三民書局，2007 年增訂四版。

[5] 期貨證券、信用卡無論法律或實務皆屬金融業。

[6] 黃富源、范國勇、張平吾，《犯罪學概論》，頁 268–288，三民書局，2002 年初版。

欺使國家貨幣管理、信貸管理、儲蓄管理、金融工具管理等方面正常秩序受到損害。內幕消息、操縱市場❽等證券詐欺使市場管理秩序受到侵害。將其與竊盜、詐騙同列經濟犯罪❾。

美國犯罪學學者 Larry Siegel 在犯罪類型 (Crime Typologies) 中將侵害財產法益的犯罪分為兩類，一是財產犯罪 (Property Crime)，一為白領犯罪 (White-Collar Crime)。貪污、詐欺逃漏稅、公司犯罪 (Corporate Crime)，以及高科技犯罪 (High-Tech Crime) 歸入白領犯罪❿。Stephen E. Brown 等將犯罪類型主要區分暴力犯罪及經濟犯罪 (Economic Crime) 兩種，就經濟犯罪的範圍包括竊盜、強盜搶奪、電腦犯罪、商業間諜，以及環境污染等，可以看出 Brown 等學者在定義經濟犯罪時，傾向於它是一種侵害財產法益的犯罪⓫。

從實務觀點來看，有無故意，以及動機為犯罪構成要件之一。從動機出發，著者認為，犯罪可以分成情緒性 (Passion) 及貪婪性 (Greed)。

貳、金融犯罪

一九四〇年美國社會學者 Edwin H. Sutherland 提出白領犯罪 (White-Collar Crime) 概念前，研究認為無論從殺人 (Murder)、傷害 (Assault)、加重竊盜 (Burglary)、搶奪 (Robbery)，以及性侵害 (Sex Offenses) 案件來看，犯罪應屬於社會底層 (Lower Class) 產物，因為就犯罪率來看，上流社會僅占 2%。Sutherland 認為白領犯罪是一種商業 (Business) 與犯罪的結合，可能是個人行為，也可能有組織性，與非犯罪集團合作，有複雜的文書作業及掩飾為其特徵，而且難以瞭解其動機，以及取得證據⓬。

---

❼ 蔡德輝、楊士隆，《犯罪學》，頁 231，五南出版社，2009 年五版。

❽ 即我國證券交易法禁止的內線交易及操縱股價。

❾ 康樹華，《犯罪學》，頁 402–405，五洲出版社，1999 年。

❿ LARRY SIEGEL, *CRIMINOLOGY*, CA: WADSWORTH/THOMSON LEARNING, 384–400 (2000).

⓫ STEPHEN E., *CRIMINOLOGY: EXPLAINING CRIME AND ITS CONTEXT*, OH: ANDERSON PUBLISHING, 435–457 (1996).

　　前法務部部長施茂林認為，金融犯罪係指金融機構内部人（含董監事、經理人及承辦人員），或與外部人共同或各自以金融機構資產為犯罪客體，或利用金融付款支付工具為犯罪工具或未經政府核准而經營證券、期貨業務，而足以影響金融安定秩序之犯罪，均可稱為金融犯罪**❸**。

　　臺灣高等法院梁耀鑌法官則認為，金融犯罪除掏空銀行之不法授信案件外，尚有金融機構人員偽造有價證券（偽造定期存單、商業本票、支票等）、金融從業人員監守自盜（挪用庫存現金、客戶存款或保管之有價證券）、金融從業人員利用購置或租用行舍時向原不動產所有權人收取回扣；另股票内線交易、違約不交割、現金卡超領、金融卡盜領及以偽造信用卡刷卡消費等等，皆屬金融犯罪**❹**。

　　學者孟維德指出，金融犯罪是指發生在金融界及金融機構的大規模違法活動。而且應將金融犯罪獨立於職業上犯罪行為之外，因為：第一，此種犯罪往往涉及巨大的財務（金融）利害關係，個人或金融機構違法所得的款項可能高達數千萬甚至上億元。第二，金融犯罪經常與公司及金融網路糾纏在一起，操縱公司的股價就是一個典型例子。第三，金融犯罪往往會對經濟的穩定性造成威脅**❺**。

　　中國人民銀行金融研究所前所長趙海寬等在其主編《金融違法犯罪與金融監管》乙書第一章〈美國金融犯罪及懲治〉文中，將金融犯罪分成銀行犯罪（包括銀行賄賂、濫用與資金侵占、虛設帳戶、虛假貸款與信用申請、與銀行相關的郵電詐騙、詐騙銀行）、證券詐騙犯罪、内部情報交易犯罪（指内線交易）、保險詐騙以及期貨犯罪。另在第二章〈其他國家金融犯罪及其處罰〉，英國部分則以跨國洗錢罪為金融犯罪；日本、印度，以及我國則以妨害貨幣

---

❷ LEONARD ORLAND EDITED, *CORPORATE AND WHITE COLLAR CRIME: AN ANTHOLOGY*, OH: ANDERSON PUBLISHING COMPANY, 89–98 (1995).

❸ 施茂林，〈金融犯罪法庭舉證〉，《法務部司法官訓練所九十三年度金融犯罪實務研習會講義》，頁3，未出版。

❹ 梁耀鑌，〈法官如何迎接兆元金融黑洞〉，《2004年司法研究年報》，頁12。

❺ 孟維德，《白領犯罪——現象、理論與對策》，頁249，亞太書局，2004年。

（指偽、變造貨幣）為金融犯罪❶。

　　美國財政部國稅局 (Internal Revenue Service, IRS) 在其所出版的 *Financial Investigations: A Financial Approach to Detecting and Resolving Crimes* 中將金融犯罪歸納為詐欺 (Fraud)、逃漏稅捐 (Tax Evasion)、收受賄賂 (Bribery)、侵占 (Embezzlement)、竊取財物 (Larceny)、偽變造貨幣 (Forgery)、仿冒 (Counterfeiting)、藉勢或藉端勒索財物 (Blackmail)、收受回扣 (Kickback)、敲詐索贖 (Racketeering)、洗錢 (Money Laundering)❶。

　　著者認為，金融犯罪係一種對於整體性金融秩序的破壞行為，以詐欺、偽造等手法，對傳統性的金融機構，例如銀行業（包括信用合作社、農會及漁會信用部等基層金融機構），或是衍生性的金融機構例如證券業、期貨業、票券業進行發自內部的攻擊（例如侵占、掏空、炒作等），以及源自外部的攻擊（例如透過金融機構洗錢）。

▶第二節　金融調查

壹、何謂金融調查

　　「人為財死，鳥為食亡」這是解釋人類貪婪最簡單的一句話。財富是多數犯罪真正目的，包括金融犯罪在內的白領犯罪 (White–collar Crime) 當然不例外。街頭遊民、幫派份子不太有機會進行金融犯罪，能夠遂行金融犯罪者，多數具有相當程度財務金融專業能力，或是熟悉金融體系實務運作背景者。彼等對於犯罪所得當然瞭解如何掩飾隱匿，甚至在犯罪時中即具備檢查點

---

❶　趙海寬、趙景文、廖有明主編，《金融違法犯罪與金融監管》，頁 1–46，中國經濟出版社，中國北京，1998 年。

❶　INTERNAL REVENUE SERVICE, DEPARTMENT OF THE TREASURE, *FINANCIAL INVESTIGATIONS: A FINANCIAL APPROACH TO DETECTING AND RESOLVING CRIMES*, U.S. WASHINGTON, D.C.: GOVERNMENT PRINTING OFFICE, 1–7 (1993).

(Check Point) 概念，以防範司法（警察）機關的查緝。

　　金融調查 (Financid Investigation) 是一種結合會計 (Accounting)、財務 (Finance)，以及傳統刑事調查 (Criminal Investigation) 技能的的調查方法。透過金融調查可以發現誰是真正收受賄賂者？那些人付款行賄？那些人從內線交易中獲利？那些人將公司掏空、資產賤買或是買低報高，將不法所得放入自己或人頭帳戶。

　　任何被告或犯罪嫌疑人不會將犯罪所得擺在家中等司法警察機關來扣押，所以美國 FBI、IRS 的犯罪調查處 (Criminal Investigation)，以及證管會 (U.S. Securities and Exchange Commission, SEC) 的執法處 (Law Enforcement) 內一定都網羅具有財務、會計、法律，以及刑事調查背景的調查人員 (Special Agents) 執行金融調查。

貳、金融調查種類

　　金融調查的客體是金融機構、資金。金融監督管理委員會組織法第二條規定，金融市場包括銀行市場、票券市場、證券市場、期貨及金融衍生商品市場、保險市場及其清算系統等；所稱金融服務業包括金融控股公司、金融重建基金、中央存款保險公司、銀行業、證券業、期貨業、保險業、電子金融交易業及其他金融服務業。

　　銀行業、證券業、期貨業及保險業範圍如下：一、銀行業：指銀行機構、信用合作社、票券金融公司、信用卡公司、信託業、郵政機構之郵政儲金匯兌業務與其他銀行服務業之業務及機構。二、證券業：指證券交易所、證券櫃檯買賣中心、證券商、證券投資信託事業、證券金融事業、證券投資顧問事業、證券集中保管事業、都市更新投資信託事業與其他證券服務業之業務及機構。三、期貨業：指期貨交易所、期貨商、槓桿交易商、期貨信託事業、期貨顧問事業與其他期貨服務業之業務及機構。四、保險業：指保險公司、保險合作社、保險代理人、保險經紀人、保險公證人、郵政機構之簡易人壽保險業務與其他保險服務業之業務及機構。

　　對照《聖經》使徒行傳第五章第 1 至 4 節，曾經有亞拿尼亞 (Ananias) 和

他的妻子撒非喇 (Sapphira) 賣田產後對所得掩飾的故事，正常人通常是不需教導即懂得對於自己財產掩飾隱匿。金融調查目的在於對被告或犯罪嫌疑人不法所得加以發現、計算，以供檢察官、法官就犯罪事實認定時參酌，所以發現資金從那一帳戶移出，經過那些帳戶，誰是最終受益人，以及資金移轉的每一個時間是金融調查的核心。

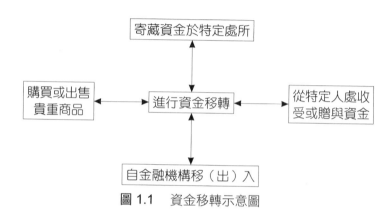

圖 1.1　資金移轉示意圖

一、行政調查

　　為達切斷資金原始來源目的，可能會進行多層次移轉，甚至購買、出售貴重商品，例如黃金、不動產等，但是資金流動過程中，仍會與金融機構產生一定關聯。一九三一年國民政府制定銀行法時即規定財政部負責全國金融機構檢查業務。一九六一年七月一日中央銀行在臺復業，財政部於一九六二年二月訂定《財政部授權中央銀行檢查金融機構業務辦法》，授權中央銀行檢查全國金融機構業務，中央銀行於同年成立金融業務檢查處，正式從事金檢業務。一九七一年二月中央銀行理事會通過《中央銀行委託臺灣省合作金庫檢查信用合作社業務辦法》，臺灣省合作金庫接受中央銀行複委託，開始檢查信用合作社。一九七二年、一九七七年合作金庫先後接受中央銀行委託分別開始檢查農會、漁會信用部。一九九七年財政部及中央銀行共同委託中央存款保險公司檢查基層金融機構業務。二〇〇〇年開始研議設立「金融監督管理委員會」，將財政部金融局、保險司、證券暨期貨管理委員會、中央銀行金

融業務檢查處及中央存款保險公司金融業務檢查處等五單位併入。

　　二○○四年七月一日金融監督管理委員會（下稱金管會）成立前，我國金融機構業務檢查係由財政部金融局、中央銀行金融業務檢查處及中央存款保險公司金融業務檢查處共同負責。目前金管會檢查局依金管會組織法第二條第一項與第二十九條對該會管轄之金融機構執行金融檢查。同時依據農業金融法第七條第一項規定，接受行政院農業委員會之委託，辦理農漁會信用部及農業金庫金融檢查。另中央銀行仍保有部分檢查權，依該組織規程規定，金融機構涉及該行貨幣、信用、外匯政策、支付系統及其他本行主管業務之檢查事項。

　　金管會檢查局辦理檢查之對象係包括金融控股公司、銀行、信用合作社、票券金融公司、證券業（上市櫃證券公司、金控旗下證券子公司、證券投資信託公司、證券金融公司）、保險業、農漁會信用部及農業金庫。檢查方式，分為下列三類：一般檢查：對財務、業務及整體營運情形，以風險為重心進行抽樣查核。專案檢查：對特定項目進行查核。受託檢查：依據農業金融法第七條第一項規定，接受行政院農業委員會之委託，辦理農漁會信用部及農業金庫金融檢查。

　　學者廖義男認為，行政調查，一般指行政機關為達成一定行政目的，對私人所為各種資訊進行蒐集。行政調查，除個案之取締性或准駁性調查外，並包括個別之事前監督性調查，即行政機關對人民特定活動具有指導監督權限，而對該特定活動為定期或不定期調查[18]。

　　金融檢查目的在於：健全金融機構之業務經營及風險管理，以保障存款人、投資人、期貨交易人及被保險人之權益。評估及檢查金融機構業務經營方針、風險管理制度、遵守金融法令及配合政府政策情形。評估金融機構之資本適足性、資產品質、管理能力、盈利狀況、流動性等財務業務情形，以及由金融機構之業務運作中檢討現行法令適用疑義並提出修正建議事項，所以屬行政調查一種。

---

[18]　行政院法規委員會，《行政院九十四年度第二次法制研討會實錄：行政調查制度之研討》，頁3，行政院秘書處，2006年。

　　實務上包括東港信用合作社弊案、中興銀行弊案，以及號稱臺灣司法史最大金融弊案的力霸案❶，都是金融檢查人員在進行例行檢查中發現特定交易不但違規，而且有違法之虞而向司法機關告發。

二、犯罪偵查

　　無論是犯罪所得，或是犯罪工具只要涉及資金，在犯罪偵查階段進行金融調查有其必要性。依刑事訴訟法規定，檢察官為偵查主體，現行偵查實務仍以司法警察及檢察事務官為先行。我國刑事訴訟法第二百二十九條、第二百三十條規定包括警察（官長），憲兵（官長、士官），以及依法令關於特定事項，得行司法警察（官）之職權者。

　　金融調查涉及金融、財務，以及會計等專業，過去司法體系在偵查犯罪如需進行金融調查多賴金融監理機關，例如中央銀行、財政部金融局，或是中央存款保險予以支援。法務部調查局為受理疑似洗錢交易，一九九七年成立洗錢防制處（當時稱為洗錢防制中心），為因應受理疑似洗錢交易之分析，必須調閱相關資金流向，成員必須培養金融調查能力，當時或委請財政部金融局第六組同仁擔任講座，或前往金融研訓院參加課程，甚至邀請外國執法機關例如美國 FBI、緝毒局 (Drug Enforcement Administration, DEA)、加拿大皇家騎警 (Royal Canadian Mounted Police, RCMP)，以及國內金融機構從業人員進行經驗分享，可能是國內司法體系最早有系統培訓金融調查人員的單位。

　　另外內政部警政署刑事警察局組織條例規定，該局職掌包括重大、特殊刑事案件、組織犯罪、電腦網路犯罪、經濟犯罪之偵查及支援等事項，同時因應業務需要設偵查隊七至九隊，目前刑事局偵七隊負責經濟犯罪偵查，在保險詐欺案件投注相當心力，並與金管會保險局及財團法人保險事業發展中心配合良好。

　　隨著法院組織法修正，檢察事務官、司法事務官的設置，其中許多檢察事務官具有會計師、高級證券分析師等專業財務金融背景，二〇〇八年司法特考司法事務官考試，財金組錄取了三十位具有會計、金融、證券背景的事

---

❶　力霸集團當時計有中華商業銀行、友聯產物保險，以及力華票券三家金融機構。

務官，目前已分發，或借調臺灣高等法院辦事，協助法官審理金融案件，提升審判品質。

　　現今司法體系已愈來愈重視人員金融調查能力培養，包括司法院司法人員研習所、法務部司法官訓練所都不定期辦理相關課程，提供法官、檢察官在職進修機會。目前院、檢、調皆已規定必須參加一定時數課程，同時通過認證，方能辦理金融犯罪案件。

案例一　最高法院九十七年台上字第五二四四號刑事判決

　　一九九五年間東〇信用合作社（下稱「東〇社」）主席郭〇〇認為，經營證券投資信託事業可吸收大量資金以操作股票獲利，遂與人籌設成立「法〇理農證券投資信託股份有限公司」（下稱「法〇公司」）以吸收資金，但因籌募發起資金不足，為使該公司之成立符合法律規定實收資本總額不得少於新臺幣（下同）三億元之規定，遂將籌得之少部分資金存入「法〇公司」籌備處於中〇銀行（下稱「〇銀」）開立之帳戶，再由「〇銀」轉帳至「東〇社」辦理定期存款，嗣再由「東〇社」會計主任許〇〇以該「法〇公司」之定存單為擔保品設質，將該定存款貸出，匯入人頭戶。以重複定存、違法質借、再辦理定存、再違法質借之循環方式虛增資金至三億元，而由郭某以「東〇社」理事主席身分就該數筆定存金額出具存款餘額證明書予「法〇公司」，以向經濟部等中央主管機關表明股款已收足。

　　郭〇〇、許〇〇為挪用「東〇社」之大筆資金，趁「〇銀」及泛〇商業銀行（下稱「泛〇商銀」）保管，定存於「東〇社」之法〇元滿基金及法〇滿溢基金即將到期之際，由郭、許二人共同偽造定存單，並指示所屬在定存單正面蓋章，交付予「〇銀」或「泛〇商銀」，佯示已為「〇銀」定存於「東〇社」之法〇元滿基金「已到期定期存款」，實際上則由許〇〇指示所屬作不實之定存到期結清取息憑條，將上開定期存款辦理到期或中途解約結清，計四億一千萬元，由指示鍾〇〇以轉帳方式償還以人頭戶之借款。

　　案經最高法院於二〇〇八年十月以九十七年台上字第五二四四號判決確

定，郭○○共同連續意圖為自己不法之所有，而侵占對於業務上所持有之物，處有期徒刑七年六月；許○○共同連續意圖為自己不法之所有，而侵占對於業務上所持有之物，處有期徒刑七年六月；許○○共同連續行使偽造私文書，足以生損害於他人，處有期徒刑一年六月，減為有期徒刑九月；鍾○○共同連續主辦會計人員，有以明知為不實之事項，而填製會計憑證及記入帳冊，處有期徒刑一年六月，減為有期徒刑九月。

案例二 　最高法院九十八年台上字第六七八號刑事判決

從事電腦周邊產品及砷化鎵磊晶片生產及銷售的博達公司董事長葉○○與徐○○、謝○○等具決策人員，為使公司股票能公開上市，共同基於製作假帳提高銷貨業績、虛增營業數額及盈餘方式之概括犯意聯絡及行為之分擔，一九九九年起，在國內進行虛偽交易循環。徐○○、謝○○、賴○○（為前後任財務長）在徵得葉○○之同意下，以科○公司、訊○公司作為國內虛偽交易之原料供應商。另以泉○公司、學○公司、凌○公司作為配合博達公司國內虛偽交易之商品銷貨對象。

其操作手法係將博達公司生產之產品，虛銷予作為銷貨對象之泉○公司、學○公司及凌○公司，復由泉○公司、學○公司及凌○公司再以向博達公司虛購之商品，虛銷予科○公司、訊○公司，最後由科○公司、訊○公司將上述商品虛銷回博達公司，完成虛偽銷貨循環，所有過程係帳面交易及資金匯入匯出，無實際貨物進出。另自一九九九年下半年起，同時在美國、香港等地進行海外虛偽交易循環。

葉女等人明知博達公司係公開發行股票之公司，按證券交易法規定，應依營業（半）年度將經會計師查核簽證之財務報告公告，自一九九九年一月起至二○○四年三月間止，因博達公司為國內及海外假交易，而連續虛增博達公司之應收帳款達 16,130,817,601 元。又基於虛偽記載財務報表之犯意聯絡，自二○○○年六月間起至二○○四年四月間止，在應提出於主管機關之財務報告內，虛偽記載博達公司對上開假銷貨對象有鉅額之應收帳款，使歷

次財務報告嚴重失真，無法真實呈現博達公司之資產狀況，足生損害於博達公司記帳之正確性及博達公司股東、主管機關對博達公司業務之管理。

本案經最高法院於二○○九年十一月以九十八年台上字第六七八二號判決確定，葉○○連續以直接及間接方式，使公司為不利益之交易，且不合營業常規，致公司遭受重大損害，處有期徒刑九年，併科罰金一億八千萬元。又連續意圖為自己不法之所有，而侵占對於業務上所持有之物，處有期徒刑六年。應執行有期徒刑十四年，併科罰金一億八千萬元。賴○○共同連續已依證券交易法發行有價證券公司之董事，以直接及間接方式，使公司為不利益之交易，且不合營業常規，致公司遭受重大損害，處有期徒刑四年。另徐○○、謝○○通緝中。

上述兩個案例在偵查階段，或更早在金融監督管理機關進行金融檢查時，都曾進行金融調查。因此金融調查有可能在行政調查時進行，也有可能在犯罪偵查時方啟動，我國實務上目前在行政調查，或是犯罪偵查都可能進行金融調查。

▶第三節　金融調查時機

金融調查人員的調查目標是清查犯罪中資金的流向，針對特定資金，從給付人 (Point-of-Payer) 及收受人 (Point-of-Receiver) 兩個方向進行調查，可以還原誰是白手套，誰是藏鏡人。在進行資金流向清查時，必須使用、調閱的資料包括銀行資料（例如開戶資料、交易明細、使用支票情形，以及貸款紀錄）、不動產資料（土地、房屋）、動產資料（汽機車、船舶等）、信用卡資料（授權額度、消費類型、付款情形），以及稅務資料等。

前述資料可能由被告或犯罪嫌疑人自行提供，或須透過公權力調閱，這些資料都屬必須保留一定期限，所以不會被蟲蛀，更不會憑空消失，如果有責任保管前開資料的機關、公司或個人未善盡責任予以維護保管，可能還得負擔行政或是刑事責任。進行金融調查時，調查人員必須注意警覺的是被告或犯罪嫌疑人使用的電腦、隨身碟、電子郵件帳、虛擬硬碟等可供有存放資

料，或是家中、辦公室的垃圾桶、碎紙機，因為這些地方可能隱藏對金融調查非常重要的資料或紀錄。

壹、使用之主體

一、稽核人員

在全球化高度競爭時代，企業經營有愈來愈多不確定因子，潛藏危機及風險無所不在，無論高層營運策略到日常營運管理，風險管理為不可或缺的觀念。職故，公開發行公司為確保營運之效果及效率、財務報導之可靠性，以及相關法令之遵循，設計內部稽核制度，以達成公司之健全經營。前述所稱營運之效果及效率目標，包括獲利、績效及保障資產安全。又依據「公開發行公司建立內部控制制度處理準則」規定，公開發行公司應設置隸屬於董事會之內部稽核單位並配置適任及適當人數之專任內部稽核人員。

二、司法警察

司法警察包括刑事訴訟法第二百三十條規定之司法警察官，以及第二百三十一條之司法警察。受檢察官指揮，調查犯罪情形及蒐集證據，並提出報告，調查犯罪時得執行詢問、搜索及扣押。

行政院金融監督管理委員會九十五年五月二十三日金管銀㈠字第09510002020號令規定，司法、稅務、監察、審計及其他依法律規定具有調查權之機關，有查詢銀行客戶存款、放款、匯款、保管箱等有關資料之需要者，得依據各該法律規定，正式備文逕洽相關銀行查詢[20]。

---

[20] 一、司法、軍法、稅務、監察、審計及其他依法律規定具有調查權之機關，有查詢銀行客戶存款、放款、匯款、保管箱等有關資料之需要者，得依據各該法律規定，正式備文逕洽相關銀行查詢。

二、稅務機關依稅捐稽徵法第30條規定查詢時，仍應依財政部70年12月3日(70)台財稅第40060號函暨82年10月19日台財融字第822216536號函規定辦理。

三、行政院海岸巡防署、海洋巡防總局及海岸巡防總局查詢時，應表明係為偵辦案件需要，註明案由，並須由首長（副首長）判行。

四、法務部調查局查詢時，應表明係為偵辦案件需要，註明案由，以經該局局長（副局長）審核認定為必要者為限。

五、警察機關查詢時，應表明係為偵辦刑事案件需要，註明案由，並須經由警察局局長（副局長）或警察總隊總隊長（副總隊長）判行。但警察機關查察人頭帳戶犯罪案件，依警示通報機制請銀行列為警示帳戶（終止該帳號使用提款卡、語音轉帳、網路轉帳及其他電子支付轉帳功能）者，得由警察分局分局長（刑警大隊長）判行後，逕行發文向銀行查詢該帳戶資金流向之資料。

六、軍事警察機關以憲兵司令部名義，正式備文查詢時，應表明係為偵辦刑事案件需要，註明案由，並須以憲兵司令部名義正式備文查詢。

七、受理財產申報機關（構）依據公職人員財產申報法，辦理財產申報資料實質審核時，已依據法務部 91 年 3 月 21 日法政字第 0911102212 號及 94 年 4 月 8 日法政決字第 0941105815 號函規定，以受理申報機關（構）之書函表明已向財政部財稅資料中心或各稅捐稽徵機關調取申報相關人員之歸戶財產查詢清單，因該清單內容與財產申報內容有差異而認有申報不實之嫌後，再依公職人員財產申報法第 10 條第 1 項規定向各該財產所在地之銀行進行查詢申報人之存放款等資料時，銀行應配合辦理。

八、至於前揭以外其他機關因辦理移送行政執行署強制執行、偵辦犯罪或為執行公法上金錢給付義務之必要，而有查詢需要者，應敘明案由、所查詢銀行名稱及查詢範圍，在中央應由部（會）、在直轄市應由直轄市政府、在縣（市）應由縣（市）政府具函經本會同意後，註明核准文號，再洽相關銀行辦理。

九、各機關依本規定，調取及查詢客戶往來、交易資料時，應建立內部控制機制，指派專人列管，並應作定期與不定期考核，以確保人民隱私權。

十、行政院海岸巡防署、海洋巡防總局及海岸巡防總局、法務部調查局、警察機關（包括軍事警察機關）、受理財產申報機關（構）為辦案需要，向銀行查詢客戶存放款以外之基本資料（如存款人之年籍、身分證字號、住址及電話等）時，可備文逕洽銀行辦理。

十一、政黨、政治團體及擬參選人依據政治獻金法規定，編製收支帳簿及會計報告書時，得正式備文逕洽相關銀行查詢捐贈予其「政治獻金專戶」特定捐贈者之姓名、住址及電話，銀行為利配合執行前述事宜，於收受捐贈「政治獻金專戶」之款項時，宜留存捐贈者之前開資料。另監察院依政治獻金

三、檢察機關

　　法院組織法第六十三條之一規定各級法院及其分院設置檢察署，另最高法院檢察署設特別偵查組，職司下列案件：㈠涉及總統、副總統、五院院長、部會首長或上將階級軍職人員之貪瀆案件。㈡選務機關、政黨或候選人於總統、副總統或立法委員選舉時，涉嫌全國性舞弊事件或妨害選舉之案件。㈢特殊重大貪瀆、經濟犯罪、危害社會秩序，經最高法院檢察署檢察總長指定之案件。

　　法院組織法第六十六條之三規定，各級法院及其分院檢察署設檢察事務官室，置檢察事務官受檢察官之指揮，處理下列事務：㈠實施搜索、扣押、勘驗或執行拘提。㈡詢問告訴人、告發人、被告、證人或鑑定人。㈢襄助檢察官執行其他第六十條所定之職權。檢察事務官處理前項事務時，視為刑事訴訟法第二百三十條第一項之司法警察官。

貳、使用時機

一、肅清貪汙腐化

　　行為主體為公務員，以及與公務員共犯貪污治罪條例之人。犯罪類型如下：
　㈠竊取或侵占公用或公有器材、財物者。
　㈡藉勢或藉端勒索、勒徵、強占或強募財物者。
　㈢建築或經辦公用工程或購辦公用器材、物品，浮報價額、數量、收取回扣或有其他舞弊情事者。
　㈣以公用運輸工具裝運違禁物品或漏稅物品者。

　　　　法第 20 條規定查核政黨、政治團體及擬參選人於銀行開立之「政治獻金專戶」相關資料時，銀行應配合辦理。
　　十二、銀行提供上開資料時，應以密件處理，並提示查詢機關（構）、查詢者應予保密。

㈤對於違背職務之行為，要求、期約或收受賄賂或其他不正利益者。

㈥意圖得利，擅提或截留公款或違背法令收募稅捐或公債者。

㈦利用職務上之機會詐取財物者。

㈧對於職務上之行為，要求、期約或收受賄賂或其他不正利益者。

㈨意圖得利，抑留不發職務上應發之財物者。

㈩募集款項或徵用土地、財物，從中舞弊者。

(十一)竊取或侵占職務上持有之非公用私有器材、財物者。

(十二)對於主管或監督之事務，明知違背法律、法律授權之法規命令、職權命令、自治條例、自治規則、委辦規則或其他對多數不特定人民就一般事項所作對外發生法律效果之規定，直接或間接圖自己或其他私人不法利益，因而獲得利益者。

(十三)對於非主管或監督之事務，明知違背法律、法律授權之法規命令、職權命令、自治條例、自治規則、委辦規則或其他對多數不特定人民就一般事項所作對外發生法律效果之規定，利用職權機會或身分圖自己或其他私人不法利益，因而獲得利益者。

二、調查內線交易

證券交易法第一條揭櫫立法宗旨在於「發展國民經濟、保障投資」，證券市場既有協助企業籌措資金，藉以擴充規模，進而發展國民經濟的功能，而企業自證券市場所籌措之資金來自投資大眾，為達前揭目的，自應建立投資大眾對證券市場的信賴，俾使證券市場得以持續穩健發展。所以同法第一百五十七條之一規範：㈠公司之董事、監察人、經理人及依公司法第二十七條第一項規定受指定代表行使職務之自然人。㈡持有該公司之股份超過百分之十之股東。㈢基於職業或控制關係獲悉消息之人。㈣喪失前三款身分後，未滿六個月者。㈤從前四款所列之人獲悉消息之人。在實際知悉發行股票公司有重大影響其股票價格之消息時，在該消息明確後，未公開前或公開後十八小時內，不得對該公司之上市或在證券商營業處所買賣之股票或其他具有股權性質之有價證券，自行或以他人名義買入或賣出。

三、追查操縱股價

㈠意圖抬高或壓低集中交易市場某種有價證券之交易價格，與他人通謀，以約定價格，於自己出售或購買有價證券時，使約定人同時為購買或出售之相對行為。

㈡意圖抬高或壓低集中交易市場某種有價證券之交易價格，自行或以他人名義，對該有價證券，連續以高價買入或以低價賣出。

㈢意圖造成集中交易市場某種有價證券交易活絡之表象，自行或以他人名義，連續委託買賣或申報買賣而相對成交。

㈣意圖影響集中交易市場有價證券交易價格，而散布流言或不實資料。

㈤直接或間接從事其他影響集中交易市場有價證券交易價格之操縱行為。

四、調查掏空背信

　　刑法第三百四十二條規定為他人處理事務，意圖為自己或第三人不法之利益，或損害本人之利益，而為違背其任務之行為，致生損害於本人之財產或其他利益者，係背信行為。在二〇〇〇年銀行法、證券交易法、保險法等金融六法尚未修正前，金融機構或是上市櫃公司負責人，或其從業人員意圖為自己或第三人不法之利益而損害公司利益，而為違背其職務之行為，致生損害公司或金融機構之財產或其他利益者係依刑法第三百四十二條背信罪論處。

五、查緝常業詐欺

　　臺灣目前最嚴重犯罪問題莫過於竊盜、公共危險罪（含酒醉駕車）、毒品、詐欺（含利用電信設備的詐欺）。以二〇一〇年為例，一至九月警察機關處理詐欺案件報案數計兩萬兩千三百四十二件，較二〇〇九年同期減少七千兩百一十二件 (−24.4%)，主要以電話、手機簡訊詐欺增加兩千六百八十四件 (+28.53%) 最多。平均一日發生八十一點八三件詐欺案件❷❶。我國警察機關為

---

❷❶　資料來源：內政統計通報（2008 年第 45 週），http://www.moi.gov.tw/stat/，最後

有效打擊利用電信設備的詐欺於二〇〇四年十一月八日建構「165 專線系統」，截至二〇一〇年二月二十八日，總進線電話量已達三百七十萬餘通，受理轉介民眾詐欺被害案件也達四萬八千餘件；另為使歹徒不易取得電信門號，執行停斷話已達十九萬兩千餘門，移除盜轉接電話兩萬六千餘門[22]。

又自二〇〇六年十一月一日起，配合各金融機構實施「警示帳戶聯防機制作業」，迄二〇一〇年二月底止已成功攔截匯款款項四千五百六十六件、攔阻被害金額六億四千萬餘元，其中超過一百萬元者高達一百零六件，攔阻單件最高金額為一千零六十五萬元，因案線上逮捕領款車手共計三十四件、四十四人[23]。

六、查緝偽（變）造信用卡

加拿大皇家騎警統計，全球利用偽（變）造信用卡詐欺一年約造成美金十億的損失。臺灣在二〇〇一年刑法修正前，因無對偽（變）造信用卡處罰條文，當時東南亞偽（變）造信用卡集團大舉入侵臺灣，偽（變）造信用卡、提款卡。手法包括勾結不肖商店利用側錄方式取得信用卡內碼、在提款機附近安裝錄影機，甚至勾結收買金融機構從業人員直接盜取客戶資料。國際信用卡公司對當時臺灣信用卡犯罪可說是達到深痛惡絕，估計當時每年在臺灣因信用卡犯罪造成超過新臺幣十億損失。在司法警察機關加強查緝、晶片卡的發行，以及二〇〇一年六月增訂刑法第二百零一條之一偽造變造金融卡等之電磁紀錄物與行使罪[24]，信用卡犯罪漸獲遏阻。

瀏覽日期：2011/1/28。

[22] 資料來源：內政部警政署 165 反詐騙專線網頁，http://165.gov.tw/work_stat.aspx，最後瀏覽日期：2011/1/28。

[23] 資料來源：刑事警察局網頁，http://www.cib.gov.tw，最後瀏覽日期：2011/1/28。

[24] 刑法第 201 條之 1：「I 意圖供行使之用，而偽造、變造信用卡、金融卡、儲值卡或其他相類作為簽帳、提款、轉帳或支付工具之電磁紀錄物者，處一年以上七年以下有期徒刑，得併科三萬元以下罰金。II 行使前項偽造、變造之信用卡、金融卡、儲值卡或其他相類作為簽帳、提款、轉帳或支付工具之電磁紀錄物，或意圖供行使之用，而收受或交付於人者，處五年以下有期徒刑，得併科三萬元以下罰

　　金融商品多元化，近來銀行發行消費更自由之禮物型信用卡，因申辦門檻低，而且大量發行未打印凸字，且卡面上的卡號可輕易地以甲醇塗銷，故已發現有歹徒利用上網向國外料頭（提供側錄得來之信用卡內外碼資料者）購買偽造信用卡所需之內外碼資料（俗稱「料」）後，先將信用卡內碼資料以錄碼機燒錄進卡片的磁條中，再以甲醇將卡面卡號塗銷，將購得之信用卡外碼資料印在水性噴墨水轉紙 (Waterslide Decal Paper) 上，冷水轉脫在已塗銷的空白禮物卡上，再利用同樣原理重複印製轉脫信用卡背面簽名欄，製成極難辨識之偽（變）造信用卡案例。

七、防制洗錢犯罪

　　洗錢乃直譯於英文 Money Laundering，截至今日尚無一個世界通用的定義；司法機關、工商企業，乃至於第三世界國家，對洗錢的定義各有不同；世界各國在法律上對洗錢的定義也不相同。最早對洗錢定義的是一九八八年《聯合國禁止非法販運麻醉藥品和精神藥物公約》，又稱為《維也納公約》。該公約第三條第一項規定，洗錢乃是為掩飾由販毒所得資產，或協助罪犯及其同夥洗脫罪名，所進行的資產移轉或轉換；隱藏或偽裝來自販毒所得的來源、位置、處置方式、動向❷⑤。

　　美國司法部將洗錢定義為「隱匿非法所得的存在、來源或使用，並掩飾該非法所得來源，而且使其合法化的過程」❷⑥。我國洗錢防制法第二條規定，本法所稱洗錢，係指下列行為：

㈠掩飾或隱匿因自己重大犯罪所得財物或財產上利益者。

　　　金。」

❷⑤ FINANCIAL CRIMES ENFORCEMENT NETWORK, *COMPENDIUM OF INTERNATIONAL ANTI-MONEY LAUNDERING CONVENTIONS & AGREEMENTS*, WASHINGTON D.C.: GPO, 14 (1995).

❷⑥ CLIFFORD L. KARCHMER, *ILLEGAL MONEY LAUNDERING: A STRATEGY AND RESOURCE GUIDE FOR LAW ENFORCEMENT AGENCIES*, WASHINGTON, D. C.: POLICE EXECUTIVE RESEARCH FORUM, 6 (1988).

㈡掩飾、收受、搬運、寄藏、故買或牙保他人因重大犯罪所得財物或財產上利益者。

洗錢的手法及管道隨著時空環境的差異，略有不同，不過整體而言，犯罪行為人仍以利用金融機構作為洗錢管道居多，當然也有透過非銀行體系的金融機構，以及非金融機構體系，例如購買黃金等貴重金屬，或是房地產等。

八、查緝毒品犯罪

毒品問題錯綜複雜，我國司法機關近年認為施用毒品者具「病患性犯人」之特徵，降低施用毒品罪之法定刑，並兼採觀察勒戒除其「身癮」，以強制戒治除其「心癮」的措施。但是運送、販賣、製造毒品仍被認定為國際公罪。前述擔任毒品來源「供應者」的犯罪，幾乎是組織化型態，而且有錢、毒分離的精密分工，簡單的說，就是有物流與金流分離情形。我們可以從司法警察機關法務部調查局、內政部警政署、國防部憲兵司令部，以及行政院海岸巡防署歷年查獲數量來看，呈現增加趨勢❷，然而在金流查緝成效卻是有限的。

表 1.1 司法警察機關毒品查獲量一覽表❷

機關\年度	查獲數量			單位：公斤
	調查局	警政署	憲令部	海巡署
95	984.7	342.0	7.4	658.7
96	1,065.3	260.1	103.7	205.6

---

❷ 法務部刑事政策與犯罪研究資料庫，http://www.criminalresearch.moj.gov.tw，最後瀏覽日期：2011/1/28。

❷ 各機關毒品查獲量——按當期鑑定之純質淨重，本表數據以司法警察機關為主，而財政部關稅總局所轄各關稅局查獲之毒品，均移送調查局或警政署刑事警察局辦理；2010 年 1 月至 11 月緝獲時重量計 474.8 公斤。資料來源：法務部刑事政策與犯罪研究資料庫——毒品相關統計資料，國內毒品案件罪金統計數據 http://www.moj.gov.tw/site/moj/public/MMO/moj/stat/new/newtable5.pdf 最後瀏覽日期：2011/1/28。

97	1,006.5	304.6	6.4	572.8
98	1,157.6	448.1	13.4	281.8
98（1–11 月）	1,093.6	434.6	13.4	272.5
99（1–11 月）	1,551.1	642.0	122.7	937.8

表 1.2　　起訴洗錢案件之重大犯罪類型統計 ❷

類型 年度	一般刑案	毒品犯罪	經濟犯罪	貪污犯罪
95	51	1	626	11
96	7	1	19	4
97	0	0	19	4
98	1	0	14	8

九、遏阻組織犯罪

　　組織犯罪讓人想到電影《教父》、日本山口組、義大利黑手黨，以及臺灣竹聯幫、天道盟……。具有層級結構，有限的成員，分工角色，成員具有特殊義務，例如保守秘密、服從幫規等，併營合法及非法商業，以暴力作為工具，藉著與政治勢力掛勾，甚至推派成員參加選舉，期藉政治勢力牽制警察機關達到保護既得利益，所以會對政治、公共行政，以及總體經濟產生影響。

　　美國聯邦調查局對於組織犯罪定義為：具有結構性、組織階級，基於貪婪目的，持續從事犯罪行為，而且有行為分擔❸。我國組織犯罪防制條例第二條：「本條例所稱犯罪組織，係指三人以上，有內部管理結構，以犯罪為宗旨或以其成員從事犯罪活動，具有集團性、常習性及脅迫性或暴力性之組織。」

　　今日組織犯罪已從昔日圍事收取保護費、經營販毒、賭博、暴力討債、色情等傳統非法行業升等到介入連鎖業經營，或介入公開發行公司股東會議，甚至經營權爭奪，做到與合法行業共生情形，不僅增加執法機關檢肅難度，

---

❷　資料來源：《法務部調查局九十八年洗錢防制年報》，頁 27–31，2009 年。

❸　JAY S. ALBANESE, *ORGANIZED CRIME*, NJ: PEARSON EDUCATION, 4 (2003).

相對戕害金融秩序、經濟發展及社會治安環境❸。

十、打擊恐怖主義

　　一九三七年國際聯盟會議 (League of Nations) 第一次試圖找出國際間可以共同接受的恐怖主義定義，終究因爭議不斷而無法實現，這也成為國際間遏止恐怖主義的主要障礙。為了解開這個死結，恐怖主義專家 A. Schmid 於一九九二年在一份為聯合國的 Crime Branch 撰寫報告中建議，以現有各國對「戰爭罪」(War Crime) 構成要件的共識為出發點，將戰時刻意攻擊一般平民、綁架和殘殺戰俘等戰爭罪，延伸到承平時期 (Peacetime)，簡單定義恐怖主義為「承平時期的戰爭罪」(Peacetime Equivalents of War Crime)。各國及國際組織對恐怖主義的定義雖然仍未趨一致，但就無辜人民無端受害，基於人道考量，對譴責和制裁恐怖主義暴行已逐漸產生共識。

　　一九九九年《國際制止恐怖主義資金公約》(International Convention for the Suppression of the Financing of Terrorism) 對恐怖主義的兩點重要定義為：公約中所列的特定犯行，諸如劫持航空器、炸彈攻擊和劫持人質等；其他意圖引發一般市民死亡或身體上嚴重傷害之行為，而這種犯行的本質和內涵是為了威脅民眾或強迫政府或國際組織從事或不得從事某種作為。

　　恐怖主義活動係指一連串企圖在人群中散播恐怖、驚慌與破壞的行為，該活動由個人或團體發起，經縝密設計，針對特定目標，透過暴力攻擊、恐嚇毀壞手段，藉以達到政治、宗教或意識型態之懲罰警告、報復教訓為目的，其規模小至暗殺綁架、大至攻擊戰爭，足以造成地區人民及國家的恐慌動盪與混亂不安。其特性為計畫性的暴力犯罪行動，時機地點、方式、難測不定，蓄意製造恐懼，脅迫對象目標接受其目的。

　　二〇〇一年「九一一事件」發生後，美國發現攻擊雙子星大廈恐怖分子的訓練、甚至到購買機票的經費與「蓋達組織」(Al-Qaeda) 有關。另 FATF 在二〇〇三年大幅修訂原有之四十項建議，其主要內容乃在將反恐與防制洗錢

---

❸　孟維德，〈組織犯罪分析與預警式控制〉，《刑事政策與犯罪論文集㈦》，頁123–160，法務部，2004 年。

結合，主要原因在於恐怖主義行動是一種需要龐大財力支持的犯罪行為，所以恐怖主義組織必須透過各種管道募集資金，或是將資金進行投資，期能取得下次犯罪所需經費。相對的，有效打擊恐怖主義行動就得從資金調查著手。因此，防制洗錢與打擊資助恐怖分子 (Anti-Money Laundering/Combating Financing Terrorism, AML/CFT) 已成為今日全球刑事司法體系在防制洗錢的重大趨勢。

▶第四節　小　結

　　金融調查可能在行政調查時啟動，也可能在犯罪調查階段時才啟動，無論其在行政調查，或是進入犯罪偵查階段才發動，金融調查有助於資金流向呈現，有如刑事鑑識般，多數時間能夠讓事件原貌重現，對於犯罪事實發現有事半功倍效果。在行政調查階段進行金融調查，如果未發現涉及任何不法，應該予以澄清還給當事人清白；若有犯罪嫌疑則應即時透過司法機關進一步執行如搜索、通信監察，甚至羈押等強制處分，以達到即時保全證據，或預防犯罪嫌疑人串供、或逃亡。

第 **2** 章

金融犯罪的理論及成因

　　生活在現代社會中，無論膚色，國籍，居住地，工作性質，教育背景，任何人都會與金融發生關係。金融係以貨幣作為交換媒介進入總體經濟活動，尤其是在信用發達的時候，各種金融工具加速運轉，使得其影響力更為深遠，它不但與個人發生關係，其與家庭、工商企業，甚至國家的關係均是密不可分。一九九七年亞洲金融風暴 (The Asian Financial Crisis)，造成全亞洲經濟體系衰退，二○○八年九月十五日，雷曼兄弟聲請破產，美國經濟急凍，引發全球金融海嘯 (Global Financial Tsunami)，造成國際社會生態改變，美國不再是永遠的經濟巨人。

　　隨著科技發達，電子商務的推出，全球化到來，金融發展早已無國界。犯罪類型不同，犯罪動機、目的或有差異，然而金融犯罪是出於貪婪的動機，目標是財物或財產上的利益，犯罪集團因瞭解金融操作的便利性，故經常透過金融管道，將犯罪所得移轉至海外掩飾隱匿。

本章學習目標

・金融犯罪類型特徵
・金融犯罪的理論
・金融犯罪發生原因
・臺灣金融犯罪概況

▶第一節　基本概念

壹、金融犯罪類型

　　金融犯罪自應以發生在「金融機構」，或是「金融市場」的犯罪為限。查我國法律對於金融機構的定義如洗錢防制法第五條第一項,「本法所稱金融機構，包括下列機構：一、銀行。二、信託投資公司。三、信用合作社。四、農會信用部。五、漁會信用部。六、全國農業金庫。七、辦理儲金匯兌之郵政機構。八、票券金融公司。九、信用卡公司。十、保險公司。十一、證券

商。十二、證券投資信託事業。十三、證券金融事業。十四、證券投資顧問事業。十五、證券集中保管事業。十六、期貨商。十七、信託業。十八、其他經財政部指定之金融機構。」

行政院金融監督管理委員會組織法第一條規定，該委員會成立係為健全金融機構業務經營，維持金融穩定及促進金融市場發展。又行政院金融監督管理委員會組織法第二條第一項規定：「本會主管金融市場及金融服務業之發展、監督、管理及檢查業務」。第二項規定，「前項所稱金融市場包括銀行市場、票券市場、證券市場、期貨及金融衍生商品市場、保險市場及其清算系統等。」所稱金融服務業包括金融控股公司、金融重建基金、中央存款保險公司、銀行業、證券業、期貨業、保險業、電子金融交易業及其他金融服務業。同條第三項則規定，「所稱銀行業，係指銀行機構、信用合作社、票券金融公司、信用卡公司、信託業、郵政機構之郵政儲金匯兌業務與其他銀行服務業之業務及機構。」

洗錢防制法第五條第一項，本法所稱金融機構，包括下列機構：銀行、信託投資公司、信用合作社、農會信用部、漁會信用部、辦理儲金匯兌之郵政機構、票券金融公司、信用卡公司、保險公司、證券商、證券投資信託事業、證券金融事業、證券投資顧問事業、證券集中保管事業、期貨商、其他經財政部指定之金融機構。

《布拉克法律辭典》(*Black's Law Dictionary*) 將金融機構 (Financial Institution) 定義為經營管理金錢、信用或資金的商業、組織或公司，例如銀行、信用合作社、儲貸組織、證券商、當鋪，以及投資公司等 (A business, organization, or other entity that manages money, credit, or capital, such as a bank, credit union, savings-and-loan association, securities broker or dealer, pawnbroker, or investment company.)❶。

彙整上述定義，並審酌近年金融犯罪發生實際案例，本書以發生在銀行（包含信用合作社、農漁會信用部）、期貨、證券，以及保險業的金融犯罪為

---

❶　BRYAN A GARNER, *BLACK'S LAW DICTIONARY*, MINN.: WEST GROUP (7TH ED., 1999).

討論範圍。

　　本書將在下一章對於發生在銀行業、期貨業、證券業及保險業的犯罪，以及常與金融犯罪併存的「提現為名，轉帳為實」予以介紹。

貳、金融犯罪特徵

　　金融犯罪乙詞廣泛的用在金融體系、或是金融機構，雖然有研究白領犯罪 (White-Collar Crime) 學者將金融犯罪歸類於一種職業犯罪 (Occupational Crime)，但是相較於典型的職業犯罪，其實金融犯罪有下列特徵，一無論是自然人或是法人，其犯罪標的是遠超過強盜、搶奪、竊盜等傳統的「街頭犯罪」(Street Crime)，二金融犯罪好發於與金融相關的企業，或是在發行市場上操縱、炒作公司的股價，最重要的是金融犯罪會影響經濟體系的整體發展。

　　金融犯罪因具有專業、複雜、多變、隱密等特性，屬狡詐型犯罪❷，其犯罪事實及過程涉及極為複雜之經濟、財稅、金融及貿易等行政法規，以及行政法令之解釋歧異等問題，被告動輒利用財勢或政治影響力企圖干擾偵查，逃避刑責。又案件涉及被告個人自由、前途、名譽、財產保全等，故被告必傾全力與司法機關進行纏訟，以期脫罪。故偵辦金融犯罪案件必須具有專業知識與經驗之檢警調及行政機關的專家參與，方有克盡全功機會。金融犯罪與傳統犯罪相較具有下列的特徵：

㈠經濟犯罪沒有犯罪現場及欠缺犯罪跡證

　　因為經濟犯罪大都是抽象、無形的經濟不法行為，絕大多數都沒有犯罪現場，刑案偵查實務之現場重建根本無用武之地。又刑事鑑識必須以有形的跡證為鑑識客體，而經濟犯除了偽造文書、有價證券、貨幣等是否有偽造，而可作為刑事鑑識之對象外，通常可以證明有經濟犯罪行為的一些會計帳簿、報表、稅單、電腦檔案等相關文件，均是以判讀其內容為主要的調查方法，而非實施鑑識來判斷犯罪是否成立。所以刑事鑑識在此便受限而無法施展其

---

❷　有人稱金融犯罪、經濟犯罪為「智慧型犯罪」，但學者蔡德輝認為，若歹徒屬於「智慧型」，相對應的執法人員豈不為「沒智慧」? 故應稱為「狡詐型犯罪」較為妥當。

功能。

㈡無被害人而且犯罪事實複雜

在金融犯罪中，誰是加害者、誰是被害者時常曖昧不明，即使是民事上或是刑事上的被害者，對於犯罪者也少有「道德上的非難」。而且因金融犯罪多起因於金融機構的組織及機構本身、業務執行等內部的構造問題，即使是單一個案的職員對於金融機構為犯罪的犯行，金融機構容易被指責其內部監控出問題，職故，金融機構常不願將金融犯罪的事實揭露。對於這種「自家人」的犯罪金融機構除了在民事上以和解方式處理求償外，對於犯罪者通常採取內部的懲戒處分或志願退職等方式處理。因此金融犯罪在本質上，是一種潛在性很強的犯罪，準此金融犯罪之黑數，遠高於傳統犯罪。金融犯罪通常都會有犯罪內容複雜多歧，關係人多數的現象。犯罪者的背景通常會與複雜的政治情勢、社會經濟情事有密切的關係，因此證據的蒐集及刑事偵查的發端通常容易被隱匿，故對於犯罪事實的掌握越發困難。

㈢犯罪具集團性而且被告社經地位高

金融犯罪之被告往往人數眾多，具備集團性，並且很多屬於企業貪瀆，即企業內部，上命下從，共同參與犯罪計畫之實施，公司經理人無法克制坐擁外部資金之道德危險，而圖謀不軌，基層員工則基於生計壓力不得不聽命行事，因此此類犯罪的共犯結構相當嚴密，司法機關在偵辦過程中通常會面臨共犯心防難以突破之窘境。被告在社會體系中，往往原本就擁有較高之經濟資源與社會地位，雖然法律之前人人平等，但面對社經地位較高之被告，有鑑其社會資源及人脈較為廣闊，司法機關必須體認可能面對來自被告法律程序以外之干擾，譬如被告或其公司在媒體上刊登廣告指責辦案程序、透過立法委員陳情、質詢等，企圖影響偵查作為。

㈣具技術性及高損害性

金融犯罪者因為精通金融業務及相關的法規，因此其犯行的手段及方法具有巧妙化的傾向。其犯罪標的或為企業本身，或為資本市場，或利用金融商品使投資人或客戶不利益等，故造成的損害遠超過傳統犯罪。

㈤犯罪證據容易湮滅，被告容易串供

　　金融犯罪之證據資料很多存在於企業內部之電磁記錄、傳票帳冊、會議記錄等，一旦東窗事發，一夕之間即得遂行隱匿、變造或湮滅等，造成檢、警、調人員在蒐證上的困難。又此共犯彼此之間往往互為證人，訴訟上利害關係有時一致，有時衝突，為達到彼此掩護目的，共犯間串供的可能性高，爰彼等證詞浮動性很大。

㈥資本市場敏感波動容易影響投資人權益

　　現代資本市場是個資訊充斥的市場，任何風吹草動都可以很輕易造成市場的劇烈變動，何況強烈如司法機關對外的強制處分，當然會對特定企業或整個產業的商譽、股價造成嚴重影響，所以會有「股市禿鷹」存在，利用司法機關辦案前對特定股票放空，從中獲取暴利，此種交易等同傷害投資人權益。

▶第二節　金融犯罪理論

壹、理性選擇理論 (Rational Choice Theory)

　　犯罪學的發展大致可分為古典學派時期（起源於十八世紀）、實證學派時期（起源於十九世紀末）及現代犯罪學時期（起源於二十世紀中），各時期在探索之研究方向上，明顯不同。古典犯罪學派立基於犯罪屬「人的選擇」，且可以透過適當的處罰的威嚇，達到嚇阻的目的，此種理論代表反對早期以超自然觀點解釋犯罪行為的學說，而且為十八世紀末期至十九世紀西方刑事司法體系提供理性理論發展及優勢解釋犯罪行為。

　　古典學派強調嚇阻的概念是建立於處罰的確定性 (Certainty)、嚴厲性 (Severity)、迅速性 (Celerity)。新古典犯罪學派則發展出一般犯罪嚇阻及特別嚇阻等支派，基本上亦延續古典學派的基本原則。許多當代的犯罪學研究者仍深信古典理論的基本原則可適用於今日的犯罪現象；但他們仍努力將古典理論與生活型態、被害者的角色及犯罪者如何使用有限的訊息以作成犯罪的決定等觀念融合在一起，而重建古典理論的中心思想——犯罪係行為人的自由選擇。以下為古典犯罪學派所根據的理論基礎❸：

一、古典學派代表人認為人類一直在追求享樂主義 (Hedonism)，追求功利主義 (Utilitarianism)，追求最大的快樂和最少之痛苦。

二、古典學派認為每個人均有辨別是非的能力及自由意志 (Free Will)，選擇決定其為哪種行為，選擇決定之行為均為避免痛苦而趨向快樂，如果選擇之行為違法則必須接受刑罰。

三、古典學派進一步認為：從刑事司法體系之觀點，人們應有效控制他們自己之行為，如甘為違法之舉，則應接受刑罰之制裁；刑罰乃在給予犯罪人痛苦以抵銷其犯罪行為中所得到之快樂。

八〇年代中葉，犯罪學家們提出「理性選擇」(Rational Choice) 觀點，此一理論係源自古典學派。一九七五年美國政治學家 James Q. Wilison 在其 *Thinking about Crime* 乙書中推翻犯罪因素是貧窮。其主張，違反法律的行為是個人經過思考，包括個人因素（例如金錢的需求、報仇、刺激及快樂）和情境的因素（例如目標物被保護的情況、當地警力的效能）等而決定採取違法的風險。犯罪者在選擇犯罪之前，推論犯罪被捕風險的評估，預期可能被處罰的嚴屬性、犯罪行為的潛在利益，個人從犯罪中所得的立即需求。決定犯一特別類型的犯罪乃根據可得資訊的衡量，同樣地，不著手犯罪也是考慮到前述因素❹。

理性選擇理論認為犯罪行為是一種「特殊攻擊」(Offence-Specific)，故應該透過政策或目標的避免以延後有犯罪之虞者 (Potential Criminals) 違法的時間，以達成犯罪預防的目的❺。美國犯罪學家 Oscar Newman 在七〇年代早期建立「防禦空間」(Defensible Space) 的概念，此理論認為可以透過改變建築的設計，例如改善住宅的照明設備等，達到減少犯罪目的。一九七一年 C. Ray Jeffery 發表 "Crime Prevention Through Environment Design" (CPTED)，此份

---

❸　蔡德輝、楊士隆，《犯罪學》，頁 28–29，五南出版社，2009 年五版。

❹　LARRY J. SIEGEL, *CRIMINOLOGY*, CA: THOMSON WADSWORTH, 90–94 (2009).

❺　LARRY J. SIEGEL, *CRIMINOLOGY*, C.A.: THOMSON WADSWORTH, 110–111 (2000).

研究將 Newman 的理念由住宅區延伸到學校、工廠等非住宅區，根據此種理論，例如保全系統、安全門鎖 (Deadbolt Locks)、密集的路燈均可減少犯罪發生。Ronald Clarke 認為 Situational Crime Prevention 即是對於環境設計及管理，以達到減少遏阻某些犯罪，換句話說，就是要有防制策略。包括減少意圖犯罪者的機會；建構經過設計且可以管理操作的環境；以及增加在著手犯罪時的難度與風險❻。

國際貨幣基金組織 (International Monteary Fund, IMF) 曾統計，國際金融市場存有跨國洗錢問題，估計一年全世界洗錢總金額占全球平均生產毛額 (Gross Domestic Product, GDP) 百分之二至百分之五❼。美國聯邦執法機關曾經初估，每年在其境內進行洗錢的不法資金超過三千億美元，其中有四百至八百億美元來自毒品交易不法利得❽。著者認為，理性選擇理論的兩大要素，分別是犯罪機會及風險評估，犯罪發生必須有潛在的犯罪者及犯罪的機會；犯罪者在行為前會進行評估，評估遭逮捕風險、評估獲利情形、評估刑罰痛苦；簡言之，理性選擇是一種經濟思考模式，犯罪者在經過此種思考後才決定犯罪與否。

金融犯罪屬於身分犯的一種，只有金融機構從業人員，或是具有金融、財務及會計等專業背景者才有機會著手進行金融犯罪。彼等當然具有相當的教育程度，在犯罪前會評估遭逮捕風險、評估獲利情形、評估刑罰痛苦，甚至使用何種管道掩藏犯罪所得。以內線交易為例，相信任何被告或犯罪嫌疑人皆會評估所需投入資金及可得利潤多寡比例。當然渠等在著手犯罪前，一

❻ RONALD V. CLARKE, *SITUATIONAL CRIME PREVENTION: SUCCESSFUL CASES STUDIES*, N.Y.: HARROW & HESTON, 4 (1997).

❼ H.RICHARD FIRMAN & PETER ANDREAS (ED.), *THE ILLICIT GLOBAL ECONOMY AND STATE POWER*, MD.: ROWMAN & LITTLEFIELD PUBLISHERS, 2–3 (1999).

❽ OFFICE OF TECHNOLOGY ASSESSMENT CONGRESS OF THE UNITED STATES, *INFORMATION TECHNOLOGIES FOR THE COUNCIL OF MONEY LAUNDERING*, WASHINGTON, D.C.: GOVERNMENT PRINTING OFFICE, 12–13 (1995).

定因其為《證券交易法》所規範的內部人方有機會與聞「重大消息」。

貳、無規範理論 (Anomie Theory)

在眾多犯罪學的理論中無規範理論最適宜用來解釋金融犯罪。「無規範理論」係源自法國的著名社會學家涂爾幹 (Émile Durkheim, 1858–1917) 所提出的「無規範」(Anomie) 的概念，它係指一種缺乏規範的社會狀態，也即是社會的無規範狀態。因此，涂氏所稱的 Anomie，即是一種無規範 (Normlessness)。在這種狀態下，社會存在著諸多「偏差行為」(Deviant Behavior) 以及社會解組 (Social Disorganization) 的現象❾。「無規範理論」係在涂氏《社會學方法論》(Les Regles de la Methode Sociologique) 書中，探討區別正常與反常的社會現象問題所提出之理論，其主要立論為犯罪是社會上必然存在的規則現象及偏差行為是社會結構的產物。涂氏這種「犯罪現象規則論」是從整個人類社會進展史的觀察，並就社會結構與功能的分析而提出的立論，它只是說犯罪這個社會事實是人類社會進展過程中的規則現象，不可誤解為犯罪是社會的規則行為或是常態行為。事實上，假如就一個社會結構中所有行為模式作比較，犯罪行為還是最為嚴重的偏差行為，也是一種造成社會問題的社會病態行為。

上開涂氏論點，正可解釋經濟犯罪行為，基本上經濟犯罪是任何經濟體系中無法避免的偏差行為，只是由於社會型態的改變，致新型態的經濟犯罪不斷產生，並對整體經濟結構產生衝擊；這種犯罪型態並非僅存於自由經濟，在共產主義計畫經濟結構中仍然會存在，只不過手法上有差異而已。

在涂爾幹「無規範」的原始概念中，係指社會因快速變遷所造成的一種無規範狀態，即指傳統行為規範被瓦解，新行為出現無法規範情形。綜觀國內外，從一九三〇年代美國華爾街崩盤進入大蕭條，到我國一九九六年發生「營建業放款危機」，一九九七發生「亞洲金融風暴」，以及我國一九九九年的「地雷股風暴」、二〇〇二年「企業放款危機」，以及二〇〇五年的「現金卡及信用卡雙卡危機」，二〇〇八年「雷曼兄弟事件」(Lehman Brothers

---

❾　林山田、林東茂、林燦璋，《犯罪學》，頁 137–140，三民書局，2002 年增訂三版。

Holdings Inc.) 都可以看到伴隨而來的重大金融犯罪，似乎回應因「無規範」情境，致金融界毫無忌憚追逐財富。

參、社會學習理論 (Social Learning Theory)

社會學習理論屬於社會過程學派，Albert Bandura 等人認為，犯罪行為人並非天生暴力或是有犯罪傾向，而是透過生活經驗的學習。行為模式是影響犯罪行為最主要的因素，而上開模式係透過家庭成員、環境影響，以及大眾媒體。社會學習理論認為下列四項係形成暴力及侵略性的主要因素：

一、高度刺激，例如肢體或口頭刺激。

二、透過媒體或個人學習侵略性技巧。

三、對於行動的期待，例如相信透過侵略性之行為，可以獲得財產或實際上利益。

四、認為侵略行為係具價值及合理，例如相信侵略性行為具正當性及公正性。

美國犯罪學家 Edwin H. Sutherland 於一九三九年提出不同接觸理論 (Differential Association Theory)，該理論係第一個用個人部分來探討犯罪行為形成之犯罪社會學理論。亦是第一個著重於頻度 (Frequency)、強度 (Intensity)，以及社會關係意義等研究之犯罪社會學理論，其較不重視個人特質，或外在環境的因素。Sutherland 於一九四七年修正其理論主要內容：犯罪係學習而來、係與其他人溝通過程中 (Process of Communication) 發生交互作用 (Interaction) 學習得來 ❿。

幾年前一家金控（原省屬三商銀之一）在南部某分行的辦事員因投資股票失利，差勤不正常而遭調職，當他調入新辦公處所後發現，原承辦人是因侵占公款遭發現而遭公司求償後辭職，遂依樣畫葫蘆學習，將客戶存款、公款轉入已死亡客戶的帳戶後予以侵占持續數年，案發時侵占金額已逾億元。

肆、日常活動理論 (Routine Activity Theory)

Lawrence Cohen 和 Marcus Felson 提出日常活動理論，該理論假設犯罪動

---

❿　同註 ❸，頁 102。

機係支持犯罪行為人遂行犯罪不變的因素，任何一個社會均有成員喜好破壞秩序，違反法律，期完成復仇、貪婪，或其他之目的。就掠奪性犯罪 (Predatory Crime) ⓫ 而言，上開犯罪在美國人日常生活而言，多數與下列三種變項相關 ⓬ ：

一、有合適的標的物，例如有貴重財物置於家中。

二、缺乏有能力監視之人，例如監督者、警察等。

三、有犯罪動機之人，例如無業遊民群聚處所。

　　同樣為省屬三商銀的一家商業銀行，幾年前發生在台北一家分行新進理財專員，平日工作表現勤奮，並主動樂意協助其他同仁的工作。在取得主管及同仁信任、瞭解主管在中午外出用餐時會將主管卡置於一定處所，以及領用新存簿的漏洞後。鎖定目標（一位上櫃公司老闆娘），盜領新存簿為客戶開設「新帳戶」 ⓭，盜賣客戶持有的基金超過六千萬元，存入客戶的「新帳戶」後予以侵占潛逃至中國大陸。

伍、生涯發展理論 (Life-Course Theory)

　　生涯發展理論是一種整合性的犯罪學理論，主張要從一個罪犯一生不同時期（年齡）來看其犯罪原因。近年被社會學及犯罪學領域認為，因為罪犯終其一生在不同時期（年齡）可能遂行的犯罪並不相同，而每一犯罪事實背後原因當然也不一樣，這個理論能夠更深入瞭解犯罪者的動機及原因。

　　哈佛大學的 Sheldon Glueck 和 Eleanor Glueck 教授夫婦，一九三〇年代即開始研究偏差行為的生命周期 (Life Cycle)，是發展理論 (Development Theory) 的先驅。Robert Sampson 和 John Laub 利用現代統計學對 Glueck 夫婦所遺留的資料進行實證研究發現：犯罪行為其實是一個生命的過程，在人生

⓫　係一種以暴力侵害個人而且企圖竊取被害人財物之犯罪。

⓬　LARRY SIEGEL, *CRIMINOLOGY*, CA: THOMSON WADSWORTH, 384–400 (2000).

⓭　因基金買賣資金必須由本人帳戶支出或存入，所以偽刻客戶印章自行為該客戶開設新帳戶。

成長過程中，因為不同的關鍵因素，會造成個體與社會連接增強或減弱，而影響個人的改變。主要論點包括，一、童年的偏差行為（例如青少年非行、脾氣暴戾），將可能導致成年後不易修正的不良行為，例如學習效果不佳、婚姻關係緊張，經濟上無法獨立，乃至於犯罪。二、對於非正式的社會控制之成年人體系內，社會聯繫（Social Bond，例如家庭、教育、職業）對於犯罪行為的影響大於個人的非行，或是反社會背景❶❹。

著者當年撰寫博士論文時曾經前往監獄對數位金融犯罪被告進行深度訪談。其中一位被告生長於單親家庭，學生時代即發願將來要賺很多錢，照顧媽媽。畢業後進入金融機構，努力積極表現，爭取長官信任，為準備與未婚妻成家，開始以專業知識在股市投資。惟遇到資金短缺時將聰明用錯地方，開始偽造有價證券、盜用公司資金。爾後一遇投資失利，即重覆犯行，並以金錢利誘其他同仁參與；雖然在資金缺口獲得回補後也曾經將挪用的公款予以歸墊，但多次偽造有價證券最後挪用資金高達數百億元，遇到股市崩盤時，終於走上不歸路。

▶第三節　金融犯罪成因

二〇〇五年著者曾進行一個量化研究，採分層隨機抽樣 (Stratified Random Sampling)，將母群體依某些特徵加以分類，目的在於使母群體的特性能平均的分布在樣本當中，以提高樣本之代表性。研究對象為司法人員（包含法官、檢察官、檢察事務官，以及調查局人員）、金融監理機關人員，以及金融機構從業人員。受試者有七百九十位（司法人員兩百七十五人，金融監理人員一百一十三人，金融機構人員四百零二人），在全體受試者中有處理金融案件經驗者計二百八十人，無處理金融案件經驗者計四百九十六人。於研究問卷中，假設二十九個金融犯罪發生原因：

　1. 金融機構經營者不遵守法規。
　2. 金融機構經營者道德標準低。

❶❹　LARRY J. SIEGEL, *CRIMINOLOGY*, CA: THOMSON WADSWORTH, 256 (2009).

3.金融機構受僱者未遵循法規。

4.金融機構內控機制不健全。

5.金融機構人員生活交往複雜。

6.金融機構缺乏風險概念投資失利鋌而走險。

7.金融機構受僱人員對法規認識不清。

8.金融機構在開戶時未嚴審客戶信用資料。

9.金融監理人員欠缺犯罪構成要件概念。

10.金融監理人員對新興商品認識不夠。

11.過去金融政策、監理事權不統一。

12.金融監理機關人力預算不足。

13.未對金融機構董事長等重要負責人資格嚴審。

14.司法、金融監理機關缺乏合作機制。

15.相關法規不完備或不明確。

16.偵審時間過長。

17.量刑過輕。

18.被告獲利與民事賠償不相當。

19.司法（警察）人員金融專業知識不足。

20.司法（警察）機關人力預算不足。

21.國際司法互助不足，無法追訴潛逃被告。

22.司法機關對犯罪所得未即時有效凍結扣押。

23.地下通匯提供洗錢管道。

24.金檢人員必須出庭作證有壓力影響證據品質。

25.社會崇侈拜金價值觀。

26.國人缺乏信用觀念人頭戶充斥。

27.國人有隨意將印鑑存摺交付金融機構人員習慣。

28.媒體報導產生學習效應。

29.自動化及電子交易讓被告迅速進行交易。

　利用統計方法對前述二十九個假設的金融犯罪因素，進行實證因子分析

的歸納，經過分析歸納出：「金融犯罪偵審及執行」、「制度及人員專業」、「社會風氣及金融常識」、「金融機構法令遵循」，以及「司法機關人力預算」五個因子。這個結果在統計上是有意義的。

金融犯罪偵審及執行	偵審時間過長；量刑過輕；司法機關對犯罪所得未即時有效凍結、扣押。
制度及人員專業	金融機構缺乏風險概念投資失利鋌而走險；金融機構受雇人對法規認識不清；金融監理人員欠缺犯罪構成要件概念；金融監理人員對新興商品認識不夠；金融政策及監理事權不統一。
社會風氣及金融常識	社會崇侈拜金價值觀；國人缺乏信用觀念人頭戶充斥；國人有隨意將印鑑存摺交付金融機構人員習慣；媒體報導產生學習效應；自動化及電子交易讓被告迅速進行交易。
金融機構法令遵循	金融機構經營者不遵守法規；金融機構經營者道德標準低；金融機構受雇者未遵守法規。
司法機關人力預算	司法機關或司法警察機關人力、預算不足。

進行統計從次數分配發現，九成二受試者同意司法機關對犯罪所得未即時有效凍結扣押，是金融犯罪發生原因，九成一一認為，金融犯罪發生原因在國人缺乏信用理念且人頭戶充斥，九成○八同意金融機構內控機制不健全會造成金融犯罪，九成○七同意國際司法互助不足，無法追訴潛逃被告是金融犯罪發生原因。比較標準差發現，偵審時間過長＝.7800，司法（警察）人員金融專業知識不足＝.7375，量刑過輕＝.7227 最高❶❺。

另法務部調查局在其出版經濟犯罪防制工作年報，將經濟犯罪原因概分為投機圖利、觀念錯誤、有犯罪習慣、受他人牽累、法令缺失、一時錯誤、經營不善、外界引誘、生活煎迫、景氣影響、本性不良、家庭因素、缺乏教育，以及染有不良嗜好等。近五年嫌疑人總數一萬五千零八十三人，其中投機圖利原因者為八千一百八十四人，占百分之五十四點二六，其次錯誤觀念為兩千八百八十四人，占百分之十九點一二，顯見經濟犯罪原因係嫌疑人抱

---

❶❺ 詹德恩，〈金融犯罪成因及防制對策之研究——以司法、金融監理及金融機構人員之觀點為核心〉，國立中正大學犯罪防治所博士論文，2006 年。

持貪婪投機心態牟取不法利益而遂利犯罪❶。另過去久懸未結的案件原因很多，最主要有三項：一、案件事實複雜，查證困難；二、訴訟制度未盡合理；及三、辦案人力不足❶。

　　另外重大金融案件難以迅速審結之原因，就案件本身問題來看，可能有一、案情複雜；二、卷證浩繁；三、資金流向不明等情況。其次，就起訴品質來看，一、起訴事實欠明確，例如「惟查，公訴人於起訴書之犯罪事實欄中對於被告於何時及如何炒作亞瑟公司、台芳公司、普大公司、中鋼構公司股票，是否因此影響證券交易市場秩序等，均未敘及，僅泛稱『進場護盤，連續以高價買入相關股票』云云，已難謂允當；且檢察官就被告犯罪事實，應負舉證責任，並指出證明之方法，為刑事訴訟法第一百六十一條第一項所明定，然迄本案辯論終結，公訴人對該部分事實有何具體證據及其證明方法，均未提出，實難遽為不利被告等之認定。惟因該部分若有罪，與前開被告唐○○、李○○等論罪部分，有連續犯之裁判上一罪關係，爰不另為無罪之諭知。」❶二、扣案證物未整理，以及資金流向未勾稽，皆足以影響案件審結效率。另外被告、辯護人問題則有：一、被告未準時到庭、逃亡；二、辯護人態度消極；三、對證據能力吹毛求疵，甚至有對刑事訴訟新制不熟稔的問題。

　　而從司法本質來看，法官獨立審判，為單兵作戰，不若檢察官之檢察一體，可以指揮警調機關。另因審判不可分，有犯罪事實擴張、併案之問題，例如「偵查檢察官對於移送併辦之事實，除於八十九年十月十六日開庭訊問偵查中同列被告之黃○甲外（詳見北檢八十九年度偵字第一二○九六號卷第一一○頁至第一一一頁），未進行任何偵查程序，徒以法務部調查局臺北市調查處移送書所載事實及證據遽移送本院併案，所為偵查程序，不無草率之虞。而依偵查檢察官所提出移送併辦意旨書及公訴檢察官所提出之補充理由書所載之證據，尚不足為被告黃○乙、陳○○有此部分移送併辦犯行之積極證明，

---

❶　《法務部調查局年經濟犯罪防制工作年報》，頁119–124，2009年。

❶　〈賴院長談司改十年：致力提升審判效能，實現司法為民司法理念〉，《司法周刊》，第1441期，司法院，2009年6月21日。

❶　臺灣臺北地方法院89年度訴字第521號刑事判決。

無從說服本院以形成被告黃○乙、陳○○此部分有罪之心證，已難遽為被告黃○乙、陳○○不利之認定。」❶

　　在刑事訴訟新制實施後，因為落實交互詰問制度，在審理流程所耗費的時間自然會遠超過以往，更何況一審傳訊過的證人到二審仍可能重新傳訊一次，當然會影響案件審結的時間；另外審理態度不積極、專業知識欠缺、經驗不足，甚至操守等問題也都可能成為重大金融案件久懸不決的原因。

▶第四節　我國的金融犯罪情形

壹、早期案例

一、信用合作社與農會信用部

　　金融犯罪本為經濟犯罪之一種，在臺灣法務部官方統計資料，並未將其單獨列出，今日我們回溯我國曾經發生在金融機構的經濟犯罪，而且對當時的經濟發展造成某種程度衝擊，首推一九八五年的「十信案」。就該案實際上是一種違法貸款。

　　一九八五年二月，「十信事件」是國民黨遷臺以來所發生的「最大金融風暴」和「最重大的社會事件」。成立於一九四六年的「臺北市第十信用合作社」（簡稱「十信」），該社擁有七萬餘個存款客戶，存款總額達新臺幣一百五十億元，是臺灣最大的信用合作社。「十信」理事會主席蔡○○，為當時的增額立法委員，多年來利用職權和家庭姻緣關係，先後假借其所經營的「國泰塑膠關係企業」（簡稱「國塑」）職工名義向「十信」貸取鉅款，作為「國塑」運用的資金，導致「十信」周轉不靈。同時，蔡還以辦理「職工存款」的手法，囊括了「國塑」數千名員工的存款新臺幣幾十億元。此一舞弊案暴露後，立即發生擠兌風潮，員工紛紛要求提取自己的存款，「國塑」無法應付，陷入破產，數千名存款者紛紛組成「自救會」，到行政院、總統府請願；受「十信」

❶　臺灣臺北地方法院 89 年度訴字第 892 號刑事判決。

影響，臺灣許多以辦理「職工存款」吸收民營的企業，也相繼發生擠兌存款風潮，如臺灣最大的信託投資公司——國泰信託投資公司，在短時間內就被擠兌現金一百五十億元。因此一事件企業負責人具立法委員身分，爆發後臺灣許多企業受其牽連倒閉，並嚴重打擊總體經濟發展，最後由政府出面接管十信，對於相關人員追訴其刑事責任，當時的經濟及財政兩位部長亦受牽連而下台[20]。

　　我國截至二〇一〇年十一月，信用合作社計二十六家、農會信用部兩百七十五家、漁會信用部二十五家[21]，其中許多係日據時期的市街庄信用組合改組列成，在臺歷史已約有百年，昔日銀行只設在通都大邑，廣大的鄉村地區並無金融機構為農村居民提供必要之金融服務。這種以合作組織的方式，相互調劑資金，發揮金融仲介功能，逐漸成為農村地區最重要的金融機構，對我國農村經濟發展之貢獻是不容抹殺。

　　雖然農會信用部發展至今日，面臨許多問題，其存廢亦一度成為各界關注的議題，二〇〇二年八月，政府亦開始積極面對整頓基層金融的問題。造成信用部弊病百出的原因，有制度上問題，亦有人謀不臧因素，但法制缺漏亦是不容忽視的事實。

　　一九九五年七、八月間，彰化第四信用合作社因人謀不臧，總經理葉〇〇挪用公款二十八億四千多萬元，不僅引發嚴重擠兌，更造成彰化縣內其他信用合作社的擠兌風潮，最後財政部宣布由合作金庫採概括承受方式接管彰化第四信用合作社。根據統計，彰化第四信用合作社之客戶四天內提領約八十億元，整個彰化地區在一週內遭民眾提領約三百億元，堪稱臺灣地區有史以來最嚴重的擠兌事件[22]。

　　臺灣地區農會在一九九五至一九九六年間發生一連串的農會信用部擠兌

---

[20]　同前揭註[15]。

[21]　資料來源：金融監督管理委員會銀行局網站，金融統計指標，http://www.banking.gov.tw/ftp/stat/index/index-1.pdf，最後瀏覽日期：2011/1/31。

[22]　李慶應，〈彰化四信與國票事件的沈思〉，《台灣經濟金融月刊》，第 31 卷第 10 期，頁 5-14，1995 年 10 月。

事件，造成國內金融體系極大動盪與不安，其中又以中壢市農會因爆發超貸案所造成的擠兌事件最為嚴重。中壢市農會信用部當時遭存戶擠兌提領約五十億元，其資金多賴合作金庫、土地銀行、以及農民銀行三家輔導銀行調度。由於中壢市農會信用部逾放比例高達百分之五十，已無清償能力，最後由臺灣省農會信用部予以合併。

　　目前無論法界、金融界，或是學界在探討打擊金融犯罪議題時，均必須面對基層金融機構受到地方派系介入經營，淪為政治人物分贓工具，在選舉時是資金調度中心，在平日則為酬庸樁腳最佳利器，無論在人員進用，或是資金貸放，均可見派系干預，其常見的犯罪態樣為挪用資金，以及違法貸放。

二、地下投資公司

　　臺灣地下投資公司始於一九八二年，最盛時期可能高達一、二百家，吸金手法係以每新臺幣十五萬元為一股，報酬率每年兩萬元，由於投資報酬率高達百分之十三，吸收對象以中產階級的積蓄、軍公教人員的退休金為主，其中規模最大的為「鴻源投資公司」，鴻源公司於一九八○年一月十日宣布停止出金，嚴重衝擊社會安定，引發諸多社會、經濟，以及法律問題。地下投資公司吸收「存款」，並發放「利息」，其犯罪態樣為未經許可，經營銀行業務，係違反銀行法第二十九條之罪，又其最後以宣布破產方式將債權人之資產隱匿，或其他不利之處分，則係破產詐欺一種❷❸。

三、偽造有價證券炒股案

　　一九九四年臺灣證券交易所交易監視小組，發現高興昌股票股價走勢異常，從當年十一月間每股二十三點六元，漲至次年五月間五十六元，懷疑有人為炒作，遂函請調查局調查。經查，鄭○○（興國建設及普全電腦負責人）自一九九二年五月起，開始以收購股權方式介入臺灣日光燈公司及高興昌鋼鐵公司的經營權。由於鄭嫌在短短數年自電信局組長成為兩家公司負責人，又於一九九五年出任臺灣日光燈公司及高興昌鋼鐵公司兩家上市公司董事

---

❷❸　張孟起，《鴻源暴風檔案》，頁 126–131，時報出版社，1995 年。

長，發跡過程令人可疑。以高興昌為例，鄭某在董事改選時持有十八萬餘張該公司股票，依當時市價計算，必須斥資七十餘億元才能當選董事長。一九九五年八月二日檢調人員將鄭某等人約談到案，翌日約談日順證券營業員楊○○及國際票券公司營業員楊嫌，楊○○供稱，渠本人及鄭嫌均聽命於楊嫌，此時調查局人員才開始懷疑楊嫌於高興昌股票炒作乙案係真正要角。楊嫌於八月四日在調查局自白，其如何偽造商業本票，並售予臺灣銀行，詐騙鉅額票款之過程。由於舞弊金額高達三百億元以上，係臺灣票券市場成立二十年以來最嚴重的舞弊案，一位年齡不到三十歲的基層營業員利用公司內部控管疏漏，在不到一年時間內從國際票券公司挪用三百八十七億餘元，不但嚴重傷害該公司利益，幾乎動搖臺灣金融體系❷。

貳、目前狀況

依臺灣高等法院檢察署金融犯罪查緝督導小組作業要點，下列案件係屬重大金融犯罪案件。

一、被害人係一個或一個以上之金融機構，而侵害法益達新臺幣一億元以上之重大經濟犯罪案件。

二、對金融機構信用有重大危害之重大經濟犯罪案件。

三、重大經濟犯罪案件中之主要或關鍵之犯罪行為（例如：詐欺、偽造文書、洗錢等罪）係在金融機構營業體系內進行之案件。

四、銀行法、保險法、證券交易法、期貨交易法及其他財金主管機關監督業務範圍內之重大經濟犯罪案件。

五、行政院金融監督管理委員會（包括銀行局、檢查局及證券期貨局）及中央銀行依其主管機關權責認定之重大經濟犯罪案件。

六、其他嚴重危害金融機構營運或影響社會大眾權益之重大經濟犯罪案件。

二○○八年七月二十九日司法院修正發布「各級法院法官辦理民刑事及特殊專業類型案件年度司法事務分配辦法」，並配套修正「司法院所屬各級法

---

❷　臺灣高等法院 87 年度上更㈡字第 305 號刑事判決。

院設置專業法庭應行注意事項」等部分條文，使專業法庭之設置及運作有遵循之依據。司法院於八月七日正式行文指定臺北地院自同年八月二十八日起設置審理金融等社會矚目案件之專業法庭，並定金融專庭審理案件範圍為(1)違反銀行法、證券交易法、期貨交易法、洗錢防制法、信託業法、保險法、農業金融法等，被害法益達新臺幣一億元以上之案件。(2)其他使用不正之方法，侵害他人財產法益或破壞社會經濟秩序，被害法益達新臺幣一億元以上之案件。(3)其他認為於社會有重大影響，且報經所屬法院院長核定之矚目案件❷。目前臺灣臺北地方法院刑事庭分案要點已將前述金額限制取銷，改以「本點所稱之重大社會矚目之金融案件，由重大金融專庭庭長、審判長決定之」❷。

　　調查局經濟犯罪調查處負責金融犯罪在內的各種金融犯罪偵辦，二〇〇九年偵辦違反銀行法案件五十一件、涉嫌被告一百六十五人，違反期貨交易法案件十七件、涉嫌被告五十二人，違反證券交易法案件八十件、涉嫌被告三百二十三人，違反保險法案件七件、涉嫌被告十五人。上開案件違反銀行法案件涉案標的新臺幣（下同）四百五十四億五千九百一十三萬七千四百三十九元，違反期貨交易法案件涉案標的十二億八千七百七十六萬二千五百五十八元，違反證券交易法案件涉案標的三百七十七億八千二百四十一萬一千三百七十二元，違反保險法案件涉案標的三十一億一千六百二十五萬五千五百四十三元。綜上，僅法務部調查局單一司法警察機關去年偵辦金融犯罪案件之標的共八百七十餘億元。

表2.1　調查局九十四年至九十八年偵辦金融犯罪統計表❷

年度	違反銀行法	違反期貨交易法	違反證券交易法	違反保險法
94	16件（35人）	18件（77人）	53件（238人）	3件（7人）

❷　〈北院 8.28 設置金融專庭，期使重大金融及社會矚目案件妥速審結〉，《司法周刊》，第 1404 期，2008 年 8 月 29 日。

❷　資料來源：臺灣臺北地方法院刑事庭分案要點第 52 條第 9 點，http://tpd.judicial.gov.tw/?struID=3&navID=11&cid=13 最後瀏覽日期：2011/1/31。

❷　資料來源：《法務部調查局 98 年經濟犯罪防制工作年報》，頁 34–37，2009 年。

95	42 件（238 人）	18 件（67 人）	75 件（305 人）	2 件（15 人）
96	48 件（151 人）	18 件（64 人）	67 件（344 人）	3 件（8 人）
97	58 件（201 人）	15 件（57 人）	69 件（235 人）	2 件（5 人）
98	51 件（165 人）	17 件（52 人）	80 件（323 人）	7 件（15 人）

　　臺灣高等法院檢察署統計，二〇〇九年新增觸犯銀行法案件兩百六十二件，被告一千兩百五十六人，終結案件三百三十五件，依通常程序起訴兩百零四件，七百三十人。違反期貨交易法案件一百二十二件，被告四百三十五人，終結案件一百二十九件，依通常程序起訴五十八件，一百五十三人。觸犯證券交易法案件兩百一十件，被告七百八十九人，終結案件二百二十八件，依通常程序起訴一百一十件，三百五十六人。違反保險法案件十一件，被告九十二人，終結案件十四件，依通常程序起訴八件，十六人。

表 2.2　各地方法院檢察署九十四年至九十八年終結金融犯罪統計表 ❷❽

年度	違反銀行法	違反期貨交易法	違反證券交易法	違反保險法
94	59 件（145 人）	78 件（287 人）	175 件（437 人）	19 件（48 人）
95	128 件（481 人）	75 件（270 人）	171 件（524 人）	12 件（41 人）
96	207 件（746 人）	59 件（169 人）	242 件（884 人）	13 件（24 人）
97	263 件（970 人）	81 件（238 人）	238 件（741 人）	18 件（82 人）
98	335 件（1,561 人）	129 件（357 人）	228 件（727 人）	14 件（35 人）

　　根據司法院資料顯示，全國地方法院二〇〇九年終結重大金融犯罪案件一百七十一案，被告人數一千四百六十人，科刑者一千零三十人（有期徒刑一千零二十三人，拘役一人，罰金六人），免除其刑一人，無罪三百一十一人，免訴十三人，不受理二十四人，管轄錯誤十九人，通緝六十人，其他二人。就觸犯法條來看，違反銀行法二十二件（兩百五十三人）、違反保險法一件（二人）、違反證券交易法二十九件（一百五十四人）、違反期貨交易法一件（三人）。

　　二〇〇九年高等法院終結重大金融犯罪案件八十九件，被告人數三百八

❷❽　資料來源：《臺灣法務統計專輯》，第 30 期，頁 9–12，臺灣高等法院檢察署，2009 年。

十八人，科刑者計兩百四十五人（有期徒刑兩百四十四人，罰金一人），無罪
一百二十四人，撤回十人，免訴三人，不受理一人，發回原審三人，其他二
人。就觸犯法條來看，違反銀行法十四件（一百零五人）、違反證券交易法二
十五件（一百零六人）、違反期貨交易法一件（三人）。

▶第五節　小　結

　　金融犯罪會影響整體經濟發展，犯罪者進行洗錢破壞金融秩序，甚至破
壞我國的國際形象，其被告或犯罪嫌疑人為單一個人的機會非常低，以多人
一同犯案，形成共犯結構的情況居多。其犯罪集團分工精密，一定有人熟悉
金融商品的操作，以及流程，犯罪嫌疑人或被告還會透過彼此「學習」，甚至
「跨業結盟」，以阻礙司法機關人員的偵查審理。另外法律規範未能與時俱進，
不僅存有灰色地帶讓心懷狡詐者有機可乘，相對的也讓臺灣金融市場發展受
到延宕。

　　行政院在二〇〇三年曾經成立「金融改革專案小組」，下設「金融犯罪查
緝工作小組」，改革議題包括「積極預防金融犯罪」、「加強金融犯罪檢查」、
「速審速決維護金融紀律」等，回顧當時媒體或文獻，諸如司法機關對犯罪
所得未即時有效凍結扣押、國人缺乏信用觀念造成人頭戶充斥、金融機構內
控機制不健全，這些問題，今日仍然歷歷在目。問題出在哪裡，有司者不可
能不知道，臺灣的資本市場欲與國際接軌，就必須面對這些問題並且優先予
以解決。

第 3 章

金融犯罪的類型

　　一九三九年美國犯罪社會學家 Edwin Sutherland 首先提出白領犯罪概念，係指受人尊重、具有社會地位者，上從達官貴人，包括企業的董事長、總經理，政府高階官員，以及專業執業人士，例如醫師、會計；下至企業的低階主管，或是金融機構從業人員，能夠在其職業活動中，利用其握有的權力遂行犯罪❶。此一觀念係修正傳統犯罪的概念，就行為人的社會階級歸屬性出發，促使犯罪學理論的發展。其在比較上層社會與下層社會犯罪行為，傳統犯罪學研究大多以刑事司法機關，包括警察調查機關、檢察機關，或法院的官方統計，或是刑事司法體系掌握到的行為人作為研究依據，犯罪學者所研究的對象也都侷限於警調機關逮捕到的犯罪嫌疑人，或是經法院判決確定在監執行的受刑人。

　　金融犯罪自應以發生在「金融機構」，或是「金融市場」的犯罪為限。查我國法律對於金融機構的定義僅見於洗錢防制法第五條第一項及行政院金融監督管理委員會組織法第二條第一項。限於個人研究領域，本章討論以發生在銀行業、期貨業、證券業及保險的犯罪類型及刑事責任為討論範圍。

本章學習目標

- 認識發生在銀行業的犯罪
- 認識發生在期貨業的犯罪
- 認識發生在證券業的犯罪
- 認識發生在保險業的犯罪
- 提現為名轉帳為實

---

❶ NEAL SHOVER & JOHN PAUL WRIGHT (ED.), *CRIMES OF PRIVILEGE: READINGS IN WHITE-COLLAR CRIME*, MA: OXFORD UNIVERSITY PRESS, 4–6 (2001).

▶第一節　發生在銀行業的犯罪

壹、地下金融

一、條　文

 銀行法第二十九條

> Ⅰ 除法律另有規定者外，非銀行不得經營收受存款、受託經理信託資金、公眾財產或辦理國內外匯兌業務。
>
> Ⅱ 違反前項規定者，由主管機關或目的事業主管機關會同司法警察機關取締，並移送法辦；如屬法人組織，其負責人對有關債務，應負連帶清償責任。
>
> Ⅲ 執行前項任務時，得依法搜索扣押被取締者之會計帳簿及文件，並得拆除其標誌等設施或為其他必要之處置。

二、構成要件

㈠客觀要件

行　為：

1.經營收受存款。

2.受託經理信託資金、公眾財產。

3.辦理國內外匯兌業務。

行為主體：非經政府許可經營銀行業務以外的企業或個人。例如：地下錢莊、地下投資公司。

行為客體：特定或不特定多數人。

　結　果：經營地下金融、地下投資公司，擾亂金融秩序並破壞金融業特許經營制度。

　㈡主觀要件

　　非銀行業之法人明知非銀行不得經營收受存款、受託經理信託資金、公眾財產或辦理國內外匯兌業務等須經政府特許經營之金融業務，並有意經營前述業務。

　㈢罰　則

《銀行法第一百二十五條第一項》

　　違反第二十九條第一項規定者，處三年以上十年以下有期徒刑，得併科新臺幣一千萬元以上二億元以下罰金。其犯罪所得達新臺幣一億元以上者，處七年以上有期徒刑，得併科新臺幣二千五百萬元以上五億元以下罰金。

三、相關論點

㈠於「收受存款」，銀行法第二十九條之一已經擴大其範圍，凡是以借款、收受投資、使加入為股東或其他名義，向多數人或不特定之人收受款項或吸收資金，而約定或給付與本金顯不相當之紅利、利息、股息或其他報酬者，以收受存款論。

㈡本條為「銀行專業經營原則」，政府為保障公眾利益並維護金融秩序安定，對非經政府特許經營銀行業之企業或個人，若經營銀行業務則應加以禁止，採行此一原則乃世界各國銀行法之通例。假如政府允許一般公司不必經過特許經營就能夠向社會大眾收受存款，因為一般公司並非銀行，既不必依法計繳存款準備金，且收受存款的資金運用亦不在銀行法約束之列，對於存款人的保障明顯不足，倘若該公司經營不善甚至惡性倒閉，存款人的血汗錢將蕩然無存，嚴重的話更會擾亂整體金融秩序，以至於今世界各國對銀行的設立無不採取特許制度進行管理❷。因此，我國銀行法於第二十九條明文規定「銀行專業經營原則」，確立必須是經由政府特許成立之銀行業始能進行收受存款、受託經理信託資金、公眾財產或

---

❷　金桐林，《銀行法》，頁32，三民書局出版，2010 年 4 月修訂七版。

辦理國內外匯兌業務等。另對於未經政府合法特許設立之企業或個人經營銀行業務者，例如地下錢莊、地下投資公司等，可由主管機關或目的事業主管機關會同司法警察取締、移送法辦，並依銀行法第一百二十五條第一項規定：「處三年以上十年以下有期徒刑，得併科新臺幣一千萬元以上二億元以下罰金。其犯罪所得達新臺幣一億元以上者，處七年以上有期徒刑，得併科新臺幣二千五百萬元以上五億元以下罰金。」若為公司企業犯此項規定者，則處罰其行為負責人。本條所處罰的刑責極大，乃因地下錢莊、地下投資公司對於市場經濟具有強大破壞力，並常有詐欺、侵占甚至暴力脅迫等違反刑法規定的犯罪行為產生，因此參酌刑法規定而有此等刑責。

㈢本條為洗錢防制法第三條第一項第九款所指之重大犯罪。

㈣立法沿革

①一九八一年七月十七日修正第一項規定，增列「非銀行不得受託經理信託資金」。由於受託經理信託資金係屬信託投資公司主要業務，非銀行應不得經營，爰予增列，同時刪除第一項但書關於受託人收存「寄託款項」或收受「定金」、「保證金」之規定。由於前述事項係屬私法上債之關係，當事人原可依民事法規之規定為之並受法律保障，無庸於銀行法中重複規定。刪除第一項但書及第二項關於工商企業收受工儲蓄之規定。經營收受存款，屬於金融機構之專業，為現代國家銀行業務之常軌，良以金融機構之功能，在溝通儲蓄與投資，並使社會資金獲得有效之利用，而政府為保障存款人之權益，並確保金融政策之貫徹，對金融機構宜有相當之管理，如聽任非金融機構經營存款業務，極易導致擾亂金融，危害社會大眾。且目前工商企業向職工收受存款，大多均以立借據方式為之，實質上可視為企業向其職工借款，此屬私人間金錢消費借貸，民法對此已有明白規定，亦不必於銀行法中規定。

②一九八九年七月十七日由於違法之公司之主管機關並非財政部，取締工作實務執行上困難重重，爰修正第二項，明定由主管機關或目的事業主管機關會同司法警察機關取締。鑑於取締事宜與人民權益有關，爰將「其取締辦法由中央主管機關定之」刪除，增列第三項明定有關取締規定，期使取締產生效果。

四、相關案例

案例一　　地下匯兌（臺灣高等法院高雄分院九十七年金上重
　　　　　　訴字第三號刑事判決）

　　楊〇〇為啟〇國際貿易股份有限公司（下稱啟〇公司，於二〇〇三年初解散）之登記負責人，褚〇〇係啟〇公司實際之負責人，褚〇〇另在中國大陸廣東省設立塘〇有色金屬股份有限公司（下稱塘〇公司），李〇〇則係在大陸廣東經商之臺商。詎楊、褚及李〇〇三人，自二〇〇一年一月間某日起至二〇〇二年十一月間某日止，接受不特定客戶之委託，從事臺灣地區與大陸地區兩地間之匯兌業務，其方式係由楊〇〇及褚〇〇分別利用渠等本人或其他不知情之親友、公司員工於華〇商業銀行新興分行所設立六個帳戶，或由李〇〇利用其本人或其他不知情親友、同學於臺南市〇〇信用合作社金華分社所設立十四個帳戶，針對在大陸地區需用人民幣之客戶，在當地談妥匯率及費用後，由客戶囑其在臺灣地區之親友或公司員工將商定金額之新臺幣匯至前述所使用華〇商業銀行新興分行六個帳戶內，或先匯至李〇〇所使用臺南市〇〇信用合作社金華分社十四個帳戶，再由李〇〇轉匯至褚、楊二人所使用之六個帳戶內，匯款之客戶於匯款後即將匯款收據（俗稱水單）傳真或以電話通知李〇〇或渠等指定之人，並同時告知在大陸地區之收款人、匯款帳戶等資料，再由楊、褚、李三人或渠等所委託之人依雙方商定之費用及匯率換算後之人民幣款項以現金或匯款之方式給付予該等不特定客戶所指定之人，以此方式賺取匯率價差之利益，而共同非法經營辦理臺灣地區與大陸地區兩地間之匯兌業務。總計自二〇〇一年一月間某日起至二〇〇二年十一月間某日止，由褚〇〇、楊〇〇所使用六個華〇商業銀行新興分行帳戶，共收到五百零二筆匯款，非法匯兌交易金額達新臺幣九億一千零二十萬九千九百零九元。

案例二　違法吸金（臺灣高等法院高雄分院九十九年上訴字第一二二四號刑事判決）

　　蒲○○與林○○於二○○五年二月間，在高雄市籌組宏○不動產開發有限公司（下稱宏○公司），並於二○○五年二月十八日核准設立登記，及於同日取得營利事業登記證。詎二人竟共同基於違反銀行法之犯意聯絡，自二○○五年二月間某日起，以宏○公司之名義推出「大富菁英 TOP 專案」（下簡稱大富專案），該專案以共同經營事業並保證高額獲利之方式，對外招攬不特定之投資人以吸收資金。其專案內容為：「投資一定金額，投資期間五年，自投資款匯入公司指定帳戶之翌日起第二個月開始，投資人可按月領取含本及紅利之投資款，並可免費享有宏○公司各項服務」。例如，以投資新臺幣四十萬元為例，投資期間為期五年，每月可領回饋金一萬元，總共六十個月可領回饋金六十萬元，總獲利二十萬元。因上開專案所稱之獲利甚豐，於二○○五年三月間至同年七月間即吸引民眾黃○○等人先後投資合計二百二十萬元之款項，並依指示以現金支付或匯款之方式，將投資款匯入宏○公司華○商業銀行光華分行之帳戶。嗣後宏○公司依其營運狀況，無法依所訂之獎金、紅利制度長期經營，蒲○○於有偵查犯罪職權之機關或公務員發覺上開違反銀行法收受存款犯行前，於二○○六年一月三日具狀向臺灣高雄地方法院檢察署自首，並接受裁判。

貳、行員背信

一、條　文

銀行法第一百二十五條之二

I 銀行負責人或職員，意圖為自己或第三人不法之利益，或損害銀行之
利益，而為違背其職務之行為，致生損害於銀行之財產或其他利益者，
處三年以上十年以下有期徒刑，得併科新臺幣一千萬元以上二億元以
下罰金。其犯罪所得達新臺幣一億元以上者，處七年以上有期徒刑，
得併科新臺幣二千五百萬元以上五億元以下罰金。

II 銀行負責人或職員，二人以上共同實施前項犯罪之行為者，得加重其
刑至二分之一。

III 第一項之未遂犯罰之。

IV 前三項規定，於外國銀行或經營貨幣市場業務機構之負責人或職員，
適用之。

二、構成要件

㈠客觀要件

行　為：為違背其職務之行為，不論行為是否既遂。

行為主體：銀行、外國銀行或經營貨幣市場業務機構之負責人或職員。

行為客體：銀行。

結　果：致生損害於銀行之財產或其他利益。

㈡主觀要件

　銀行負責人或職員，意圖為自己或第三人不法之利益，或意圖損害銀行
之利益。

三、相關論點

㈠本條立法參考自刑法第三百四十二條背信罪，由於刑法法定刑僅處五年以下有期徒刑、拘役或科或併科一千元以下罰金。相較於金融犯罪，特別是銀行負責人或職員，意圖為自己或第三人不法之利益，或損害銀行之利益，而為違背其職務之行為，往往造成銀行重大損失、危害存款戶權益或對金融交易秩序產生重大影響，加上銀行高階主管若有牟取不法利益意圖，不法獲利的金額通常極高，倘僅依照刑法第三百四十二條論處，勢必將難收嚇阻效果，故針對此類的金融犯罪，於銀行法另設特別處罰規定。

㈡本條與刑法第三百四十二條背信罪相同，對於未遂犯罰之，因此不論背信行為既遂與否，亦不論是否對於銀行之財產或者其他利益發生損害，皆構成本條之罪。

㈢立法沿革

①二〇〇〇年十一月一日為防範銀行、外國銀行及經營貨幣市場業務機構之負責人或職員藉職務牟取不法利益，爰參考組織犯罪防制條例第三條第一項之制度，而較刑法第三百四十二條之背信罪加重其刑事責任。另為避免銀行負責人或職員二人以上共同實施第一項犯罪之行為，而嚴重損害銀行之財產或其他利益，爰明定得加重處罰，以達嚇阻之效。

②二〇〇四年二月四日鑑於銀行負責人或職員為背信行為，對銀行之財產或其他利益所侵害法益甚大，爰提高罰金刑度為新臺幣一千萬元以上二億元以下罰金。其次，就銀行負責人或職員背信之金融犯罪而言，行為人犯罪所得愈高，對金融秩序之危害通常愈大。爰於第一項後段增訂，如犯罪所得達新臺幣一億元以上者，處七年以上有期徒刑，得併科新臺幣二千五百萬元以上五億元以下罰金。

㈣相關法律

《刑法第三百四十二條》

I 為他人處理事務，意圖為自己或第三人不法之利益，或損害本人之利益，

而為違背其任務之行為，致生損害於本人之財產或其他利益者，處五年以下有期徒刑、拘役或科或併科一千元以下罰金。

Ⅱ前項之未遂犯罰之。

四、相關案例

案例一 盜領公款（臺灣臺北地方法院九十八年金訴字第五十九號刑事判決）

陳○○自二○○六年九月起，在台○國際商業銀行股份有限公司（下稱台○銀行）擔任法務專員，負責領回假扣押擔保金等職務，因其積欠卡債，於職務執行中發現銀行內部作業未落實流程控管、稽核有漏洞，竟意圖為自己不法之利益，違反與台○銀行間簽立僱傭契約內容及員工服務規約、員工作業規約等規定，自二○○六年十月十九日起，在臺灣臺北地方法院、臺灣板橋地方法院之提存所辦妥取回提存物程序，領回四十一筆假扣押擔保金後，即違背其職務，均未繳回台○銀行，而挪為己用，侵占金額共計達新臺幣三百四十八萬五千元，足以生損害於台○銀行之財產。

案例二 商業間諜（臺灣士林地方法院九十八年審金訴字第十三號刑事判決）

郭○○自二○○一年十一月十一日起至二○○八年四月十一日止，在遠○國際商業銀行擔任襄理，離職後，即至安○商業銀行任職，負責產品分期付款規劃；江○○則自二○○四年七月二十六日起至二○○八年八月二日止，在遠○商銀擔任高級辦事員。郭○○為規劃安○銀行分期付款計畫，於二○○八年六、七月間，央求當時在遠○商銀任職之江○○提供遠○商銀分期付款案件申貸作業查詢系統之帳號及密碼，江○○明知依遠○商銀內部規定，有堅守因業務上知悉及持有相關客戶資料等工商秘密之義務，竟與郭○○意

圖為第三人安〇銀行規劃分期付款計畫不法利益之犯意聯絡，將上開查詢系統之帳號及密碼提供予郭〇〇使用，郭〇〇因此於二〇〇八年六、七月間，多次在安〇銀行，輸入上開帳號、密碼登入遠〇商銀上開案件查詢系統，並將該案件查詢系統內之合作廠商資訊、遠〇商銀分期業務之承作條件及各種業務量之統計表等工商秘密使用於安〇銀行產品分期付款規劃資料中，使安〇銀行因而取得市場競爭優勢，致生損害於遠〇商銀之利益。

參、金融詐欺

一、條　文

銀行法第一百二十五條之三

> I 意圖為自己或第三人不法之所有，以詐術使銀行將銀行或第三人之財物交付，或以不正方法將虛偽資料或不正指令輸入銀行電腦或其相關設備，製作財產權之得喪、變更紀錄而取得他人財產，其犯罪所得達新臺幣一億元以上者，處三年以上十年以下有期徒刑，得併科新臺幣一千萬元以上二億元以下罰金。
> II 以前項方法得財產上不法之利益或使第三人得之者，亦同。
> III 前二項之未遂犯罰之。

二、構成要件

㈠客觀要件

行　為：

1. 施行詐術，使銀行將銀行或第三人之財物交付。
2. 以不正方法將虛偽資料或不正指令輸入銀行電腦或其相關設備，製作財產權之得喪、變更紀錄。

3.行為不論是否既遂。

行為主體：銀行、外國銀行或經營貨幣市場業務機構之負責人或職員。

行為客體：

1.銀行或第三人之財物。

2.銀行電腦或其相關設備。

結　果：

1.使銀行將銀行或第三人之財物交付。

2.製作財產權之得喪、變更紀錄而取得他人財產。

㈡主觀要件

意圖為自己或第三人不法之所有。

三、相關論點

㈠本條為刑法第三百三十九條普通詐欺罪、第三百三十九條之三違法製作
財產權之處罰之特別規定❸。按使用偽造、變造信用卡、金融卡、儲值
卡或其他相類作為簽帳、提款、轉帳或支付工具之電磁紀錄物，其犯罪
亦有刑法第二百零一條之一之規範。惟對銀行詐欺犯罪所得愈高，對金
融秩序及社會大眾通常危害愈大，為防範對銀行之詐欺行為，維持金融
秩序，針對犯罪所得達新臺幣一億元以上者，增訂處三年以上十年以下
有期徒刑，得併科新臺幣一千萬元以上二億元以下罰金之規定。若其犯
罪所得利益超過罰金最高額時，按銀行法第一百二十五條之四第三款之
加重事由規定，得於所得利益之範圍內加重罰金；如損及金融市場穩定
者，加重其刑至二分之一。

㈡另依銀行法第一百二十五條之六規定本條為洗錢防制法第三條第一項所
定之重大犯罪，適用洗錢防制法之相關規定。

㈢立法理由

　　詐欺犯罪依現行刑法第三百三十九條或第三百三十九條之三等規定已有
相關規範。另使用偽造、變造信用卡、金融卡、儲值卡或其他相類作為簽帳、

---

❸　參見最高法院 99 年台上字第 4772 號刑事判決。

提款、轉帳或支付工具之電磁紀錄物，其犯罪亦有刑法第二百零一條之一之規範。惟對銀行詐欺犯罪所得愈高，對金融秩序及社會大眾通常危害愈大，為防範對銀行之詐欺行為，維持金融秩序，針對犯罪所得達新臺幣一億元以上者，增訂處三年以上十年以下有期徒刑，得併科新臺幣一千萬元以上二億元以下罰金之規定。

㈣相關法律

《刑法第二百零一條之一》（偽造變造有價證券供行使罪）

I 意圖供行使之用，而偽造、變造信用卡、金融卡、儲值卡或其他相類作為簽帳、提款、轉帳或支付工具之電磁紀錄物者，處一年以上七年以下有期徒刑，得併科三萬元以下罰金。

II 行使前項偽造、變造之信用卡、金融卡、儲值卡或其他相類作為簽帳、提款、轉帳或支付工具之電磁紀錄物，或意圖供行使之用，而收受或交付於人者，處五年以下有期徒刑，得併科三萬元以下罰金。

《刑法第三百三十九條》（普通詐欺罪）

I 意圖為自己或第三人不法之所有，以詐術使人將本人或第三人之物交付者，處五年以下有期徒刑、拘役或科或併科一千元以下罰金。

II 以前項方法得財產上不法之利益或使第三人得之者，亦同。

III 前二項之未遂犯罰之。

《刑法第三百三十九條之三》（違法製作財產權之處罰）

I 意圖為自己或第三人不法之所有，以不正方法將虛偽資料或不正指令輸入電腦或其相關設備，製作財產權之得喪、變更紀錄，而取得他人財產者，處七年以下有期徒刑。

II 以前項方法得財產上不法之利益或使第三人得之者，亦同。

四、相關案例

案　例　　貸款詐欺──皇〇科技案（最高法院九十九年台上字第四七七二號刑事判決）

　　皇〇科技之董事長、副總經理自一九九九年八月間起，至二〇〇四年八月間止，意圖為第三人不法之所有，並基於概括之犯意，連續向銀行以支票貼現貸款之方式，總計詐得新臺幣十六億五千三百零五萬九百六十元；自二〇〇一年一月起至二〇〇四年八月間止，連續向銀行，以信用狀貸款之方式，共計詐得二億七千三百一十八萬七千六百三十元、美金一百三十九萬兩千八百七十四元、港幣三千九百二十一萬元。

　　由董事長指示副總經理，持皇〇公司、豐〇公司、鍏〇公司不實之會計憑證發票、財務報表暨會計師查核報告，於一九九九年八月間至二〇〇四年八月間，連續向彰〇銀行等多家金融機構，謊稱為真實交易及前開公司之真實財務狀況，以支票貼現貸款方式（按依金融實務，以本票貸款稱為「票借」，以支票貸款稱為「貼現」，以下仍依一般習慣，俗稱為票貼），向該等金融機構詐貸，使該等金融機構均陷於錯誤，核定貸款額度，足以生損害於各該銀行，經整理核算後，共交付皇〇公司新臺幣八千三百二十九萬五千九百三十二元、豐〇公司新臺幣十一億五千九百一十二萬一千五百八十一元、鍏〇公司新臺幣四億一千零六十三萬三千四百四十七元，總計詐得新臺幣十六億五千三百零五萬九百六十元。

　　復於二〇〇一年一月至二〇〇四年八月間，由董事長指示副總經理，持皇〇公司、豐〇公司之不實之會計憑證發票、財務報表暨會計師查核報告，連續向彰〇銀行等多家金融機構，謊稱為皇〇公司、豐〇公司之真實交易及真實財務狀況，以信用狀貸款之方式，向該等金融機構詐貸，使該等金融機構陷於錯誤，核定貸款額度，足以生損害於各該銀行，經整理核算後，共交付：新臺幣二億七千三百一十八萬七千六百三十元、美金一百三十九萬兩千八百七十四元及港幣三千九百二十一萬元信用狀貸款予皇〇公司及豐〇公司。

肆、不當利益

一、條　文

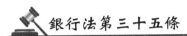 **銀行法第三十五條**

> 銀行負責人及職員不得以任何名義，向存戶、借款人或其他顧客收受佣金、酬金或其他不當利益。

二、構成要件

㈠客觀要件

行　　為：收受佣金、酬金或其他不當利益。

行為主體：銀行、外國銀行或經營貨幣市場業務機構之負責人或職員。

行為客體：存戶、借款人或其他顧客。

結　　果：透過其職務行為取得薪資以外之額外收入。

㈡主觀要件

明知不得以任何名義向存戶、借款人或其他顧客收受業務以外之其他費用或酬金，卻有意為之。

㈢罰　則

《銀行法第一百二十七條》

Ⅰ 違反第三十五條規定者，處三年以下有期徒刑、拘役或科或併科新臺幣五百萬元以下罰金。但其他法律有較重之處罰規定者，依其規定。

Ⅱ 違反第四十七條之二或第一百二十三條準用第三十五條規定者，依前項規定處罰。

三、相關論點

㈠銀行、外國銀行或經營貨幣市場業務機構之負責人或職員明知不得以任何名義向存戶、借款人或其他顧客收受業務以外之其他費用或酬金，卻有意並著手實施並透過其職務行為取得薪資以外之額外收入時，則違反銀行法第三十五條規定並有銀行法第一百二十七條第一項規定之罰則，另但書規定其他法律有較重之處罰規定者，依其規定。若行為人具備有公務員身分，有收受賄賂或其他不正利益者，將符合貪污治罪條例第四條至第六條之規定，最高處無期徒刑或十年以上有期徒刑，得併科新臺幣一億元以下罰金，最低亦處五年以上有期徒刑，得併科新臺幣三千萬元以下罰金，即便行為未遂亦處罰之，此皆為銀行法第一百二十七條第一項但書之明文，當其他法律有較重之處罰規定者，依其規定已為較重之處罰，自不須援引本條規定。

㈡立法理由

　　銀行法第一百二十七條之罰金刑度經參考第一百二十五條之一有關損害銀行信用罪之刑度後，酌予提高，以收嚇阻之效，並取得衡平。又明定經營貨幣市場業務之機構或外國銀行準用第三十五條之處罰。

㈢相關法律

《貪污治罪條例第四條》

I 有下列行為之一者，處無期徒刑或十年以上有期徒刑，得併科新臺幣一億元以下罰金：

一、竊取或侵占公用或公有器材、財物者。

二、藉勢或藉端勒索、勒徵、強占或強募財物者。

三、建築或經辦公用工程或購辦公用器材、物品，浮報價額、數量、收取回扣或有其他舞弊情事者。

四、以公用運輸工具裝運違禁物品或漏稅物品者。

五、對於違背職務之行為，要求、期約或收受賄賂或其他不正利益者。

II 前項第一款至第四款之未遂犯罰之。

《貪污治罪條例第五條》

I 有下列行為之一者，處七年以上有期徒刑，得併科新臺幣六千萬元以下罰金：

一、意圖得利，擅提或截留公款或違背法令收募稅捐或公債者。

二、利用職務上之機會，詐取財物者。

三、對於職務上之行為，要求、期約或收受賄賂或其他不正利益者。

II 前項第一款及第二款之未遂犯罰之。

《貪污治罪條例第六條》

I 有下列行為之一，處五年以上有期徒刑，得併科新臺幣三千萬元以下罰金：

一、意圖得利，抑留不發職務上應發之財物者。

二、募集款項或徵用土地、財物，從中舞弊者。

三、竊取或侵占職務上持有之非公用私有器材、財物者。

四、對於主管或監督之事務，明知違背法律、法律授權之法規命令、職權命令、自治條例、自治規則、委辦規則或其他對多數不特定人民就一般事項所作對外發生法律效果之規定，直接或間接圖自己或其他私人不法利益，因而獲得利益者。

五、對於非主管或監督之事務，明知違背法律、法律授權之法規命令、職權命令、自治條例、自治規則、委辦規則或其他對多數不特定人民就一般事項所作對外發生法律效果之規定，利用職權機會或身分圖自己或其他私人不法利益，因而獲得利益者。

II 前項第一款至第三款之未遂犯罰之。

四、相關案例

案例　銀行人員收取佣金（臺灣板橋地方法院九十四年金訴字第二號刑事判決）

方○○係某銀行分行經理，向○○為分行副理，二人均負責放款之審核

業務。緣柯○○一九九八年三、四月間任職於展○交通公司擔任經理期間，因公司之資金需求，而與該銀行有往來而認識方、向二人，嗣因該銀行推廣「無擔保免保人消費者貸款」業務，柯某乃自一九九八年十二月間起至一九九九年三月底止直接或輾轉介紹數人向該銀行申辦「無擔保免保人消費者貸款」，因均由向○○擔任覆核，柯○○因自部分借款人處獲得佣金，且為答謝向○○，乃於前開期間，將自借款人所得之部分佣金，分兩次在分行門口各交付新臺幣五千元予向○○，而向○○明知銀行職員不得以任何名義向借款人收受佣金，竟基於概括之犯意連續收受之；另於一九九九年農曆年前，前開借款人辦理「無擔保免保人消費者貸款」，因遲未核准，經柯某詢問向某後，自忖係因未交付佣金予經理方○○，柯某乃於一九九九年二月上旬某日，在分行經理辦公室內交付一萬元予方○○，詎方○○明知銀行負責人不得以任何名義向借款人收受佣金，竟基於概括之犯意而仍加以收受，其後柯某復於一九九九年五月至同年八月間，陸續直接或輾轉介紹借款人數人向姓副理辦理「無擔保免保人消費者貸款」，於審核通過並撥款後，柯某復將自借款人所得之部分佣金，以每件五千元之數額，分次在方○○辦公室內交付，方某亦承前開概括犯意而連續收受之。

伍、不當關係人交易1（對利害關係人為無擔保授信之限制）

一、條　文

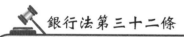 銀行法第三十二條

> I 銀行不得對其持有實收資本總額百分之三以上之企業，或本行負責人、職員、或主要股東，或對與本行負責人或辦理授信之職員有利害關係者，為無擔保授信。但消費者貸款及對政府貸款不在此限。
> II 前項消費者貸款額度，由中央主管機關定之。

Ⅲ本法所稱主要股東係指持有銀行已發行股份總數百分之一以上者；主要股東為自然人時，本人之配偶與其未成年子女之持股應計入本人之持股。

二、構成要件

㈠客觀要件

行　　為：對利害關係人為無擔保授信。

行為主體：就授信行為依法應負責任的行為人。

行為客體：

1.持有實收資本總額百分之三以上之企業。

2.本行負責人、職員。

3.主要股東。

4.對與本行負責人或辦理授信之職員有利害關係者。

結　　果：為無擔保之授信。

㈡主觀要件

就授信行為依法應負責任的行為人，明知對方為不得無擔保授信之企業或本行負責人、職員或主要股東及對與本行負責人或辦理授信之職員有利害關係者仍有意為之。

㈢罰　則

《銀行法第一百二十七條之一第一項》

行為負責人，處三年以下有期徒刑、拘役或科或併科新臺幣五百萬元以上二千五百萬元以下罰金。

三、相關論點

本條旨在規範銀行不得對其關係企業及內部人員等為無擔保授信，為更

周延防範銀行利害關係人利用職務之便，承作不當授信，並規範對銀行經營具影響力的主要股東及銀行投資之企業。銀行對其關係人承作一般消費者貸款，為小額無擔保放款，又銀行對政府之授信，風險甚小，且部分係為配合經濟發展計畫所需，故不予限制。銀行違反利害關係人授信限制中有關授信限額、授信總餘額及程序規定或違反有關對生產事業直接投資之限額及程序規定者，本質上為違反行政秩序之行為，不具有反道德及反倫理的非難性，處以行政罰較為妥適（銀行法第一百二十七條之一第二項）。

陸、不當關係人交易 2（對利害關係人為擔保授信之限制）

一、條　文

🔨 **銀行法第三十三條**

> Ⅰ 銀行對其持有實收資本總額百分之五以上之企業，或本行負責人、職員、或主要股東，或對與本行負責人或辦理授信之職員有利害關係者為擔保授信，應有十足擔保，其條件不得優於其他同類授信對象，如授信達中央主管機關規定金額以上者，並應經三分之二以上董事之出席及出席董事四分之三以上同意。
> Ⅱ 前項授信限額、授信總餘額、授信條件及同類授信對象，由中央主管機關洽商中央銀行定之。

二、構成要件

㈠客觀要件

行　為：對利害關係人為擔保授信。

行為主體：就授信行為依法應負責任的行為人。

行為客體：

1.持有實收資本總額百分之五以上之企業。

2.本行負責人、職員。

3.主要股東。

4.對與本行負責人或辦理授信之職員有利害關係者。

結　果：為擔保之授信時，應有十足擔保，其條件不得優於其他同類授信對象。

㈡主觀要件

就授信行為依法應負責任的行為人，明知對方為持有實收資本總額百分之五以上之企業或本行負責人、職員或主要股東及對與本行負責人或辦理授信之職員有利害關係者除應有十足擔保且其條件不得優於其他同類授信對象否則不得為擔保授信而有意為之。

㈢罰　則

《銀行法第一百二十七條之一第一項》

行為負責人，處三年以下有期徒刑、拘役或科或併科新臺幣五百萬元以上二千五百萬元以下罰金。

三、相關論點

㈠為更嚴謹規範銀行對其利害關係人授信，一九九二年十月銀行法修正第三十三條，將原有第一項條文「銀行對本行負責人或職員，或對與本行負責人或辦理授信之職員有利害關係者為擔保授信，其條件不得優於其他同類授信對象。」將授信對象擴大包括：對其持有實收資本總額百分之五以上之企業，以及主要股東。

如授信達中央主管機關規定金額以上者，並應經三分之二以上董事之出席及出席董事四分之三以上同意。另為有效規範銀行對利害關係人的大額授信，同時修正同條文第二項，中央主管機關在洽商中央銀行後得訂定授信限額、授信總餘額、授信條件及同類授信對象規範。

㈡本條與第三十二條所謂之「利害關係人」，於銀行法第三十三條之一明文規定為有下列情形之一者：一、銀行負責人或辦理授信之職員之配偶、

三親等以內之血親或二親等以內之姻親。二、銀行負責人、辦理授信之職員或前款有利害關係者獨資、合夥經營之事業。三、銀行負責人、辦理授信之職員或第一款有利害關係者單獨或合計持有超過公司已發行股份總數或資本總額百分之十之企業。四、銀行負責人、辦理授信之職員或第一款有利害關係者為董事、監察人或經理人之企業。但其董事、監察人或經理人係因投資關係，經中央主管機關核准而兼任者，不在此限。五、銀行負責人、辦理授信之職員或第一款有利害關係者為代表人、管理人之法人或其他團體。

柒、不當關係人交易 3（銀行間主要人員相互授信之禁止）

一、條　文

銀行法第三十三條之二

> 銀行不得交互對其往來銀行負責人、主要股東，或對該負責人為負責人之企業為無擔保授信，其為擔保授信應依第三十三條之規定辦理。

二、構成要件

(一)客觀要件

行　為：對銀行間主要人員相互授信。

行為主體：就授信行為依法應負責任的行為人。

行為客體：

1.往來銀行負責人。

2.往來銀行主要股東。

3.往來銀行負責人之企業。

結　果：為無擔保授信。

㈡主觀要件

就授信行為依法應負責任的行為人，明知對方為不得為無擔保授信之往來銀行負責人、主要股東及對往來銀行負責人之企業仍有意為之。

㈢罰　則

《銀行法第一百二十七條之一第一項》

行為負責人，處三年以下有期徒刑、拘役或科或併科新臺幣五百萬元以上二千五百萬元以下罰金。

三、相關論點

本條旨在避免銀行主要人員相互利用職務之便，進行不當之關係人交易。但符合每一消費者不超過新臺幣一百萬元之消費者貸款額度者，則不在此限❹。

捌、不當關係人交易 4（利用他人名義申辦授信之適用）

一、條　文

銀行法第三十三條之四

I 第三十二條、第三十三條或第三十三條之二所列舉之授信對象，利用他人名義向銀行申請辦理之授信，亦有上述規定之適用。

II 向銀行申請辦理之授信，其款項為利用他人名義之人所使用；或其款項移轉為利用他人名義之人所有時，視為前項所稱利用他人名義之人向銀行申請辦理之授信。

---

❹　行政院金融監督管理委員會，金管銀法字第 09900139040 號，民國 99 年 6 月 15 日。

二、構成要件

㈠客觀要件

行　為：利害關係人利用他人名義辦理授信借款後，供利害關係人使用。

行為主體：就授信行為依法應負責任的行為人。

行為客體：銀行法第三十二條、第三十三條或第三十三條之二所列之人。

結　果：辦理無擔保授信、擔保授信。

㈡主觀要件

就授信行為依法應負責任的行為人，明知第三十二條、第三十三條或第三十三條之二所列之人利用他人（人頭）名義辦理授信，卻未遵守前述條文相關規定而擅意為之。

㈢罰　則

《銀行法第一百二十七條之一第一項》

行為負責人，處三年以下有期徒刑、拘役或科或併科新臺幣五百萬元以上二千五百萬元以下罰金。

三、相關論點

㈠為防範銀行所持有實收資本總額百分之三以上之企業或百分之五以上之企業、或銀行負責人、職員、主要股東及利害關係人利用人頭規避相關規定增列第一項。第二項係參考美國聯邦準備法以舉例方式說明前項所稱利用他人名義向銀行申請辦理之授信，以加強實效。

㈡就銀行本身進行授信前管理而言，銀行須對客戶進行徵信，評估其資金需求性、償債能力、信用能力、未來展望及擔保等，而就授信事後管理言，亦應對之有所追蹤控管。此授信流程中，「是否利用他人名義申請授信」，應以盡善良管理人注意義務，從徵信中及授信貸後管理中發覺❺。

---

❺　財政部，台財融㈠字第 90738566 號，民國 90 年 5 月 9 日。

▶第二節　發生在期貨業的犯罪

壹、期貨詐欺

一、條　文

期貨交易法第一百零八條

I 從事期貨交易，不得有對作、虛偽、詐欺、隱匿或其他足生期貨交易人或第三人誤信之行為。

II 前項所稱對作，指下列之行為：

一、場外沖銷。

二、交叉交易。

三、擅為交易相對人。

四、配合交易。

二、構成要件

㈠客觀要件

行　為：對作、虛偽、詐欺、隱匿或其他足生期貨交易人或第三人誤信之行為。

行為主體：從事期貨交易之人。

行為客體：特定或不特定期貨交易人或第三人。

結　果：足生期貨交易人或第三人誤信之行為結果。

㈡主觀要件

從事期貨交易之人明知不得有對作、虛偽、詐欺、隱匿或其他足生期貨

交易人或第三人誤信之行為而有意為之。

　㈢罰　則

《期貨交易法第一百十二條》

　處七年以下有期徒刑，得併科新臺幣三百萬元以下罰金。

三、相關論點

　　所謂場外沖銷，指期貨商接受期貨交易人委託後，未至期貨交易所從事期貨交易，而直接或間接私自承受或居間與其他期貨交易人為交易之行為；所謂交叉交易，指期貨商為使特定期貨交易人成為另一期貨交易人期貨交易之他方當事人，未依公開競價方式，而直接或間接私自居間所為期貨交易之行為；所謂擅為交易相對人，指期貨商未經期貨交易人事前書面同意，且未依期貨交易所規則之規定，而成為該期貨交易人賣出委託之買方或該期貨交易人買進委託之賣方；所謂配合交易，指期貨商或其他任何人，未依公開競價方式，而以直接或間接方式相互配合所為期貨交易之行為；但此不包括依法令得不在期貨交易所進行之期貨交易。

四、相關案例

案　例　最高法院九十四年臺上字第一四三四號刑事判決

　　被告張○○、劉○○、謝○○為「傑○行」之員工，明知未經主管機關許可，不得擅自經營「外幣保證金交易」之顧問及經理業務，竟基於與「傑○行」負責人李○○經營外幣保證金交易之顧問及經理業務之犯意聯絡，自一九九七年六月間起，共同在「傑○行」板橋分處，居間引介澳門匯○金融商品顧問有限公司（下稱匯○公司）與客戶鍾○○等不特定客戶簽訂「信託投資合約書」，名為信託投資合約實為外幣保證金交易契約。

　　經營方式為：由客戶填載匯○公司所提供之名為信託投資合約實為外幣保證金交易合約書、投資風險說明書、委任授權書，其等再指示客戶將最低

保證金美金二萬元，匯入匯〇公司於新加坡所開立之香港上海匯〇銀行帳戶內，經確認後，客戶可自行或委託傑〇行之業務人員通知匯〇公司，由匯〇公司下單至國際金融市場，操作買賣指定之外幣，外幣種類有美元、日幣、英鎊、澳幣、德國馬克、瑞士法郎、加幣等及黃金、本地倫敦金等，此種交易不須實際交割，一般都在當日或到期前以反方向交易軋平而僅結算買賣差價，如價差超過保證金之一定成數時，匯〇公司有權要求客戶在價差範圍內補足不足之保證金，如客戶不立即補足保證金，即將該筆外幣在國際外匯市場賣出，於每次交易完成後，由匯〇公司將交易明細表寄發予傑〇行轉交客戶以供備查，每交易一口，匯〇公司可向客戶抽取手續費八十美元，再分其中百分之三十予「傑〇行」作為佣金；其等並提供各種外幣之即時匯價及諮詢、分析行情等資訊客戶參考，而經營外幣保證金交易之顧問及經理業務。

　　所謂顧問公司，所從事者不過係相關資訊之蒐集、整理、分析與提供而已，可見匯〇公司應非屬外幣經紀商，該公司不得從事外幣期貨或現貨買賣業務，但匯〇公司竟以其可從事該業務為餌，與被告等三人勾串，詐使被害人交付財物，則被告等三人或應成立其他罪名，但尚不應負期貨交易法之罪責，且該匯〇公司拒不提供其所謂之外幣交易對象、幣別、買進賣出價格等憑證資料，已見情虛，又觀其合約內容，匯〇公司得為客戶彼此對作，亦足懷疑該公司有違期貨交易法第一百零八條第一項規定，而犯同法第一百十二條第七款罪嫌，況該公司倘未從事外幣買賣業務，虛捏有此情事，使人誤信而交付財物，亦應成立詐欺罪責，再就被告等人任職之傑〇行所使用之號電話清查結果，顯示無國際電話費之支出紀錄，可見並未主動與匯〇公司聯絡，或其所稱將客戶電話轉接至澳門，其陳述是否屬實亦有疑問。

貳、意圖影響價格

一、條　文

期貨交易法第一百零六條（禁止行為）

對於期貨交易，不得意圖影響期貨交易價格而為下列行為之一：
一、自行或與他人共謀，連續提高、維持或壓低期貨或其相關現貨交易價格者。
二、自行或與他人共謀，提高、維持或降低期貨部位或其相關現貨之供需者。
三、自行或與他人共謀，傳述或散布不實之資訊者。
四、直接或間接影響期貨或其相關現貨交易價格之操縱行為者。

二、構成要件

㈠客觀要件

行　為：操縱、影響期貨或其相關現貨交易價格。

行為主體：進行期貨交易法第一百零六條行為之人。

行為客體：期貨或其相關現貨交易市場及價格。

結　果：使期貨或其相關現貨交易市場及價格受人為因素影響、操縱。

㈡主觀要件

行為人基於犯罪意圖自己或與他人共謀進行期貨交易法第一百零六條第一款至第四款行為。

㈢罰則

《期貨交易法第一百一十二條》

處七年以下有期徒刑，得併科新臺幣三百萬元以下罰金。

參、期貨內線交易

一、條　文

期貨交易法第一百零七條（不得自行或使他人從事與消息面相關現貨交易行為之人）

I 下列各款之人,直接或間接獲悉足以重大影響期貨交易價格之消息時,於該消息未公開前,不得自行或使他人從事與該消息有關之期貨或其相關現貨交易行為。但有正當理由相信該消息已公開者,不在此限:
一、期貨交易所、期貨結算機構、期貨業或期貨業同業公會或其他相關機構之董事、監察人、經理人、受雇人或受任人。
二、主管機關或其他目的事業主管機關之公職人員、受雇人或受任人。
三、前二款受任人之董事、監察人、經理人或受雇人。
四、從前三款所列之人獲悉消息之人。
II 前項規定於董事、監察人之代表人準用之。

二、構成要件

㈠客觀要件

行　為:為期貨內線交易之行為。

行為主體:

1.期貨交易所、期貨結算機構、期貨業或期貨業同業公會或其他相關機構之董事、監察人、經理人、受雇人或受任人。

2.主管機關或其他目的事業主管機關之公職人員、受雇人或受任人。

3.期貨交易所、期貨結算機構、期貨業或期貨業同業公會或其他相關機構受任人之董事、監察人、經理人或受雇人。

4.從上述所列之人獲悉消息之人。

行為客體：行為人自己或他人。

結　果：使自行或使他人從事與消息面相關現貨交易行為。

㈡主觀要件

行為人直接或間接獲悉足以重大影響期貨交易價格之消息時，明知於該消息未公開前，不得自行或使他人從事與該消息有關之期貨或其相關現貨交易行為，而有意為之。

㈢罰　則

《期貨交易法第一百十二條》

處七年以下有期徒刑，得併科新臺幣三百萬元以下罰金。

三、相關論點

所謂其他相關機構，指與期貨交易有關之現貨相關機構；所謂其他目的事業主管機關，指與期貨交易相關之金融或其他現貨之主管機關。

肆、地下期貨公司

一、條　文

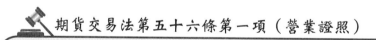

期貨交易法第五十六條第一項（營業證照）

非期貨商除本法另有規定者外，不得經營期貨交易業務。

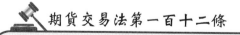

期貨交易法第一百十二條

一、未經許可，擅自經營期貨交易所或期貨交易所業務者。

二、未經許可，擅自經營期貨結算機構者。

三、違反第五十六條第一項之規定者。

四、未經許可，擅自經營槓桿交易商❻者。

五、未經許可，擅自經營期貨信託事業、期貨經理事業、期貨顧問事業或其他期貨服務事業者。

六、期貨信託事業違反第八十四條第一項規定募集期貨信託基金者。

七、違反第一百零六條、第一百零七條或第一百零八條第一項之規定者。

二、構成要件

㈠客觀要件

行　　為：非法經營期貨交易業務。

行為主體：非期貨商之企業或個人。

行為客體：特定或不特定之多數人。

結　　果：未經許可擅自經營期貨交易業務。

㈡主觀要件

　　非期貨商之企業或個人明知未經許可不得擅自經營期貨交易業務仍有意為之。

㈢罰　則

《期貨交易法第一百十二條》

　　處七年以下有期徒刑，得併科新臺幣三百萬元以下罰金。

---

❻　槓桿交易商與期貨商皆為期貨交易法規範的期貨業，都是特許行業，必須經過主管機關許可並發給許可證照始得營業。目前我國期貨商所提供商品皆為期貨交易所商品，槓桿交易商所提供商品則為櫃檯買賣中心的衍生性金融商品，因其相對風險高，國內目前尚未開放槓桿交易業務。

三、相關論點

㈠期貨交易法第一百十二條屬《檢察機關辦理重大經濟犯罪案件注意事項》之重大經濟犯罪案件，期檢察官妥速偵辦此類重大經濟犯罪案件，適用該注意事項之規定❼。

㈡期貨交易法第五十六條第二項規定，期貨商須經主管機關之許可並發給許可證照，始得營業。由此可知，期貨商之成立採取「許可主義」，有一定資本以上、負責人及業務員具備一定資格，並取得許可證照，始得成立；未經許可擅自經營所謂「地下期貨交易」與合法期貨交易，雖均含有高度射倖性，惟並非全部含有射倖性之行為，皆應歸類為賭博❽。

㈢查槓桿保證金交易依期貨交易法第三條之規定屬期貨交易業務之一種，外匯保證金交易為槓桿保證金交易之一種，故外匯保證金交易亦屬期貨交易業務之一種。任何人以接受委託書並收取佣金或手續費等之方式代他人操作與外匯指定銀行進行外匯保證金交易，係屬從事期貨交易之經理事業，依同法第八十二條第一項，經營期貨經理事業須經主管機關許可並發給許可證照。因此，未向主管機關申請許可並發給許可證照，而擅自以接受委託書並收取佣金或手續費等之方式代他人操作與外匯指定銀行進行外匯保證金交易，係屬未經許可擅自經營期貨經理事業，違反前開條文之規定，負同法第一百十二條第五款之刑責❾。

㈣期貨交易法第一百十二條第五款處罰之未經許可，擅自經營期貨經理事業。期貨經理事業管理規則第二條第一款規定，期貨經理事業所經營之業務包括接受特定人委任從事全權委託期貨交易業務。其所謂「經營」者應指實際參與經營之人而言，不以經營營運而享有決策權力之負責人為限，亦不以所經營之事業體係屬法人之組織為必要。從而，縱非具有決策權或參與決策形成之人，倘與該享有決策權力之人，基於共同之決

---

❼ 法檢字第 0930803048 號函，93 年 8 月 26 日。

❽ 最高法院 98 年度台上字第 1710 號刑事判決。

❾ (87) 台財證㈦字第 28246 號函，87 年 5 月 5 日。

意，並實際參與上開事業之經營，仍應共同負其刑事責任❿。

㈤期貨顧問設置事業設置標準第二條規定，本標準所稱期貨顧問事業，指為獲取報酬，經營或提供期貨交易、期貨信託基金、期貨相關現貨商品、或其他經主管機關公告或核准項目之交易或投資之研究分析意見或推介建議者。所稱報酬，包含直接或間接自委任人或第三人取得之任何利益。

㈥招攬客戶至海外開立美金帳戶，並提供場所設備及相關外匯資訊（如價位詢問），供客戶自行下單交易者，係屬經營期貨顧問事業，未經許可擅自經營期貨顧問事業，亦違反同法第八十二條第一項之規定，應依同法第一百十二條第五款處罰⓫。

四、相關案例

案例一　提供人頭帳戶（臺灣臺北地方法院九十九年金訴字第三十七號刑事判決）

莊○○依其長期擔任投顧公司業務及曾短暫擔任地下期貨業務員之經驗，知悉期貨商須經主管機關許可，並發給許可證照，始得營業，且除法律另有規定外，非期貨商不得經營期貨交易業務，惟莊某竟為抵償賭債，基於幫助他人未經許可經營期貨交易業務之不確定故意，於二○○八年九月間某日將其弟媳張○○中○銀行板橋分行帳戶之存摺、印章、提款卡及密碼等物，交付從事地下期貨之真實姓名、年籍均不詳綽號之「阿○」。嗣高○○輾轉取得張○○前述帳戶存摺、提款卡等物後，另借用不知情之林○○名義承租位於臺北市之房屋，申請裝設多號室內電話，作為接聽客戶電話下單之用，並以張○○等人所申辦之中○銀行帳戶，作為客戶從事地下期貨交易後匯款之用。當投資客撥打前述電話下注後，以當時臺灣期貨交易所所公布之臺灣期貨交易指數為基準，投資人須決定做多或做空，待平倉後將漲跌點之落差點

---

❿　臺灣高等法院 98 年上重訴字第 13 號刑事判決。

⓫　最高法院 99 年度台上字第 6218 號刑事判決。

數，乘以下單口數及每點新臺幣兩百元至四百元之計價基數，結算交易盈虧（每次下單尚須收取兩百五十元至四百元之手續費），當日收盤後由呂○○計算各客戶盈虧，並透過接單人員轉知客戶匯款帳號。如投資人投資虧損達一萬元或累積一萬元以上，則需當天將虧損金額連同手續費，匯款至張○○等人所有之帳戶，其餘金額之款項則每週五結算一次。

案例二　非法經營槓桿交易（最高法院刑事判決九十九年臺上字第五九七五號）

　　鄭○甲係「山○高科技資訊網路股份有限公司」董事長，該公司登記之營業項目並不包括代客操作外匯保證金交易及經營期貨經理、顧問業務。而廖○○與鄭○甲均明知外匯業務為特許業務，有關外匯業務之經營，包括「外幣保證金交易」等外匯業務，須經中央銀行之許可，限由中央銀行核准之外匯指定銀行辦理，而「外幣保證金交易」係屬期貨交易法第三條第一項第四款所規定之槓桿保證金交易，為期貨交易之一種，亦受期貨交易法之規範，如以接受委託而收取佣金或手續費等方式代他人操作外幣保證金交易者，係屬經營期貨經理事業，應經主管機關財政部證券暨期貨管理委員會之許可，始得為之，竟未經主管機關財政部證券暨期貨管理委員會之許可，並發給許可證照，即共同基於犯意聯絡，自二○○二年三、四月間起至二○○二年十二月底止，先後於臺北市以山○公司名義招攬客戶，而廖○○為取信其他不特定之投資人，乃以鄭○乙、郭○○所聯名設於美國遠○銀行帳戶為山○公司代投資人操作外匯保證金交易之帳戶，約定由山○公司提供顧問合約書供投資人簽約，而由投資人委由山○公司下單買賣，從事各種幣別之外匯保證金交易，並以美元作計算單位貨幣，下單買賣保證金至少美金一萬元，由廖○○負責決定交易商品（交易商品為美元、日幣、瑞士法郎等）及操作外匯保證金交易，而依各該外幣匯率在市場上行情波動之漲跌，不實際交割而結算差額，計算客戶盈虧，以此方式而非法經營外幣保證金交易之期貨經理業務，山○公司於投資人下單買賣保證金時，並交付帳戶開設確認書予投資人

作為憑證。

案例三　非法經營期貨公司（臺灣板橋地方法院九十九年度金訴字第二號刑事判決）

　　鄭○○明知未經行政院金融監督管理委員會之許可取得期貨商資格，不得經營期貨交易之業務，竟於二○○八年六月上旬某日起，在桃園縣先向姓名年籍不詳之成年人士租用東○及期○網路下單系統，復與尤○○、林○○、盧○○、蔡○○及未滿十八歲之吳姓少年等人共同基於非期貨商而經營期貨交易業務之犯意聯絡，由鄭○○以每月新臺幣三萬元之薪資，先後於二○○八年十月上旬、二○○九年一月間起，僱用林○○、尤○○負責協助客戶開立網路下單帳號、排除網路下單問題、維持網頁運作順暢、確認客戶所繳交之保證金是否入帳以及協助客戶儲值以維持其網路下單額度等事宜，以及另以每月二萬元之薪資，先後於二○○九年三月間、同年六月間起僱用盧○○、蔡○○與吳姓少年，負責以電話接受客戶下單、強制停損、回報客戶成交點數、未平倉數量與保證金餘額等事宜，並提供不特定之客戶利用網際網路或電話等方式，對臺灣期貨交易所公告之臺灣股市指數期貨、道瓊工業平均指數 (DJIA) 期貨、歐元匯率期貨、黃金牌價期貨、輕油期貨、S&P500 指數期貨及日經指數期貨報之價格買進或賣出為交易標的，同時約定以每跳動點五十元、一百元或兩百元不等作為獲利標的，並以到期前賣出或買進沖銷交易標的成交時之報價，結算與原買賣交易標的之價差，投資人則須按所交易口數分別繳納三千元、五千元或一萬元不等之保證金，鄭○○乃根據客戶下單口數分別收取一百元、兩百元或四百元不等之手續費，以此方式非法經營期貨交易業務。

伍、不當利益

一、條　文

期貨交易法第一百十三條

I 期貨交易所、期貨結算機構及期貨信託事業之董事、監事、監察人、經理人、受任人或受僱人，對於職務上之行為，要求期約或收受不正利益者，處五年以下有期徒刑、拘役或併科新臺幣二百四十萬元以下罰金。

II 前項人員對於違背職務之行為，要求期約或收受不正利益者，處七年以下有期徒刑、拘役或科或併科新臺幣三百萬元以下罰金。

III 犯前二項之罪者，所收受之財物沒收之；如全部或一部不能沒收者，追徵其價額。

期貨交易法第一百十四條

I 對於前條人員關於違背職務之行為，行求期約或交付不正利益者，處三年以下有期徒刑、拘役或科或併科新臺幣二百萬元以下罰金。

II 犯前項之罪而自首者，得免除其刑。

二、構成要件

㈠客觀要件

行　為：要求期約或收受不正利益或行求期約或交付不正利益。

行為主體：

1. 期貨交易法第一百十三條：要求期約或收受不正利益期貨交易所、期貨結算機構及期貨信託事業之(1)董事、(2)監事、(3)監察人、(4)經理人、(5)受任人、(6)受雇人。
2. 期貨交易法第一百十四條：為行求期約或交付不正利益行為之行為人。

行為客體：

1. 期貨交易法第一百十三條：被要求期約或收受不正利益之特定人。
2. 期貨交易法第一百十四條：行求期約或交付不正利益期貨交易所、期貨結算機構及期貨信託事業之(1)董事、(2)監事、(3)監察人、(4)經理人、(5)受任人、(6)受雇人。

結　果：

1. 期貨交易法第一百十三條：達成要求期約或收受不正利益之結果。
2. 期貨交易法第一百十四條：達成行求期約或交付不正利益之結果。

㈡主觀要件

行為人明知行為違反法律規定仍有意為之。

三、相關論點

㈠期貨交易法第一百十三條旨在規範期貨交易所、期貨結算機構及期貨信託事業之董事、監事、監察人、經理人、受任人或受雇人，對於職務上之行為要求期約或收受不正利益者及對於違背職務之行為，要求期約或收受不正利益者為處罰並將所收受之財物沒收之，如全部或一部不能沒收者，則另追徵其價額。

㈡期貨交易法第一百十四條旨在規範對於期貨交易所、期貨結算機構及期貨信託事業之董事、監事、監察人、經理人、受任人或受雇人，為關於違背職務之行為，行求期約或交付不正利益者之人而規定。

陸、其他不法行為

一、條　文

期貨交易法第六十三條

期貨商之負責人、業務員或其他從業人員，不得有下列行為：
一、洩漏期貨交易人委託事項及職務上所獲悉之秘密。
二、對期貨交易人作獲利之保證。
三、與期貨交易人約定分享利益或共同承擔損失。
四、利用期貨交易人帳戶或名義為自己從事交易。
五、利用他人或自己之帳戶或名義供期貨交易人從事交易。
六、為誇大、偏頗之宣傳或散布不實資訊。

二、構成要件

㈠客觀要件

行　為：

1.獲利保證。

2.洩漏秘密。

3.約定分享或共同承擔。

4.與自己從事交易。

5.與期貨交易人從事交易。

6.不實資訊。

行為主體：期貨商之負責人、業務員或其他從業人員。

行為客體：期貨交易人。

結　果：

1. 洩漏委託事項或職務上所知悉之秘密。

2. 作獲利之保證。

3. 約定分享利益或共同承擔損失。

4. 利用他人帳戶或名義與自己從事交易。

5. 利用他人或自己帳戶或名義與期貨交易人從事交易。

6. 為誇大、偏頗之宣傳或散布不實資訊。

㈡主觀要件

期貨商之負責人、業務員或其他從業人員明知上述行為為法規所禁止仍有意為之。

㈢罰　則

《期貨交易法第一百十六條》

三年以下有期徒刑、拘役或科或併科新臺幣二百萬元以下罰金。

三、相關論點

期貨交易法第六十三條係禁止期貨商之負責人、業務員或其他從業人員，為業務上的詐欺行為的各種態樣。期貨交易詐欺行為計有下列態樣[12]：

1. 對作 (Bucketing Order)：

指期貨經紀商接受期貨交易委託後，未至國外期貨交易所進行交易，而逕予直接或間接私自承受或居間與其他期貨交易人、期貨經紀商為交易之行為。

2. 交叉交易 (Cross Trades)：

所謂交叉交易或為相對委託，係指期貨經紀商將客戶之委託直接下單至交易所之所，未經競價之撮合交易而直接或間接透過另一期貨商，以同樣價格為相對客戶之買入或賣出之行為。

3. 配合交易 (Accommodation Trade)：

配合交易可能同時構成沖洗交易或虛偽交易之情形，一般指期貨交易人

---

[12]　郭土木，〈期貨交易詐欺及內線交易行為之探討〉，《證券暨期貨月刊》，頁 1–14，2000 年 3 月第 18 卷。

配合另一市場交易人之需要，透過事先之安排，從事非公開競爭之行為，其係基於協助他營業員或客戶或為該等人之便利所進行之交易。

4.擅為交易相對人：

　期貨商未依期貨交易所之規定，或未經期貨交易人書面之同意，而擅自承接期貨交易人之委託，使自己成為期貨交易之相對人。

5.炒單 (Churning)：

　一般係指期貨經紀商為賺取佣金，就客戶之帳戶進行過量之交易 (Excessive Trading)。

6.無權交易 (Unauthorized Trade)：

　無權交易即在未有客戶之授權情況下，而為交易情事。

7.不實陳述 (Misrepesention)：

　此即期貨交易之過程中，其相關服務事業對於客戶有傳遞不實之資訊，使其因而產生誤導之情形。

四、相關案例

> **案例一**　保證獲利（臺灣臺北地方法院九十五年重訴字第一六七號刑事判決）

　林○○原為富○期貨股份有限公司，負責接受客戶委託下單買賣期貨商品，為從事期貨交易之業務員；劉○○原任職於富○商業銀行，依其經歷從未在富○期貨公司任職，亦無期貨業務員執照。而富○期貨公司之營業範圍只得從事期貨經紀與期貨顧問項目，並未向主管機關申請期貨經理業務，本不得為客戶從事代客操作。而林○○、劉○○均明知依期貨交易法及期貨商管理規則，不得接受客戶全權委託從事期貨交易或作獲利之保證，亦不得為誇大偏頗之宣傳或散布不實資訊；尤以林○○身為富○期貨公司業務員，理應依規定辦理開戶、資料變更、出入金作業等事宜，不得從事任何未經主管機關及公司許可之行為，詎竟共同基於不法從事代客操作以賺取高額獎金或

佣金之概括犯意聯絡，自二〇〇四年三月起，由劉〇〇招攬其富〇銀行、瑞〇證券公司之客戶，至富〇期貨公司開戶，再由林〇〇以非法代客操作方式，分別取得獎金及佣金等利益。

另被告林〇〇事先依據臺灣及新加坡兩地之期貨交易所成交資訊，模擬「台指期」、「摩台指」價差交易情況，自行製作「合約規格」、「價差交易策略」及模擬期貨買賣之數據資料檔案，其中「富〇期貨公司有限公司合約規格」記載「電腦程式監控，精確掌握即時進場」、「風險數據化，由電腦監控在倉部位」、「機械性交易」等誇大、偏頗之宣傳。交予被告劉〇〇持向被害人林〇、李〇、劉〇、盧〇、孫〇及李〇等人訛稱從事前揭期貨商品無風險且係保證獲利之套利交易，致該等客戶誤信為真，而同意開戶購買此項商品。

案例二　約定利益分享（臺灣臺北地方法院九十七年重上字第五十八號刑事判決）

被告陳〇〇自一九九九年九月一日起，受雇於金〇期貨，雖於明知期貨經紀公司不得經營全權委託業務，但在公司主管之默許下，仍從事代客操作。並向上訴人表示金〇期貨研發出「富者恆富」期貨交易程式套利模組，由金〇期貨所寄送之對帳資料檢視投資成果即可，遊說上訴人於金〇期貨開立期貨經紀帳戶，並投入資金以供陳〇〇所稱以陳〇〇為主之操作團隊，按該程式套利模組之指示操作期貨商品。同時又要求當投資獲利超過本金百分之十五部分，應給付一部分金額予操盤團隊為利益分享。上訴人遂不疑有他，於二〇〇三年十二月十六日至金〇期貨開戶，並於二〇〇三年十二月十七日入金一千萬元，以供陳〇〇操作。然陳〇〇長年以來操作績效幾乎為虧損狀態，僅係以操作績效表製作獲利之表象以博取上訴人之信賴，並為避免上訴人發現真實狀況，遂利用職務之便，將金〇期貨欲寄發予客戶之買賣報告書及月對帳單抽出，並自行以公司之空白報表紙列印虛假之數據後，再置入原處（即以假對帳資料替換真實對帳資料），而由金〇期貨一併寄出予上訴人。如此一來，上訴人即無法收受表彰真實操作狀況之對帳資料，僅能由金〇期貨收到

由陳○○所偽造之虛偽對帳資料。

案例三　利用期貨交易人帳戶為自己交易（臺灣臺北地方法院九十七年易字第二二三號刑事判決）

　　謝○○於二○○六年三月起至二○○七年一月十九日期間，擔任群○期貨股份有限公司（下稱群○期貨公司）自營部協理兼期貨交易員，負責協助總經理管理群○期貨公司之自營部，並以群○期貨公司之資金透過自營部自有之期貨、選擇權交易帳戶，為群○期貨公司操作期貨獲利，為受群○期貨公司委任處理事務之人，因不滿公司之獎金制度，明知期貨交易員不得利用期貨交易人帳戶或名義為自己從事交易，竟基於意圖為自己不法利益之接續犯意，自二○○六年五月四日起至同年十二月二十九日止，在群○期貨公司內，以網路下單之方式，利用不知情之胞妹謝女於群○公司所申請之期貨交易帳戶，接續以該期貨交易帳戶與群○期貨公司自營部之選擇權帳戶，對臺指選擇權之履約價為偏離市場價格之買賣委託單，為相同價格買賣之相互成交，並於同日內全數反向沖銷，於該段期間內前揭二帳戶交易量合計七千三百七十口，使群○期貨公司自營部帳戶均為虧損方，謝○○自因此獲有新臺幣四百四十五萬二千二百元之不法利益，致生損害於群○期貨公司之財產。

柒、背信罪

一、條　文

　刑法第三百四十二條（背信罪）

I 為他人處理事務，意圖為自己或第三人不法之利益，或損害本人之利益，而為違背其任務之行為，致生損害於本人之財產或其他利益者，

處五年以下有期徒刑、拘役或科或併科一千元以下罰金。

II 前項之未遂犯罰之。

二、構成要件

㈠客觀要件

行　為：

為他人處理事務而有違背其任務之行為。

1. 包括處分權限濫用之行為以及信託義務違背之行為。

2. 包括積極之作為與消極之不作為。

3. 信託事務常具有風險，在容許風險範圍內依法處理事務者，即便最後侵害本人之利益，仍應認為無濫用，亦無違背信託。

4. 若係因本人願承受高風險而追求高利潤，致使行為人有超出一般情況處理事務行為，則因有本人之同意而阻卻違法。

行為主體：

為他人處理事務者。

1. 真正身分犯。

2. 他人之事務❸。

3. 除不法之委託關係外的事務。

行為客體：本人之財產及利益。

結　果：致使財產或其他利益受損害，且背信行為與本人財產損失間有因果關係。

㈡主觀要件

以有取得不法利益或損害本人利益之意圖為必要。

---

❸　最高法院 49 年台上字第 1530 號判例：「刑法第三百四十二條之背信罪，須以為他人處理事務為前提，所謂為他人云者，係指受他人委任，而為期處理事務而言。」

1.明知為違背任務之行為及損害利益，卻故意為之。

2.有不法利益或損害本人利益之目的。

㈢罰　則

1.五年以下有期徒刑、拘役或科或併科一千元以下罰金。

2.未遂犯罰之。（既未遂之判斷以有無造成本人財產利益之損害為區分）

三、相關論點

㈠相關判例

1.六十三年台上字第二九二號判例

　　刑法上之背信罪為一般的違背任務之犯罪，若為他人處理事務，意圖為自己或第三人不法之所有，以詐術使他人交付財物者，應成立詐欺罪，不能論以背信罪。

2.五十三年台上字第二四二九號判例

　　刑法第三百四十二條第一項之背信罪，必須違背任務之行為，具有為圖取不法利益，或圖加不法損害之意思，為構成要件，若本人利益之受損害，乃基於正當原因，並非不法，則因缺乏犯罪意思要件之故，即難律以本罪。

3.五十一年台上字第五十八號判例

　　刑法上之背信罪，為一般的違背任務之犯罪，如果其違背任務係圖為自己不法之所有，已達於竊盜或侵占之程度，縱令有以舊抵新之彌縫行為，仍應從竊盜或侵占罪處斷，不能援用背信之法條相繩。

4.三十年上字第一七七八號判例

　　刑法上之背信罪為一般的違背任務之犯罪，而同法之侵占罪，則專指持有他人所有物，以不法領得之意思，變更持有為所有，侵占入己者而言。故違背任務行為，苟係將其持有之他人所有物，意圖不法領得，據為己有，自應論以侵占罪，縱令侵占時另將較廉之物予以彌縫，而於侵占罪之成立，並無影響，即不能援用背信之法條處斷。

5.二十八年上字第三○六七號判例

　　背信係因身分而成立之罪，其共同實施或教唆幫助者，雖無此項身分，

依刑法第三十一條第一項規定，仍以共犯論。被告某甲受某乙委託，代為買賣煤炭，其買進與賣出均屬其事務處理之範圍，某甲因買進數不足額，於賣出時勾同某丙以少報多，自應成立背信之罪。某丙雖未受某乙委任，且係於某甲賣出煤炭時始參與其事，亦無解於背信罪之成立。

6.二十一年上字第一五七四號判例

刑法第三百六十六條之背信罪，必須違背任務之行為係為圖取不法利益，或圖加不法損害之手段，始得成立。至該條所謂意圖為自己或第三人得不法利益一語，原指自己或第三人在法律上不應取得之利益，意圖取得或使其取得者而言。如果在法律上可得主張之權利，即屬正當利益，雖以非法方法使其實現，僅屬於手段不法，無構成背信罪之餘地。

(二)與侵占罪之比較

	侵占罪 刑法第三百三十五條	背信罪 刑法第三百四十二條
性質	均基於委託信賴關係而成，本質上具有信託的破壞，而違背法律上所應盡的義務	
屬性	特定的背信行為	一般的背信行為
關係	因物的持有關係	因處理事務而形成的信託關係
客體	限本人已持有的財物	一般財物與財產利益
意圖	行為人有不法取得之意圖，即易持有為所有	行為人有獲利之意圖
權限範圍	越權行為，即無權處分	權利濫用或違背義務之行為
處分方式	以行為人自己之名義	以被害人本人之名義
侵害的財產	可得特定確定之財物，行為人所侵占的是被害人所損失之財物	所侵害的客體為利益，行為人所侵害的不等於本人所損害之實質財物
因果關係	行為人行為與本人之財產損害有直接因果關係（係直接侵害財產法益的行為）	行為人之行為和結果發生間有間接因果關係（係間接取得或侵害財產法益）

四、相關案例

　臺灣臺北地方法院九十七年度易字第四七三號刑
事判決

㈠被告有罪部分

　　被告張○○係中○證券股份有限公司（下稱中○公司，二○○八年七月二十一日變更公司名稱為凱○證券股份有限公司，下稱凱○公司）自營部期貨業務員，為公司從事期貨交易自行買賣業務。張○○明知依期貨商負責人及業務員管理規則第十六條第一項、第十六條第十款、期貨商管理規則第五十五條第二十款、二○○八年二月一日修正前之期貨商內部人員開戶從事期貨交易應注意事項第三項規定，業務員應本誠實及信用原則，忠實執行業務，不得利用他人名義執行業務，限在所屬期貨商開戶從事期貨交易，並不得利用他人名義為之，亦不得利用業務關係得知之訊息，為自己從事期貨交易，竟意圖為自己不法利益，要求不知情胞妹張女開設永○期貨股份有限公司(下稱永○期貨）期貨帳戶、永○商業銀行股份有限公司（下稱永○銀行）存款帳戶供其使用，自二○○五年六月九日起至二○○五年九月十八日止，在中○公司以電腦下單方式，接續以胞妹上揭期貨帳戶與中○公司自營部相互買賣，為自己利益從事交易，而違背其任務，獲利新臺幣（下同）三百八十一萬五百五十元，悉數存入胞妹前開存款帳戶，再轉帳至張○○於永○銀行之帳戶，中○公司自營部因而虧損三百九十五萬七千七百五十元，致生損害其財產。胞妹張女證稱：永○期貨、存款帳戶均應被告張○○要求所開立而由其使用，伊於開戶後從未使用，不知帳戶用途為何，亦從未為期貨交易等語。嗣經臺灣期貨交易所股份有限公司（下稱期交所）察覺有異，函請行政院金融監督管理委員會證券期貨局移送法務部調查局臺北市調查處（下稱臺北市調處），始循線查悉上情。

　　核被告張○○所為，係犯刑法第三百四十二條第一項背信罪。被告數行

為於密切接近之時而同地實施，侵害同一法益，各行為獨立性極為薄弱，依一般社會健全觀念，在時間差距上，難以強行分開，在刑法評價上，以視為數個舉動接續施行，合為包括一行為予以評價，較為合理，則屬接續犯，而為包括一罪。爰審酌被告張○○無前科，素行尚可，身為期貨交易專業人員，竟圖一己利益，違反契約忠實義務，嚴重侵害公司信賴與利益，並妨礙期貨交易秩序。

㈢被告無罪部分

　　公訴意旨略以：被告張○○以其胞妹張女之永○期貨帳戶與被告凱○公司自營部相互成交，被告張○○違反期貨交易法第六十三條第四款規定，被告凱○公司就其自營部期貨營業員之交易事項，未盡稽核及管理義務，於事發後又逕與之達成民刑事和解，未依期貨交易法規定提出告訴，涉犯同法第一百十八條第一項第一款罪嫌云云。按犯罪事實應依證據認定之，無證據不得認定犯罪事實，不能證明被告犯罪或其行為不罰者，應諭知無罪之判決。刑事訴訟法第一百五十四條第二項、第三百零一條第一項分別定有明文，認定不利於被告之事實，須依積極證據，苟積極證據不足為不利於被告事實之認定時，即應為有利於被告之認定，更不必有何有利之證據。

　　依期貨交易法第一百十八條第一項第一款規定，法人科以罰金刑之構成要件，以其業務員執行業務有違反同法第六十三條規定之行為者為限，被告張○○既無起訴書所認同法第六十三條第四款之行為，自不應依同法第一百十八條第一項第一款規定對被告凱○公司科以罰金刑。又被告張○○私以其妹開設於他期貨商之期貨帳戶為交易，客觀上實無期待被告凱○公司得盡有效管理、監督義務之可能性，難認被告凱○公司有何違反注意義務可言；況被告凱○公司為使損害速得填補，始與被告張○○和解，因而受償二百八十萬元，此據被告凱○公司代表人到庭陳述明確，復有和解協議書、匯款單在卷為憑，是被告凱○公司前開積極確保債權受償行為，亦難謂構成期貨交易法第一百十八條第一項第一款犯行，起訴書執上情謂其涉犯期貨交易法第一百十八條第一項第一款罪嫌云云，尚無可採，而本院復查無其他積極證據，足認被告凱○公司有此犯行，其犯罪既係不能證明，自應諭知無罪。

▶第三節 發生在證券業的犯罪

壹、詐欺交易

一、條 文

證券交易法第二十條

I 有價證券之募集、發行、私募或買賣，不得有虛偽、詐欺或其他足致他人誤信之行為。

II 發行人依本法規定申報或公告之財務報告及財務業務文件，其內容不得有虛偽或隱匿之情事。

III 違反第一項規定者，對於該有價證券之善意取得人或出賣人因而所受之損害，應負賠償責任。

IV 委託證券經紀商以行紀名義買入或賣出之人，視為前項之取得人或出賣人。

二、構成要件

㈠客觀要件

行　為：虛偽、詐欺或其他足致他人誤信之行為。

行為主體：為本條行為之行為人。

行為客體：募集、發行、私募或買賣之有價證券

結　果：致他人誤信、受詐欺之結果。

㈡主觀要件

行為人明知有價證券之募集、發行、私募或買賣，不得有虛偽、詐欺或

其他足致他人誤信之行為，而有意為之。

㈢罰　則

《證券交易法第一百七十一條第一項第一款》

　　處三年以上十年以下有期徒刑，得併科新臺幣一千萬元以上二億元以下罰金。

三、相關論點

㈠有價證券之募集、發行或買賣行為，係屬相對，當事人雙方均有可能因受對方或第三人之虛偽、詐欺或其他足致他人誤信之行為而遭受損失。有價證券之私募及再行賣出仍不得為虛偽隱匿不實之情事，至於私募涉有背信情事，依刑法第三百四十二條之規定處罰。

㈡本條第三項規定對於違反第一項規定者，對於該有價證券之善意取得人或出賣人因而所受之損害，有法定損害賠償請求權。另委託證券經紀商以行紀名義買入或賣出之人，因非直接當事人，惟可透過第四項規定，視為前項之取得人或出賣人，故可依第三項規定主張法定損害賠償請求權。

四、相關案例

案例一　買賣有價證券不得有虛偽、詐欺之行為（臺灣臺北地方法院九十九年金訴字第十六號刑事判決）

　　花○○係慶○光電科技股份有限公司（下稱慶○公司）之實際負責人，其明知有價證券之募集、發行、私募或買賣，不得有虛偽、詐欺或其他足致他人誤信之行為；王○○係金○國際資產管理顧問有限公司（下稱金○公司）之實際負責人兼總經理，其明知證券商須經主管機關（為行政院金融監督管理委員會證券期貨局）許可及發給許可證照，方得營業，及非證券商不得經營有價證券之承銷、自行買賣及有價證券買賣之行紀、居間及代理與其他業務等證券相關業務，而金○公司之營業項目並不包括證券交易法第十五條之

經營證券業務，亦明知有價證券之募集、發行、私募或買賣，不得有虛偽、詐欺或其他足致他人誤信之行為；薛○在中○商業銀行（下稱中○銀行）天母分行設有帳戶，其明知將自己於金融機構所設帳戶提供他人使用，顯有可能被利用作為詐騙之工具。詎薛○竟因與花○○熟識，而基於幫助詐欺之未必故意，將其於中○銀行所設前揭帳戶，於二○○五年三月十八日開戶後即無償提供予花○○使用，而花○○與王○○則均因意圖為自己不法所有而共同基於違反有價證券之募集、發行、私募或買賣，不得有虛偽、詐欺或其他足致他人誤信行為之前揭規定之概括犯意聯絡及行為分擔，王○○並基於違法經營證券業務之犯意，於慶○公司在二○○五年間發生財務問題後，不僅隱瞞該公司財務已發生問題之實情，且竟由花○○購買美國 A 空殼公司而自任負責人兼執行長，並推由亦明知上情之王○○以金○公司名義處理慶○公司與美國 A 公司間之股票轉讓、申購等股務工作，王○○乃對外招募不知情之簡○等人擔任金○公司之業務員，而自二○○五年三月中旬後某日起至二○○六年六月中旬某日止，連續以文宣、電話等方式，向慶○公司原有股東佯稱：「慶○公司將於二○○五年十二月十三日以前，在美國 NASDAQ 掛牌上市。」、「慶○公司已經透過美國輔導公司協助，為進軍 NASDAQ 國際主版做準備，合併上市公司美國 A 公司。」、「慶○公司與美國 A 公司合併一案，業於二○○六年三月十五日經美國主管單位審核通過，合併後以美國 A 公司名義，在美國掛牌上市，預定於二○○六年十二月申請 NASDAQ 國際主版市場 (Nation Market)。認股不足數將由特定人士或大股東追認補足，本次增資係美國 A 公司辦理，國內部分全權委由執行長兼大股東執行辦理」、「美方要求慶○公司之財報須交由美國證期會所承認之認證會計師（在國內則是前六大會計師事務所）為財簽認證，正式財簽於二○○六年三月即可送交美國證期會。」、「美國 A 公司在臺辦理增資」云云。陷慶○公司原有股東於錯誤而各繳納增資款，致遭受重大損害，被告花○○、王○○則因而取得合計金額逾新臺幣五千五百萬元之不法所得。

案例二　證券詐欺——未上市股票（最高法院九十九年台上字第三九七八號刑事判決、臺灣高等法院高雄分院九十七年度上訴字第一○三號刑事判決）

　　徐○○、楊○○於任職長○公司擔任業務員期間，均明知長○公司未經准許經營證券承銷之證券業務，竟與長○公司負責人黃○○共同基於違反證券業務管制規定之概括犯意聯絡，由黃○○以每股新臺幣三十元之價格，向何○○批購未上市、上櫃之保○公司股票；及以每股二十元至二十五元之價格，向不詳姓名年籍之人批購未上市、上櫃之聯○公司股票後，再由徐○○、楊○○以直接銷售方式，連續自二○○三年五月起，以單獨或共同推銷方式，先後向十二人詐稱保○公司或聯○公司之股票會在二○○四或二○○五年間上櫃，上櫃後會有蜜月期，比現值會賺到好幾倍，致彼等誤信為真，而以每股九十二元至三百四十元之顯不相當價格，並分別交付價款購入保○公司及聯○公司股票；徐○○最後一次交易時間為二○○四年三月下旬、楊○○最後一次交易時間則為二○○四年六月下旬；黃○○任職騰○公司，擔任業務員期間，明知騰○公司未經准許經營證券承銷之證券業務，竟與騰○公司負責人毛○○共同基於違反證券業務管制規定之概括犯意聯絡，由毛○○以每股二十元之代價，向張○○批購未上市、未上櫃之聯○公司股票，再由黃○○以直接推銷方式，連續於二○○四年四月下旬及二○○四年五月中旬，分別向曾○、洪○二人詐稱聯○公司股票會在二○○四或二○○五年間上櫃，上櫃後會有蜜月期，比現值會賺到好幾倍，致彼等誤信為真，而以每股九十二元之顯不相當價格，並分別交付價款購入聯○公司股票。

貳、公開收購

一、條　文

證券交易法第四十三條之一（公開收購之有價證券範圍、條件、收購之比例及條件等）

I 任何人單獨或與他人共同取得任一公開發行公司已發行股份總額超過百分之十之股份者，應於取得後十日內，向主管機關申報其取得股份之目的、資金來源及主管機關所規定應行申報之事項；申報事項如有變動時，並隨時補正之。

II 不經由有價證券集中交易市場或證券商營業處所，對非特定人為公開收購公開發行公司之有價證券者，除左列情形外，應先向主管機關申報並公告，始得為之：

一、公開收購人預定公開收購數量，加計公開收購人與其關係人已取得公開發行公司有價證券總數，未超過該公開發行公司已發行有表決權股份總數百分之五。

二、公開收購人公開收購其持有已發行有表決權股份總數超過百分之五十之公司之有價證券。

三、其他符合主管機關所定事項。

III 任何人單獨或與他人共同預定取得公開發行公司已發行股份總額達一定比例者，除符合一定條件外，應採公開收購方式為之。

IV 依第二項規定收購有價證券之範圍、條件、期間、關係人及申報公告事項與前項之一定比例及條件，由主管機關定之。

二、構成要件

㈠客觀要件

行　為：

1. 取得任一公開發行公司已發行股份總額超過百分之十之股份者，並無於取得後十日內，向主管機關申報其取得股份之目的、資金來源及主管機關所規定應行申報之事項。

2. 不經由有價證券集中交易市場或證券商營業處所，對非特定人為公開收購公開發行公司之有價證券者，並無先向主管機關申報並公告，且其所為之公開收購並非證券交易法第四十三條之一第二項第一款至第三款之無須先向主管機關申報並公告者。

3. 預定取得公開發行公司已發行股份總額達一定比例者，除符合一定條件外，應採公開收購方式為之。

行為主體：違反本條規定之行為人。

行為客體：公開發行公司之有價證券。

結　果：致影響市場秩序。

㈡主觀要件

行為人明知應依規定向主管機關申報或公告而不為之。

㈢罰　則

《證券交易法第一百七十五條》

（違反證券交易法第四十三條之一第二項、第三項）

處二年以下有期徒刑，拘役或科或併科新臺幣一百八十萬元以下罰金。

《證券交易法第一百七十八條》

（違反證券交易法第四十三條之一第一項）

處新臺幣二十四萬元以上二百四十萬元以下罰鍰。

三、相關論點

㈠大法官釋字第五八六號：財政部證券管理委員會（後更名為財政部證券

暨期貨管理委員會），於一九九五年九月五日訂頒之《證券交易法第四十三條之一第一項取得股份申報事項要點》，係屬當時之證券交易主管機關基於職權，為有效執行證券交易法第四十三條之一第一項規定之必要而為之解釋性行政規則，固有其實際需要，惟該要點第三條第二款：「本人及其配偶、未成年子女及二親等以內親屬持有表決權股份合計超過三分之一之公司或擔任過半數董事、監察人或董事長、總經理之公司取得股份者」亦認定為共同取得人之規定及第四條相關部分，則逾越母法關於「共同取得」之文義可能範圍，增加母法所未規範之申報義務，涉及憲法所保障之資訊自主權與財產權之限制，違反憲法第二十三條之法律保留原則，應自本解釋公布之日起，至遲於屆滿一年時，失其效力。

㈡證券交易法第四十三條之一第一項雖對人民之資訊自主權有所限制，然其規定旨在發揮資訊完全公開原則，期使公司股權重大異動之資訊能即時且充分公開，使主管機關及投資人能瞭解公司股權重大變動之由來及其去向，並進而瞭解公司經營權及股價可能發生之變化，以增進公共利益。故證券交易法第四十三條之一第一項前、後段之規定，係屬取得人不同之作為義務，亦即《取得股份申報事項要點》第一條規定任何人單獨或與其他人共同取得任一公開發行公司已發行股份總額超過百分之十之股份者，應於取得後十日內依《取得股份申報事項要點》之規定向被上訴人申報，即屬取得人依證券交易法第四十三條之一第一項前段規定之作為義務；又申報事項要點第七條第一款規定所持股份數額增減數量達該公開發行公司已發行股份總額百分之一時，應於事實發生之日起二日內公告並檢附公告報紙向被上訴人申報，即屬取得人依證券交易法第四十三條之一第一項後段規定之作為義務，故取得人違反任一申報義務時，均應分別裁處罰鍰，如此方足以貫徹該規定之立法意旨及規範精神。至於初次取得任一公開發行公司已發行股份總額超過百分之十之股份時之申報期限，如果與其所持股份數額增減數量達該公開發行公司已發行股份總額百分之一時之申報期限競合時，固仍應分別情形加以公告及申報，但處理技術上自無妨同時將兩種情形併列❹。

㈢證券交易法第四十三條之一第一項規定，任何人單獨或與他人共同取得任一公開發行公司已發行股份總額超過百分之十之股份者，應於取得後十日內，向主管機關申報其取得股份之目的、資金來源及主管機關所規定應行申報之事項；申報事項如有變動時，並隨時補正之。此規定之立法意旨係期使公司股權重大異動之資訊能即時且充分公開，使主管機關及投資人能知悉公司股權大量變動之來由與趨向，並進而瞭解公司經營權及股價可能產生之變化。故以公司負責人取得公司股份，且為已發行股份總額超過百分之十之股東，之後公司股份因更名及減資，致使持有股份已逾公司已發行股份總額百分之一以上，自應於十日內申報❶。

㈣若有任何人單獨或者與他人共同取得任一公開發行公司已發行股份總額超過百分之十股份時，參照證券交易法第四十三條之一第一項取得股份申報事項要點第六點第一項第一款規定，若所持有股份數額與比例增、減數量達公開發行公司已發行股份總額百分之一，依證券交易法第四十三條之一第一項規定，其所應進行之申報義務及公告義務，應繼續至單獨或共同取得股份低於該公司已發行股份總額百分之十為止。故若有符合上述持股數額、比例之股東，未於其持股變動數量超過該公司已發行股份總額百分之十，且持股數額、比例變動逾百分之一者，未於二日內公告，並向金管會辦理共同申報時，自有證券交易法第一百七十八條條第一項第二款規定之適用❶。

㈤發行人募集與發行有價證券處理準則第八條第一項第十九款所稱「一定成數」及補充規定之一：應將證券交易法第四十三條之一所規定之事項及公司未來經營策略於公開說明書中揭露❶。

---

❶　最高行政法院 94 年判字第 1360 號，裁判要旨節錄自法源資訊。
❶　臺北高等行政法院 99 年度簡字第 483 號判決，裁判要旨節錄自法源資訊。
❶　臺北高等行政法院 99 年度訴字第 1037 號判決，裁判要旨節錄自法源資訊。
❶　金管證一字第 0980012277 號，98 年 4 月 7 日。

四、相關案例

案　例　公開收購（臺灣臺北地方法院九十八年度重金訴字
第十二號刑事判決）

　　開○金控高層於二○○五年間決策併購金○證，同年六月決議轉投資金
○證已發行股份總數百分之五至百分之十五並於同年七月經金管會核准，亦
與金○證之經營團隊接觸洽商併購可能性；惟金○證之經營團隊為反制開發
金控之併購決定，於是與環○證金、第○證、遠○證洽談四合一合併案。

　　於同年八月經上開四公司董事會通過且簽訂合併契約書，九月經各公司
股東會通過合併案。開○金控基於因應四合一合併案及尋求支持撤銷環○證
金，經評估投資環○證金有利開○金控併購金○證計畫（若環○證金與金○
證完成合併，則所持有環○證金股票可轉換為金○證股票），且環○證金亦為
一前景非差之投資標的（若環○證金並未與金○證公司完成合併，則持有環
○證金股票亦為一前景非差之投資標的），遂積極與環○證金股東接觸，先以
開○國際名義與環○證金股東簽約短期大量洽購環○證金股票。

　　由吳○甲報經辜○○同意後，辜○○、吳○甲、南○○、邱○○、吳○
乙等人均明知依據證券交易法第四十三條之一第三項及公開收購公開發行公
司有價證券管理辦法第十一條第一項規定預定於五十日內取得公開發行公司
已發行股份總額百分之二十者，除符合一定條件外，應採取公開收購方式為
之，而開○國際僅為開○金控經由開○工銀轉投資百分之二十八點七一之被
投資公司，不應為達成開○金控併購金○證之計畫而利用開○國際之名義及
資金出面洽談及價購環○證金之股票。

　　且為避免開○國際取得環○證金已發行股份總額達百分之十將需依證券
交易法第四十三條之一第一項之規定向主管機關申報公告以致開○工銀轉投
資之開○國際買進環○證金股權消息曝光，乃由吳○甲指示向開○國際常務
董事會提案轉投資不超過環○證金已發行股份總額百分之九點九，開○國際

常務董事會亦於同年十一月照案通過等情，竟共同基於意圖開〇金控之不法利益及行使偽造私文書之概括犯意及行為分擔、以先行大量簽約再安排分段交割不達環〇證金已發行股份總額百分之二十之方式違反強制公開收購規定之犯意聯絡及行為分擔，自二〇〇五年十一月十五日起至二〇〇六年二月二十六日止，不依證券交易法第四十三條之一第三項及公開收購公開發行公司有價證券管理辦法第十一條第一項規定進行公開收購程序，而由吳〇甲、南〇〇、邱〇〇、吳〇乙等人分別與環〇證金股東私下接洽，並表示欲以每股十點七五元之價格買進環〇證金股票。

參、操控市場行為

一、條　文

證券交易法第一百五十五條（對上市有價證券之禁止行為）

I 對於在證券交易所上市之有價證券，不得有下列各款之行為：

一、在集中交易市場委託買賣或申報買賣，業經成交而不履行交割，足以影響市場秩序。

二、（刪除）

三、意圖抬高或壓低集中交易市場某種有價證券之交易價格，與他人通謀，以約定價格於自己出售，或購買有價證券時，使約定人同時為購買或出售之相對行為。

四、意圖抬高或壓低集中交易市場某種有價證券之交易價格，自行或以他人名義，對該有價證券，連續以高價買入或以低價賣出。

五、意圖造成集中交易市場某種有價證券交易活絡之表象，自行或以他人名義，連續委託買賣或申報買賣而相對成交。

六、意圖影響集中交易市場有價證券交易價格，而散布流言或不實資

料。

七、直接或間接從事其他影響集中交易市場有價證券交易價格之操縱
行為。

II 前項規定，於證券商營業處所買賣有價證券準用之。

III 違反前二項規定者，對於善意買入或賣出有價證券之人所受之損害，
應負賠償責任。

IV 第二十條第四項規定，於前項準用之。

二、構成要件

㈠客觀要件

行　為：為證券交易法第一百五十五條第一項之行為。

行為主體：為證券交易法第一百五十五條之行為，操控市場之行為人。

行為客體：證券交易所上市之有價證券。

結　果：影響市場秩序。

㈡主觀要件

行為人明知對於在證券交易所上市之有價證券，不得有上述各款之行為，
而有意為之。

㈢罰　則

《證券交易法第一百七十一條第一項第一款》

處三年以上十年以下有期徒刑，得併科新臺幣一千萬元以上二億元以下
罰金。

三、相關論點

㈠本條旨在防止證券價格受操縱。第三款係規範所謂「相對委託」之交易
行為，此種行為亦製造市場交易活絡之假象，影響市場行情，實有必要

予以禁止；再者，本款與第四款「意圖」須與其刻意之炒作行為結合才有構成犯罪之可能；而司法機關審理時，更須詳究其不法意圖之存在，始可認為該當本條之犯罪構成要件，加以定罪論刑，並不至於有浮濫或擴張適用之虞。為有效規範市場秩序，保障投資人權益，第六款有嚇阻不法之徒利用各種操縱手段或市場弊端不當影響市場行情之功能。因應市場發生之操縱行為態樣及監理實務需要，增訂不履行交割包括投資人對證券商及證券商對市場不履行交割等兩種態樣，及禁止製造交易活絡表象之行為，以有效遏止市場不法操縱行為。

㈡第一款之立意係為防範惡意投資人不履行交割義務，影響市場交易秩序，至於一般投資人若非屬「惡意」違約，其違約金額應不致足以影響市場交易秩序，不會有本款之該當，自不會受本法相關刑責之處罰。

㈢基於操縱股價者經常以製造某種有價證券交易活絡之表象，藉以誘使他人參與買賣，屬操縱手法之一，經參考美、日等國立法例，爰增訂第五款，將該等操縱行為之態樣予以明定，以資明確。

㈣目前常有證券投資顧問公司或其從業人員透過有線電視臺等媒體、或語音會員 Call In 方式從事報明牌、或聯合炒作、詐欺或執行活動之相關人員以化名方式等不法行為，經查明除依證券交易法第六十六條第四款予以撤銷營業許可外，將依證券交易法等相關規定予以重罰。證券投資顧問事業刊登廣告，應注意法律責任，若有不實廣告，將違反證券投資顧問事業管理規則及公平交易法相關規定，另對簽約付款之投資人，亦違反消費者保護法相關規定❸。

四、相關案例

案例一　操控股價——抬高價格（臺灣高等法院臺中分院九十九年金上訴字第一一八四號刑事判決）

---

❸　財政部證券管理委員會，(85) 台財證㈣字第 02493 號，民國 85 年 7 月 29 日。

　　陳○○係股票上櫃公司聯○科技股份有限公司（下稱聯○公司）之董事長；李○○曾任職中○、復○等多家證券公司擔任營業員工作；張○○係日○證券投資顧問股份有限公司之負責人及總○證券投資顧問股份有限公司之分析師，平日以股市分析為業。陳○○、李○○、張○○均明知依二○○六年一月十一日修正公布前證券交易法第一百五十五條第一項第四款規定，對於在臺灣證券交易所股份有限公司所開設股票集中交易市場上市之有價證券，不得有「意圖抬高或壓低集中交易市場某種有價證券之交易價格，自行或以他人名義，對該有價證券，連續以高價買入或以低價賣出」之行為，惟於二○○三年九月間，陳○○因亟需龐大資金健全公司財務結構及強化償債能力，藉此吸引社會大眾投資購買聯○公司即將在二○○四年間所發行之貳億元無擔保可轉換公司債，乃由李○○等自我引薦可幫忙拉抬及維持公司股價，並經由李○○擔任中間人覓得張○○與陳○○認識謀議炒股計畫定案後，陳○○、李○○、張○○即共同基於意圖抬高及壓低集中交易市場聯○公司股票之交易價格，以他人名義連續以高價買入及以低價賣出之單一接續犯意聯絡，對於聯○公司股票，以下述連續高價及連續低價方式買進、賣出聯○公司股票，用以抬高或壓低聯○公司股票之交易價格，另利用張○○為股市分析師之身分，在投顧公司擁有眾多投顧會員，及張○○在媒體、電視等股市節目、撰寫文章分析個股享有高知名度之便，向不特定投資人及投顧會員推薦買進該股，藉以擴大聯○公司股票在集中交易市場之成交量與交易價格，用以引誘不特定投資大眾從事聯○公司股票之買賣。陳○○並與李○○約定以陳○○所能掌控之股票約兩千餘張（每張一千股）聯○公司股票賣出後所得之價差作為渠等拉抬聯○公司股價之報酬。

案例二 股價操控——製造活絡表象（最高法院九十九年台上字第六四四○號刑事判決、臺灣高等法院臺中分院九十八年度金上訴字第二七六號刑事判決）

　　駱○○係松○科技股份有限公司之董事長，於二○○三年間，經由其特

別助理張〇〇之介紹，結識沅〇投資顧問有限公司之實際負責人陳〇〇。於二〇〇四年初，因松〇公司於二〇〇三年間營業由盈轉虧，營運不佳，且當時股票市場量能萎縮，松〇公司股票價格連番下跌，駱〇〇竟因自己有資金需求及當時松〇公司股價不振而遭受股東責罵等因素，急欲拉抬松〇公司之股票價格，而與陳〇〇共同合作意圖抬高松〇公司股票於上櫃市場交易價格，先由駱〇〇提供本人向親友所借用之集保證券帳戶或其不知情之妻張女向親友所借用之集保證券帳戶，作為分散買賣松〇公司股票之用，再交部分給陳〇〇操作，配合駱〇〇本身所掌控之其向他人借用取得之人頭帳戶與陳〇〇本身所掌控之其他人頭帳戶，以他人名義相對成交之方式，製造交易活絡之假象，拉抬松〇公司之股價，吸引其他不知情之散戶買入松〇公司股票，並請陳〇〇伺機於高價時出脫松〇股票二千五百張，以獲取利益，雙方並約定陳〇〇每出脫新臺幣一千萬元之松〇公司股票，即可獲取六千元之報酬，若有獲利，再分得其中之三成，如操作成功，駱〇〇並將委託陳〇〇辦理松〇公司發行海外可轉換公司債 (ECB)。因駱〇〇、陳〇〇之前揭相對交易行為，故自二〇〇四年四月一日至同年六月三十日止，該檔股票於前揭帳戶相對成交量計七千一百一十五張，占該段期間前揭帳戶買進量一萬五千兩百三十七張，與賣出量一萬三千九百九十七張之百分之四十六點五八及百分之五十點八三，且有六十二個營業日之成交買進或賣出之成交量，皆達該股票市場成交量百分之二十以上，並有二〇〇四年四月十六日等三十一個營業日，有連續多次之委託買進（賣出）價格高（低）於成交價或以漲（跌）停板價格委託買賣松〇公司股票，使該股票當時成交價格上漲三檔至十七檔，或下跌三檔至七檔，明顯影響松〇公司股票成交價，故駱〇〇、陳〇〇因從事前揭相對成交之行為，而直接或間接影響松〇公司股票櫃臺買賣公開市場之交易價格，程度已達操縱行為之強度。

肆、內線交易

一、條　文

證券交易法第一百五十七條之一第一項、第二項

I 下列各款之人，實際知悉發行股票公司有重大影響其股票價格之消息時，在該消息明確後，未公開前或公開後十八小時內，不得對該公司之上市或在證券商營業處所買賣之股票或其他具有股權性質之有價證券，自行或以他人名義買入或賣出：
　一、該公司之董事、監察人、經理人及依公司法第二十七條第一項規定受指定代表行使職務之自然人。
　二、持有該公司之股份超過百分之十之股東。
　三、基於職業或控制關係獲悉消息之人。
　四、喪失前三款身分後，未滿六個月者。
　五、從前四款所列之人獲悉消息之人。
II 前項各款所定之人，實際知悉發行股票公司有重大影響其支付本息能力之消息時，在該消息明確後，未公開前或公開後十八小時內，不得對該公司之上市或在證券商營業處所買賣之非股權性質之公司債，自行或以他人名義賣出。

二、構成要件

㈠客觀要件

行　為：

1.獲悉未公開前或公開後十八小時內重大影響發行股票公司股票價格之消息。

2.自行或以他人名義買賣股票或其他具有股權性質之有價證券。

行為主體：

1.傳統內部人 (Traditional Insider)：董事、監察人、經理人、持股超過百分之十股東。

2.法人代表：依公司法第二十七條第一項規定受指定代表行使職務之自然人。

3.準內部人 (Quasi Insider)：基於職業❶或控制❷關係而獲悉消息之人。

4.喪失董事、監察人、經理人、持股超過百分之十股東或準內部人身分後，未滿六個月者。

5.訊息受領者 (Tippee)：從上述之人獲悉消息之人，獲知未公開的內線消息者。

行為客體：發行公司之股票或其他具有股權性質之有價證券。

結　果：消息傳遞人或消息受領人因買入股票或其他具有股權性質之有價證券而獲利。

㈡罰　則

《證券交易法第一百七十一條第一項第一款》

處三年以上十年以下有期徒刑，得併科新臺幣一千萬元以上二億元以下罰金。

三、相關論點

美國法有關內線交易理論的演進❷：

㈠資訊平等理論：公開，否則戒絕交易 (Abstain or Disclose Theory)

任何人獲悉公司重大且未公開的消息時，均應遵守「公布消息否則禁止

---

❶　「職業關係」係指接受發行公司委任處理事務的專業人士，如律師、會計師、財務分析師、證券承銷商等。

❷　「控制關係」係指控制發行公司業務經營或重要人事之人，如關係企業的控制公司。

❷　賴英照，《最新證券交易法解析》，頁 454-471，元照出版，2009 年再版。

買賣」的規則，使市場投資人均有公平獲取資訊的機會。因此，獲悉消息之人僅能在揭露消息與不利用該消息從事股票買賣兩者間選擇其一。

（二）信賴關係理論（或稱受任人義務理論 "Fiduciary Duty Theory"）

消息受領者必須為公司的內部人始有揭露消息的義務，由於該內部人與公司間具備信賴關係或具受任人義務，因此倘其違反揭露義務而買賣證券，即構成內線交易。若消息受領者非內部人，而自內部人獲悉消息，並不當然繼受該內部人之信賴義務，故不構成內線交易[22]。

（三）私取理論 (Misappropriation Theory)

私取理論係課予消息受領者對消息來源者負忠實義務。獲悉影響證券價格重要消息的外部人，雖然與交易對象之間沒有信賴關係，但如果違背對消息來源的忠誠及信賴義務，將他自消息來源所獲取的機密消息據為己有，圖謀私利，顯然影響證券市場的健全，並損害投資人的信心，違反美國證交法10(b) 及 Rule 10b-5[23]。

（四）消息傳遞責任理論 (Tipper/Tippee Liability Theory)

當內部人違反受任人之忠實、信賴義務而洩密，或消息受領人明知或可得而知告知消息人違反受任人忠實、信賴義務而洩密，或內部人為直接或間接圖謀個人利益而傳遞消息時，消息受領人須負內部人交易的責任[24]。

四、相關案例

案例一　內線交易——訊○公司案（臺灣高等法院九十二年度上重訴字第六十六號刑事判決）

呂○○係以生產 DVD 光碟片為主要業務之訊○科技股份有限公司（下稱訊○公司，為發行股票公司）董事長，實際負責該公司業務之經營；呂陳

---

[22]　劉連煜，《新證券交易法實例研習》，頁 320–321，元照出版，2009 年增訂七版。

[23]　同前揭註，頁 396–402。

[24]　同前揭註，頁 339–340。

○○為呂○○之配偶，並為訊○公司之董事兼發言人（二人均屬證券交易法學說上所稱之「內部人」）。呂○○另擔任其以個人名義投資之巨○投資有限公司（下稱巨○公司）、訊○投資有限公司（下稱訊○公司）負責人；呂陳○○亦擔任巨○、訊○公司之董事。二人於二○○○年八月十九日左右，得知：⑴全球 DVD 市場未如原預期樂觀，並需求趨緩。⑵訊○公司之 DVD 光碟片主要訂單來源華○媒體公司，於該年度擴增生產後，竟將部分訂單移轉至其歐洲子公司，使得訊○公司之供貨順序由第二降為第三，致占訊○公司營業收入達七成五之主力產品 DVD 光碟片實際出貨量不如預期。⑶二○○○年七月及八月，訊○公司 DVD 光碟片之產能利用率僅五至六成左右，實際出貨量已連續二月落後預估出貨量，累積落後預估出貨量已達百分之五十六以上，該二月之營收狀況與往來相較亦有落後情形。⑷訊○公司前八月稅前純益實際數額與二○○○年七月二十九日公布之第二次更新財務預測（下稱財測）所列稅前純益預估數額比較結果，差額已超過三千萬元、稅前損益變動比例至八月底時已達百分之十五，故至二○○○年度九月底依法結算申報第三季財務報告時，財測稅前損益變動比率會因達「公開發行公司財務預測資料公開體系實施要點」（下稱財務預測實施要點）第十八條規定：「當編製財務預測所依據之關鍵因素或基本假設發生變動，至稅前損益金額變動百分之二十以上，且影響金額達新臺幣三千萬元及實收資本額之千分之五者，公司應依規定公告申報更新後財務預測。」之標準，必須調降該公司之財測，勢必發生對該公司股票價格重大影響。

　　依證券交易法第一百五十七條之一第一項之規定，在「獲悉發行股票公司有重大影響其股票價格之消息時，在該消息未公開前，不得對該公司之上市或在證券商營業處所買賣之股票或其他具有股權性質之有價證券，買入或賣出」，仍基於概括犯意之聯絡，在該訊息於二○○○年九月三十日訊○公司因稅前損益金額變動百分之二十以上且影響金額達新臺幣三千萬元及實收資本額之千分之五之事實發生，並依前開要點於二○○○年十一月一日公告停止適用二○○○年七月二十九日第二次更新財測適用（即調降財測）前，連續自二○○○年八月十九日起至十月二十六日止，指示不知詳情之訊○公司

協理林〇〇別將巨〇公司、訊〇公司、呂〇〇、呂陳〇〇名義所持有之訊〇公司股票，在多家證券公司利用不知情之營業員予以出脫。

案例二　內線交易——臺開案（臺灣高等法院九十七年度矚上重更㈠四號刑事判決）

　　蘇〇〇於二〇〇五年六月由政府官股支持，當選臺灣土地開發信託投資股份有限公司（下稱臺開公司）第十四屆董事長（同年七月一日接任）。二〇〇五年六月臺開公司委任臺灣銀行為新臺幣（下同）一百六十五億元聯合授信案主辦銀行，其中部分款項為臺開公司與日〇銀行就讓售信託部門部分完成交割手續之賠付款，且臺開公司為支付信託部門讓售予日〇銀行之交割款，以不良債權向有意承作之資產管理公司辦理融資及出售部分不良債權等，一切作業均已經公開並進行，但仍需主其事之臺開公司董事長獲得董事會決議授權後簽約執行。蘇〇〇接任董事長，知悉臺開公司之各項發展過程與官股民股結構，與前述重大影響臺開公司股票價格消息，均涉及臺開公司財務、業務，對該公司股票價格有重大影響，且對於正當投資人之投資決定有重要影響，而前述決策需經董事會決議通過授權董事長簽約始得實現。

　　原臺開公司官股股東並派監察人之彰〇銀行在二〇〇五年七月經評估後不願再持有臺開公司股票且不再擔任監察人，開始在股票市場出售彰〇銀行持有臺開公司股票，蘇〇〇知悉後，擔心彰〇銀行持有臺開公司股權若遭民股蒐購，將改變公司股權結構，影響其董事長職務，遂派總經理鍾〇〇與彰〇銀行國際營運資金處處長陳〇〇協商彰〇銀行暫停出售臺開公司股票，由臺開公司自行找尋特定人承購彰〇銀行持有臺開公司股票，陳〇〇乃簽報總經理及董事長決定，停售臺開公司股票，待蘇〇〇回報。蘇〇〇遂聯繫蔡〇〇轉知熟識之趙〇甲共同購買彰〇銀行出售之臺開公司股票，並摘要告知其會推動前述重大影響臺開公司股票價格消息及彰〇銀行要賣臺開一萬三千張股票。

　　蔡〇〇、趙〇甲及游〇〇基於共同犯意，討論由趙〇甲、游〇〇（約兩

千萬元）各購買五千張，蔡○○購買兩千一百張，並由蘇○○說明臺開願景。趙○甲獲悉前述重大影響臺開公司股票價格並決定買入後，即與趙○乙連繫，告知有關獲悉臺開公司聯貸案等前述重大影響股價訊息，趙○甲並請蔡○○與趙○乙協商買賣股票匯款及證券商下單買賣等作業程序。

蔡○○並與陳○○商談，決定在重大影響臺開公司股票價格消息未公開前之二○○五年七月二十五日以鉅額交易下單買入彰○銀行一萬兩千一百張臺開公司上市股票。而彰○銀行則於同日上午召開常務董事會同意以洽特定人交易方式處理。當日蔡○○與游○○同時以三點五一元價格分別成交兩千一百張、五千張臺開公司股票，簡○○部分則因證券公司間電腦當機，致無法以同樣價格成交，嗣蔡○○與陳○○雙方達成共識改以盤後交易價格三點五八元之價格成交五千張。

蘇○○在蔡○○、游○○、趙○甲等獲悉前述重大影響臺開公司股票價格決議消息，且消息未公開前已經買入前述股票後，批准將該等消息以臺開公司董事長名義，輸入臺灣證券交易所當日重大訊息系統對外公佈之內容公開。

蔡○○、游○○、趙○甲、趙○乙（使用簡○○名義，為趙○乙所有）等人在二○○五年七月二十五日買入臺開股票後，迄二○○七年五月間止，蔡○○、游○○與趙○甲、趙○乙（以上二人使用簡○○名義買入）等將違反證券交易法第一百五十七條之一第一項第四款規定買入之臺開股票，陸續賣出所得財物，經臺灣證券交易所計算，扣除手續費與證券交易稅，犯罪所得金額財物達一億八十三萬零五十八元。

案例三　內線交易──綠○科技併購案（臺灣臺北法院九十六年度重訴字第一三二號刑事判決）

柯○○為普○創投公司、普○伍創投公司、普○陸創投公司、普○捌創投公司及普○創投公司之負責人，且為普○股份有限公司（下稱普○公司）董事兼經理人。並擔任達○三公司、達○二公司、達○公司董事；以上普○

創投公司等九家公司，均由柯〇〇所實際經營控管（以下統稱普〇集團）。其經營模式為：由普〇公司為管理公司，負責運用其他八家公司之資金從事投資。

又何〇〇為普〇公司總經理，並為普〇集團投資綠〇公司之專案投資經理；王〇〇則為普〇公司市場交易部資深經理，承柯〇〇之命，負責普〇集團在公開市場買賣股票之交易。

何〇〇身為綠〇公司獨立董事，且原係普〇公司所指定、代表普〇公司行使綠〇公司法人董事職務之人，於綠〇公司二〇〇六年九月六日召開董事會時，以獨立董事身分出席該次董事會，而於會中實際知悉美商捷〇公司有意將以百分之百現金方式併購或取得綠〇公司股權，並有意以二〇〇六年八月二十四日綠〇公司每股收盤價七十九點七元為基礎，每股溢價率為百分之十八至百分之三十八，價格為九十四元至一百一十元之現金取得綠〇公司百分之百流通在外股權，明知綠〇公司有被美商捷〇公司進行收購之消息、甚或與美商捷〇公司合併之消息，依主管機關行政院金融監督管理委員會訂定發布之「證券交易法第一百五十七條之一第四項重大消息範圍及其公開方式管理辦法」第三條第一項、第二條第二項之規定，均屬於證券交易法第一百五十七條之一第一項所規範之「重大影響其股票價格之消息」；且明知其係證券交易法第一百五十七條之一第一項第一款、第四款所規定之綠〇公司之董事及喪失依公司法第二十七條第一項規定受指定代表行使職務之自然人身分後，未滿六個月者，實際知悉綠〇公司有前開被美商捷〇公司進行收購，甚且進一步與美商捷〇公司合併之重大影響其股票價格之消息時，在該消息明確後，未公開前，不得對該公司之上市股票，以他人名義買入。

詎為圖謀普〇創投公司等其他七家公司賺取不法利益，竟與柯〇〇、王〇〇共同基於違反證券交易法公司內部關係人內線交易規定之犯意聯絡，於前開綠〇公司有被美商捷〇公司進行收購，進而與美商捷〇公司合併等消息明確（二〇〇六年九月十二日下午一時十四分後某時許）後，公開（二〇〇六年十一月二十二日）前，將其所知悉前開影響綠〇公司股票價格之重大消息，轉知柯〇〇作為普〇創投公司等其他七家公司買進綠〇公司股票之重要

參考，柯○○則指示王○○買進綠○公司股票之時間、價格區間及數量，再由王○○指示不知情之普○公司經理，買進綠○公司股票之價格、時間及數量，自二○○六年九月十三日起迄同年十月三十日止，以電話指示不知情之營業員下單買進綠○公司股票；復於臺灣捷○公司公開收購綠○公司股票期間，將股票悉數應賣，以此方式共為普○創投公司等七家公司獲取達四億七千兩百八十四萬七千零六十五元之不法利益。

伍、背信掏空[25]

一、條　文

證券交易法第一百七十一條第一項第二款、第三款

有下列情事之一者，處三年以上十年以下有期徒刑，得併科新臺幣一千萬元以上二億元以下罰金：

二、已依本法發行有價證券公司之董事、監察人、經理人或受雇人，以直接或間接方式，使公司為不利益之交易，且不合營業常規，致公司遭受重大損害。

三、已依本法發行有價證券公司之董事、監察人或經理人，意圖為自己

---

[25]　證券交易法第 171 條條文（2004 年 4 月修正前）：

有左列情事之一者，處七年以下有期徒刑，得併科新臺幣三百萬元以下罰金：一、違反第二十條第一項、第一百五十五條第一項、第二項或第一百五十七條之一第一項之規定者。二、已依本法發行有價證券公司之董事、監察人、經理人或受僱人，以直接或間接方式，使公司為不利益之交易，且不合營業常規，致公司遭受損害者。

所以在 2004 年以前，發行有價證券公司之董事、監察人，或經理人涉有意圖為自己或第三人之利益，而為違背其職務之行為或侵占公司資產時，僅能依刑法相關罪責相繩，例如東隆五金、國產汽車案。

> 或第三人之利益，而為違背其職務之行為或侵占公司資產。

二、構成要件

㈠客觀要件

行　為：

1.以直接或間接方式，使公司為不利益之交易，且不合營業常規。

2.意圖為自己或第三人之利益，而為違背其職務之行為或侵占公司資產。

行為主體：

1.發行有價證券公司之董事、監察人、經理人或受雇人。

2.發行有價證券公司之董事、監察人或經理人。

行為客體

依本法發行有價證券公司。

結　果

1.致公司遭受重大損害。

2.違背其職務之行為或侵占公司資產。

㈡罰　則

處三年以上十年以下有期徒刑，得併科新臺幣一千萬元以上二億元以下罰金。

三、相關論點

已發行有價證券公司之董事、監察人、經理人及受雇人等相關人員，使公司為不合營業常規或不利益交易行為，嚴重影響公司及投資人權益，有詐欺及背信之嫌，因受害對象包括廣大之社會投資大眾，犯罪惡性重大，實有必要嚴以懲處，爰增列處罰（一九九〇年七月十九日立法理由）。

四、相關案例

案例一　博達案（最高法院九十八年度台上字第六七八二號刑事判決）

　　葉○○原係博達科技股份有限公司（下稱博達公司）之董事長，博達公司係以從事電腦周邊產品及砷化鎵磊晶片等產品之生產及銷售為業。

　　葉○○與徐○○、謝○○等決策人員，明知博達公司成立後於各該年度之獲利能力，尚未達到上市標準，為使公司股票能在證券交易市場公開上市，而共同基於製作假帳提高銷貨業績、虛增營業數額及盈餘方式之概括犯意聯絡及行為之分擔，自一九九九年起，在國內進行虛偽交易循環，徐○○、謝○○在徵得葉○○之同意下，渠等覓得有犯意聯絡之張○○、曾○○、吳○○、池○○、黃○○、鄭○○等人，以張○○之科○公司、吳○○之訊○公司作為配合博達公司國內虛偽交易之原料供應商，而以鄭○○之泉○公司、黃○○之學○公司、池○○之凌○公司作為配合博達公司國內虛偽交易之商品銷貨對象。其操作手法略為：博達公司先將所生產之電腦周邊產品，虛銷予作為銷貨對象之泉○公司、學○公司及凌○公司，復由泉○公司、學○公司及凌○公司再以向博達公司虛購之商品，虛銷予科○公司、訊○公司，最後由科○公司、訊○公司將上述商品虛銷回博達公司，完成虛偽銷貨循環，而以上過程，僅係帳面上虛偽記載及資金匯入匯出，並無實際貨物進出。

　　葉○○、徐○○、謝○○、張○○、曾○○、吳○○、池○○、黃○○、鄭○○等人自一九九九年一月起至二○○一年六月止利用上開方式為循環交易，博達公司對泉○公司、凌○公司、學○公司虛增銷貨金額新臺幣（下同）四十九億六千七百六十六萬一千八百七十六元，亦對科○公司、訊○公司虛列進貨金額四十九萬八千兩百零一萬五千八百二十七元，以上述不合營業常規之虛偽交易行為，使博達公司為不利益之交易，致博達公司受有開立信用狀費用、匯款手續費等損害。

　　葉○○與徐○○、謝○○等決策人員，復承續上揭共同基於製作假帳提高銷貨業績、虛增營業數額及盈餘方式之概括犯意聯絡及行為之分擔，為使前揭供假銷貨之貨品可重複使用，減少虛增業績之成本，及因應營業額虛增後，博達公司進貨量應隨之增加之需求，並使財務報表合理化，自一九九年下半年起，徐○○、謝○○在徵得葉○○之同意下，在海外進行虛偽交易循環，其操作模式略為，博達公司先在美國加州及香港地區虛設人頭公司作為銷貨對象及供應商，博達公司之新竹廠及三芝廠分別將生產之砷化鎵磊晶片及電腦周邊商品，虛銷予作為銷貨對象之海外人頭公司，復由上開人頭公司將自博達公司虛購之商品，虛銷予作為供應商之海外人頭公司或國內配合廠商，最後由上揭人頭公司及國內廠商將上述商品虛銷回博達公司，完成虛偽銷貨循環。

案例二

力霸案（臺灣臺北地方法院九十六年度矚重訴字第二號刑事裁定、臺灣臺北地方法院九十六年度矚重訴字第三號刑事裁定、臺灣臺北地方法院九十七年度金重訴字第二號刑事裁定、臺灣臺北地方法院九十七年度金訴字第一號刑事裁定）

　　任○○、趙○○、譚○○、陳○○、黃○○、程○○明知金融機構存摺帳戶為個人信用之表徵，任何人只要有少許之金錢，均可自行到金融機構申請開立存款帳戶，並無特別之窒礙，並可預見將自己所有之存摺及金融卡等金融帳戶資料提供給王○○使用時，有供王○○不法利用，而幫助王○○為掩飾、隱匿因犯重大犯罪所得財物之虞，竟在不違背其本意下，於開戶後，將其等設於中○商銀、彰○銀行提供給王○○使用。而王○○為力霸公司、嘉○公司等公司之實際負責人，王金○○為力霸公司、嘉○公司董事長，負責綜理公司一切事務，為從事業務之人，竟基於意圖為自己不法所有之概括犯意，利用職務之便，自一九九九年一月一日起至二○○六年六月底及自二○○六年七月三日起至二○○七年一月二日止，利用每日中午召開之資金調

度會議，指示具有幫助犯意聯絡之任○○、謝○○與嘉○公司首席協理趙○○等，透過資金調度之方式，將力霸公司、嘉○公司及相關公司之資金，輾轉匯至王○○所掌控利用之黃○○等人設於中○商銀及他家銀行之帳戶，並由趙○○按照王○○指示不知情之力霸、嘉○公司等相關公司財務人員，開立支票或取得現金後交付王○○與王金○○個人，作為支付王○○以其子女之名義向金融機構貸款之本息、家族醫療費用、購買私人物品、返還個人借款、個人與家族稅金、買回亞○固網股票或作為王金○○個人私用。總計王○○於一九九九年一月一日至二○○六年六月三十日止，連續侵占力霸公司、嘉○公司及相關公司之款項共五十二億三千九百四十萬七千七百四十六元，王金○○於一九九九年一月二十二日起至二○○六年六月十九日止，連續侵占款項共八千九百四十五萬三千七百六十八元。

▶第四節　發生在保險業的犯罪

壹、地下保險

一、條　文

保險法第一百六十七條

I 非保險業經營保險或類似保險業務者，處三年以上十年以下有期徒刑，得併科新臺幣一千萬元以上二億元以下罰金。其犯罪所得達新臺幣一億元以上者，處七年以上有期徒刑，得併科新臺幣二千五百萬元以上五億元以下罰金。

II 法人犯前項之罪者，處罰其行為負責人。

二、構成要件

㈠客觀要件

行　　為：非法經營保險或類似保險業務。

行為主體：非經政府許可經營保險業務以外的企業或個人。

行為客體：特定或不特定多數人。

結　　果：非法經營保險或類似保險業務，擾亂金融秩序。

㈡主觀要件

非經政府許可經營保險業務以外的企業或個人明知未經許可不得擅自經營保險業務或類似保險業務，而有意為之。

三、相關論點

在一九九二年以前，保險法對於非保險業經營保險或類似保險業務僅有行政處罰，如「應勒令停業，並得處負責人各一萬元以上、二萬元以下罰鍰。」因保險業經營屬許可主義，一九九二年二月修法，對於未經許可者經營保險業改為刑事責任，並規定「處一年以上七年以下有期徒刑，得併科新臺幣三百萬元以下罰金。法人犯前項之罪者，處罰其行為負責人。」

鑑於非保險業經營保險或類似保險業務，對於社會及保險市場秩序之安定妨礙甚鉅，二○○年修法，參考銀行法第一百二十五條規定，提高第一項之刑期並提高罰金刑度為新臺幣一千萬元以上二億元以下罰金。其次，行為人犯罪所得愈高，對金融秩序的危害通常愈大。爰於第一項後段增訂加重其刑的規定。

四、相關案例

> **案　例**　計程車行非法保險（臺灣臺北地方法院九十九年金訴字第二十九號刑事判決）

　　任○○、白○○、陳○○於民國二○○六年二月間合夥成立「保○計程車客運服務事業有限公司」（下稱保○公司），初由白○○擔任負責人，後於二○○七年起改由任○○擔任負責人，白○○及陳○○擔任經理，惟保○公司之所有業務、財務仍由任○○、白○○、陳○○共同處理。渠等明知保○公司並非保險業，且該公司登記營業項目僅包含計程車客運服務業，依法不得經營保險或類似保險業務，竟未經核准登記而共同基於非法經營保險或類似保險業務之犯意聯絡，於二○○六年二月間起至二○○九年七月間止，任○○、白○○、陳○○共同以保○公司名義對外接洽招攬客戶，以按月收取（繳納）服務費用，除由保○公司代為向合法之產物保險公司投保第三人責任險外，即得於日後保險事故發生時，補貼汽車強制責任險或第三人責任險所不足之賠償金為由，接續向經營車行業務之國○交通公司、偉○交通公司、萬○交通公司、明○計程汽車公司、宴○交通公司、志○交通公司、雙○交通公司、集○交通公司、蓮○交通公司等車行負責人招攬承保，或透過上開不知情之車行負責人向各該車行之靠行計程車職業駕駛人或承租該車行之計程車職業駕駛人等不特定多數駕駛人邀約承保，相互口頭約定由參加之計程車職業駕駛人按月交付予各車行新臺幣一千元至一千三百元不等之費用，再由車行轉交予保○公司，保○公司於雙方約定之期間內承保，扣除向產物保險公司投保第三人責任險之年繳保費約三千元至五千元後，其餘款項則充作保○公司於雙方約定期間內承保之對價，俟前述職業小客車駕駛人駕車發生保險事故，即由保○公司就投保人本身車輛之損害在十萬元之範圍內依受損程度予以理賠，而以此方式共同經營登記範圍以外之類似保險業務。

貳、違背經營行為之處罰

一、條　文

保險法第一百六十八條之二

I 保險業負責人或職員或以他人名義投資而直接或間接控制該保險業之
人事、財務或業務經營之人，意圖為自己或第三人不法之利益，或損
害保險業之利益，而為違背保險業經營之行為，致生損害於保險業之
財產或利益者，處三年以上十年以下有期徒刑，得併科新臺幣一千萬
元以上二億元以下罰金。其犯罪所得達新臺幣一億元以上者，處七年
以上有期徒刑，得併科新臺幣二千五百萬元以上五億元以下罰金。

II 保險業負責人或職員或以他人名義投資而直接或間接控制該保險業之
人事、財務或業務經營之人，二人以上共同實施前項犯罪之行為者，
得加重其刑至二分之一。

III 第一項之未遂犯罰之。

二、構成要件

㈠客觀要件

行　為：

1.直接或間接控制保險業之人事、財務或業務經營。

2.違背保險業經營之行為，即財產處分權之濫用與信託義務之違背。

行為主體：保險業負責人或職員或以他人名義投資而直接或間接控制該保
險業之人事、財務或業務經營之人。

行為客體：保險業之財產或利益。

結　果：致損害保險業之財產或利益。

　　㈡主觀要件

　　主觀上須有對保險業背信故意以及為自己或第三人之利益或損害保險業利益之不法意圖。

三、相關論點

㈠為防範保險業之負責人或職員或以他人名義投資而直接或間接控制該保險業之人事、財務或業務經營者牟取不法利益，在二〇〇一年修法時參考組織犯罪防制條例第三條及銀行法第一百二十五條之二規定，較刑法第三百四十二條之背信罪加重其刑事責任。並對於二人以上共同實施第一項犯罪之行為，爰明定得加重處罰，以收嚇阻之效。

㈡為嚇阻保險業負責人或職員，或以他人名義投資而直接或間接控制該保險業之人事、財務，或業務經營之人利用職務之便挪用公款或利用職權掏空公司資產，二〇〇四年修法時提高罰金並於第一項後段增訂，其犯罪所得達新臺幣一億元以上者，處七年以上有期徒刑，得併科新臺幣二千五百萬元以上五億元以下罰金。

四、相關案例

案　例　臺灣臺北地方法院九十八年金重訴字第十四號刑事判決

　　被告郭〇〇係國〇人壽之前董事兼總經理，曾〇〇係公司前董事長，林〇甲係福〇公司（為國〇人壽母公司及最大法人股東，持有國〇人壽股份約百分之八十三）前董事長，林〇乙係國〇集團總管理處前副總經理兼財務長，陳〇〇係勁〇公司前負責人。

　　緣於二〇〇五年六月間，因國〇人壽遭行政院金管會保險局糾正其自有資本過低，不符保險法第一百四十三條之四規定，即國〇人壽至少須增資約五億元，曾〇〇及林〇甲為順利取得增資款，乃於同年九月二十九日與陳〇

〇、林〇丙簽訂「股份買賣合約書」，約定若勁〇公司順利協助國〇人壽完成增資二億七千元，曾〇〇及林〇甲承諾讓林〇丙、陳〇〇指派董、監事及被告郭〇〇擔任國〇人壽總經理參與經營，並允諾其得以向國〇人壽取得二十億元之自由放款融資額度。

　　被告郭〇〇、曾〇〇、林〇甲、林〇乙、陳〇〇等人均為保險業負責人或以他人名義投資而直接或間接控制該保險業之人事、財務或業務經營之人。被告郭〇〇等人均明知依國〇人壽規定，該公司受理有價證券抵押貸款須符合「承作對象須成立一年以上且營運狀況及信用情形正常之公司戶」、「質押股票須係已上市櫃公司股票，且最近半年度報表，有盈餘者為原則」、「質押之上市上櫃股票之價格依據申請前一日收盤價與最近三個月之平均價孰低者為鑑價標準」、「貸放期間最長不超過一年，必要時得展期一次」等規定，竟共同基於意圖為自己或第三人之不法利益，或損害國〇人壽利益之犯意聯絡，在國〇人壽上址，故意違反前開規定而辦理煜〇公司以鼎〇公司股票三百六十萬股設質貸款案，及數〇戲胞公司以新〇安有線電視股票兩百萬股設質貸款案，而前述貸款案貸放後隨即轉列催收款項，致國〇人壽蒙受一億八千六百萬元逾放損失，嚴重損害國〇人壽之利益。

參、違反監理效力之處罰

一、條　文

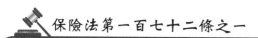

保險法第一百七十二條之一

保險業於主管機關監管、接管或勒令停業清理時，其董（理）事、監察人（監事）、經理人或其他職員有下列情形之一者，處一年以上七年以下有期徒刑，得併科新臺幣二千萬元以下罰金：

一、拒絕將保險業業務財務有關之帳冊、文件、印章及財產等列表移交

予監管人、接管人或清理人或不為全部移交。

二、隱匿或毀損與業務有關之帳冊、隱匿或毀棄該保險業之財產，或為其他不利於債權人之處分。

三、捏造債務，或承認不真實之債務。

四、無故拒絕監管人、接管人或清理人之詢問，或對其詢問為虛偽之答覆，致影響被保險人或受益人之權益者。

二、構成要件

㈠客觀要件

行　為：為保險法第一百七十二條之一之行為。

行為主體：保險業之董（理）事、監察人（監事）、經理人或其他職員。

行為客體：與保險業業務有關之帳冊、文件、印章及財產等。

結　果：違反主管機關之監理，影響保險市場之穩定性。

㈡罰　則

處一年以上七年以下有期徒刑，得併科新臺幣二千萬元以下罰金。

三、相關論點

㈠《保險法第一百四十九條第四項》

保險業因業務或財務狀況顯著惡化，不能支付其債務，或無法履行契約責任或有損及被保險人權益之虞時，主管機關得依情節之輕重，分別為下列處分：

1. 監管。

2. 接管。

3. 勒令停業清理。

4. 命令解散。

㈡有鑑於主管機關對問題保險業執行接管或勒令停業清理等行政處分，該保險業已有業務或財務狀況顯著惡化，不能支付其債務，或無法履行契約責任或有損及被保險人權益之虞，且公權力之介入目的係在及時整理問題保險業，維護保險市場之穩定，其啟動均經過主管機關審慎之評估，而接管處分係一特別之重整程序，故為避免進行問題保險業之接管或清理程序時，少數股東透過公司法臨時管理人或檢查人之規定，阻撓主管機關進行接管或清理，使多數保戶權益於受接管或勒令停業清理期間懸而未決，在社會多數公益考量下，爰有必要排除公司法有關臨時管理人或檢查人規定之適用，以減少社會成本負擔，而問題保險公司之退場處理，首重時效，於接管或勒令停業清理期間，倘有其他重整、破產、和解之聲請及強制執行程序之進行，將會阻礙主管機關所欲進行之行政處分，確有必要予以停止。

肆、保險詐欺

一、國內常見之保險詐欺犯罪類型

㈠火災保險之詐欺

㈡竊盜保險之詐欺

㈢謀財害命保險之詐欺

　　為親人、他人或自己簽買保險契約，而後謀害親人、他人或找人替死，以詐領保險金。

㈣其他不實方法之詐欺

　　病患以行賄或其他不法方法取得不實之健康證明書，簽買人壽保險，旋即病故，由受益人領得保險金。

　　將投保之房屋、汽車等產物故意破壞或謊報失竊，致使保險標的滅失，以詐領保險金。

　　以上的犯罪類型都有可能涉及刑法第三百三十九條詐欺罪。

二、條　文

刑法第三百三十九條

Ⅰ 意圖為自己或第三人不法之所有，以詐術使人將本人或第三人之物交付者，處五年以下有期徒刑、拘役或科或併科一千元以下罰金。

Ⅱ 以前項方法得財產上不法之利益或使第三人得之者，亦同。

Ⅲ 前二項之未遂犯罰之。

三、構成要件

㈠客觀要件

行　為：意圖為自己或第三人不法之所有，施以詐術使人陷於錯誤的狀態並將本人或第三人之物交付。

行為主體：一般人。

行為客體：特定或不特定之多數人。

結　果：使人將本人或第三人之物交付。

㈡主觀要件

一般人意圖為自己或第三人不法之所有，明知並有意施以詐術使人陷於錯誤的狀態，進而將本人或第三人之物交付。

㈢罰　則

處五年以下有期徒刑、拘役或科或併科一千元以下罰金。

四、相關論點

㈠當行為人施行詐術使人陷於錯誤，進而為財產或利益上之交付，造成受害人財產或利益之損失，使構成詐欺罪。

㈡對於「詐術」之定義有多種學說：有認為詐術係指「傳遞與事實不符合

之資訊，進而使相對人有產生錯誤之可能」❷6；有認為詐術係指「一切足以使人陷於錯誤之行為」❷7；有認為詐術包含了虛構事實、歪曲或掩飾事實手段❷8。

㈢對於「事實」之定義：必須是可以檢驗真偽內涵事實，而事實必須是存在於現在或者過去，對於未來，因為尚未發生，故不能傳遞不實之訊息，因此不構成詐術之內容。

㈣對於「手段」上的範圍：行為人實施詐術之手段不以語言或文字為限，凡是可以透過可推知的舉動，傳達錯誤之訊息，均可該當本罪之詐術❷9。

㈤對於「錯誤」之定義：錯誤係指「任何一種不正確而與事實真相不相符合之事件或狀態，單純的毫無所知而無具體的錯誤想像」。又黃榮堅老師認為，「凡相對人對於行為人所傳達的訊息內容認為其仍有可能為真，即屬陷入錯誤」❸0。

㈥在受害者陷於錯誤之後，必需要為「財產處分」才有符合構成要件之「交付」條件，始能成立本罪❸1。

五、相關案例

 **案例一**　臺灣臺北地方法院九十六年勞訴字第三十七號民事裁定

　　被告係英國保○人壽並頒有商業行為準則，要求所有集團從業人員必須確實遵守法律，並以最高的專業與道德。保○人壽依保險業務員管理規則第

---

❷6　黃榮堅，《刑法問題與利益思考》，頁 91，元照出版，1995 年初版。

❷7　甘添貴，《體系刑法各論（第二卷）》，頁 282，瑞興圖書出版，2004 年 2 月再版。

❷8　林山田，《刑法各罪論（上冊）》，頁 452，自行出版，2005 年 9 月第五版。

❷9　同前揭註，頁 453。

❸0　黃榮堅，〈侵占脫離物與錯誤〉，《臺灣本土法學雜誌》，第 15 期，頁 148–151。

❸1　33 年上字第 1134 號判例：認為所謂交付係指對於財務之處分而言。

十八條規定，訂有業務品質評議管理辦法暨作業相關細則。原告係保險業務員管理規則所規範之保險業務員，自二○○○年四月十一日起受聘登錄於公司，與保○人壽簽署承攬契約，從事保險業務之招攬，包括收取首期保費等業務。另原告就擔任某通訊處業務襄理，與保○人壽訂有聘僱契約，得為公司招募、訓練及輔導所屬業務人員。該業務員於受僱期間，於二○○三年四月間曾有客戶申訴案件，但未作妥適處理，且該客戶實際繳費與繳費證明金額不相符，而遭保○人壽施以計點處罰。之後經臺南地方法院檢察署調查發現涉及林○○醫院假住院詐領保險金事件，同案被告護士結證原告假住院之事實，於二○○六年三月二十八日偵結將該業務員依詐欺罪嫌起訴。且經被告於案發後查證，該業務員確曾以假病歷自保○人壽申請理賠，詐領保險金既遂，該業務員與不肖醫院申謀詐騙健保局與保險公司，重挫保險業多年來建立之保險形象，並同時造成被告商譽嚴重受損，其所涉假住院詐領保險金情形，雖非保險招攬之不當行為，但涉及保險詐欺犯罪，其不誠實之嚴重程度更甚於保險招攬行為規範之違反。保○人壽於二○○六年五月二十二日以該業務員涉及保險詐欺經檢察官起訴，行為表現有損保險形象情節重大為由，依業務品質評議管理辦法暨作業相關細則第 5.1.18 條及勞基法第十二條第一項第四款規定，終止其聘僱契約及承攬契約。

案例二　假車禍詐取保險金（臺灣臺中地方法院九十八年易緝字第六十九號刑事判決）

陳○○與王○○等人共同基於詐欺取財之犯意聯絡，並均意圖為自己不法之所有，於二○○五年三月十四日下午六時三十分許，前往彰化縣彰化市○○路，先由王○○指導製造假車禍之過程，再由陳○○駕駛自用小客車，擦撞黃○○所騎乘重型機車，據以製造兩車擦撞之車禍跡證，而黃○○則於地面打滾佯裝受傷。迨假車禍現場布置完成後，陳○○旋即撥打電話報警前來處理並製作車禍肇事證明文件，且於員警詢問時佯稱自己為肇事人，而與黃○○所騎乘之機車發生擦撞事故，另由張○○撥打電話召請救護車前來，

將黃○○送往彰○醫院接受急診治療，經不知情之該院醫師診察後，依其判斷認定黃○○受有頭部外傷併腦震盪、頭皮挫傷瘀血等傷勢而出具診斷證明書，並同意黃○○住院觀察五日並接受治療。迨二○○五年三月十八日黃○○出院後，旋於翌日至秀○醫院接受診療，不知情之該院醫師則於檢查後，依其判斷認定黃○○受有腦震盪而出具診斷證明書，並同意黃○○住院觀察至同年月二十八日。黃○○於出院後，隨即檢附員警所提供之車禍肇事證明文件及前揭醫療院所出具之診斷證明書等不實資料，連續向其各該保險公司申請自己之住院醫療給付。致使保險公司理賠人員均陷於錯誤，各支付保險金，而使前揭詐欺犯罪得以遂行。

案例三　詐領火災保險（臺灣高等法院九十八年上重訴字第五十三號刑事判決）

　　彭○甲與彭○乙兄弟等十餘人，共同意圖為自己不法所有，基於放火燒燬現供人使用住宅或現未有人所在他人所有建築物，及常業詐欺或詐欺取財的概括犯意聯絡，或與未參與放火行為的楊○○基於詐欺取財的犯意聯絡，或另利用不知情的彭女等人，由彭○甲主導、策劃，自一九九八年間起，在宜蘭、臺北等縣市地區，尋找他人經營不善的廠房或商店，出資承受，搬入劣質財物，冒充正常營運廠商而向保險公司投保火災保險，致各保險公司誤認為正常營運商號，陷於錯誤予以承保。彭○甲等連續多次趁下班打烊無人之際，伺機縱火燒燬各該保險標的物，再以受有鉅額損失為由，向保險公司申請理賠，詐取保險金平分花用。其中彭○甲、彭○乙等人並恃此為生，以之為常業。

㈠富○ KTV

　　彭○甲於一九九八年間，委託不知情的郭○○覓得臺南縣麻豆鎮獨棟建築物的富○ KTV，由郭○○以個人名義頂讓承租並掛名負責人，實由知情的陳○○負責店內事務。一九九八年十一月十一日向友○產物保險、太○產物保險共投保新臺幣四千九百五十萬元商業保險。一九九九年八月十三日凌晨

二時十三分許，由彭○甲指示彭○乙等負責縱火事宜，放火燒燬該現未有人所在的他人所有建築物。縱火得逞後，由不知情的郭○○、陳○○，向友○及太○產物保險申請理賠，致各該公司陷於錯誤而予理賠，詐得一千九百五十萬元。

㈢京○賓館

　　彭○甲於二○○一年一月間，選定屬於集合式大樓的桃園縣之京○賓館，與牟○○前往洽妥頂讓事宜，由不知情的許○○擔任負責人。二○○一年一月八日，牟○○向華○產物保險投保八千萬元商業保險。二○○一年三月十二日十時二十九分許，推由具有犯意聯絡的呂○○放火燒燬該集合式大樓現供人使用的住宅。彭○甲等縱火得逞後，先由牟○○撰寫理賠明細，再由分擔理賠事宜的程○○，陪同事後知情就詐欺部分具有犯意聯絡的許○○，一同前往華○產物保險請領保險金，因該公司誤信合於理賠約款而同意理賠，詐得六百萬兩千四百九十七元。

▶第五節　提現為名轉帳為實

　　我國銀行業現行作業或有發現將客戶存、提款應為「轉帳」記帳交易逕以存現、提現之「現金」記帳方式承作，因無實際現金流動，有「提現為名，轉帳為實」之情事，似有阻斷資金流向之疑慮。惟因前開「提現為名，轉帳為實」之記帳方式，並無實際現金流動，又不影響銀行資產、負債金額，目前相關金融法規尚無明文予以禁止。

壹、案　例

　　客戶林○○帳戶於賣出某特定上櫃公司股票後有多筆以每筆略低於五十萬元方式提現，經比對該上櫃公司董事長陳○○帳戶（與林○○於同一金融分支機構開立帳戶），發現同時間亦有以現金存入陳○○帳戶，且存提款傳票均為同一銀行記帳人員簽章及傳票交易序號亦臨接，疑為以「提現為名，轉帳為實」方式記帳，阻斷資金流向。

　　上開提現後之部分資金流向，有由第三人李○○代理於某郵局支局辦理以現金分筆匯款，其中匯款人及收款人同為一人（陳○○），查其匯款申請書（代傳票）交易時間相臨近，又為同一臨櫃人員辦理，雖每筆交易未逾洗錢防制法第七條規定之「一定金額」❸❷之通貨交易，惟合計金額已超逾五十萬元，但因銀行業資訊系統無法即時勾稽是否為屬同一客戶於同一櫃檯一次以現金分多筆匯出，這種符合疑似洗錢表徵，故意化整為零的交易，必須由臨櫃人員予以辨別判讀。

貳、發生原因

一、行員便宜行事

　　銀行對於同一客戶於同一櫃檯辦理存提款，如同時提示存、提款，應以「轉帳」方式記載登帳，並於存、提款單（代傳票）記載「對方會計科目」及「轉出入帳號」；若客戶交付現金存款、或以提款單提領現金，則點數現金後憑以記帳。惟查上開案例多似由同一人持數個關係人之帳戶存摺同時辦理存、提款，應符合「轉帳」方式記帳，然銀行經辦人員多未以「轉帳」方式記帳，而代以「現金」方式記帳，究其原因，在於「轉帳」方式記帳，銀行臨櫃人員需填列對方會計科目、帳號，甚至須編列轉帳流水號等作業，不若「現金」方式記帳較為簡便，故銀行臨櫃人員若於工作繁忙之際，為求方便快速，極易將轉帳方式記載為現金。

二、配合客戶要求

　　客戶要求銀行以「現金」記帳，其原因有可能為規避稅務機關查核資金流向，抑或規避可疑資金來源等情形。按提、存金額逾五十萬元以上者，若以現金記帳須另登載，並依洗錢防制法第七條規定向法務部調查局申報，將可能留存資金流向軌跡，是以，客戶通常蓄意將交易金額限縮略低於五十萬元，以達阻斷資金流向之目的。

❸❷　「一定金額」目前係指新臺幣 50 萬元。

三、警示機制不足

中華民國銀行公會之《銀行防制洗錢注意事項範本》為各銀行訂定其防制洗錢注意事項重要參考，其中第二點㈢ 4 規定，對於客戶交易，如有合乎疑似洗錢表徵❸，應依程序向法務部調查局申報。本案例有多項核符前述疑

---

❸　⑴同一帳戶於同一營業日之現金存、提款交易，分別累計達一定金額以上，且該交易與客戶身分、收入顯不相當或與本身營業性質無關者。

⑵同一客戶於同一櫃檯一次辦理多筆現金存、提款交易，分別累計達一定金額以上，且該交易與客戶身分、收入顯不相當或與本身營業性質無關者。

⑶同一客戶於同一櫃檯一次以現金分多筆匯出、或要求開立票據（如本行支票、存放同業支票、匯票）、申請可轉讓定期存單、旅行支票、受益憑證及其他有價證券，其合計金額達一定金額以上，而無法敘明合理用途者。

⑷同一客戶於不同櫃檯以每筆未逾（或逾）疑似洗錢交易申報門檻之現金辦理存、提款，累計達一定金額以上，且該交易與客戶身分、收入顯不相當或與本身營業性質無關者。

⑸客戶突有不尋常之大額存款（如將多張本票、支票存入同一帳戶），且與其身分、收入顯不相當或與本身營業性質無關者。

⑹靜止戶或久未往來之帳戶突然有大額現金出入（如存入大額票據要求通融抵用），且又迅速移轉者。

⑺開戶後立即有與其身分、收入顯不相當或與本身營業性質無關之大額款項存、匯入，且又迅速移轉者。

⑻存款帳戶密集存入多筆小額款項，並立即以大額、分散方式提領，僅留下象徵性餘額，其款項與客戶之身分、收入顯不相當或本身營業性質無關者。

⑼客戶經常於相關帳戶間移轉大額資金，或以現金方式（提現為名，轉帳為實）處理有關交易流程者。

⑽每筆存、提金額相當相距時間不久。

⑾交易款項自某些特定地區（洗錢高風險國家）匯入之交易款項，且該交易與客戶身分、收入顯不相當或與本身營業性質無關者。本項所述之國家或經濟體，將依據行政院金融監督管理委員會函轉國際防制洗錢組織所公告防制洗錢與打擊資助恐怖份子有嚴重缺失之國家或地區、及其他未遵循或未充分遵循國際防制洗錢組織建議之國家或地區。

似洗錢表徵，惟銀行對密集每日提領略低於應申報之「達一定金額」的現金交易、應客戶要求以現金辦理記帳及各關係人帳戶由第三人至銀行辦理存提款等行為，現行實務均無不會向法務部調查局申報。

另銀行資訊系統雖有設定參數，以過濾可疑交易，但通常係單筆以現金提存金額逾帳戶前月平均餘額達一百倍（或五十倍）為參數，換句話，如果客戶前月平均餘額為一萬元，則其當天多次提領四十八萬元以規避五十萬元申報門檻，除非行員進行人工研判，否則資訊系統是不會出現警示。

四、自行查核不實

前開銀行公會公布的《銀行防制洗錢注意事項範本》，僅係原則性規範，並無相關罰則，加以銀行對存款客戶背景不若授信、財富管理之客戶較易蒐集客戶財力背景等資料，以辨識交易是否與客戶身分、收入顯不相當；又僅賴銀行資訊系統設定參數蒐集疑似洗錢交易，似難以全括。就上開案例均由

⑿對結購大額外匯、旅行支票、外幣匯票或其他無記名金融工具，但其用途及資金來源交代不清或其身份業務不符者。

⒀經常性地將小額鈔票兌換成大額鈔票，或反之。

⒁經常替代他人或由不同之第三人存提大筆款項出入特定帳戶。

⒂同一帳戶或同一客戶透過不同帳戶分散交易，並經常有多筆略低於必須申報之金額存入帳戶或自帳戶提出者。

⒃突然償還大額問題放款，而無法釋明合理之還款來源。

⒄其他明顯不正常之交易行為，如大量出售金融債券卻要求支付現金之交易、或頻繁利用旅行支票或外幣支票之大額交易而無正當原因、或大額開發信用狀交易而數量與價格無法提供合理資訊之交易或以巨額（數千萬）金融同業支票開戶但疑似洗錢交易者。

⒅交易最終受益人或交易人為行政院金融監督管理委員會函轉外國政府所提供之恐怖分子或團體者；或國際洗錢防制組織認定或追查之恐怖組織；或交易資金疑似或有合理理由懷疑與恐怖活動、恐怖組織或資助恐怖主義有關聯者。

⒆電視、報章雜誌或網際網路等媒體報導之特殊重大案件，該涉案人在銀行從事之存款、提款或匯款等交易。

⒇數人夥同至銀行辦理存款、提款或匯款等交易者。

第三人持各關係人帳戶辦理存提款及分散於各戶提領未逾五十萬元之現金等情，即須臨櫃人員逐案檢視是否有疑似洗錢交易表徵，若櫃員不為申報等事項，後檯主管亦不易即時察覺。

參、策進作為

一、強化內部稽核

㈠銀行內部稽核、自行查核事項除應對「達一定金額」之通貨交易，切實查證其交易之真實性，嚴格禁止辦理以提現為名，實為轉帳之交易外，對於客戶有連續以未逾「一定金額」門檻存、提現金，或有「提現為名，轉帳為實」情事者應主動向法務部調查局申報。

㈡同一臨櫃人員辦理客戶本人（或代理人）持同一客戶（或不同客戶）存摺同時辦理存、提款，如無實際現金流動，應以「轉帳」方式記載，以資符合「商業通用會計制度規範」。稽核人員應釐清臨櫃人員係疏忽或為求便利而逕以現金科目承作，抑或有配合客戶要求以「現金」方式辦理存提。

㈢對客戶本人（或代理人）持同一客戶（或不同客戶）存摺於相臨近時間於不同櫃檯以每筆未逾（或逾）疑似洗錢交易申報門檻之現金辦理存、提款，應設定適宜之參數列印表報，俾供分行端審視客戶是否有經常性以提現為名轉帳為實阻斷資金流向之警示。

㈣對於以現金辦理國內匯款逾三萬元以上者，應落實「金融機構辦理國內匯款作業確認客戶身分原則」留存匯款人身分資料，或於匯款申請書加註代理人姓名及身分證字號。

二、落實洗錢申報

㈠對客戶本人（或代理人）持同一客戶（或不同客戶）存摺於相臨近時間於同一（或不同）櫃檯以每筆未逾疑似洗錢交易申報門檻之現金辦理存、提款，若存、提款分別合併計算後已逾疑似洗錢交易申報門檻者，應屬

同一客戶於同一櫃檯一次辦理多筆現金存、提款交易，分別累計達一定金額以上者之疑似洗錢交易態樣，應依洗錢防制法申報疑似洗錢交易。

㈡對同一客戶分多日連續以每筆未逾疑似洗錢交易申報門檻之現金辦理存、提款，應設定適宜之參數列印表報審視其存、提現金是否已與客戶身分、收入顯不相當，或與其營業性質無關者，其是否為疑似洗錢交易之異常交易，並依銀行內部程序規定審視是否為疑似洗錢交易表徵並申報疑似洗錢交易。

㈢同一客戶於同一櫃檯以分多筆匯款方式規避逾疑似洗錢交易申報門檻者，合併計算已逾前開申報門檻，應依《金融機構對達一定金額以上通貨交易及疑似洗錢交易申報辦法》第七條申報疑似洗錢交易，銀行業應設定適宜之參數即時供臨櫃人員檢視是否逾疑似洗錢交易申報門檻。

㈣銀行業應適時檢討金融機構內部程序規定，及對認定屬異常交易者之範圍是否合宜。

三、落實行政監督

㈠金融機構健全之經營，攸關公共利益，其內部控制制度自應為較嚴格之要求，「提現為名，轉帳為實」之行為雖不影響銀行資產、負債金額，惟其本質上即為違反內部控制制度之行為。此外，如客戶之原因行為係涉不法行為，並藉由金融機構櫃檯人員之協助阻斷其資金流向之追查，則該金融機構櫃檯人員尚可能涉有刑法從犯（教唆、幫助）之適用，故應嚴格予以禁止。

㈡行員若明知應以轉帳記載，卻故意配合客戶以現金記帳，而銀行內部稽核部門又未確實督導銀行作業部門依法盡善良管理人責任，做好帳戶管理者，則應可視為違反銀行法第四十五條之一，得依銀行法第一百二十九條第七款規定，處新臺幣兩百萬元以上一千萬以下罰鍰。

㈢無論本國銀行或是外國銀行在臺分支機構，都會將銀行公會公布的防制洗錢注意事項範本中的疑似洗錢表徵列入各該銀行的防制洗錢注意事項，倘未來金管會辦理例行檢查發現，銀行如遇有前述注意事項所列各

種交易態樣卻未向法務部調查局申報，應依洗錢防制法第七條、第八條規定，處以新臺幣二十萬元以上一百萬以下罰鍰。

▶第六節　小　結

無論發生在銀行業、期貨業、證券業及保險業，「人」是金融犯罪重要原因之一。雖然適時修正法律、進行有效的監督管理、強化內部稽核制度，以及對於金融犯罪即時訴追等，都是防制金融犯罪的方法。可是別忘記貪婪是金融犯罪的動機，所以防範金融犯罪應有「防」重於「治」的思維。在強化執法能力，讓違法者即時受到法律制裁之際，同時提升經辦、經理人，到大股東，整體金融機構從業人員的職業倫理與法治教育，臺灣資本市場才會更透明，更具國際競爭力。

第 **4** 章

金融調查體系

行政機關為實現行政法規內容，督促人民遵守法令，確保行政機關合法適當行使各項職權，必須向特定行政客體進行查察蒐集資料 (Information) 活動，此種活動或謂行政調查 (Administrative Investigation)，或稱行政檢查 (Administrative Inspection)，為行政機關為達成特定行政目的，不可或缺的行政手段❶。

金融機構建構於民眾、客戶及投資人信賴基礎上，為一種特許行業。下列為其欲達成之目的。

一、健全金融機構之業務經營及風險管理，以保障存款人、投資人、期貨交易人及被保險人之權益。

二、評估及檢查金融機構業務經營方針、風險管理制度、遵守金融法令及配合政府政策情形。

三、評估金融機構之資本適足性、資產品質、管理能力、盈利狀況、流動性等財務業務情形。

四、由金融機構之業務運作中檢討現行法令適用疑義並提出修正建議事項。

職故，目的事業主管機關自應對金融機構實施檢查。行政院金融監督管理委員會組織法第三條「本會辦理金融監督、管理及檢查業務，有涉及中央銀行或其他部會業務事項，其作業規定，由本會定之。」又國家為保障社會公義，維護公平正義對於犯罪必須科處刑罰。刑事訴訟法第一條「犯罪，非依本法或其他法律所定之訴訟程序，不得追訴、處罰。」所以對於犯罪偵查所必須的方法，例如逮捕、搜索、拘提、扣押等皆以法律規範。

本章學習目標

・認識行政機關與司法機關
・認識我國金融監理現況
・認識外國金融監理現況

---

❶ HESKETH, HOWARD E., *ADMINISTRATIVE LAW, THE ENVIRONMENT AND ENERGY HAND BOOK SERIES*, MI: ANN ARBOR SCIENCE PUBLISHERS, 6 (1982).

・認識外國刑事司法機關

▶第一節　我國司法機關與行政機關之現況

壹、司法機關

一、犯罪調查程序

　　自人類建立司法制度起，人權保障即是司法的核心價值，各民主國家的憲法亦多明文規定，並在各種法律中具體規範其實體內容與實施程序。我國憲法第八條：「人民身體之自由應予保障。除現行犯之逮捕由法律另定外，非經司法或警察機關依法定程序，不得逮捕拘禁。非由法院依法定程序，不得審問處罰。非依法定程序之逮捕、拘禁、審問、處罰，得拒絕之」。第二十二條：「凡人民之其他自由及權利，不妨害社會秩序公共利益者，均受憲法之保障」。金融調查的客體為人民的動產及不動產，範圍有房地產、金融機構帳戶內存款、資金流向，以及如汽車車籍資料等動產交易情形，這些皆屬人民財產權，自應受法律保障。憲法第二十三條並揭櫫，以上各條列舉之自由權利，除為防止妨礙他人自由、避免緊急危難、維持社會秩序，或增進公共利益所必要者外，不得以法律限制之。著者認為，金融調查對於人民財產權有某種程度的限制，是以，只有調查客體符合憲法的例外情形方能進行。

　　一九九五年七月二十八日司法院大法官第三八四解釋，就正當法律程序保障原則有下列解釋：憲法第八條第一項規定：「人民身體之自由應予保障。除現行犯之逮捕由法律另定外，非經司法或警察機關依法定程序，不得逮捕拘禁。非由法院依法定程序，不得審問處罰。非依法定程序之逮捕，拘禁，審問，處罰，得拒絕之。」其所稱「依法定程序」，係指凡限制人民身體自由之處置，不問其是否屬於刑事被告之身分，國家機關所依據之程序，須以法律規定，其內容更須實質正當，並符合憲法第二十三條所定相關之條件。

　　刑事訴訟係以確定國家具體的刑罰權為目的，為實現對被告有效訴追，

達到保全證據目的，確保刑罰之執行，固允許實施強制處分，惟處分自無法避免侵害個人自由及其他權益。故刑法開宗明義在第一條即訓示，行為之處罰，以行為時之法律有明文規定者為限。拘束人身自由之保安處分，亦同。

人民財物或財產上利益，如果「可為證據或得沒收之物，得扣押之。」刑事訴訟法第一三三條法有明文。惟同法第一三六亦規定：「扣押，除由法官或檢察官親自實施外，得命檢察事務官、司法警察官或司法警察執行。命檢察事務官、司法警察官或司法警察執行扣押者，應於交與之搜索票內，記載其事由。」又基於刑法謙抑原則及人權保障，刑事訴訟法第一百四十二條：「扣押物若無留存之必要者，不待案件終結，應以法院之裁定或檢察官命令發還之；其係贓物而無第三人主張權利者，應發還被害人。扣押物因所有人、持有人或保管人之請求，得命其負保管之責，暫行發還。」

毋庸置疑，執行犯罪調查者，必為司法（警察）機關，一旦彼等逾越憲法對於人民財產權保障，憲法第二十四條規定：「凡公務員違法侵害人民之自由或權利者，除依法律受懲戒外，應負刑事及民事責任。被害人民就其所受損害，並得依法律向國家請求賠償。」

二、洗錢防制機制

我國洗錢防制法於一九九七年施行，原洗錢防制法第八條規定：「金融機構對疑似洗錢之交易，應確認客戶身分及留存交易紀錄憑證，得告知當事人，並應向指定之機構申報。」指定之機構由財政部會商內政部、法務部、中央銀行定之。因為受理申報系統建制必須從無到有，而且受限於不能增加預算及員額，故財政部、中央銀行皆無意願，由於當時法務部部長廖正豪曾任調查局局長，指示由調查局規劃建制受理申報機制，昔日稱為洗錢防制中心，二○○七年法務部調查局組織法通過後更名為洗錢防制處，亦為我國金融情報中心❷(Financial Intelligence Unit, FIU)。現行洗錢防制法第七條規定到達一定

---

❷　各國金融情報中心設立，有隸屬於財政部之下，例如美國 Financial Crime Enforcement Network (FinCEN)，加拿大 Financial Transaction and Report Analysis Center。英國 Serious Organized Crime Agency (SOCA) 則隸屬內政部 (Home

金額通貨交易，以及第八條規定對於疑似洗錢交易皆應向法務部調查局申報❸，對於調查局洗錢防制處同仁而言，總算是有法源依據。

　　如前述，因現行洗錢防制法第七條規定，金融機構對於一定金額以上之通貨交易，以及疑似洗錢交易應向法務部調查局申報，易言之，調查局洗錢防制處有大額交易資料庫，以及疑似洗錢交易資料庫。如屬疑似洗錢交易當然有「犯罪嫌疑」，調查局洗錢防制處自應進行「金融調查」，調閱包括房地產資料、存款、貸款、資金流向等各種屬於人民財產權的資料，進行比對、分析。但如為一定金額以上之通貨交易，通常並無「犯罪嫌疑」，這種情況下司法警察機關自不應進行金融調查。綜觀調查局洗錢防制處現行編制，是項業務目前係該處第三科負責，受限於人力應未對一定金額以上通貨交易進行比對、分析，但為確保人民財產隱私權，著者認為宜在洗錢防制法予以原則性禁止。

三、檢警關係

　　刑事訴訟法第二百二十八條：「檢察官因告訴、告發、自首或其他情事知有犯罪嫌疑者，應即開始偵查。前項偵查，檢察官得限期命檢察事務官、第二百三十條之司法警察官或第二百三十一條之司法警察調查犯罪情形及蒐集證據，並提出報告。必要時，得將相關卷證一併發交」，職故，偵查前提是必須有「犯罪嫌疑」。

　　　Office)。法國 Unit for Intelligence Processing and Action Against Illicit Financial Networks (TRACFIN) 設在經濟工業部 (Le ministere de l'Économie, de l'Industrie et de l'Emploi)。亞洲國家（地區）有許多則設在警察機關之下，例如日本 Japan Financial Intelligence Unit，香港 Joint Financial Intelligence。新加坡 Suspicious Transaction Report Office 則是在商業部 (Commercial Affairs Department) 之下。

❸　洗錢防制法 2009 年 6 月修正後，第 7 條第 1 項規定：「金融機構對於達一定金額以上之通貨交易，應確認客戶身分及留存交易紀錄憑證，並應向法務部調查局申報。」

　　第 8 條第 1 項規定：「金融機構對疑似犯第 11 條之罪之交易，應確認客戶身分及留存交易紀錄憑證，並應向法務部調查局申報；其交易未完成者，亦同。」

　　如前述，檢察官在法律上對犯罪偵查擁有絕對主導權，但實務上多由司法警察機關執行，檢察官親力親為情況實不多見。犯罪偵查可分為兩個區塊：一、為偵查機關在發現、知悉可疑情資或案件時，對於犯罪事實是否存在、誰是嫌疑犯，而進行發現事實，證據蒐集的過程。二、是偵查機關對有犯罪嫌疑情事，判斷是否符合法律構成要件，是否需代表國家進行訴追提起公訴，以及如何讓所蒐集保全的證據能夠成為未來審判庭時法官論罪的心證相關作為。前者著重偵查的事實性、技術性，屬於法律執行層面，由司法警察機關執行。後者偏重偵查的規範性、適法性，為法律監督層次，當由檢察官全權主導❹。法院組織法第六十六條之二規定，各檢察署設置檢察事務官，並賦予司法警察官身分，受檢察官指揮執行犯罪偵查❺。

　　刑事訴訟法第二百二十九條至第二百三十一條，對司法警察官及司法警察身分、角色予以規定。第二百二十九條規定，下列各員於其管轄區域內為司法警察官，有協助檢察官偵查犯罪之職權：一、警政署署長、警察局局長或警察總隊總隊長。二、憲兵隊長官。三、依法令關於特定事項，得行相當於前二款司法警察官之職權者。同法第二百三十條規定，警察官長、憲兵隊官長、士官，以及依法令關於特定事項，得行司法警察官之職權者。為司法警察官，應受檢察官之指揮，偵查犯罪。

　　法務部調查局組織法第十四條規定，本局局長、副局長及薦任職以上人員，於執行犯罪調查職務時，視同刑事訴訟法第二百二十九條之司法警察官。本局所屬省（市）縣（市）調查處、站之調查處處長、調查站主任、工作站主任及薦任職以上人員，於執行犯罪調查職務時，分別視同刑事訴訟法第二百二十九條、第二百三十條之司法警察官。本局及所屬機關委任職人員，於執行犯罪調查職務時，視同刑事訴訟法第二百三十一條之司法警察。另海岸

---

❹　詹德恩，〈略論刑事訴訟程序變革對司法警察機關的衝擊〉，《刑事法雜誌》，第 47 卷第 6 期，頁 64–91，2003 年。

❺　法院組織法第 66 條之 3：「檢察事務官受檢察官之指揮，處理下列事務：一、實施搜索、扣押、勘驗或執行拘提。二、詢問告訴人、告發人、被告、證人或鑑定人。三、襄助檢察官執行其他第六十條所定之職權。」

巡防法第十條:「巡防機關主管業務之簡任職、上校、警監、關務監以上人員,執行第四條所定犯罪調查職務時,視同刑事訴訟法第二百二十九條之司法警察官。前項以外巡防機關主管業務之薦任職、上尉、警正、高級關務員以上人員,執行第四條所定犯罪調查職務時,視同刑事訴訟法第二百三十條之司法警察官。巡防機關前二項以外之人員,執行第四條所定犯罪調查職務時,視同刑事訴訟法第二百三十一條之司法警察。」

　　法院組織法第十七條之一規定,地方法院設司法事務官,承法官之命,負責彙整起訴及答辯要旨,分析卷證資料,整理事實及法律疑義,並製作報告書,在民事訴訟案件中,司法事務官可能因個案需要得進行金融調查,例如透過與臺灣集中保管結算所連線,即時查得股票餘額。

　　依調度司法警察條例第一條規定,檢察官因辦理偵查執行事件,有指揮司法警察官、命令司法警察之權。法官於辦理刑事案件時亦同。復以刑事訴訟法規定,檢察官為偵查主體,並賦予檢察官退案權同時要求司法警察或司法警察官在期限內完成❻,爰檢警關係長期以來即為刑事司法體系中最敏感地帶。

　　媒體曾經報導,經過菜園偷拔高麗菜,結果被送到警察局,是否構成竊盜罪? 在馬路上撿到十元硬幣,不送到警察局,是否構成侵占罪? 這樣輕微案件是否需要檢察官查半天,然後不起訴處分? 或是還得經過法院判決免訴處分? 是否賦予司法警察微罪處分權是檢警關係中核心問題。白曉燕案發生後,警政署曾經全國治安會議提出兩個議題,一為警政署提升為警政總署,另一為參考日本在一九八五年開始實施的微罪處分權。

　　賦予司法警察機關微罪處分權,在學界及實務界存在正反兩種意見。贊成者認為,自刑事訴訟法修正後,檢察官須以當事人角色實施交互詰問,其負擔加重,就犯罪人再社會化而言,賦予司法警察(官)微罪處分權,可以

---

❻ 刑事訴訟法第 231 條之 1:「檢察官對於司法警察官或司法警察移送或報告之案件,認為調查未完備者,得將卷證發回,命其補足,或發交其他司法警察官或司法警察調查。司法警察官或司法警察應於補足或調查後,再行移送或報告。對於前項之補足或調查,檢察官得限定時間。」

避免短期自由刑負擔，避免犯罪嫌疑人背負前科標籤。反對者則認為，目前警調仍有專業品質不足及操守疑慮，持保留看法❼。

　　從實務運作來看，法務部調查局或是警察機關對於任何犯罪調查案件，如果具有發展前景，通常會將案件報請檢察官指揮，如果犯罪事實已明確，則將案件移送檢察署請檢察官複訊。然而對於一些檢舉內容不具體，或是缺乏人、事、時、地、物的案件，調查局或是警察機關自有一套將這些案件「結案」的標準。著者認為，絕大多數檢察官也不希望司法警察（官）將所有案件移送到檢察署，再由檢察官來作成簽結或不起訴的處分，前述情況實已符合「微罪處分」形式。

貳、金融監理機關

　　金融業因係憑藉客戶及投資人的信賴感而進行其商業行為，屬於特許行業，所以各國金融監理體系會隨著世界金融發展趨勢、金融商品及業務多元化不同而在「一元監理」，或是「多元監理」間擺盪。金融監理一元化即是將金融業視為相互聯繫的整體，不以行業別區分，金融監理機關合一；易言之，金融監理多元化以銀行、期貨、證券、保險業等相同主體及業務為範圍，由二個以上的監理機構分別行使監理之職責。監理架構改變並非代表監理的效率，監理效率應該取決於監理能力提升。一九九九年英國曾經抽樣調查各國的監理情況，發現約有一半的抽樣調查國家偏好專責機構型態的監理架構；亦即銀行、保險和證券業各自由專屬的機構負責監理的工作，也就是所謂分業監理❽。

---

❼　〈「偵查中檢察官與司法警察角色定位」學術研討會會議紀實〉，《月旦法學雜誌》，
　　第 109 期。頁 189–214，2004 年 6 月。

❽　*HOW COUNTRIES SUPERVISE THEIR SECURITIES MARKETS, BANKS AND
　　INSURERS*, LONDON: CENTRAL BANKING PUBLICATION (1999).

表 4.1　各國金融監理機構類型表 ❾

類　型	數　量
各主要產業擁有各自的監理機構 Separate Agencies for Each Main Sector	35
合併證券和保險監理機關 Combined Securities and Insurance Regulators	3
合併銀行和證券監理機關 Combined Banking and Securities Regulators	9
合併銀行和保險監理機關 Combined Banking and Insurance Regulators	13
監理一元化（由中央銀行負責） Unified Supervision (Central Bank)	3
監理一元化（非由中央銀行負責） Unified Supervision (Outside Central Bank)	10

▶第二節　我國金融監理現況

壹、背景說明

　　金融制度的良窳與經濟社會的穩定成長，有密不可分的關係。在經濟發展過程中，金融體系一向扮演著相當重要的角色。隨著近年來政府推動金融自由化並擴大金融競爭性之際，國際金融市場生態及經營環境丕變。於第二章內已介紹過，國內金融犯罪早期著名案例即是發生在一九八五年的「十信案」，一九八〇年代當臺灣游資充斥，股市大漲，地下投資公司興起，非法吸收民間存款，最具代表當屬鴻源集團，一九九〇年宣布停止「出金」，造成當時社會政治、經濟動盪。在銀行業，自一九九五年起陸續發生彰化第四信用合作社、中壢市農會、國際票券公司、東港信用合作社、中興銀行等不法案件。在證券業亦發生多起上市公司負責人進行內線交易，或是掏空背信案件，例如國產汽車案、訊碟案、太電案、博達案等。金融弊案發生，不僅對企業

❾　Ibid.

融資與金融秩序造成嚴重衝擊，更影響民眾對整體金融體系的信心。

發生金融不法案件之原因很多，包括內部管理不善、經營者個人操守不佳及內部稽核制度未落實等。各金融事件在舞弊人員刻意掩藏下，實不易發現問題，惟為防止未來再度發生重大金融事件，應加強對金融市場不法交易之調查及查緝人員之訓練，以建立紀律化之金融市場，維護存款人及投資大眾權益，方足以迎合社會經濟活動的需要。

貳、發展經過

九〇年代臺灣發生多起金融風暴後，主管機關意識到應加強金融監理（檢查），金融檢查一元化及一條鞭化（指金融主管機關同時握有檢查權與處分權）成為熱門話題。回顧政府遷臺以來，臺灣的金融檢查制度發展經過，也可讓我們瞭解臺灣金融檢查制度在多元與一元之間擺盪的情況❿。

- 一九三一年三月二十八日，國民政府制定《銀行法》時即規定由財政部負責全國金融機構之檢查業務。
- 一九六一年七月一日，中央銀行在臺復業，財政部於一九六二年二月二日訂定《財政部授權中央銀行檢查金融機構業務辦法》，授權中央銀行檢查全國金融機構業務，是謂「1 單位金檢」。
- 一九六二年四月二十四日，中央銀行訂定《中央銀行檢查金融機構業務辦法》，並成立金融業務檢查處，正式從事金檢業務。
- 一九七一年二月十一日，中央銀行第十屆理事會第六次會議通過《中央銀行委託臺灣省合作金庫檢查信用合作社業務辦法》，臺灣省合作金庫檢查信用合作社業務是受中央銀行之複委託，是為「1+1 單位金檢」。
- 一九七二年二月九日，中央銀行訂定《中央銀行委託臺灣省合作金庫檢查農會信用部業務辦法》。
- 一九七五年七月四日，修訂《銀行法》第四十五條，財政部取得委託中央銀行檢查銀行業務之法律授權。

---

❿　計畫主持人黃仁德、曾令寧，《各國金融制度趨勢發展之研究》，行政院金融監督管理委員會檢查局委託研究計畫，頁 277–279，2005 年。

- 一九七七年七月五日，中央銀行訂定《中央銀行委託臺灣省合作金庫檢查漁會信用部業務辦法》。
- 一九七九年十一月八日，中央銀行法修正增列三十八條，賦予中央銀行辦理全國金融機構業務檢查的正式法律地位，並得與財政部委託的檢查配合辦理。
- 一九八〇年十月十一日，財政部廢止《財政部授權中央銀行檢查金融機構業務辦法》，另訂《財政部委託中央銀行檢查金融機構業務辦法》。
- 一九八一年五月二十九日，中央銀行核定《臺灣省合作金庫檢查基層金融機構業務辦法》。
- 一九八四年九月二十七日，中央存款保險公司成立。依據一九八五年一月九日公布實施之《存款保險條例》：「中央存款保險公司必要時，得報請主管機關洽商中央銀行核准後檢查要保機構」之規定，經財政部及中央銀行會銜報請行政院於一九八六年四月十七日核定《金融業務檢查分工方案》，確立中央存款保險公司參與檢查金融機構業務之法律地位。
- 一九八七年一月五日，財政部訂定《中央存款保險公司檢查要保機構業務辦法》，中央存款保險公司正式參與金融業務檢查，邁入分工檢查之階段，是「2+1 單位金檢」。
- 一九九一年七月一日，財政部金融司擴編改制為金融局，同時開放新商業銀行之申請設立。一九九二年十月九日，行政院修訂《金融業務檢查分工方案》，由財政部辦理一九九一年以後新設之商業銀行金融檢查，確立四大檢查單位之金融檢查分工制度。金融業務檢查由「2+1 單位金檢」時代邁入所謂「3+1 單位金檢」。
- 一九九六年四月十一日，行政院第二四七五次院會通過《金融監督管理改進方案》，因應臺灣省合作金庫自一九九六年七月一日起退出基層金融機構之金融檢查，重新調整金融檢查分工，並由財政部及中央銀行共同研究規劃金融檢查制度一元化之具體可行方案（金融、保險、及證券金融檢查制度一元化）。
- 一九九六年六月二十九日，中央銀行訂定《中央銀行委託中央存款保險公

司檢查基層金融機構業務辦法》，同時廢止《中央銀行委託臺灣省合作金庫檢查基層金融機構業務辦法》，臺灣省合作金庫正式退出金融業務檢查工作，而由中央存款保險公司取代，即「3單位金檢」時代。

- 一九九七年四月二十三日，財政部及中央銀行會銜發布《財政部及中央銀行共同委託中央存款保險公司檢查基層金融機構業務辦法》。

- 一九九七年五月二十一日，財政部核定修正《中央存款保險公司檢查要保機構業務辦法》，更名為《中央存款保險公司檢查金融機構業務辦法》。

- 一九九八年六月二十六日，財政部訂定《財政部委託中央存款保險公司檢查基層金融機構業務辦法》。

- 一九九八年七月一日，廢止《財政部及中央銀行共同委託中央存款保險公司檢查基層金融機構業務辦法》。

- 二〇〇〇年，研議仿公平交易委員會組織，設立「金融監督管理委員會」，將財政部金融局、保險司、證券暨期貨管理委員會、中央銀行金融業務檢查處及中央存保公司金融業務檢查處等五單位合併。

- 二〇〇一年十月三日，立法院審查《金融監督管理委員會組織法草案》，將銀行、保險、及證券等金融監理、檢查工作統一由金管會負責（目前有十六個國家採取這種一元化的跨業合併監理模式）。

- 二〇〇一年十一月二十八日至二〇〇二年二月八日，財政部核准十四家金融控股公司成立，二〇〇二年起主管機關（分屬三個檢查機關）開始對其進行金融業務檢查，仍依前述分工不重疊原則：中央銀行金融業務檢查處負責檢查第一、華南、兆豐、及國票四家；財政部金融局負責檢查台新、建華、玉山、開發、中信、及日盛等六家金控公司；財政部保險司負責檢查國泰、富邦、及新光等三家金控公司；財政部證券暨期貨管理委員會負責檢查復華金控公司一家。為健全金融機構業務經營，保障存款人權益，維持金融穩定及促進金融市場發展（包括銀行市場、票券市場、證券市場、期貨及金融衍生商品市場、保險市場、及清算系統等）等目的，二〇〇三年七月十日立法院第五屆第三會期三讀通過金融監督管理委員會組織法，醞釀十四年之金檢（含行政處分權）一元化終告正式完成❶。

惟中央銀行依據中央銀行法第三十八條規定，在其維護新臺幣對內及對外幣值之穩定及支付系統正常運作之目標職責下，中央銀行仍保有其貨幣、信用、外匯政策之穩定與金融支付清算系統之安全與效率有關之專案檢查職責。

參、問題分析

檢視回顧一九九五年彰化第四信用合作社經理人勾結內部業務人員利用偽造存單盜用約二十八億元案，以及國際票券公司營業員盜開該公司商業本票長達半年，累積金額超過一百億元，用以炒作股票案。彰化第四信用合作社一案或可歸責於該金融機構集體舞弊欺騙金檢人員，國際票券公司弊案則導因於該分公司為衝刺業績，爭取利潤，儘量精簡人事，以致缺乏足夠的人員從事互相勾稽的工作，再加上電腦程式缺乏防止不法刪改的功能，以致該營業員得以竊取空白商業本票，盜用公司章及分公司主管私章，並在列印成交單後，塗改電腦交易紀錄。內部控管機制全然失效。

世界各先進國家，對金融檢查之查核重點，主要在於對金融機構之資本適足性、資產品質、內部管理、獲利能力、流動性及風險管理能力等作綜合性評估，對於金融舞弊與犯罪，依據我國會計師公會公布之《審計準則公報》第十四號（舞弊與錯誤）規定，「除受託專案查核外，查核工作之規劃及執行非專為發現舞弊或錯誤而設計」，對於金融舞弊與犯罪之檢查，通常係於實際調閱資料查核過程中，發覺舞弊與犯罪嫌疑時，移請檢調偵辦。另金融機構之業務有其複雜性與專業性，檢調人員於金融犯罪之偵辦過程中亦有賴金檢人員協助，是以對金融犯罪之檢查，除應加強金融檢查人員對金融犯罪的發掘與蒐證技巧外，亦有賴金檢人員與司法檢調人員之密切配合。

---

❶ 金管會成立時，合併財政部金融局、財政部證券暨期貨管理委員會、保險司，以及中央存款保險公司。財政部金融局除第 6 組外，改制為金管會銀行局，財政部證券暨期貨管理委員會改制為證期局，保險司改制為保險局，另由金融局第 6 組、中央存款保險公司檢查處、少數證期會、保險司人員，以及借調約 40 位中央銀行金檢處人員，成立檢查局。

　　另由於金融控股公司投資金融相關事業範圍擴大，結合金融業之資本及資源，藉由金融控股公司旗下之聯屬事業以共同行銷、資訊交互運用及設備共用等方式，組合多樣化之金融商品，故如何加強金融檢查人員之專業訓練，防制橫跨銀行、證券、期貨及保險等業別之金融集團整體犯罪的發生，實為當務之急。

肆、行政司法協力

　　二○○二年六月十七日行政院核定由相關業務主管機關、學者專家等組成「行政院金融改革專案小組」，討論國家重大急迫之金融改革事項，研擬規劃短、中、長程金融改革措施，期提升我國金融體系之國際競爭力，專案小組以一年為期，下設「銀行」、「保險」、「資本市場」、「基層金融」、「金融犯罪查緝小組」五個工作小組，由相關單位副首長共同擔任主持人。前述「金融犯罪查緝小組」由法務部、財政部共同組成，針對維護金融紀律、積極預防金融犯罪、提升金融犯罪查緝績效，加強金融市場犯罪查緝，就金融犯罪案件予以速審速決，俾收懲警之效。當時提出積極預防金融犯罪及加強金融市場之犯罪查緝兩部分，其中在加強金融市場犯罪查緝部分，認為重大金融犯罪由於事實複雜，調查涉及專業且不易蒐證，為能及早掌握犯罪資訊，防止證據滅失，或犯罪人有計畫性脫產致使損害擴大，檢調辦案機關應結合金融檢查單位組成專案小組，及早介入調查，以利辦案之專業性及時效性[12]。

　　前開「金融犯罪查緝小組」提出包括成立金融犯罪查緝小組、加強國際司法互助與專家協助，並採取有效保全措施及速偵速結等七項改革建議，臺灣高等法院檢察署據以成立「金融犯罪查緝督導小組」，就重大金融犯罪案件偵處進行協調、支援。並由行政院金融監督管理委員會銀行局、檢查局、臺灣證券交易所、中華民國證券櫃檯買賣中心，以及法務部調查局調派具金融、證券、會計，以及犯罪調查專業背景人員支援。

　　金融監督管理委員會檢查局二○○四年七月成立，除從事金融檢查，健

---

[12] 〈法務部財政部共同成立金融犯罪查緝小組〉，《法務通訊》，第 2059 期，2002 年 8 月 1 日。

全金融機構業務經營，維持金融穩定外，發掘金融弊案，打擊金融犯罪，維護金融秩序，亦為檢查局之核心工作❸。金管會為加強與司法機關之聯繫，提升打擊金融犯罪之效能，在檢查局下設「機動小組」，專責金融犯罪案件之調查與蒐證，並為與司法機關之聯繫窗口，除檢查局本身辦理金融檢查，發現涉有犯罪嫌疑之案件，由機動小組進行深入金融調查（或稱專案檢查）外，另銀行局、證期局、保險局於平常辦理金融監理業務發現涉有不法情事，及證期局督導之股市監視專案小組會議（成員尚包括檢查局、證交所、櫃檯買賣中心組成）於發現涉有炒作、內線交易等違反證交法案件時，均先移由檢查局進行初步蒐證，待案件成熟再移送偵辦。臺灣臺北地方法院檢察署亦自二〇〇五年五月十一日起遴派檢察官及檢察事務官，進駐行政院金融監督管理委員會，參與檢查局「機動小組」，指導實施先期偵查作為，必要時再分案偵辦。又行政院金融監督管理委員會同時應司法院刑事廳要求，指派十二名不同財會金融領域之專才，參與司法院「法院審理重大金融犯罪案件諮詢小組」，協助重大金融犯罪案件之審理。

伍、禿鷹案

二〇〇五年金管會成立將屆週年時，股市盛傳有「禿鷹」部隊，事先取得上市公司財務不佳、營運不良等內線消息，結合股市「空頭」作手、媒體，以及政府官員，先進場對特定股票進行放空，等到證券交易所對該檔股票進行處置（例如舉行重大訊息說明會，或是改為全額交割股等），或是媒體報導該公司財務不佳情形，甚至檢調進行搜索約談，股票下跌時進場回補獲利。首任主任委員龔照勝在立法院接受質詢時，曾表示金管會會針對股市「禿鷹」及「豺狼」❹辦幾個大案。法務部在二〇〇五年五月調派臺灣臺北地方法院

---

❸ 檢查局成立之初局長乙職由副主任委員張秀蓮兼任，後改由主任秘書黃天牧代理。2005 年 1 月由時任高檢署檢察官李進誠出任。3 位副局長各有專長，張明道金融監理歷練豐富，楊文慶曾擔任檢察官，范正權長期負責金融檢查。

❹ 「豺狼」指事先掌握對公司有利的好消息，提前進場買股票；無論「禿鷹」或「豺狼」皆是內線交易。

檢察署許永欽檢察官為首任「駐會檢察官」。

　　金管會檢查局在六月時接手，由證券交易所、證期局、檢查局，以及一位金管會專任委員組成專案小組研究後認為「飛宏公司」高層有利用不實外匯交易使公司不利益情事，在調閱相關資料，以及綜研案情後，檢查局將該案報請許永欽檢察官偵查；當時臺灣高等法院檢察署查黑中心亦正在偵查「勁永案」放空。許永欽乃與陳瑞仁、侯寬仁檢察官合作，用「放餌釣魚」方式，對外放話將偵辦飛宏公司不法案，未幾，「飛宏公司」股票在交易市場即遭放空。前開三位檢察官調閱相關資料後發現，放空「飛宏公司」股票與「勁永」股票中有相同的投資人林○○。檢方二○○五年六月十日搜索林○○住宅，扣得有載明林某及其使用人頭戶放空數量字條。至此，檢方認定金管會高層有人與林某熟悉，而且關係匪淺，遂將前開字條送請警察大學進行筆跡比對，發現時任金管會檢查局局長李○○涉嫌重大，二○○五年六月二十七日高檢署查黑中心約談李○○，七月中旬李○○調任金管會參事，八月中旬辭職，十月臺北地檢署以圖利、內線交易等罪對李○○等人提起公訴。二○○六年六月臺北地方法院以李○○依法令從事公務之人員，對於主管事務，明知違背法令，直接圖其他私人不法利益，因而獲得利益，處有期徒刑九年，褫奪公權五年。又公務員洩漏關於中華民國國防以外應秘密之消息，處有期徒刑一年四個月。應執行有期徒刑十年，褫奪公權五年。臺灣高等法院二○○八年八月判決：李○○依法令從事公務之人員，對於主管事務，明知違背法令，間接圖其他私人不法利益，因而獲得利益，處有期徒刑九年六個月，褫奪公權五年[15]。

陸、現　況

　　二○○六年，當時之金管會主委因其之前任職台糖董事長時開拓新業務包括咖啡館等案遭經濟部政風單位移送，經臺北地檢署偵訊後依涉嫌貪污治罪條例瀆職罪及違反政府採購法，諭令五十萬元交保[16]，而為當時行政院長

---

[15]　臺灣高等法院 95 年矚上訴字第 5 號刑事判決。本案 2010 年 2 月經最高法院撤銷原判決，發回臺灣高等法院。

蘇貞昌免除職務改派施俊吉接任，施俊吉任內金管會尚積極查察金融不法案件，包括中信銀併購兆豐金弊案。後來繼任人選，雖多有金融監理者，惟對於金融犯罪看法、構成要件的認知與司法體系背景者大不相同，金管會主動移送告發案件已相對減少，二〇〇八年檢查局將機動小組裁撤後，金管會組織法第五條關於金融犯罪調查，以及搜索票申請等條文已形同具文❶❼。

期貨交易屬於複雜之衍生性商品，其具有高財務槓桿、每日結算、到期履約等與現貨市場不同交易結算制度，且較高之財務槓桿特性，以其具專業與複雜度，故風險較其他金融商品高，倘有期貨商負責人、從業人員違規或舞弊，將影響期貨交易人權益及市場秩序。是以，金融監督管理委員會對於期貨商資本要求、財務結構、資金運用、部位管理、保證金專戶管理、各項

---

❶❻　本案經臺北地方法院檢察署提起公訴，第一、二審皆判決無罪，檢察官上訴最高法院。最高法院以 98 年台上字第 7718 號刑事判決：原判決關於龔照勝就「圖利特定廠商為台糖公司產品總經銷商」被訴公務員圖利部分撤銷，發回臺灣高等法院。其他上訴駁回。臺灣高等法院 99 年上更㈠字第 18 號刑事判決：「公訴人所指被告背信之犯罪事證既均未達於通常一般之人均不致有所懷疑而得確信被告犯罪之程度，是被告此部分之犯罪即屬不能證明。被告另被訴公務員圖利罪名部分，依上說明，應為免訴判決。檢察官就前開原審諭知免訴、無罪部分提起上訴，所執前詞，指摘原判決不當，均為無理由，應予駁回。」

❶❼　金管會組織法第 5 條：
Ⅰ 本會及所屬機關辦理金融檢查，於必要時，得要求金融機構及其關係人與公開發行公司提示有關帳簿、文件及電子資料檔等資料，或通知被檢查者到達指定辦公處所備詢。
Ⅱ 被檢查者認為檢查人員之檢查為不適當者，得要求本會及所屬機關處理之。
Ⅲ 被檢查者提供資料時，檢查者應掣給收據，除涉有金融犯罪嫌疑者外，應於資料提送完全之日起，十個工作日內發還之。
Ⅳ 本會及所屬機關對涉有金融犯罪嫌疑之案件，得敘明事由，報請檢察官許可，向該管法院聲請核發搜索票後，會同司法警察，進入疑為藏置帳簿、文件、電子資料檔等資料或證物之處所，實施搜索；搜索時非上述人員不得參與。經搜索獲得有關資料或證物，統由參加搜索人員，會同攜回本會及所屬機關，依法處理。

交易結算作業規範、人員管理、內部控制、內部稽核作業及公司治理等方面，均訂有嚴謹規範，要求期貨商確實遵循。

　　原依行政院金融監督管理委員會組織法第二十九條規定，由檢查局負責檢查金融機構❶⑧。期貨交易法第十五條規定，期貨交易所有權對於期貨商管理、期貨交易市場之監視等事項規範於業務規則中⑲。又臺灣期貨交易所股份有限公司業務規則規定，期交所有權對期貨商進行檢查⑳。目前期貨商監督、管理、檢查係由期交所依上開法律及相關規定進行：一、監督期貨商內控及內稽制度之設計及執行，二、期貨商財務報表之申報、揭露與審查，三、

---

⑱　金融監督管理委員會組織法第 29 條：「本會設檢查局，掌理金融機構之監督、檢查及其政策、法令之擬訂、規劃、執行等事項；其組織另以法律定之。」

⑲　期貨交易法第 15 條：

　Ⅰ 期貨交易所應於其業務規則中，規定下列事項：

　　一、期貨交易市場之使用。

　　二、交易制度。

　　三、結算制度。

　　四、保證金、權利金計算之方法。

　　五、期貨商之管理。

　　六、期貨交易市場之監視。

　　七、緊急處理措施。

　　八、違約事項之處理及罰則。

　　九、其他依主管機關規定之事項。

　Ⅱ 前項業務規則規定事項之訂定及變更，應經主管機關核定。

⑳　臺灣期貨交易所股份有限公司業務規則第 20 條：

　Ⅰ 期貨商應將所有有關交易及結算交割之憑證、單據、帳簿、表冊、紀錄、契約及相關證明文件，置於營業處所。

　Ⅱ 本公司得派員檢查或查詢前項憑證、單據、帳簿、表冊、紀錄、契約及相關證明文件，期貨商不得規避或拒絕。

　Ⅲ 前項憑證、單據、帳簿、表冊、紀錄、契約及相關證明文件之保存年限，除商業會計法規定者外，依本公司訂定之「期貨商帳表憑證保存年限表」規定。

　Ⅳ 期貨商之財務、業務資料，本公司必要時得通知其提供，並予以公開報導。

對期貨商執行實地查核。

▶第三節　外國金融監理現況

壹、美　國

美國聯邦政府及各州政府均有權核發銀行經營執照，所以聯邦政府及州政府均有金融監理權。在聯邦政府方面，銀行執照由設於財政部的通貨監理署 (Comptroller of Currency, OCC) 核給，屬於全國性銀行 (National Bank)；各州政府立案的銀行，則是由各州的銀行局 (Banking Department) 核發執照，屬於地區性銀行 (State Bank)。

雙軌制的銀行體系之下，聯邦政府及州政府對其核發執照的銀行有金融監理權。但除了聯邦政府及州政府之外，聯邦準備理事會 (Board of Governors of the Federal Reserve System, Fed)、聯邦存款保險公司 (The Federal Deposit Insurance Corporation, FDIC)、全國信用合作社監理署 (National Credit Union Administration, NCUA) 及儲蓄監理署 (Office of Thrift Supervision, OTS) 等，皆可對金融機構進行金融檢查。

一、監理單位

㈠聯邦準備理事會 (Board of Governors of the Federal Reserve System, Fed)

一九一三年《聯邦準備法案》(The Federal Reserve Act) 是為達成提供美國更有保障的銀行業的目標，法案中設立一套系統執掌貨幣政策，並有效監督銀行。聯準會在全美分設十二個分區❷，每個分區設有聯邦準備銀行 (Federal Reserve Bank, FRB)，這些分行行長 (President) 係由聯準會下的 Board of Directors of the Bank 提名經 Fed 同意後任命，任期五年。

---

❷　Boston, New York, Philadelphia, Cleveland, Richmond, Atlanta, Chicago, St. Louis, Minneapolis, Kansas City, Dallas, San Francisco.

聯邦準理事會負責監管金融控股公司、外國銀行以及加入聯邦準備會員的銀行；至於金融控股公司則依其業務類別由該業務主管機關監理，例如銀行子公司由 OCC 負責監管，證券子公司由聯邦交易委員會監管，保險子公司則由州保險主管機關 (Authority of State Insurance Regulator) 監管。

㈡聯邦存款保險公司 (Federal Deposit Insurance Corporation, FDIC)

美國聯邦存款保險公司 FDIC 係西元一九三三年七月成立，是獨立的聯邦政府機構，直接向美國國會負責，並接受美國會計總署的審計，為準政府機構，設有分行並出售存款保險，而美國之存款保險制度亦於斯時創立。

FDIC 採委員會制，五位委員均由總統提名並經參議院同意任命，其預算來源不受國會的控制，全部向要保的銀行及儲蓄機構收取保險費來支付預算，以維持營運。目前 FDIC 對於美國銀行及儲蓄機構的個人存款保險金額上限是美金十萬元，為了金融市場秩序及保障存款人的利益，FDIC 對要保銀行及儲蓄機構進行金融監督及檢查。由於美國金融體系採雙軌制，美國境內有關銀行的設立，可自由選擇向聯邦政府或州政府註冊登記，由州立案之銀行可以選擇是否要加入聯邦準備會員，FDIC 負責監理州立案而非聯邦準備會員之銀行。

㈢全國信用合作社監理署 (National Credit Union Administration, NCUA)

美國於西元一九七〇年設立全國信用合作社監理署，負責核發信用合作社執照，且對其執行監管職權；同時設立全國信用合作社共保基金 (National Credit Union Share Insurance Fund, NCUSIF)，保護信用合作社存款人權益，避免信用合作社出現財務危機時危及基層金融體系的正常運作。

㈣儲蓄監理署 (Office of Thrift Supervision, OTS)

儲蓄監理署於西元一九八九年根據《金融機構改革、復甦及執行法案》(Financial Institution Reform, Recovery, and Enforcement Act, FIRREA) 設於財政部之下，成立目的在監管儲貸協會 (Saving and Loan Association)，以維持一個安全、穩健且保護消費者的金融環境，並提升儲貸協會的競爭力。除了監理機關之外，美國還有聯邦金融機構檢查委員會 (Federal Financial Institutions Examination Council, FFIEC)，主要成立之目的是協助金融監理機關遵守統一

的監理原則。

(五)證券業

1.聯邦政府

一九二九年美國金融市場大蕭條前，證券交易市場並無完善法令規章，一次大戰後，美國聯邦政府為避免證券交易的詐欺以及提高證券交易市場之透明度，制定一九三三年證券法 (Securities Act of 1933)，立法旨意即在於投資人在證券公開發行時，能夠即時充分獲得財務及其他資訊，以及交易過程中禁止虛偽、詐欺 (Deceit, Misrepresentations, and Other Fraud)。美國證券交易管理委員會 (U.S. Securities and Exchange Commission, SEC) 即是在這種背景下成立，期達到保護投資人，維護資本市場秩序，建立公平效率的市場機制目的。

2.州政府

州政府依法須嚴格審閱所有在該州行政範圍內申請上市公司證券的公開說明書，以保障投資者的利益。

3.自律組織 (Self-Regulatory Organization)

自律組織負責監督個別市場運作及參與證券市場的會員公司。自律組織包括紐約證券交易所 (New York Exchange)、美國交易所❷(American Stock Exchange)、全國證券商協會 (National Association of Securities Dealers, NASD)等。紐約證券交易所及美國交易所負責監管市場交易活動，以及交易員的操守；全國證券商協會則負責自動報價系統及場外交易的監管。

(六)期貨業

商品期貨管理委員會 (Commodity Futures Trading Commission) 於一九七四年成立，負責檢閱所有期貨及選擇權合約，監管所有期貨的交易，及執行營業員牌照和操守的監管。

(七)保險業

保險業是由州政府設立的保險監管處監管，主要是監管該州內的所有保

---

❷　美國證券交易所原以中小盤股票交易為主，近年來在金融衍生工具和 ETF 的交易上有很大成就。

險公司，確保保險購買者的權益。另有全國保險監理官員協會 (National Association of Insurance Commissioners)，是一個由各州保險監理機關共同成立的聯繫部門，負責協助統一某些監理制度，同時亦與各州政府一同參與州內保險業的監理工作。

⑻美國證券管理委員會執行處

SEC 是一個執法機關 (Law Enforcement Agency)，但是並無刑事調查權 (Criminal Investigation Authority)，負責行政 (Administrative Action) 及民事調查 (Civil Action)。SEC 執行處 (Enforcement Division)，專職調查人員約一千三百餘人，約五百人置於總部，其餘分布於全美十一個分支機構。執法處人員大多具有律師或會計師資格，以律師居多，特別是有刑事訴訟經驗者。

二、法　源

㈠一九三三年證券法 (Securities Act of 1933) 第十九條 (b)：「證券交易委員會認為為本法施行上所必要或適當之調查時，任何證券交易委員會委員或證券交易委員會指定之會內官員，有權命作宣誓或具結、傳喚證人、蒐集證據，及命其提供該委員會認為與此次調查有關之簿籍表冊或其他文件。上述證人之出席及書面證據之提供，得於美國境內或屬地任何指定聽證之場所為之。」

㈡一九三三年證券法 (Securities Act of 1933) 第二十條 (a)：「證券交易委員會因控訴或其他原因，認為任何人有違反或將違反本法或依本法訂定之規則或辦法時，得以職權命其或准許其在宣誓或其他方式下提出書面報告，陳述證券交易委員會認為對於公益應行調查之與主題相關之事項，並得對各該事項進行調查。」

㈢一九三四年證券交易法 (Securities Exchange Act of 1934) 第二十一條 (b)：「為執行本法規定之調查及其他程序之進行，證券交易委員會之任何委員或該會指派之任何官員有權辦理宣誓及具結、傳喚證人、強制其到場、蒐集證據以及命其提供簿籍帳冊、文件、信件、備忘錄或其他證券交易委員會認為與調查有關之其他文件或資料，關於證人之到場及上述

文件之提供，得在美國境內或各州任一指定之地點為之。」

㈣一九三四年證券交易法 (Securities Exchange Act of 1934) 第二十一條 (c)：「任何人如規避或拒絕證券交易委員會之傳喚，證券交易委員會得請求調查地或其他程序進行地有權管轄之聯邦法院，或該受傳喚人之住所所在地或營業地之有權管轄聯邦法院，命該證人到場及作證，以及提供簿籍帳冊、文件、信件、備忘錄及其他記錄等。該管轄法院得命令受傳喚之人在證券交易委員會、該會之委員、或該會指定之官員之前出席，提供記錄，或就受調查或詢問之事項提出證言，如受傳喚之人拒絕服從法院之命令，法院得科以藐視法庭罪之處分。上述法律程序，得在受傳喚之人之居住地或其被發現地之司法區域為之。任何人如無正當理由而拒絕到場及作證，或對合法之詢問拒絕答覆，或拒絕提供簿籍帳冊、文件、信件、備忘錄及其他記錄，或拒絕證券交易委員會之傳喚者，為犯輕罪 (Misdemeanor)，科處一千美元以下之罰金，或一年以下之徒刑，或併科之。」

依上開規定，執行處對於涉嫌違法之案件，可行使調查權，惟其調查權亦非毫無限制，須限於必要之情況，若欲命被調查人提供簿冊、文件等資料，亦須與調查事項有相當關聯者為限。

執行處有嚴謹之標準作業規範，積極查證公司原始聲明之真實性，主要負責調查可能違反證交法之案件、向委員會提出適當之處分建議及代表委員會進行和解程序 (Negotiate Settlements) 等。調查案件時，可能另外發現其他違反規定或疑有調查必要之案件，除被動接受檢舉外，亦衡量個案風險程度，主動執行查核，採行以風險為基礎之調查 (Risk-based Investigation)。

三、案件來源

㈠該會監視作業 (Surveillance Activities)。

㈡證管會其他部門或其他自律機構（如 NYSE）移送之案件。

㈢來自公司內部檢舉 (Whistleblower)。

㈣媒體報導 (Press Reports)。

㈤投資人投訴或申訴 (Investor Complaints)。

㈥證人 (Witness) 檢舉告發。

　　案件多係違反證券交易法，違法態樣包括內線交易、會計舞弊、發行公司提供不實資訊等。證管會通常會告訴當事人若不配合，案件將進入刑事司法體系 (Criminal Justice System) 進行調查，故通常被詢問或被調查者皆會配合執法處人員之調查工作。調查時可透過非正式詢問 (Informal Inquiry)，如電話詢問、訊問證人 (Interviewing Witnesses)、檢查帳冊紀錄，或請當事人自行提供交易資料等。

四、調查種類及方式

㈠種　類

1. 初步調查 (Preliminary)

　　為非正式及非公開調查行動，通常執行處會先進行初步調查，此乃透過非正式之諮詢 (Informal Inquiry)，如透過電話詢問、訊問證人、檢查帳冊紀錄、交易資料等方法取得所需之證據。依賴當事人配合調查，尚未強迫進行任何調查活動。

2. 正式調查 (Formal)

　　調查人員為繼續進行或完成調查，可進行正式調查，強迫進行作證及提供帳冊、紀錄或其他相關文件。如經合法傳喚，無正當理由不到場或對合法詢問拒絕答覆或拒絕提供簿冊、文件等，將構成刑事上之輕罪 (Misdemeanor)。如證人拒絕證券交易委員會之傳票，證券交易委員會可要求法院提出強制令，命證人配合。

㈡方　式

　　命證人辦理宣誓及具結、傳喚證人、強制其到場、蒐集證據、命其提供簿冊、文件、信件、備忘錄或其他證券交易委員會認為與調查有關之其他文件或資料。通常調查人員會先取得並檢視所有相關文件，包括相關之對帳單、電話紀錄、公司文件及稽核人員的工作底稿等，詳細檢視相關文件後，始傳喚證人作證。

㈢調查之處置

1.行政程序

　　行政程序由行政法官 (Administrative Law Judge, ALJ) 舉行聽證及決定證據採信度，並提出處分建議。執行處或被告若有異議，均可向委員會提出上訴，由委員會決議維持原處分、修改原處分或再進行聽證程序。對委員會決議之處分有異議者，可向美國法院上訴。

2.民事禁制令

　　證券交易委員會得向該管聯邦法院請求發出禁止其違法之命令。

3.刑事訴追

　　證券交易委員會主要負責民事之強制執行及行政命令，因此應當追究刑事責任時，即將案件移送司法部辦理。司法部負責追究違反證券法律之犯罪，除接受證券交易委員會移交過來之案件外，亦直接進行獨立之調查。授權進行刑事追究之法律包括一九三三年證券法第二十四節、一九三四年證券交易法第三十二節 (a) 款、信託契約法第三百二十四節、投資公司法第四十九節及投資顧問法第二百一十七節。證券交易委員會之程序可以和司法部之程序並行不悖，換言之，證券交易委員會在進行行政性程序（或向法院提起民事訴訟程序）時，司法部得同時在聯邦法院進行刑事訴訟[23]。

　　執行處可以經委員會同意後簽發傳票 (Subpoena)，傳票簽發後即是發布正式調查令執法處人員可憑以要求證人作證、提供帳冊、紀錄或其他相關文件，調查結束後將調查結果 (Findings) 簽陳委員會，委員會可授權執法處採行行政程序，或將案件移送聯邦執法機關，進入司法程序。

　　行政程序由行政法官 (ALJ) 舉行聽證及決定證據採信度 (Admissibility of Evidence)，並提出處分建議，執法處及被告若有異議均可向委員會提出上訴，由委員會決議維持原處分、修改原處分或再進行聽證程序，對委員會決議之處分有異議，可向聯邦上訴法院 (United States Court of Appeals) 提出上訴。

　　違反證券交易法案件約百分之八十以行政和解方式結案。調查結束後，執法處人員綜合嚴重性、獲利金額、行為期間後，提出擬處分之建議

---

[23]　高如星、王敏祥，《美國證券法》，頁 356–357，法律出版社，2000 年 1 月第一版。

(Proposal)，簽請委員會做成處分決議。行政和解方式有罰鍰 (Civil Money Penalty) 及返還不法利益 (Disgorgement of Illegal Profit)。

㈣引發 SEC 調查的因素

1. 隱匿重大資訊 (Misrepresentation or Omission of Important Information about Securities)

2. 操縱市場價格 (Manipulating the Market Prices of Securities)

3. 竊取客戶資金、股票 (Stealing Customers' Funds or Securities)

4. 違背營業員責任，未公平對待客戶 (Violating Broker-dealers' Responsibility to Treat Customers Fairly)

5. 內線交易 (Insider Trading, Violating a Trust Relationship by Trading on Material, Non-public Information about a Security)

6. 出售未公開上市股票 (Selling Unregistered Securities)

五、美國對期貨商的管理

　　美國期貨市場架構，包括商品期貨交易委員會 (Commodity Futures Trade Commission, CFTC)、期貨交易所❷、期貨經紀商 (Futures Commission Merchant, FCM)、期貨交易輔助人 (Introduction Broker, IB)、期貨交易顧問 (Commodity Trading Advisor, CTA)、期貨基金經理人 (Commodity Pool Operator, CPO) 及美國全國期貨公會 (National Futures Association, NFA) 等自律組織。美國期貨市場係以 CFTC、NFA 及期貨交易所為期貨市場主要監管機構，其中，CFTC 係依美國國會於一九七四年修訂商品交易法授權成立，是美國期貨市場監管之最高權力機構，成立目的為加強對期貨市場之管制；NFA 成立於一九八二年，為強制性之會員組織，凡期貨經紀商、期貨經理人、期貨交易顧問、期貨交易輔助人均應加入公會。其主要權責及功能包括會員審核登錄、違規行為之稽核及處分、仲裁及教育等；期貨交易所則主要負責監管其所屬會員之交易行為是否符合交易所交易規則。

❷　有多個期貨交易所，包括芝加哥期貨交易所 (Chicago Board of Trade)、芝加哥商業交易所 (Chicago Mercantile Exchange) 等，本節將予以介紹。

以下分別說明 CFTC、NFA 及期貨交易所之權責及規範。

㈠商品期貨交易委員會 (CFTC)

一九七四年之前，由於大部分期貨契約皆為農產品，因此依據一九三六年訂定之商品交易法規定，期貨主管機關由農業部商品交易局之商品交易委員會 (Commodity Exchange Commission) 擔任。在一九七〇年代初期，因農產品期貨價格大幅波動，致使美國國會於一九七四年修訂商品交易法，並授權成立獨立之聯邦機構，以加強對期貨之管制，CFTC 遂於一九七四年正式成立。

CFTC 受國會監督，由一名主任委員，四位委員共五人所組成，依商品交易法 (Commodity Exchange Act) 第二條 (a)(2)(A) 規定，其委員由總統提名，經參議院同意後任用，任期五年。

在歷年修訂商品交易法之過程中，均逐漸加重 CFTC 之權限，以確保期貨市場參與者之安全。CFTC 有下列權限：

1. 審核在各交易所交易之期貨契約。
2. 審核各交易所訂定之交易規則及慣例。
3. 同意自律組織之設立。
4. 限定投機性期貨交易額度及未平倉契約數。
5. 緊急狀況處理。
6. 為社會大眾及媒體提供所有上市期貨契約每日相關資料。
7. 每日監督市場之運作，及在特定情形下命令交易所採取特定措施或暫停交易中之期貨契約。

㈡全國期貨公會 (NFA)

CFTC 為維護市場效率與公平性，除授權由期貨交易所負擔部分管制責任（如訂定各期貨契約之保證金數額、交易所內執行之委託單種類等）外，一九七四年修訂之商品交易法中第二十一條提供設立自律組織之依據，一九七八年商品交易法修訂案並納入強制業者加入之條款。NFA 遂依照該規定，向主管機關 CFTC 註冊，成為由期貨業者組成之自我管制機構，並於一九八二年十月開始運作。

表 4.2　　NFA 權責及規範一覽表

主要權責及功能 [25]	對會員從業行為之規範 [26]
1.會員審核登錄。 2.違規行為之稽核及處分。 3.仲裁。 4.教育。	1.禁止詐欺。 2.公平公正交易原則。 3.代客操作管理。 4.不得與暫停會員資格之會員從事期貨交易。 5.對受僱人與代理人之監督。 6.交易紀錄保存。 7.禁止濫用 NFA 會員名義。 8.公關與行銷宣傳資料之管理。 9.客戶資料處理與風險公開。 10.對會員採取之處罰種類，則包括： 　⑴取消或暫停會員資格。 　⑵禁止或暫停與公會會員之合作或受僱關係。 　⑶警告或譴責。 　⑷罰款。 　⑸停止營業。

　　美國自二〇〇一年以來，陸續發生「九一一事件」、企業會計醜聞及安隆事件，造成能源市場流動性危機後，因而促使政府、自律組織、交易所及業界在監理方面更緊密合作。NFA 不僅獲得主管機關 CFTC 提供的管理資源，也在互信基礎上受到期貨界的支持，因此承擔許多管理性工作。例如 NFA 獲得 CFTC 授權審查期貨基金經理人之年度財務報告，同時也建立一套電腦系統供 CFTC 官員隨時於線上查詢相關審查情形，此一授權也使期貨基金經理人減少重複申報財務報告，並提高管理效率。二〇〇三年 CFTC 授權 NFA 對期貨基金經理人 (CPOs) 所提出之年度財務報告進行分析與複查，並可對公開對外募資的商品期貨基金 (Publicly-offered Commodity Pools) 所提出之揭露文件進行審查，此舉使得 CFTC 可以有效利用市場資源強化其市場管理能力。

---

[25]　依商品交易法第 21 條之規定。

[26]　依 NFA 規章規定。

NFA 董事會成員共二十五人，另設有各類專業委員會，由會員推派代表參與組成，以討論、解決業界相關自律法規修訂、懲處，及推動會務等事項。

表 4.3　　NFA 各類專業委員會

- 投資顧問委員會 (Advisory)
- 申訴委員會 (Appeal)
- 審計委員會 (Audit)
- 商業行為委員會 (Business Conduct)
- 法規遵循諮詢委員會 (Compliance Consultative Committee)
- 全權委託帳戶資格審查小組 (Discretionary Account Waiver Panel)
- 執行委員會 (Executive)
- 財務委員會 (Finance)
- 交易室經紀商／交易室交易員小組 (Floor Broker/Floor Trader Subcommittee Panel)
- 聽證會 (Hearing)
- 會員事務委員會 (Membership)
- 提名委員會 (Nominating)
- 客戶保護爭議特別委員會 (Special Committee for Customer Protection Issues)
- 電子行銷審查程序委員會 (Telemarketing Procedures Waiver)

㈢期貨交易所

美國期貨商之監理機構，除前述主管機關 CFTC 及自律組織 NFA 外，各交易所亦須對其所屬會員❷進行下列查核及管理：

1. 監視市場之交易部位及交易行為：對市場交易異常情事，例如價格異常變動或部位異常、交易是否順暢及按規定完成結算交割、或可能扭曲市場正常發展等情事，進行調查、分析及製成報告，以及早針對異常情事採取適當之處置，以維護市場正常運作。

2. 受理交易人申訴並進行調查：當交易人對其交易產生問題或爭議時，首先尋求所屬經紀商之說明及請其保存相關文件紀錄，若問題無法由經紀商處獲得解決時，交易人可轉向 CFTC、NFA 或相關交易所等機構申訴。

3. 監視及控管所屬結算會員財務狀況、結算保證金水位及財務帳冊，確保會員各項紀錄及保存符合規定。

---

❷　包括交易廳經紀人、交易廳交易員、交易所會員期貨商及該期貨商業務員。

4. 對會員教育訓練、加強會員於法規面及交易面之服務及溝通，使其各項作業符合規定。

5. 為因應國際間激烈競爭，尤其是在歐洲各主要交易所陸續進行整併後，美國與歐洲等主要交易所開始進行策略聯盟與合併計畫。首先，「芝加哥期貨交易所」(CBOT) 與「芝加哥商業交易所」(CME) 於二○○七年七月正式合併，新公司名稱為「CME 集團」(CME Group)，成為全世界規模最大、商品最多元化的金融交易市場。於合併後的交易平臺之商品，涵蓋所有主要金融商品的期貨、選擇權，包括股票、利率、外匯、黃金，以及大宗物資小麥、肉品等交易。此外，CME 更於二○○八年起與紐約商業交易所 (NYMEX) 進行合併協商，於二○○九年七月合併，合併之後，CME Group 成為世界交易量最大的期貨交易所。此外，國際證券交易所 (International Securities Exchange, ISE) 亦於二○○七年為德國交易所併購。

美國有許多期貨交易所，以下列舉較知名六個交易所及其主要交易商品如下（表內仍將 CBOT、CME 和 NYMEX 分別列出）：

表 4.4　美國各期貨交易所主要交易商品

交易所名稱	簡稱	主要交易商品
芝加哥期貨交易所 [28] (Chicago Board of Trade)	CBOT	穀類（玉米、大豆、豆油、豆粉、燕麥、小麥）、玉米收成保險、美國聯邦長期公債、美國中、長期債券、指數期貨等
芝加哥商業交易所 [29] (Chicago Mercantile Exchange)	CME	畜產品、外匯期貨（歐元、加幣、日圓等）、利率期貨、主要市場股價指數
紐約商業交易所 (New York Mercantile Exchange)	NYMEX	金屬、石油產品
芝加哥選擇權交易所 (Chicago Board Options Exchange)	CBOE	股票選擇權、指數選擇權、ETF選擇權
洲際交易所 [30] (Intercontinental Exchange)	ICE	咖啡、糖、可可、棉花、橘子汁、糖、石油產品、店頭衍生性商品

		契約天然氣、外匯與股票指數
國際證券交易所 ❸ (International Securities Exchange Inc.)	ISE	櫃檯買賣 (OTC) 商品、能源類期貨與選擇權、農產品期貨、金屬期貨

㈣美國期貨商調整後淨資本額要求 (Adjusted Net Capital Requirements)

1. 訂定淨資本額要求之目的

為達到維護交易人權益與確保期貨商具備適切之流動性、資本額及善盡對市場參與者之義務，CFTC 與 NFA 規定經向 CFTC 登記之期貨經紀商 (Futures Commission Merchant, FCM) 均需符合最低淨資本額要求 (Adjusted Net Capital, ANC❸)。

由於美國 NFA 對於期貨商最低調整後淨資本額的要求是以客戶的未沖銷部位所需之維持保證金作計算基礎，亦即以客戶的未沖銷部位來衡量期貨商所可能面臨的經營風險。因此，可將 NFA 所規範之最低調整後淨資本額的要求視為以「風險」為基礎的要求。

2. CFTC 對於期貨商 (FCM) 之財務要求

FCM 的調整後淨資本至少等於或大於下列最大者：

⑴美金一百萬元。

⑵本國與外國居住者之客戶維持保證金的百分之八，其中包括所有國內及國外的期貨和選擇權契約。

⑶其所參加之註冊期貨組織要求之調整後淨資本（目前僅有 NFA）。

⑷FCM 為證券經紀商或自營商時，其調整後淨資本之要求必須再予以提

---

❷⑧ 2007 年 7 月 9 日 CBOT 與 CME 完成合併為 CME Group。

❷⑨ CME 與紐約商業交易所 (NYMEX) 合併協議已於 2008 年 8 月獲兩公司股東會同意，並於 2009 年 7 月合併。

❸⓪ 洲際交易所 (ICE) 於 2006 年將紐約交易所 (New York Board of Trade) 收購。

❸① 已於 2007/12/19 正式成為 EUREX 子公司。

❸② ANC = Current Assets（流動資產）– Liabilities（負債）– Charges Against Capital（資本支出）。

高（SEC 有相關規定；Rule 15c3-1(a)）。

3. NFA 對於期貨商 (FCM) 之財務要求

FCM 的調整後淨資本至少等於或大於下列最大者：

⑴美金一百萬元。

⑵ANC 低於美金二百萬元的 FCM，每增加一分支機構公司須增加美金六千元（包含 FCM 分公司及其所屬之 IB 總、分公司）。

⑶ANC 低於美金二百萬元的 FCM，每增加一業務員 (Associate Person, AP)，須增加美金三千元（包含 FCM 所屬 AP 以及其 IB 之 AP）。

⑷如 FCM 同時為證券經紀商或自營商時，亦須同時符合美國證管會 Rule 15c3-1(a) 規定之金額。

⑸本國與外國居住者之客戶維持保證金的百分之八，其中包括所有國內及國外的期貨和選擇權契約。

⑹擔任一般交易人之交易所外的外匯交易選擇權之交易對手者，美金五百萬元。若該期貨商為外匯交易商 (Forex Dealer Members) 則須另符合更高之財務要求 (Financial Requirements Section 11)。

4. 美國期貨商財務報告申報期間與項目

⑴申報期間

期貨經紀商必須每月申報 1-FR-FCM 表格並於每月終了後十七個營業日內申報；另期貨經紀商必須申報經由會計師在會計年度結束日起九十日內簽證之會計年度結束日當日之 1-FR-FCM 表格，但若期貨經紀商已依證管會規定註冊為證券經紀商或證券自營商者，其申報期間不得晚於證管會申報年度查核報告之規定（會計年度結束日起六十日內）。

至於證券經紀商或證券自營商兼營期貨業者所須申報之財務報告係以受證管會 (SEC) 規範之 FOCUS REPORT 表格 (Financial and Operational Combined Uniformed Single REPORT) 代替 1-FR-FCM 表格。

⑵申報項目

若所申報之 1-FR-FCM 表格，按規定無須經會計師查核簽證時，則須按照表格說明填寫之內容如下：

A. 財務狀況表。

B. 損益表。

C. 業主權益變動表。

D. 次順位負債變動表。

E. 最低資本要求計算表。

F. 客戶分離帳戶資金報表（較適用於期貨經紀商）。

G. 用以計算最低淨資本額要求之補充表格 A。

H. 客戶聲明書。

若所申報之 1-FR-FCM 表格，按規定須經會計師查核簽證時，除須提供前述相關報表外，尚須額外提供下列報表：

A. 現金流量表。

B. 會計師查核意見。

C. 重大不適當聲明書。

D. 適當之附註揭露。

貳、英　國

英格蘭銀行 (Bank of England) 為歷史最悠久之中央銀行，根據英國銀行法，其經營目標為：維護金融體系健全發展、提升金融服務效率、維持幣值穩定；其首要目標為：強化保障存款戶與投資者權益。

依據一九八七年英國銀行法之規定，金融監理業務係由英格蘭銀行轄下之銀行監理局掌管。隨著金融市場進步與發展，銀行與金融中介機構之傳統分野，日趨模糊。一九九五年以來，因「霸菱銀行事件」(Barings Bank)❸之影響，英國進行一連串之金融改革，重點在強化英格蘭銀行 (Bank of England) 貨幣政策上之獨立性與建立一綜合性之金融監理機關。

---

❸　霸菱銀行於 1762 年在英國開業，為英國最古老的銀行之一。1995 年其新加坡分行期貨交易員尼克・李森 (Nick Lesson) 在衍生性金融商品超出其被授權額度進行交易虧損 14 億美元，致霸菱銀行倒閉，最後以 1 英鎊價格被荷蘭國際銀行 (ING) 收購。

一九九七年五月銀行、證券及保險業務統一由「證券及投資委員會」(Securities and Investment Board, SIB) 管理，並於一九九七年十月更名為「金融監理總署」(Financial Services Authority, FSA。以下簡稱金融監理總署) 後，陸續將「個人投資局」(Personal Investment Authority)、「投資顧問管理組織」(Investment Management Regulatory Organization)、「證券暨期貨管理局」(Securities and Futures Authority)、「英格蘭銀行監理與監視處」(Supervision and Surveillance Division of the Bank of England)、「互助組織註冊局」(The Registry of Friendly Societies)、「貿易及產業部之保險管理委員會」(Insurance Directorate of the Department of Trade and Industry) 及「互助管理委員會」(Friendly Societies Commission) 等九大管理機關併入金融監理總署，使得金融監理總署取得許多單位之監理職權。

依據二○○○年通過之《金融服務暨市場法》(Financial Services and Markets Act of 2000, FSMA)，金融監理總署負責全英各種銀行、投資基金管理機構、清算機構、保險公司、住房信貸合作社、證券與期貨交易機構等之申請註冊准駁、規範、監理和處罰。金融監理總署監管的對象除原來之金融機構外，還包括從事投資業務之企業、信用機構、保險市場、交易所及決策機構等等。換言之，英國傳統上以自律性管理為主之金融監管體制將逐步消失，取而代之的是單一之巨大金融監理機構❸❹。

依金融服務暨市場法第二條第二項之規定，金融監理總署設置之主要目標包括增強市場信心、提升大眾對市場之瞭解、保護投資者、減少金融犯罪等❸❺。

一、主管業務

---

❸❹ 林盟詳，〈金融控股公司監理法制之探討與發展動向〉，國立中正大學財經法律學研究所碩士論文，頁 294–295，2004 年 7 月。

❸❺ 金融服務暨市場法第 2 條第 2 項規定："The regulatory objectives are- (a) market confidence; (b) public awareness; (c) the protection of consumers; and (d) the reduction of financial crime."

㈠金融監理總署得從事以下之業務，以確保維持金融市場之秩序❸

1.有權對於業者核准、拒絕或撤銷其執照，及限制其營業經營。

2.有權對違反準則或規定者科處罰鍰。

3.有權核准個人對於受監理之業務執行特定任務。

4.有權對於舞弊案件及金融犯罪加以處分，例如對於受監理及未受監理之公司和內線交易及炒作者處以罰鍰。

5.有權起訴違反禁止洗錢規定及內線交易者。

6.有權制定各種形式之準則、原則或要點。

7.對金融機構之營業、資本標準等進行規定。

8.對銀行、保險、投資等相關業務之經營資格進行認定，對承擔相關業務之各種職務資格進行認定。

9.對金融集團設置相應之監理部門。

10.對監理對象具有調查許可權和介入許可權（撤銷資格或限制業務等），對市場操縱、內部交易等「市場濫用」違規行為具有刑事追訴權，並且具有執行民事懲罰權（執行罰款、沒收利潤、賠償等），及得禁止不合格人員從事金融業。

11.對消費者和教育界指導，從事普及和提高金融知識的活動，幫助金融機構和個人提高金融業務之活動能力。

㈡英國於成立金融監理總署後，另成立以下機構，作為相關配套措施

1.金融監理服務中心 (The Financial Ombudsman Services)

該中心係提供消費者對於金融機構之申訴。

2.金融服務與市場法庭 (Financial Services and Markets Tribunal)

對於違反《金融服務暨市場法》(Financial Services and Markets Act 2000, FSMA) 第一百一十八條之規定者❸，為民刑事之追訴處罰。金融服務與市場

---

❸　林盟詳，同註❸，頁 296–297。

❸　根據《金融服務暨市場法》(Financial Services and Markets Acts 2000, FSMA) 第118 條之規定，就散布不實市場資訊與內線交易等市場濫用行為，得對行為人處7 年有期徒刑及無限額之賠償。

法庭之職權在於裁判企業和個人對金融監理總署之申訴，當受監理企業和個人對金融監理總署之監理措施產生不服時，可向該裁判所提出申訴。由於金融一元化改制後，金融監理總署之許可權將可能出現過度膨脹，因此，出於對企業和個人應有權利之保護，金融服務與市場法庭完全獨立於金融監理總署。

3. 爭端解決機制 (Center for Effective Dispute Resolution)

　　主要係對於金融機構之服務爭議為調解。

4. 金融服務與市場賠償機制

　　合併了原有五個賠償機構，專門處理金融機構破產後之賠償問題。賠償資金來自於金融業內賠償準備金，賠償的條件及上限根據金融監理總署之規定執行，該機構是在金融監理總署管轄下運行。

二、組織架構

　　金融監理總署是一個獨立及非官方之有限保證公司組織 (Private Company Limited by Guarantee)，透過財政部對英國國會負責。每年金融監理總署須以書面年報向財政部說明營運及法定目標之執行情形，並舉辦公開之年度會議做年度檢討報告。

　　金融監理總署是透過董事會之運作來監督管理英國境內之金融機構，該委員會計有十六名委員。其主要之組織，在主席下設有執行長，並在執行長下設財金策略與風險 (Finance Strategy & Risk)、通常策略 (General Counsel)、民眾與溝通 (People & Communications)、執行 (Enforcement)、規章限制的服務 (Regulatory Services)、零售市場 (Retail Markets)、批發與機構市場 (Wholesale & Institution Markets) 等七部門。

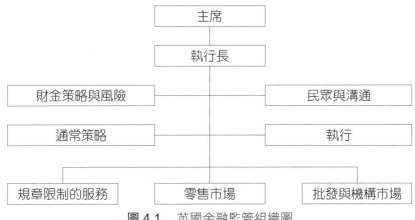

圖 4.1　英國金融監管組織圖

　　除此之外，金融監理總署在金融服務暨市場法中，為貫徹保護消費者之目標，在法案中第八條規定，金融監理總署應設置消費者團體與業者團體兩個諮詢小組，以協助金融監理總署達到法案中第二條所宣示之監理目標。

　　又在金融服務暨市場法第一百三十二條規定❸，應設置金融服務與市場特別法庭 (The Financial Services & Markets Tribunal)，其直屬於法院系統，為司法之一環，且於附件十三亦明白規定特別法庭之成員選任、報酬等。此舉亦是英國在金融改革中不可或缺的一環❸。

三、調查權

　　英國金融監理總署 (FSA) 具有刑事偵查權，金融監理官偕同警察機關可

---

❸　金融服務暨市場法第 132 條規定：“(1)For the purposes of this Act, there is to be a tribunal known as the Financial Services and Markets Tribunal (but referred to in this Act as "the Tribunal"). (2)The Tribunal is to have the functions conferred on it by or under this Act. (3)The Lord Chancellor may by rules make such provision as appears to him to be necessary or expedient in respect of the conduct of proceedings before the Tribunal. (4)Schedule 13 is to have effect as respects the Tribunal and its proceedings.”

❸　林蕙玲，〈論金融統合監理之架構〉，政治大學風險管理暨保險學系所碩士論文，頁 52–55，2000 年。

以逮捕涉嫌違法的金融機構從業人員❹，依二○○○年金融服務暨市場法
(Financial Services and Markets Act 2000)，該總署可經由行政法，民事法與刑
事法，對未遵守 FSA 監理規範之金融機構與從業人員予以處分。FSA 常用之
執法方式見下表 4.5。

表 4.5　簡述 FSA 常用之執法方式

常用之執法方式	
・撤銷營業或從事業務之許可。 ・禁止個人從事金融服務業。 ・禁止個人從事受 FSA 規範之特定業務。 ・公開譴責未遵守 FSA 規範之金融機構與從業人員。 ・處以罰鍰。	・申請禁制令 (Seek Injunction)。 ・請求法院凍結當事人資產。 ・申請賠償命令 (Seek Restitution Orders)。 ・起訴未經許可從事受 FSA 監理之業務。

FSA 調查與執法程序

1. 指派調查官：當 FSA 認為金融機構或從業人員違反監理規範時，其將指派調查官對案件進行調查。必要時將對接受調查之機構與人員送達通知書 (Notice of Appointment of Investigators)。

2. 調查之進行：調查官可以要求接受調查之機構與人員提供文件與相關資料；或對相關人員進行約詢。FSA 同時委託未參與調查工作之律師對調查案件進行內部法律評估。

3. 初步調查報告 (Preliminary Investigation Report, PIR)：FSA 可以決定是否對接受調查之機構與人員送達 PIR。接受調查之機構與人員於 PIR 送達後二十八日內，可以對 PIR 內容提出回應。必要時可以申請延長回應之時間。

4. 監理裁決委員會 (FSA Regulatory Decisions Committee, RDC)：對案件進行審理於調查完成之後，調查人員認為 FSA 應進行監理執法時，需將調查報告連同受調查之機構與人員之回應一併送達監理裁決委員會進行審

---

❹　2008 年 7 月 29 日 FSA 金融監理官會同倫敦市警察局，逮捕 8 名任職於 UBS 及
　　JP Morgan Cazenove 涉嫌內線交易的金融機構從業人員。

理。裁決委員會委員係經遴選產生，有公益團體代表參與，原參與調查工作之人員不得參加案件審理。

5. 警告通知 (Warning Notice)：裁決委員會可以於適當時送達警告通知，讓接受調查之機構與人員瞭解 FSA 即將採取之行動。接受調查之機構與人員有權要求參閱裁決委員會於審理時所利用之文件與相關資料，並於二十八天內以書面或口頭之方式向裁決委員會提出回應。

6. 審議委員會之再審理：當裁決委員會收到接受調查之機構與人員之書面或口頭回應時，將就回應與相關資料再次對案件進行審理。

7. 裁決通知 (Decision Notice)：裁決委員會於案件審理完畢，做出裁決之後，可於適當時向接受調查之機構與人員送達裁決通知。而於收到裁決通知二十八日內，受裁決之機構與人員可以向金融服務市場審議委員會 (Financial Services and Markets Tribunal) 提出上訴。金融服務市場審議委員會為 FSA 以外之獨立機關，負責前開上訴案件審理。如審議委員會認為案件不成立，可以予以駁回 (Notice of Discontinuance)。

由於英國一九九三年刑事法規定內線交易為刑事犯罪，而且二〇〇〇年金融服務暨市場法賦予 FSA 偵查起訴內線交易犯罪之權力，因此以下將就 FSA 調查內線交易之刑事偵查權另作說明：FSA 偵辦內線交易案件之刑事偵查權可分為兩大部分，第一部分為 FSA 之調查權，第二部分為對內線交易案件之起訴權。

㈠調查權 (Investigation)

金融服務暨市場法 (Financial Services and Markets Act 2000, FSMA) 第一百六十五條賦予 FSA 要求金融機構與從業人員提供資訊之權力 (The Provision of Information)。

1. 約談 (Interview)：依據 FSA 執法說明 (The Enforcement Guide) 第 4.8 點規定，FSA 得對相關人員就案情內容進行約談❹。

2. 搜索 (Search)：金融服務暨市場法第一百七十六條賦予 FSA 於金融機構

---

❹　THE ENFORCEMENT GUIDE，資料來源：http://fsahandbook.info/FSA/extra/4755.pdf，最後瀏覽日期：2011/3/26。

與從業人員拒絕提供資訊，或金融機構與從業人員提供錯誤之資訊湮滅或破壞資訊時，得申請搜索票進入營業場所進行搜索。其搜索程序如下：搜索票取得、搜索扣押相關證據與資料、要求相關人員說明資料之內容。

㈡起訴權 (Prosecution)

英國一九九三年刑事法 (Criminal Justice Act 1993) 第五章 (Part V) 規定內線交易為刑事犯罪。該章第六十一條規定內線交易可處罰金或七年以下有期徒刑，或得併科罰金。金融服務暨市場法第四百零一條、第四百零二條賦予 FSA 起訴內線交易犯罪之權力。

FSA 偵查權行使的其他措施：金融服務暨市場法與相關之法令，並未賦予 FSA 逮捕權，但 FSA 依據其與英格蘭、威爾斯與北愛爾蘭警察機關於二〇〇五年八月三日簽署之備忘錄 (Memorandum of Understanding with the Association of Chief Police of England, Wales and Northern Ireland)，遇內線交易嫌疑人不願意主動接受調查約談時，或是邀請嫌疑人主動接受調查可能造成證據滅失等情事而影響偵查時，可會同警察機關對接受調查之嫌疑人進行逮捕。

參、日　本

一九九八年六月以前，日本大藏省原為日本最主要之金融監理機構，其為日本戰後唯一留下來的行政單位，加上日本戰後經濟體系的特色是以銀行主導企業支援發展策略。銀行具有主宰企業能否順利發展之關鍵影響力，大藏省在兼具國家預算、稅制稅收管理及金融業務管理三大全國資金血脈機能於一身之下，暴露出兩個問題：

一、行政裁量權過大，權限過大乃產生過度接待及賄賂之現象。

二、「護送船團式」政策❷。

大藏省強而有力的行政手腕被譽為世界之冠，也造就日本「銀行不倒」的神話。但隨著金融國際化的腳步，金融機構競爭趨向激烈，當泡沫經濟瓦

---

❷　係指整個船隊之前進速度須配合位於最後者，使其不致脫隊為原則，為典型之行政保護措施。

解後，終釀成全面性的金融危機。各界將危機之發生歸咎於大藏省的管理不當，一九九七年日本三大聯合執政黨正式對大藏省之改革取得共識，發表聲明要求修改國家行政組織法。在首相內閣下另成立一獨立組織以取代大藏省之金融監理功能，新設金融監督廳，直隸於內閣府，該組織之首長由首相指派並有權派任內部員工，充分授權該首長及員工以維持其獨立性。一九九八年六月二十三日起金融監督廳負責監理所有金融機構，包括銀行、農業金融機構、非銀行金融機構及勞動金庫等，原大藏省（今財務省）僅剩企劃、立案等金融行政權限。

依金融監督廳設置法，金融監督廳之主要任務為保護存款人、被保險人（保險業）及有價證券投資人（證券相關業），並以確保金融、證券及保險業適切運作為目的，辦理金融檢查與其他必要之監督，新機構負責處理倒閉金融機構，但若有重大影響信用秩序或現行體制下難以處理之狀況，須與大藏省研商，必要時由日本銀行特別融資投入處理。金融監督廳須定期與大藏省開會研商，討論維護信用秩序之相關問題，大藏省之地方分局仍保有對地方金融機構之檢查及監理權 ❸。

整體而言，日本是由日本銀行（Bank of Japan，即 Central Bank）、金融廳 (Financial Service Agency) 及財務省 (Ministry of Finance) 負責金融監理。央行負責貨幣政策之執行並擔負最後融通者角色。財務省是負責制定處理金融危機暨研擬處理金融機構倒閉之制度及政策，以維持金融體系的安定。金融廳負責金融法令與金融政策之制定，金融機構設立申請之准駁，所有金融機構日常監理與檢查，及制定證券市場交易規則及商業會計準則，該機構並具有法律提案權。

金融廳下設長官，長官下設行政法官 (Administrative Law Judge)、總務企劃局 (Planing and Coordination Bureau)、檢查局 (Inspection Bureau) 及監督局 (Supervisory Bureau)。另有證券取引等監視委員會 (Securities and Exchange Surveillance Commission) ❹ 及公認會計士‧監查審查會 (Central Public

---

❸　黃相博，〈我國金融監理制度一元化之法制化研究〉，中正大學法律學研究所碩士論文，1999 年。

Accountants and Auditing Oversight Board)。

　　總務企劃局主要係制度之規劃及執行預算編列等工作；檢查局係針對金融機構為檢查，包括檢查方針之擬定與執行；監督局係基於檢查局之檢查報告，對銀行、保險及證券事業為監督及處分。

　　證券取引等監視委員會設有事務局，在確保市場公平、公正及保障投資之目的下，有執行不法行為之調查權。事務局下設有總務課 (Coordination Division)、市場分析審查課 (Market Surveillance Division)、證券檢查課 (Inspection Division)、課徵金及開示檢查課 (Civil Penalities Investigation and Disclosure Documents Inspection Division)、特別調查課 (Investigation Division)。其主要業務包括：證券檢查、交易審查，以及犯罪事件調查❹❺。

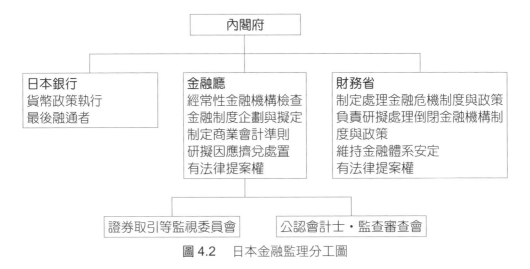

圖 4.2　日本金融監理分工圖

▶第四節　外國刑事司法機關 (Criminal Justice Agencies)

---

❹　日文「取引」之意為交易。故「證券取引」即為證券交易。

❺　資料來源：日本金融廳網頁，http://www.fsa.go.jp，最後瀏覽日期：2011/4/30。

壹、美　國

現代的金融調查人員應具備參與各種犯罪類型的能力。金融調查人員必須具不同的專業能力去整合分析所蒐集來的資訊，再予運用至犯罪事實的還原釐清。這幾乎是二十年前從事傳統刑事案件偵查的司法警察（官）難以想像。金融調查人員可能具犯罪調查、會計財務、法律、社工，以及資訊等不同背景，才能夠透過金融調查完成犯罪事實的拼圖，發現誰是犯罪的加害人、受益人，甚至被害人。美國國稅局認為一個標準的金融調查人員必須具備下列條件：

一、知道進行調查時界定犯罪的法律。

二、明瞭證據收集及證據證明力的相關概念。

三、蒐集並能解釋含有金融資訊的紀錄。

四、追蹤資金經過金融機構的流向。

五、運用會計及審計的能力。

六、運用證明方法將犯罪有關之金融作業連成一氣。

七、進行金融訪問並記錄下所查到的資料，並摘編成一份報告。

八、使用跟監及臥底一類的調查技巧。

真正具備上述條件後，將能對金融調查具備某種程度認識，從中學習一些金融調查技巧，成為一位現代金融調查員❹。

司法警察機關首先執行金融調查為美國國稅局的犯罪調查處 (Internal Revenue Service's Criminal Investigation Division)。該單位創立於一九一九年，其職掌為調查稅務人員的詐欺與不法行為，為追查逃漏稅及洗錢而設立，後來發展成為全國擁有超過二千八百名探員的部門。該部門探員執行金融調查的能力，在美國執法機關 (Law Enforcement Agencies) 中已執牛耳，無論是存放款盜領、不良債券詐騙、伊朗軍購事件、間諜案件，以及毒品及組織犯罪

---

❹ INTERNAL REVENUE SERVICE, *FINANCIAL INVESTIGATION: A FORENSIC ACCOUNTING APPROACH TO DETECTING RESOLVING CRIMES*, WASHINGTON, D.C.: U.S. GOVERNMENT OFFICE, 10–12 (1994).

等，美國國稅局的探員都參與其金融調查，彼等所發展出來的「特定項目證明法」(Specific Item Method) 及「間接證明法」(Indirect Method) 不但已成為聯邦執法人員訓練中心 (Federal Law Enforcement Training Center, FLETC)❹不同訓練班別的必修課程，更廣為像聯邦調查局 (FBI)、緝毒局 (DEA) 等執法機關運用，本書在第五章將予以介紹。

美國一九三〇年代，執法重心在查緝私酒釀造者以及新興的幫派問題；一九五〇年代，組織犯罪與政治貪腐掛勾成為重要議題；一九八〇年代開始對毒品宣戰；從一九九〇年代迄今，金融犯罪問題已成為執法重點。以下就幾個常與我國司法警察機關合作的美國執法機關予以介紹。

㈠移民海關執法局 (U.S. Immigration and Customs Enforcement, ICE)

美國移民海關執法局成立於二〇〇三年，係將原海關總署 (U.S. Customs Service) 以及移民局 (Immigration and Naturalization Service) 合併，隸屬美國國土安全部 (U.S. Department of Homeland Security)，今在全美有超過四百個辦公據點，派遣在全球各國有四十六個據點，員工超過兩萬人，現為國土安全部規模最大執法機關，美國第二大聯邦執法機關。主要業務職掌為執行聯邦法律有關國境管理 (Border Control)、海關 (Custom)、貿易 (Trade)、移民 (Immigration) 等相關規定，以辨識、調查及打擊任何可能對美國邊境、經濟（例如反傾銷、反補貼、侵犯智財權）、交通及基礎設施造成威脅之不法活動，維護國土及公眾安全。其公務預算主要用於國土安全調查 (Homeland Security Investigation, HSI) 及執法與驅逐 (Enforcement and Removal Operations, ERO) 等二大主軸工作。

ICE 下設有國土安全調查處 (Homeland Security Investigations, HSI)，該處共有六個單位，分別為國內執行 (Domestic Operation)、情報 (Intelligence)、國際合作 (International Affairs)、調查 (Investigation)、行政支援 (Mission Support)，以及全球智慧財產權合作中心 (National Intellectual Property Rights

---

❹ 美國聯邦執法人員 (Federal Law Enforcement Agents) 有兩大訓練單位，一為美國聯邦調查學院 (FBI Academic)，以及 FLETC。前者位於維吉尼亞州 (Viriginia State)，後者在喬治亞州 (Georgia State)。

Coordination Center)。約有六千七百名調查官 (Special Agents) 分別派駐在美國二百個城市，以及全球四十六個國家（地區），從事人口販運、毒品走私、私運槍械、電腦犯罪，以及金融犯罪的調查工作。

二○○四年 ICE 曾以任務編組設立 Cornerstone and Financial Investigation Program，規劃追查金融機構以及合法商業交易的資金流向，以國際資金追查為防制洗錢及資助恐怖主義。

如前述，ICE 工作主軸包括國土安全調查，以及執法與驅逐，故我國目前多位外逃滯留美國重要通緝犯❹未來是否能以引渡，或其他方式交由我國司法機關遂行追訴權或行刑權皆有賴 ICE 協助。

㈡美國秘勤局 (U.S. Secret Service)

成立於一八六五年，原始目的在於偵查偽造美國貨幣、硬幣及有價證券；今日保護政府高層則為其重要任務之一。該機構也查緝偽造美國政府支票、債券、民間股票、有價證券及相關詐欺案件。另外調查信用卡、金融卡詐欺、電腦詐欺及電子交易詐欺等犯罪也是該機構職掌。相關金融調查由該機構金融犯罪處 (Financial Crimes Division) 負責。該局原隸屬財政部，二○○三年三月一日改隸國土安全部 (U.S. Department of Homeland Security)。

㈢美國聯邦執行署 (U.S. Marshal Service)

全美美國聯邦執行署成立於一七八九年，為全美最早的聯邦執法機構，目前隸屬司法部 (Department of Justice)，職掌為保護聯邦法院、法官、陪審團及證人、捉拿聯邦逃犯、執行法院命令、管理並拍賣犯罪扣押物、執行證人保護作業，並且處理全國資產扣押與沒收計畫。獲派擔任沒收計畫之執行官，設置有電腦支援的記帳程序及目錄管制系統，以管理單據、庫存及扣押物的

---

❹　例如王○○（涉嫌力霸案）、黃○○（涉嫌前總統陳水扁洗錢案）、劉○○（前立委，涉嫌廣三集團掏空案）、朱○○（任中央廣播電臺董事長期間涉嫌侵占「遷建購機準備金」）、呂○○（訊碟科技內線交易）、林○○（前中國信託商業銀行策略長於併購兆豐金控案時涉嫌內線交易）、蔣○○（擔任富邦金控投資長期間在渣打銀行併購新竹商銀時涉嫌內線交易，交保期間逃亡），以及崔○（涉嫌遠東航空背信案，交保期間逃亡）等。

處分情形。相關金融調查包含於該機構各部門業務中，並無專責單位。

㈣菸酒火器管制局 (Bureau of Alcohol, Tobacco, and Firearms)

菸酒火器管制局隸屬於財政部。該單位由兩大部門組成：行政管理及執法。執法部門調查對於槍支、彈藥及爆裂物的逃漏稅、無照販售和非法使用等案件。該單位概分為菸酒處、火器處、縱火及炸藥處和實驗室幾個業務部門，前三者均從事相關金融調查工作。緣於國土安全法 (Homeland Security Bill) 對聯邦執法機關的重新整合，二〇〇三年一月二十四日改隸司法部。

㈤檢查總署 (Office of the Inspector General)

檢查總署係美國衛生部 (Department of Health and Human Services) 下執法機構，調查有關政府資源的詐欺、浪費及濫用。該單位作用如同五十個聯邦機關的監督者，依其任務性質所執行之調查多與金融事務有關。其工作在確定政府合約、採購和支付完成時，調查是否符合金融分析、會計和審計標準，以及是否合於業務需要。相關金融調查由該機構調查處 (Office of Investigations) 負責。

㈥聯邦調查局 (Federal Bureau of Investigation)

聯邦調查局工作領域及於二百項犯罪調查，包含經濟犯罪、組織犯罪、外國反情報、政治貪瀆、違反人權、恐怖分子、聯邦毒品犯罪、綁票、銀行搶劫，以及跨州犯罪。相關金融調查由該機構犯罪調查處 (Criminal Investigative Division) 負責。

㈦國稅局 (Internal Revenue Service)

國稅局主要責任在促進並達成稅收過程能高度配合稅法及稅則之要求；另外為了調查觸犯聯邦稅法案件，調查員及國稅局調查處調查洗錢犯罪，並參與資產沒收調查。在許多情形下，調查員提供其專長協助許多執法機關進行調查。相關金融調查由該機構犯罪調查 (Criminal Investigation) 部門負責。

㈧緝毒局 (Drug Enforcement Administration)

緝毒局主要職責在打擊毒品濫用問題。該單位依據聯邦毒品管制法，集中力量對付全國或國際間的高級毒販。該機構在二十一個地區處 (Division) 均建制有金融調查組 (Financial Investigation Group)，專責金融調查工作。

㈨郵政監察局 (Postal Inspection Service)

美國郵政機構透過監察局執法來管理郵務工作。監察局調查個人涉及郵件詐欺或偷竊之類的犯罪，也參與有關透過郵政非法遞送兒童色情或管制物質之調查。相關金融調查由該機構調查與安全 (Investigations & Security) 部門負責。

㈩非聯邦機關 (Nonfederal Agencies)

各州與地方執法單位也開始從金融角度進行犯罪調查，設置如「經濟犯罪組」、「金融犯罪科」或「信用卡詐欺隊」等單位開始加入傳統的偵查領域。此外，也開始對地方及州的執法官員（包括法務人員、調查員和經理人員）施以包含金融調查技巧的在職訓練。

貳、加拿大

加拿大皇家騎警 (The Royal Canadian Mounted Police, RCMP)

隸屬於公共安全部 (Minister of Public Safety) 全國分為大西洋 (Atlantic Region)、中央 (Central Region)、西北 (North West)，以及太平洋 (Pacific Region) 四個警勤區。依據皇家騎警法 (Royal Canadian Mounted Police Act, RCMP Act)，該署負責聯邦法律執行，負有犯罪防制及社會治安職責。職掌包括經濟犯罪、緝毒、逃漏稅查緝、洗錢防制等。該署另可以全國各地方政府（省、市）簽訂合約，提供社區警政服務 (Policing Service)。

參、日 本

日本警察廳 (National Police Agency)

設立於內閣總理大臣轄下「國家公安委員會」（有五位委員，委員長為國務大臣），業務職掌包括毒品犯罪、跨國組織犯罪、經濟犯罪、槍械走私、反恐怖主義，以及外籍人士犯罪等。設有官房長官 (Commissioner General's Secretariat)、社區安全局 (Community Safety Bureau)、犯罪調查局 (Criminal Investigation Bureau)、交通局 (Traffic Bureau)、安全局 (Security Bureau)、情報通信局 (Info-Communication Bureau) 等一級單位，其中犯罪調查局下之組

織犯罪對策部 (Organized Crime Department) 設有犯罪收益移轉防止管理官 (Director for Prevention of Money Laundering) 負責日本金融情報中心 (Japan Financial Intelligence Center, JAFIC)❹。

肆、新加坡

新加坡商業部 (The Commercial Affairs Department)

商業部在新加坡是負責調查白領犯罪的一個主要機關，下設商業犯罪調查處 (Commercial Crime Division)、企業詐欺調查處 (Corporate Fraud Division)、情報處 (Intelligence Division)、金融調查處 (Financial Investigation Division)、證券及海事詐欺調查處 (Securities & Maritime Fraud Division) 等單位。

金融調查處主要業務在於防制洗錢及打擊資助恐怖主義組織資金，下設疑似交易報告 (Suspicious Transaction Reporting Office, STRO)、金融調查 (Financial Investigation Branch, FIB)，以及不法所得 (Proceeds of Crime Unit, PCU) 三個單位。STRO 負責受理金融機構申報的疑似交易報告，將其分析後所得情報提供給 FIB，同時也是新加坡的金融情報中心。FIB 針對貪污、洗錢、毒品等重大犯罪進行金融調查，追查出的資金流向提供給法院作為審判時證據之用。PCU 專責對於犯罪所得追予以確認，並負責在扣押期間法院判決沒收前的管理。

▶第五節　小　結

金融犯罪與傳統刑事犯罪不同，因為金融機構屬特許行業，平日有金融監理機關進行各種（項）金融檢查，若能即時發現徵兆，應可透過行政監督防患於未然。一旦涉及犯罪，司法機關自當全力偵查，經過法院發現犯罪事實，維護社會正義，純淨市場機制。經過實證研究發現，單就不同的司法機關人員對於金融犯罪感受、金融犯罪原因，以及金融犯罪防制對策看法認知

---

❹　該中心受理金融機構申報疑似洗錢交易報告。

皆有差異。研究同時發現，司法人員對於金融犯罪的感受及認知增加，可對
金融犯罪的防制對策增加影響，會影響其對金融犯罪的防制對策❺。如何在
行政機關、司法機關間建立有效溝通平臺，應是防制金融犯罪，甚至對於重
大犯罪不法所得沒收追徵的一項重要課題。

---

❺　詹德恩，〈金融犯罪成因及防制對策之研究——以司法、金融監理及金融機構人
員之觀點為核心〉，中正大學犯罪防治所博士論文，2006 年，未出版。

第 5 章

金融犯罪的調查方法

　　金融調查的目的旨在釐清人與資金流的關係，俾將犯罪拼圖予以完成，但在發現真實與保障人權雙重目標下，恪遵法律分際為執行金融調查最基本的課題，簡言之，任何金融調查必須依附於法律授權。

　　司法警察機關用於傳統犯罪調查方法，包括臥底偵查 (Undercover Operation)、跟監 (Surveillance)、監聽 (Wire-Tapping)，以及搜索 (Searching) 等。在美國跟監、電話監聽被視為另一種搜索，必須基於「合理懷疑」(Probable Cause)，以及法官核准。我國搜索票核發，二〇〇一年刑事訴訟法修正前，在偵查階段由檢察官核發，審判中由審判長或受命法官核發，目前刑訴法第一百二十八條規定，由法官核發❶。至於通訊監察書准駁，通訊保障及監察法一九九九年訂定時亦為檢察官職權，惟二〇〇七年七月修法後改由法院核准。

　　凡走過必留痕跡，犯罪所得無論如何移動，在過程或終點必須經過金融機構，所以資金清查是查緝金融犯罪重要工具之一。透過資金清查發現、追蹤資金流向，以及最終受益人。受到人頭戶泛濫、個人資料保護意識抬頭，以及資金流動國際化的影響，能否克服這些困難實係資金清查成功與否的重要因素。

　　鑑識會計 (Forensic Accounting) 是運用分析、解釋、彙整等方法，提出複雜但可理解並適當地支持財務和其相關事務問題之報告。目前在國外不僅用於犯罪調查，更轉為協助公司建立內部監測控制系統，以有效執行公司治理

---

❶　刑事訴訟法第 128 條規定：

　Ⅰ搜索，應用搜索票。

　Ⅱ搜索票，應記載下列事項：

　　一、案由。

　　二、應搜索之被告、犯罪嫌疑人或應扣押之物。但被告或犯罪嫌疑人不明時，
　　　　得不予記載。

　　三、應加搜索之處所、身體、物件或電磁紀錄。

　　四、有效期間，逾期不得執行搜索及搜索後應將搜索票交還之意旨。

　Ⅲ搜索票，由法官簽名。法官並得於搜索票上，對執行人員為適當之指示。

　Ⅳ核發搜索票之程序，不公開之。

及內部控制。

　　特定項目證明法 (Specific Item Method) 得用以追蹤給付或收受時點之資金變動，在貪污、內線交易、操縱股價以及業務侵占等犯罪。此方法可被成功運用作為一種分析技巧，用於查核追蹤金融交易流水記錄之情況，以特定項目法取得之證據係直接證據，即事件爭點之確切證據。當調查結果顯示特定金融交易包括嫌犯涉入之不法資金或未申報所得時，該結果即成為犯罪之直接證據，用來顯示嫌犯與系爭交易間之特定關聯性。

　　間接證明法 (Indirect Method) 則是對財務狀態的觀察。為取得被告或犯罪嫌疑人財務狀況之概要，調查人員必須作成財務資料分析或詳細的財務報表，以瞭解嫌犯於特定調查期間內資產、負債、所得及支出之款項。此外，財務資料分析亦詳載用於購買及付款之可資辨認之資金來源及資金運用，透過運用財務資料分析，得以追蹤資金變動，是以間接方法來識別金融事件之性質。

本章學習目標

- 傳統調查方法
- 資金清查
- 鑑識會計
- 特定項目證明法
- 間接證明法（淨值證明法、支出證明法、銀行存款證明法）
- 訊問程序及技巧

▶第一節　傳統調查方法

壹、臥底偵查❷

　　電影《無間道》是臥底偵查最佳詮釋。司法警察機關視案情需要派人「滲透進入」犯罪集團，取得犯罪嫌疑人或被告信任，蒐集犯罪情資，提供司法機關作為案件偵辦時參考。派遣進入犯罪集團者或為司法警察，或利用「線民」，當進入犯罪集團為取得彼等信任，臥底者有可能得參與犯罪面臨法律追訴，因此對於臥底者必須提供一定程度的刑事責任免除，甚至在任務結束後必須提供給臥底者身分改變或是遷徙等完整的保護,避免遭到犯罪集團報復,此種方法在美國司法機關頗為盛行。但我國目前因相關法律配套不完備，因此甚少使用,特別是由司法警察親自執行臥底任務,在沒有配套法律規範下,司法警察人員參與「犯罪」，其刑事責任的免除，以及取得證據資料是否具備證據能力皆有疑義❸。以下對美國執法機關在臥底者的篩選、保護，以及打入犯罪組織可能面臨的問題略予說明。

一、人員選擇

　　如何選擇適當人員擔任臥底者是臥底偵查成功與否的必要條件，人選不僅要接受智商及心理測驗，對其人格特質分析更是非常重要，所以問卷必須對臥底者能否承受焦慮、易怒，以及推諉閃避等價值觀的衝突進行檢測；其

---

❷　J. KRIK BAREFOOT, *UNDERCOVER INVESTIGATION*, MA: BUTTERWORTH-HEINEMANN, 17–18 (1995).

❸　法務部曾於 2003 年、2007 年兩次提出《臥底偵查法》草案，基於人權保障前提，未來推動立法時應對符合何種條件及罪名，始得實施臥底偵查；臥底偵查員於臥底期間，因偵查必要而採取之行為，可否不罰；臥底偵查極具危險性，為維護臥底偵查員人身安全，並使其安心工作，臥底偵查員應為如何之身分保密，其權益又應如何保障，執行臥底的期限，以及有權核准進行臥底偵查者應予明確規範。

次，人格特質分析要能夠瞭解受試者是否具有良好記憶，因為臥底者通常無法使用筆記等工具進行摘錄，必須具良好的記憶力。

二、打入犯罪組織

美國司法警察機關在執行臥底偵查時，通常會將 A 州的幹員指派到 B 州，以利身分掩護。犯罪組織對於「新進人員」通常會在剛加入，或一段時日後予以測試 (Test)，包括忠誠度、認同感，以及執行力等。

三、保密（護）

為確保身分保密，對於臥底者通常皆是進行「單線」領導，簡言之，臥底探員身分僅有少數人知悉，對其任務指導，或是接受其（不）定期工作報告皆由專人負責。在任務結束後更要保障其人身安全。

貳、跟　監❹

跟監是司法警察機關為達成偵查犯罪任務，對特定之人或物等偵查對象所作的一種秘密而持續的觀察活動。有效之跟監通常能發現犯罪嫌疑人之不法行為，並掌握可能犯罪之證據及共犯等。

一、跟監之目的

㈠偵查犯罪活動證據。
㈡確定犯罪嫌疑人彼此間關係。
㈢為執行逮捕拘提。
㈣保護證人。

二、跟監種類

㈠情報性跟監，有人稱為「軟性跟監」，目的只為掌握一定情資，當目標已

---

❹ BENNETT, WAYNE, *CRIMINAL INVESTIGATION*, MN: WEST PUBLISHING COMPANY, 292–298 (4TH ED, 1994).

警覺遭受跟監時結束任務執行。

㈡強制性跟監，或稱「硬性跟監」，即使為目標發現，仍需緊迫跟監，以嚇阻或預防脫逃。

三、跟監作法 ❺

㈠定點跟監 (Stationary)

或稱為監控 (Stakeout)，通常由一組人員或以車輛，或以步行固定於地點，監控觀察目標行動，例如臺灣高等法院曾經依司法警察指揮調度條例，命法務部調查局及臺北市政府警察局對力霸案被告王某二十四小時監控，當王某在家中時，跟監行動即成為「定點跟監」。

㈡行動跟監 (Moving)

通常至少以兩輛機車，一輛汽車執行，車輛與目標座車應保持一定距離，在高速公路上行進可以拉長距離，相反的，在擁擠的道路上，則應略接近。然而當目標下車步行時，執行跟監者亦由二到三人改採 L 或 U 字型隊伍將目標置於其中續行跟監。

㈢電子跟監 (Electronic)

隨著科技發達，衛星追蹤器發明，可以由臥底者安裝於車輛或行李進行對目標掌控監視。

無論任何一種跟監，實施跟監者須認識對象特徵，注意自身隱密及安全，隨時保持適當距離，不使對象脫離視線，並注意有無遭對方反跟監。

參、監　聽

通訊監察之目的在於預防犯罪，但常發生類似防衛過當般的過分偵知通訊內容的情形。因此對於公權力的通訊監察應有法的管制，民主國家多以獲得許可為前提。所以司法警察機關執行通訊監察，必須符合「合法」及「必

---

❺ INTERNAL REVENUE SERVICE, *FINANCIAL INVESTIGATION: A FORENSIC ACCOUNTING APPROACH TO DETECTING RESOLVING CRIMES*, WASHINGTON, D.C.: U.S. G.P.O., 228–229 (2002).

要」兩大要件才能進行。亦即執行通訊監察機關要符合正當法律程序，必須要依照通訊保障及監察法的規定，在取得合法核發的「通訊監察書」之後，才可以進行通訊監察作業；且只有在窮盡其他犯罪偵查的方式而無法順利偵辦案件時，才可以啟動通訊監察，兩個要件，缺一不可。

我國憲法第十二條：「人民有秘密通訊之自由。」通訊是意見的傳達與溝通的行為，秘密通訊自由以不公開為其權利之內涵，亦即保障人民擁有隱私空間的生活利益，保障人民在通訊過程中，有隱密之權利。

秘密通訊自由是憲法所保障的基本人權，國家為偵辦犯罪，不得已要監聽人民的通訊，除了應有法律依據外，監聽的要件應該具體、明確，踐行的程序更應合理、正當，才能符合司法院釋字第六三一號解釋保障人民秘密通訊自由的意旨。

通訊保障及監察法在二○○七年十二月十一日修正施行，偵查中案件的通訊監察，改由法官審慎核發監聽票，國安監察案件改由臺灣高等法院專責法官審查後，已大幅降低監聽件數。至於一般通訊監察改由法官審慎核發，目前已大幅降低監聽件數及話線數，例如：監聽新制施行前，二○○四年平均每月上線監聽 7,349 件、監聽 50,698 線，監聽新制施行後，平均每月上線監聽 1,514 件、監聽 5,580 線，前後相較，每月監聽件數已大幅降低僅剩 20.60%，且監聽線數亦大幅降低僅剩 11.01%[6]。

通訊保障及監察法第十五條規定，監聽機關在監聽通訊結束時，應將被監聽人的姓名、住所或居所報由檢察官，陳報法院通知受監聽人。如認通知有妨害監聽目的之虞或不能通知者，也要一併陳報。司法院在二○○九年十二月召開「研商落實通訊監察業務相關事宜」會議，針對通訊監察執行機關應確實於執行監聽期間，至少作成一次以上的報告書，說明監聽進行情形與有無繼續執行監聽需要，讓法官審查應否撤銷監聽；監聽結束後，執行機關應落實陳報法院通知被監聽人，對於暫不通知被監聽人案件，也應每二月檢討暫不通知原因是否消滅且陳報法院審查等議題，積極和聲請機關、執行機關進行業務協調溝通，並獲致高度共識，以利監聽新制的落實，讓每位受監

---

[6]　2009 年司法院年終記者會公布資料。

聽人都能依法收到法院的通知，以符合司法院釋字第六三一號解釋所示嚴格審查、隨時監督的意旨❼。

案例　電話監聽揪華爾街內線交易案❽

　　拉惹勒南 (Raj Rajaratnam) 是蓋倫對沖基金集團 (Galleon Group) 創辦人，二〇〇九年十月與六名基金經理人、單位主管在紐約遭到美國聯邦檢察官逮捕並起訴。根據檢方起訴書，拉惹勒南與另外兩位基金經理人和三位企業主管共謀，設法獲得內線消息後交給蓋倫科技基金執行交易，在二〇〇六年一月至二〇〇七年七月獲利一千七百二十萬美元，之後又利用內線交易持續獲利數百萬美元，犯罪所得超過兩千五百萬美元。

　　其他五位被告分別是新堡避險基金集團（原屬倒閉的貝爾斯登銀行，現仍運作）經理人切爾希與寇克藍，英特爾旗下投資部門「英特爾資本」的拉吉夫・高爾，麥肯錫顧問公司的庫馬，以及 IBM 資深副總裁莫法特。

　　聯邦檢察官對六位被告都以涉嫌證券詐欺和共謀罪名起訴，證券詐欺一項最高可判處二十年徒刑。根據起訴書指出，這是史上金額最大的避險基金

---

❼　司法院釋字第 631 號解釋文：「憲法第十二條規定：『人民有秘密通訊之自由。』旨在確保人民就通訊之有無、對象、時間、方式及內容等事項，有不受國家及他人任意侵擾之權利。國家採取限制手段時，除應有法律依據外，限制之要件應具體、明確，不得逾越必要之範圍，所踐行之程序並應合理、正當，方符憲法保護人民秘密通訊自由之意旨。中華民國八十八年七月十四日制定公布之通訊保障及監察法第五條第二項規定：『前項通訊監察書，偵查中由檢察官依司法警察機關聲請或依職權核發』，未要求通訊監察書原則上應由客觀、獨立行使職權之法官核發，而使職司犯罪偵查之檢察官與司法警察機關，同時負責通訊監察書之聲請與核發，難謂為合理、正當之程序規範，而與憲法第十二條保障人民秘密通訊自由之意旨不符，應自本解釋公布之日起，至遲於九十六年七月十一日修正公布之通訊保障及監察法第五條施行之日失其效力。」

❽　參考資料來源：尹德瀚綜合外電報導，〈電話監聽揪出避險基金內線交易〉《中國時報》，2009/10/18。

內線交易案。六位被告有五位已以數十萬至數百萬美元交保,拉惹勒南如果獲准交保,保釋金可能高達一億美元。涉及內線消息走漏的企業包括希爾頓飯店集團、網路搜尋霸主谷歌、IBM 及晶片大廠超微等。

起訴本案的曼哈頓聯邦檢察官巴拉拉 (Preet Bharara) 說,這是首宗經法官批准使用電話監聽而偵破的華爾街內線交易案,希望對華爾街有所警惕,未來華爾街內部人士想要犯法時先要自問:司法機構有沒有在監聽❾?

肆、搜　索

搜索係司法機關為發現被告或犯罪證據及應扣押之物,對於被告或第三人之身體、物件及住宅或其他處所,命令強制施以檢查充分。

一、法律依據及要件

㈠司法警察(官)執行搜索時,需要聲請搜索票(刑事訴訟法第一百二十八條)。

㈡搜索,除由法官或檢察官親自實施外,由檢察事務官、司法警察官或司法警察執行(刑事訴訟法第一百二十八條之二)。

㈢因逮捕被告、犯罪嫌疑人或執行拘提、羈押,有事實足認被告或犯罪嫌疑人確實在內者。因追躡現行犯或逮捕脫逃人,有事實足認現行犯或脫逃人確實在內者。有明顯事實足信為有人在內犯罪而情形急迫者。檢察

❾　本案於 2011 年 5 月經曼哈頓聯邦法院確定,檢察官所起訴拉惹勒南 14 項共謀和證券詐欺罪成立,而拉惹勒南至少將服刑 15 年半。新聞資料參考:2011/5/12 中央社翻譯,路透社 2011/5/11 日外電,〈美大型基金創辦人　內線交易案定罪〉。另 SEC 在 2011 年 3 月控告高盛 (Goldman Sachs) 和寶潔 (P&G) 前董事古普塔 (Rajat Gupta) 涉嫌在 2008 年金融危機期間,把高盛和寶潔的季度盈利及「股神」巴菲特向高盛投資 50 億美元的內幕消息,洩露給蓋倫對沖基金集團 (Galleon Group) 的創辦人拉惹勒南 (Raj Rajaratnam),使彼等人利用有關內線消息,獲利 1,800 萬美元。SEC 表示,高盛董事會批准通過巴菲特注資後,古普塔在 2008 年 9 月 23 日收市前「數分鐘」,致電拉惹勒南讓他把握先機購入高盛股票。古普塔於 2010 年辭去高盛董事之職,2011 年 3 月 1 日辭去寶潔董事職務。

官、檢察事務官、司法警察官或司法警察，雖無搜索票，得逕行搜索住
宅或其他處所（刑事訴訟法第一百三十一條第一項）。

㈣檢察官於偵查中確有相當理由認為情況急迫，非迅速搜索，二十四小時
內證據有偽造、變造、湮滅或隱匿之虞者，得逕行搜索，或指揮檢察事
務官、司法警察官或司法警察執行搜索（刑事訴訟法第一百三十一條第
二項）。

㈤搜索，經受搜索人出於自願性同意者，得不使用搜索票（刑事訴訟法第
一百三十一條之一）。

㈥有人住居或看守之住宅或其他處所，不得於夜間入內搜索或扣押。但經
住居人、看守人或可為其代表之人承諾或有急迫之情形者，不在此限（刑
事訴訟法第一百四十六條）。

㈦假釋人住居或使用者。旅店、飲食店或其他於夜間公眾可以出入之處所，
仍在公開時間內者。常用為賭博、妨害性自主或妨害風化之行為者。雖
夜間亦得入內搜索（刑事訴訟法第一百四十七條）。

二、執行搜索作法

㈠履　勘

執行搜索前，應先秘密勘察現場，以瞭解現場環境、位置、大小、道路、
需要人力等各種狀況。必要時並繪製現場圖，據以擬訂執行搜索計畫。務必
要先行勘察無誤後再聲請搜索票，避免發生對象遷址、地點無人居住等無法
執行之窘境。

㈡計　畫

擬訂搜索計畫的內容應包括：
1. 案情摘要。
2. 搜索對象。
3. 搜索處所。
4. 搜索扣押標的及可能藏放位置。
5. 搜索日期及預訂執行時間。

6.參加搜索人員及各組現場負責人。

　　搜索係對人、物、住宅，以及其他處所力道最大的強制處分，故應保守秘密，注意受搜索人之名譽，特別是對於上市櫃公司搜索，因其影響整體資本市場安定性，更應依檢察機關實施搜索扣押應行注意事項規定，恪遵守偵查不公開規定，並依比例原則，擇其適當方法，務期於損害最小、影響最少之情形下，審慎執行搜索。

案例　大○電子公司內線交易案❿

　　大○電子於二○○四年十月二十二日下午五時在證交所公開資訊觀測站發布，因子公司訂單未如預期，致產品銷售量、價格及利益等重要基本假設發生變動，故原編製財務預測已不適用之重大訊息，營業收入由原預測7,491,178 千元調降為 6,987,386 千元，減少 503,792 千元，稅前純益由原預測稅前淨利 1,369,137 千元調降為稅前淨損 897,743 千元，減少 2,266,880 千元。股價自二○○四年十月二十二日起連續三個營業日開盤即跳空跌停。

　　在該訊息發布之前，敦○投資開發公司、吉○投資開發公司、高○投資開發公司等五家公司，自二○○四年九月一日起至十月四日止大量賣出持股，共計賣出 38,337 千股，敦○等五家公司規避損失超過新臺幣一億元。經查莫○○及其配偶郭○○分別擔任大○電子公司及敦○投資開發公司、吉○投資開發公司、高○投資開發公司等五家公司董事長或董事職務。

　　案經行政院金融監督管理委員會向臺灣臺北地方法院檢察署告發，法務部派駐金管會莊正主任檢察官指揮法務部調查局北部地區機動工作組及金管會檢查局同仁，分別搜索大○電子公司及敦○投資開發公司等多處場所。金管會檢查局因對帳證資料解讀較具經驗，調查局同仁熟悉於搜索扣押執行程序，彼此相輔相成，特別是財務主管透過電子郵件通知莫、郭二人必須調降

---

❿　本案 2008 年 9 月 30 日臺灣高等法院 96 年度上訴字第 5186 號，判決莫○○違反證券交易法第 171 條，處有期徒刑 7 年 6 個月，併科罰金五千萬元。最高法院2009 年 12 月 30 日以 98 年度台上字第 7924 號發回高院更審。

財測信件，以及財務部門以電子郵件通知證券公司營業員賣出敦○投資開發公司等五家公司的郵件雖經刪除，卻因搜索過程中即時扣押相關人員電腦，並經調查局資安人員予以還原，成為內線交易重要證據。

▶第二節　資金調查

　　刑罰乃是國家為維護社會公義及秩序，加諸在被告的一種生命、自由，或是財產的制裁，所以在其確定前必須先確定犯罪行為的成立，此一事實認定的過程必須仰賴證據。有證據始得認定事實，事實明瞭，法律適用始得正確，是以所謂證據，係指使事實達到明瞭的原因（憑藉），在裁判書中經常可看到「……事實至明」、「甚明」、「至灼」等語❶。刑事訴訟法第一百五十四條規定，犯罪事實應依證據認定之，無證據不得推定其犯罪事實。這裡所謂證據，包括直接、間接一切足以證明犯罪行為之一切證人、物證而言。

　　金融犯罪目的在取得財務或財產上利益，利用錢滾錢，特別是以別人的錢來賺取更大利益乃是常見手法，為證明犯罪事實，需要透過追蹤資金流向，瞭解不同犯罪嫌疑人或被告間有無犯罪意識共同、行為分擔？不法所得流向那些人？最終受益人又是誰？但金融犯罪遂行時，往往有金融專業人員涉案，可能交易前都已設計規劃，加上我國人頭帳戶氾濫，以及跨國的資金流動，造成資金流向複雜化，增加司法（警察）機關查緝難度。

證券人頭帳戶

　　證券交易法規範相關股票持有人之義務，除規範股票持有人自己名義持有股票，在立法時已預見股票持有人可能用親友關係的名義持有股票，以規避相關規定。證券交易法第二十二條之二第三項即規定「第一項之人持有之股票，包括其配偶、未成年子女及利用他人名義持有者。」

❶　林俊益，《刑事訴訟法概論（上）》，頁361，新學林，2010年第十一版。

這裡所謂「配偶、未成年子女」定義甚明，但「利用他人名義持有者」卻未予以定義。

證券交易法施行細則第二條規定，「本法第二十二條之二第三項所定利用他人名義持有股票，指具備下列要件：一、直接或間接提供股票與他人或提供資金與他人購買股票。二、對該他人所持有之股票，具有管理、使用或處分之權益。三、該他人所持有股票之利益或損失全部或一部歸屬於本人。」若依前述規定除股票實質全部屬於本人持有者外，尚包括「一部」及「具有管理、使用或處分之權益」。

使用證券人頭帳戶買賣股票動機可能有增加增資股票中籤率、避免轉讓申報手續、隱藏資金來源或洗錢、逃漏稅及規避身分限制相關規定；當然也有進行內線交易、操縱股價等犯罪行為者利用人頭帳戶以避免遭司法警察機關查緝。

金融犯罪沒有傳統刑事犯罪現場，無法對於被害人所受傷口、現場遺留彈殼、血跡噴痕、指紋，以及 DNA 等進行刑事鑑識後重建犯罪現場，更不會有目睹犯罪行為的人證；資金調查有類似刑事犯罪鑑識功能，是金融犯罪的剋星，可以揪出幕後藏鏡人，讓法官或檢察官透過資金移動情形，看出被告或犯罪嫌疑人是否曾經收受，或處置不法所得，進而形成心證。所以司法（警察）機關是否具備有效查緝技能，是將金融犯罪嫌疑人或被告繩之以法的重要關鍵。

美國 IRS 犯罪調查處自九〇年代開始即赴大學金融、會計、刑事司法等系所推廣金融調查 (Financial Investigation) 及防制洗錢概念及方法，包括設計課程、提供講師及教材，其目的在鼓勵優秀人才投入執法工作 (Law Enforcement Agencies)，本節所介紹的「特定項目證明法」(Specific Item Method) 及「間接證明法」(Indirect Method) 是 IRS 現行常用的資金調查方法，並收錄於 *Financial Investigation: A Forensic Accounting Approach to Detecting and Resolving Crimes Student Textbook* 乙書。

壹、犯罪資金特徵

　　對於每一筆資金是否都應進行調查，或許有檢調機關認為，惟有灑「流刺網」才能「發現真實，除惡務盡」；但不要忘了刑事訴訟還是須有成本會計的概念，除了司法機關投入的人力、物力及時間必須計算外，另一個應思考的問題，資金調查的客體是金融機構，在國內司法機關向金融機構調閱任何交易資料是毋庸付費，這種情形在全世界是少數，更何況金融機構如果是公開發行公司，對於這種沒有收益只有付出的「交易」能否為股東們接受是值得討論的議題。所以資金調查必須事先考慮資金是否符合下列特徵：

一、相關存款戶資金移動頻繁且金額高。

二、相互移動帳戶所有人的通訊地址，或是電話可能相同。

三、前述帳戶所有人的通訊地址與非往來金融機構地址相距甚遠。

四、存戶匯款時通常以他人名義匯款。

五、資金在存戶帳戶停留時間短，通常當日匯入旋即轉匯他行。

六、新開戶後立即有大額資金匯入。

七、資金流入後迅速轉成其他投資標的。

貳、特定項目證明法 (Specific Item Method)

　　我國對於資金調查傳統多採直接證據調查法，也就是所謂「特定項目」(Specific Item) 資金進行調查，故也稱「特定項目證明法」（以下稱特定項目法），這是司法警察（機關）最喜愛的方法，因它能夠提供直接證據，證明被告或嫌疑人曾經收受或處置不法行為所得的資金。

　　針對系爭的證據調查，其結果如果可以確認被告或犯罪嫌疑人涉及特定財務交易時，這項直接證據即告完成。這樣的調查結果會顯示財務交易、不法行為與被告或犯罪嫌疑人之間的直接關連。使用特定項目法調查人員可發現牽涉不法資金的財務交易，然後分析所取得的交易資料，以確認誰真正涉案。特定項目法結果可以在偵審過程明白呈現，被告或犯罪嫌疑人通常對使用此方法所取得的證據難以辯駁。

使用特定項目法時可以從給付人 (Point-of-Payer) 及收受人 (Point-of-Receiver) 兩個方向進行調查。

一、給付點 (Point-of-Payment) 分析

每筆財務交易皆會有給付人與收受（受益）人。從給付人分析，就是從交易的源頭開始——即資金給付者 (Payer of the Funds) 為調查標的。舉例說明，中華公司總經理王有成被懷疑侵占公司財務，當調查人員約談時，他鄭重否認。調查人員檢視中華公司的帳冊和記錄，並比對公司現金收入日記帳（即用以登錄公司收受款項的日期、來源與金額的日記帳）及銀行對帳單，確實無誤。公司出納人員接受約談時表示，客戶如需以票據給付貨款予中華公司，通常會以郵件寄達。

調查人員訪談曾經付款給中華公司的客戶，發現他們的記錄與中華公司現金收入日記帳的收入符合。但是當調查人員檢視中華公司現金支出日記帳（即用以登錄公司支付款項的日期、金額及收受人的日記帳）所登錄的費用，發現曾經有一筆支付同森公司 3,000,000 元支票的帳務，在調查同森公司帳冊，發現該公司並未收受中華公司前述金額支票的記錄，中華公司因某種原因曾將前開張支票註銷，但王有成將註銷支票據為己有並變造，最後將該支票兌現[12]。

二、收受點 (Point-of-Recipient) 分析

針對收受人分析是從給付人分析的反向清查，即以資金收受者 (Recipient the Funds) 為調查對象。舉例說明：伯大公司懷疑財務副理葉小飛侵占公司財務。稽核人員檢視伯大公司的現金收入日記帳，確有一筆由亞洲公司給付 3,000,000 元的貨款，另伯大公司的銀行對帳單與亞洲公司現金收入日記帳的分錄符合無誤；但在亞洲支付的支票金額與伯大公司現金收入日記帳分錄之

---

[12] INTERNAL REVENUE SERVICE, *FINANCIAL INVESTIGATIONS: A FORENSIC ACCOUNTING APPROACH TO DETECTING AND RESOLVING CRIMES*, WASHINGTON, D.C.: GOVERNMENT PRINTING OFFICE, 149(2002).

間有一筆 1,000,000 的差額。

稽核人員訪談亞洲公司並向銀行調閱經過交換的票據及相關傳票發現：兌現的支票背面確實由伯大公司背書並存入伯大公司的帳戶，但存入那張支票的存款單卻顯示了拆分存款交易，僅有 2,000,000 元存入帳戶，另 1,000,000 元則提現。稽核人員約談葉小飛（經手存入支票之人）並提示相關憑證時，犯罪嫌疑人坦承將 1,000,000 元占為己有❸。

美國 IRS 犯罪調查處在使用給付點進資金調查時，發現無論是貪污收賄、金融犯罪、業務侵占、或洗錢，常見下列幾種犯罪手法，通常以給付點分析，可以還原真相，重現犯罪故事原貌。

一、虛構不實支出 (Fictitious Disbursement Scheme)❹

無論政府機構或是私人企業，虛構不實支出後將其侵占係常見舞弊（詐欺）行為。易言之，就是假交易真付款。被告或犯罪嫌疑人通常會透過在進貨日記帳上設立虛構的應付帳款或假會計分錄。藉由製造虛構的賣方及不實的帳單，即可進行財務交易舞弊。調查人員應從分析銷售資料 (Sales Backup Documentation)❺、銀行帳戶資料 (Bank Account Information)❻，以及會計帳簿與記錄 (Accounting Books and Records)❼著手，通常銀行帳戶資料即具證據能力。

二、浮報不實員工薪資 (Ghost Employee and Payroll Kickback Schemes)

---

❸ Ibid., 150.

❹ Ibid., 151.

❺ 包括採購訂單 (Purchase Orders)、發票或收據 (Invoices) 及售價訂單 (Document Showing Receipt of Goods Ordered)。

❻ 例如支票存根 (Check Registers) 及銀行交易明細對帳單 (Account Statements)。

❼ 可以參考現金支出日記帳 (Cash Disbursement Journals)、現金收入日記帳 (Cash Receipts Journals) 及分類帳 (Ledgers)。

利用已離職員工為人頭，或虛構不存在員工固定發給薪資，這些資金最後再流回或轉入特定人。例如上市櫃公司負責人以其在國外唸書子女為公司員工，每月固定發給薪資，當然這些薪資有可能實質發給其在國外唸書的子女，並未由該負責人侵占，問題在於這名員工有無實際上班，以及業務為何，可能是虛偽捏造而非真實；準此，調查人員在進行資金調查時應調閱員工名單、薪資帳冊、工作職掌，以及差勤記錄。另外應取得嫌疑人的身分證統一編號、人事檔案、勞健保扣繳資料，以及出入境資料等，最後該「人頭員工」的銀行帳戶交易明細（包含薪資轉帳資料）、信用卡使用資料，即可發現端倪[18]。

三、超額浮報請款 (Over-billing Schemes)

被告或犯罪嫌疑人可以在真實供應商提供貨物或服務的合法付款中，以少報多予以灌水，前述浮報款項再由供應商轉手或退回，通常以現金回流給幕後的黑手。當然調查人員必須瞭解購買貨物的市場合理價格，以及有無突然提高貨款情事、原本無須進行的交易突然進行交易，以及突然遽增金額的帳單，或是其付款方式是否異於常態 (Consistent Pattern)，例如過去是匯款入帳，突然改變要求以支票支付貨款[19]。

四、未予入帳的手法 (Off-book Schemes)[20]

從公司帳冊及記錄中未記載銷售收入找尋線索 (Indirect Evidence of Unrecorded Sales on the Suspect Company's Books and Records)：公司若有舞弊，在帳冊與記錄可能出現與該公司既有業務無關的不尋常費用，例如，從未揭露之倉庫支付租金、出貨給未列為客戶的出貨清單、以及支付給公司未營業地區的銷售代理商的佣金，上述情形都可能隱藏有未予記載入帳的銷售收入。

---

[18] Ibid., 153.

[19] Ibid., 154.

[20] Ibid., 155.

在成本與銷貨收入之間不平衡看出端倪 (Unbalanced Rations of Costs to Sales)：銷售某特定產品的生產成本，通常與其收入具有某種固定關係。這種比例若出現嚴重不平衡，例如，訂購的材料遠超過生產入帳銷售收入所需材料，而且多餘材料並未在存貨中，則可能隱藏有未記載的交易。

從市場調查著手 (Investigation in the Marketplace)：若付款的對象並非經常往來帳戶，需注意該交易恐有涉及不法之虞。前述資金流向在客戶端亦存有記錄，包括已經取消交易的支票，以及資金存入的銀行及帳戶。記得，天下沒有白吃午餐是千古不變的定律，通常用來行賄的現金支出都會記帳。此外，因商場競爭激烈，所以競爭的同業瞭解彼此客戶群，通常可以提供調查（稽核）人員掌握受調查對象交易對象的線索，作為侵占銷售收入的證據。

給付款可能轉入未於帳冊上顯示之帳戶，其客戶亦可能有記錄，包括會顯示這些銷售收入的註銷支票，以及資金存入的銀行及帳戶，客戶對於用來行賄現金支出亦有可能記帳。此外，因商場競爭激烈，所以競爭的同業瞭解彼此客戶群，通常可以提供調查人員掌握受調查對象交易對象的線索，可能可作為未入帳銷售收入的證據。

在使用特定項目法從給付時點追查資金流向時，務必記住，財務報表與會計記錄只是存在於真實世界的某些東西的表象而已。一家公司的財務報表若記載現金五千元，即意指該公司在某處應有五千元現金。若一家公司宣稱有一萬元存貨，該批存貨應是實際看得見的存貨。財務報表的數字與貨物資產，有相互對照說明的關係存在。

調查人員在調查舞弊詐欺案件時，應隨時保持好奇心，特別是看起來不尋常或脫序的事物。若銷售額提高，則出貨運費成本也應提高。若進貨增加，則進貨運費成本也應增加，每家公司都有實際應存在的分析關係。因此，調查人員應檢查財務報表資料，包括銀行對帳單資料，以檢視非屬財務報表的資料是否合理，這是偵查舞弊詐欺案件的最佳方法之一。若能隨時對於入帳金額是否太小、太大、太早、太晚、太常見或太罕見，或尋找在奇怪的時間、由奇怪的人、或使用非常規的程序入帳的事物，持有懷疑態度的調查人相較於朝九晚五、蕭規曹隨的調查人員會更有績效。前揭「懷疑態度」具體呈現，

就是透過追查資金流向的特定項目法，以發現被告、犯罪嫌疑人收受或處置不法資金的財務證據。

參、間接證明法 (Indirect Methods)

為應付多樣化、複雜化的逃稅技巧，美國國稅局 (IRS) 從一九二〇年即發展一種間接證明課稅所得方法，它係掌握各種間接證據，由所得的支用及資產、負債的變動，以證明納稅人逃漏所得，重新核算正確所得予以課稅。另因為 IRS 為美國聯邦執法機關之一，七〇年代開始更將這種方法從對於逃漏稅的調查，擴大到其他類型犯罪，特別是針對各種重大犯罪所得的調查[21]，以下即以間接證明法來進行說明。

使用特定項目法追查資金流向，並非在任何情況都無往不利，如果以現金給付不法所得，或資金流動並未出現於公司帳冊或記錄上，就很難用特定項目法。當交易並未登載於財務記錄上時，就很難找到特定項目進行調查。不過，特定項目法雖非永遠可行，調查人員也無需擔心。間接證明法是另一種對於資金流向的調查方法，透過間接法或旁證法，調查人員仍可追查來自各種犯罪類型 (Typologies of Crime) 的犯罪所得，從貪瀆、毒品、人口販運、軍火走私、詐欺、以及各種金融犯罪，都可以從收受時點開始清查。追查資金的間接證明法，是基於一項簡單但幾乎永遠正確的原則——從錢著手。不管金額多寡，終將直接或間接出現於最終受益人的帳戶、資產或支出上。

當犯罪嫌疑人或被告收受現金或其他無法直接追查的款項時，間接證明法最有用。間接證明法作為一項調查工具，可證實宣稱隱藏不法款項的證詞。間接證明法不僅可提供調查員金融犯罪的證據，亦可提供導向進一步深入調查的線索[22]。

財務資料分析 (Financial Profile)[23]

間接證明法必須放大檢視受調查的財務情況，由於間接證明法一定是在

---

[21]　Ibid., 159–160.

[22]　Ibid., 156.

[23]　Ibid., 156–157.

主觀、客觀條件不允許調查人員進行交易的直接追查時的替代方案，調查人員必須準備一份犯罪嫌疑人或被告的財務狀況資料並進行分析。當完成這份財務資料分析，可瞭解掌握當事人在某特定時點內資產、負債、所得及支出。同樣的，這份財務分析資料必須找出被用於購物或其他支出的資金來源及運用，所以這份財務資料分析可能會顯現不法收入或藏匿資產的直接證據，或間接顯示被告或犯罪嫌疑人收入與支出顯不相當。

犯罪嫌疑人或被告其他資料的蒐集可透過公開蒐集、調卷來取得，但在進行財務資料分析時，調查人員需要有相當的專業職能，才能順利完成，這份資料對於案件發展，特別是訊問時非常重要。犯罪嫌疑人或被告往來的金融機構記錄內所登載的財務交易，在完成財務資料分析上亦屬重要資料來源，錢財乃是犯罪主要「動力」，取得不法所得的目的在於能夠享受，為確保其利益，甚至以錢滾錢，所有不法／未入帳資金，無論其金額多大，終將轉入犯罪集團成員在金融機構的人頭帳戶內。如此的資金流動，提供可以追蹤其他帳戶、資產或資料的記錄的重要線索。

在使用間接證明法準備財務資料分析時，應先確定犯罪嫌疑人或被告的會計制度是使用現金基礎制 (Cash Basic Accounting) 或應計基礎制 (Accrual Basic Accounting)。如果調查標的是採用應計基礎，則間接證明分析亦應採用應計基礎的會計制度來完成。

表 5.1 左欄列出犯罪嫌疑人或被告可能擁有或持有的資產類型、負債、資金來源及支出，右欄則列出金融犯罪調查人員進行財務資料分析時應追查的問題。

表 5.1　財務資料分析準備資料一覽表❷

資產類型	司法（警察）機關追查方向
住宅及不動產	何時取得？
股票及債券	向誰取得？ 取得價格？
庫存現金及珠寶	如何付款（現鈔、支票、銀行本票)?
保險	

❷　Ibid., 158.

| 珠寶及所收藏貴重藝術品 | 使用什麼資金來源取得？ |
| 汽車或輪船 | 本項購買有無單據證明？ |

負債情形	司法（警察）機關應詢問問題
房屋貸款	抵押或負債的原始金額？
其他借貸	目前尚欠餘額？
信用卡額度使用餘額	負債何時發生？ 貸款或借錢的目的？
信用卡付款情形（含循環利息）	如何使用收益？收益存於何處？
所得稅	有無任何擔保或抵押品？
其他應付帳款	交易有無單據、證明？
家庭開支或贍養費用	誰是債權人或放款人？

資金來源種類	司法（警察）機關應行瞭解的答案
薪資	特定期間之內給付總額？
股利（息）	來源為何？
銀行存款利息	給付方式（現金、支票或其他方式)？
不動產出售（租）收益	何時收到資金？ 存在哪裡？
禮物及獎金	如何花用？
其他收益	有無單據或證明？

花費及支出種類	當事人對每個項目應交待的答案
房租	花用總額？
貸款利息	如何給付（現鈔、支票、信用卡等)？
醫療支出	支付費用的資金來源？
信用卡消費	有無證明文件？
保險費	
餐飲	
家庭修繕	
旅遊	
社交活動	

一、淨值證明法 (Net Worth Method)❷⁵

　　淨值證明法 (Net Worth Method) 簡稱淨值法，是所有間接證明所得方法始祖，淨值法是重新核算所得的方法，在掌握被告或犯罪嫌疑人整體財務狀況，美國 IRS 經常使用這種方法查緝逃漏稅，預估每年有 50% 案件係使用這種方法查獲。一九五四年 Holland v. United States, 348 U.S. 121 (1954) 判決後，淨值法即成為司法機關可以接受對所得計算的方法。判決指出「當所有方法失敗後，淨值法是從隱匿所得來源中以核算所得的一種有力武器」。淨值法並非會計學上的方法，而是一種重新核算所得的方法，即便犯罪嫌疑人或被告使用不同記帳基礎 (Different Basis) 亦無所礙。任何人對於資金收受、處置方式不外下列四種：

※儲蓄 (Saving It)：存放於金融機構或自行保管。

※購買資產 (Buying Assets)：購置資產，包括動產、不動產。

※清償債務 (Paying Off Debts)：被告或犯罪嫌疑人用來償還債務，或減少其他負債。

※花用 (Spending It)：享受犯罪甜蜜果實。

　　間接證明法能發現犯罪嫌疑人或被告收受資金與其嗣後處置資金之間的關係。間接證明法可能無法用於證明特定資金係用於支付某種特定商業行為或交易，但卻可以證明：彼等用以支付某種特定商業行為或交易的資金超出其已知資金來源，研判必有不為人知的資金來源❷⁶。

　　開始進行淨值分析，須先就犯罪嫌疑人或被告完成財務資料分析，透過確認被告或犯罪嫌疑人的資產、負債、收入、支出，即能編製淨值明細表（在某個特定時間點，一個人的資產與負債之間的差額）。一旦完成淨值明細表，被告或犯罪嫌疑人的淨值變化可用來比對其已知收入；如有何差異，在貪污案件調查中，該差額可被推論犯罪嫌疑人或被告有其他不為人知的來源。

淨值計算公式❷⁷

---

❷⁵　Ibid., 159.

❷⁶　Ibid., 162–165.

　　計算淨值的基本要素是建立一個起始點，亦即一個基準年度。為了進行調查，基準年度就是開始發生可疑不法行為該年的前一年。例如，若調查人員認為犯罪嫌疑人或被告在二〇〇〇年開始侵占款項，則一九九九年就是基準年度，也就是用以比對往後年度淨值變化的時間起始點。為何需要建立被告或犯罪嫌疑人一九九九年的財務資料分析呢？因為在一九九九年，嫌疑人可能仍過的是「正常生活」，還沒有開始收受賄賂，或是侵占，換句話說，犯罪尚未遂行可以用以對照辦案人員懷疑的時點。在美國以淨值證明法調查案件時，通常會要求當事人自行提供淨值計算書 (Net Worth Statement)，不但可以提高其正確性，也可節省調查人員時間。

　　依會計學原理，來源不明所得 (Funds from Unknown Sources) 可用下列等式表示：

來源不明所得 =（期末淨值 + 不得扣除之支出）–（期初淨值 + 已申報所得 + 免稅所得項目）

　　當考慮到當事人之各項免稅額、寬減及扣除額後，上開等式則可演化成表淨值法計算式。調查人員一旦完成基準年度以及涉嫌不法行為每一年的財務資料分析後，即可運用下列計算式估算被告或犯罪嫌疑人「未知來源資金」。

淨值法計算式[28]

資產
－負債
────────
＝淨值
＝前一年淨值
────────
＝較前一年增加的淨值
＋已知費用
────────
＝淨值增加總額
－已知來源的資金
────────
＝未知來源的資金

[27]　Ibid., 159–160.

[28]　Ibid., 160.

　　以會計原理來看，淨值計算只是一簡單計算式，我國係採證據裁判主義，刑事訴訟法第一百五十四條第二項：「犯罪事實應依證據認定之，無證據不得認定犯罪事實」。職故，司法（警察）機關若使用淨值證明法計算被告或犯罪嫌疑人財產時，應在極盡調查能事，就對象所有資產、負債、支出及資金財務來源，特別是利用各行政機關所屬的周邊事業機構，例如財政部的財稅資料中心、財金資訊股份有限公司、財團法人金融聯合徵信中心、臺灣集中保管結算所等予以詳加瞭解掌握，才能在法庭攻防時說服法官。

淨值證明法狀況推演 ❷⁹

　　舉例說明，王有真在二〇〇〇至二〇〇一年因涉嫌不法而遭受調查。如使用淨值分析法，調查人員必須對一九九九、二〇〇〇、二〇〇一年的財務資料分析，以下為財務分析結果。

1. 據王有真自己陳述，一九九九年十二月三十一日止，他庫存現金 (Cash on Hand) ❸⁰ 有新臺幣（以下同）100,000 元，二〇〇〇年、二〇〇一年無庫存現金。

2. 經查王有真銀行帳戶，一九九九年十二月三十一日銀行帳戶餘額為 150,000 元。在二〇〇〇年十二月三十一日餘額是 475,000 元，二〇〇一年十二月三十一日餘額為 522,500 元。該帳戶二〇〇〇年的孳息是 25,000 元，在二〇〇一年利息是 47,500 元。二〇〇〇年的存款總數是 2,216,000 元，並轉帳至本人其他帳戶 66,000 元。二〇〇一年的存款總額是 1,958,500 元，並轉帳至本人其他帳戶 10,000 元。

3. 一九九九年十二月三十一日止，王有真擁有價值 100,000 元的珠寶。在二

---

❷⁹　Ibid., 160–161.

❸⁰　此處所謂庫存現金係指未存入金融機構帳戶，利用實體處所（例如保險箱、倉庫或銀行保管箱等）置放保存，手邊隨時可支配使用的現金。庫存現金的計算係運用淨值分析法及隨後介紹的銀行存款證明法時，在法院證明被告「不明來源資金」的成敗關鍵。因為被告往往會抗辯：司法機關計算出的「不明來源資金」，並未將渠在某年置於某處已有之多少現金計入，而這些現金是長輩贈予、賭博所得云云。所以在計算時，應將計算期間 (Period) 前兩年的「庫存現金」予以計算。

○○○年，他購買價值 500,000 元的珠寶，而在二○○一年，又購入價值 600,000 元的珠寶。

4. 在一九九九年間，王有真以 1,750,000 元購買賓士汽車一輛。截至二○○一 年十二月三十一日他仍擁有那輛汽車。

5. 二○○一年間王有真以現金購買價值 1,825,000 元寶馬汽車一輛。

6. 王有真二○○○年一月一日購置乙棟 15,000,000 元的住宅。他以現金 5,000,000 元給付頭期款，餘額則辦理抵押貸款。

7. 一九九九年十二月三十一日止，王某積欠宗林融資公司 27,500 元，不計息。 在二○○○年或二○○一年間，他並未償還該筆借款。

8. 在二○○○年六月三十日，王有真向宗發銀行無息借款 300,000 元。同年 七月一日起，每月償還 10,000 元。

9. 王有真從二○○○年一月一日起，按月償還房屋貸款本金 50,000 元。他在 二○○○、二○○一年，每年支付十二期。

10. 王有真二○○○年使用信用卡付款 146,000 元，二○○一年為 300,000 元。 前開款項皆在年底清償。

11. 王有真另記錄除前開各項外的個人生活費用支出二○○○年總計為 1,100,000 元，二○○一年則為 1,000,000 元。

12. 二○○○年王有真薪資所得 2,520,000 元，二○○一年則為 2,200,000 元。

表 5.2　淨值分析表[31]

	1999 年	2000 年	2001 年
資產			
庫存現金(1)	100,000	0	0
銀行帳戶餘額(2)	150,000	475,000	522,500
珠寶(3)	100,000	600,000	1,200,000
賓士汽車(4)	1,750,000	1,750,000	1,750,000
寶馬汽車(5)	0	0	1,825,000
不動產(6)	0	15,000,000	15,000,000

[31]　Ibid., 162.

資產總額：	2,100,000	17,825,000	20,297,500
負債			
應付票據——融資公司(7)	27,500	27,500	27,500
銀行貸款(8)	0	240,000	120,000
不動產抵押(6)(9)	0	9,400,000	8,800,000
負債總額：	27,500	9,667,500	8,947,500
淨值（資產－負債）	2,072,500	8,157,500	11,350,000
減：前一年淨值		2,072,500	8,157,500
等於：淨值增加額		6,085,000	3,192,500
加：已知的支出			
信用卡款項(10)		146,000	300,000
其他個人生活費用(11)		1,100,000	1,000,000
等於：淨值增加總額		7,331,000	4,492,500
減：已知來源的資金			
銀行帳戶孳息(2)		25,000	47,500
薪資所得(12)		2,520,000	2,200,000
等於：未知來源的資金		4,786,000	2,245,000

　　從上開淨值分析表發現，王有真雖是薪資超過 2,500,000 元的高所得者，但從表 5.2 看出從二〇〇一年至二〇〇二年王某資產大幅增加，而且在二〇〇〇年斥資 15,000,000 元購入豪宅，一九九九年及二〇〇一年分別購入名牌轎車，二〇〇〇年至二〇〇一年淨值總額皆增加，二〇〇一年的負債總額卻比前一年減少。

　　假設調查人員作成財務資料分析所獲得之資訊係完整及正確，從王有真的淨值分析清楚顯示，他對部分資金來源有所保留。成功的淨值分析關鍵是可資信賴的基準年度或初期淨值之資訊。出發點應包括犯罪嫌疑人或被告在該時點的所有資產及負債。倘資產或負債於較後的時點始被發現，則對整個分析將造成衝擊，必須重新加以計算。在作淨值分析時，關鍵關係存在於一

個年度及下一個年度。例如，在 D 年度低估淨值將導致高估 D+1 年度淨值增加之幅度。反之，在 D 年度高估淨值將導致低估 D+1 年度淨值增加之幅度。所以調查人員在完成淨值分析時還應對於庫存現金 (Determining Cash on Hand)、銀行存款 (Cash in Banks)、財產鑑價 (Asset Valuation)、已知的費用 (Known Expenses)，以及已知的來源 (Known Sources) 的資金詳細予以調查清楚。

法院認定之方法 (Court-Approved) ❷

由於淨值分析係提供間接證據，其證明力需要法院認定，方足以證明犯罪事實。認定淨值分析得作為初步證據 (Prima Facie Evidence) 最有名的案例係美國聯邦最高法院一九五四年在 Holland v. United States, 348 U.S. 121, 75 S. St. 127 一案所作之判決。United States v. Sorrentino, 726 F. 2d. 876, 879, 880 (1st Cir. 1984) 一案中亦就淨值分析有完整的敘述，其重點如下 ❸：

美國政府如能相當合理地確認被告之初期淨值（以資產成本扣除負債計算），再加計被告在相關年度不得抵扣之支出及扣除已知之免稅收入後，顯示被告之淨值在每一相關年度均有增加，而依上述計算之結果大幅度超出被告申報之所得，則美國政府已基於淨值證據方法佐證一個初步案件。如美國政府得以說明被告可能的收入來源或反駁被告所稱之免稅收入來源，則陪審團得推斷被告淨值的顯著增加表示其有未申報之所得；且陪審團亦能就短報之事實及證明被告有意圖誤導或隱匿之行為，推斷其有故意（逃漏稅）。

法院認為調查人員要證明一個初步淨值案件，須具備下列三個要件：

1. 提出一個可資信賴的初期淨值。
2. 基於無罪推論原則調查所有對被告有利證據。
3. 提出一個可能的課稅來源所得，以及顯示淨值增加的證據。

調查過程應如何呈現一個初步淨值的案件？例如，於稅務案件中，調查人員經由財務資料分析可顯示一個可資信賴的初期淨值，於相同的程序中，調查人員得提出可能係免稅來源的淨值增加之相關線索，例如禮物、繼承、

---

❷　Ibid., 165–166.

❸　該案係有關逃漏聯邦所得稅，因此引述之名詞係與稅務有關。

保險理賠等。調查人員也必須證明被告或犯罪嫌疑人可能的課稅來源所得，或反駁嫌疑人提出有關免稅來源所得的抗辯。一個可能的收入來源未必源自涉嫌人正常的收入，淨值增加的來源可能源自利息、股利收入、樂透彩金，當然也有可能係貪污、業務侵占，或是詐欺等犯罪所得。

二、支出證明法 (Expenditures Method)

　　支出證明法 (Expenditures Method) 或稱為超額現金支出法 (Excess Cash Expenditures Method)、資金使用來源比較法 (Source and Application of Funds Method)，這是從淨值法演變而來，是淨值證明法簡單改良型。淨值證明法是為研判測量資產取得的方法，支出法則是假定被告或犯罪嫌疑人資產不變，由他的支出研判其所得，在實際運用上較淨值法更為簡單，此種方法乃是在某一特定期間，犯罪嫌疑人或被告對支出資金 (Expense Item) 超過所得 (Income Item) 當事人無法對於支出資金的來源予以說明或解釋，即可假設研判其有不為人知的所得。如前述，支出法乃是假設嫌疑人在特定期間內資產變動不大，從其支出情形推估其所得，因此當事人期初、期末之資產、負債（淨值）保持不變時，運用支出法估算所得更為適宜，因為有關資產、負債項目均可不列入。另外被告或犯罪嫌疑人若將大部分所得用於支應日常生活，僅有少數淨值時，更是經常使用支出法查核其所得❸❹。

　　支出法計算公式❸❺

支出總額 − 已知來源資金 = 不明來源資金

　　如同淨值法推論研判的結果，任何方法計算出的犯罪所得只有經過法官審理，認定採為證據時方有意義，美國法院以判例法 (Case Law) 規範，對於以支出證明法計算結果作為「有希望立案案件」(Prima Facie Expenditures Case) 的證據，必須有下列要件：❸❻

---

❸❹　Ibid., 166.

❸❺　Ibid., 167.

❸❻　Ibid., 169.

一、確定起始時點 (A Firm Starting Point)

二、確認可能之收入來源 (A Likely Source of Income)

三、基於無罪推論原則，對犯罪嫌疑人有利證據 (Investigate Leads that Tend to Establish the Subject's Innocence) 應予調查。

三、銀行存款證明法 (Bank Deposit Method)

今日為工商發達、金融自由、資訊發達全球化的時代，無論個人或是企業的經濟活動多數需要透過金融體系進行。銀行對於經濟活動尤如心臟對於人體，處於中樞位置，無論何種政治制度的國家，如果缺少銀行業其經濟活動將無法開展。金融犯罪以財富為主要目的，被告或犯罪嫌疑人大多有金融背景，所以斷不會將不法所得置於家中俾掌握及隨時支用，無論其透過何種管道洗錢，銀行必定是不法資金流經的「轉運站」，或是「終點站」。準此，如果能夠掌握犯罪嫌疑人、被告在銀行的存款資料，即可掌握彼等絕大多數可以支用現金，或是所得的總額。

銀行存款證明法係以嫌疑人的淨銀行存款 + 其手上持有現金 + 現金支出＝所有來源總收入。銀行存款證明法通常會與淨值法、支出證明法配合運用，互為輔助，近年來美國 IRS 使用銀行存款證明法稽核詐欺犯的犯罪所得，以及逃漏稅金額愈來愈多；目前銀行存款證明法與淨值法已成為美國運用間接證明所得的主要方法[37]。

銀行存款證明法與淨值法相同之處均係假設其存款額和現金支出均非來自前期儲蓄或免稅收入；與淨值法不同者，銀行存款證明法在求出一總數而非淨額數，亦即是當事人已知收入來源與不明收入來源的差額。

---

[37] Ibid., 170–172.

銀行存款證明法公式 [38]

$$\begin{array}{l}
\quad \text{所有帳戶之存款總額} \\
-\ \text{轉帳及轉存} \\
\hline
=\ \text{所有帳戶之存款淨額} \\
+\ \text{增加庫存現金} \\
+\ \text{現金支出} \\
\hline
=\ \text{所有來源之收入總額} \\
-\ \text{已知來源資金} \\
\hline
=\ \text{不明來源資金}
\end{array}$$

銀行存款證明法公式各項 (Each Component) 說明如下：

㈠所有帳戶之存款總額 (Total Deposit to All Accounts)

銀行存款證明法考慮的範圍是所有金融機構的存款，包括銀行、信用合作社、農漁會信用部，以及郵局等。所謂「存款總額」是以實際存入帳戶之資金，例如存款條雖載明存入數張支票，但這些支票有部分金額係由當事人提領現金、部分金額存入帳戶，在這裡應僅以存款淨額計算存款總額。

㈡轉帳及轉存 (Transfers and Redeposits)

犯罪嫌疑人或被告銀行帳戶資金之轉帳，例如自支存帳戶提領並存入儲蓄帳戶，以及資金之提領然後轉存（如支票存款不足），應被列入銀行存款之公式中。這些代表分析目的下之重複項目，且應於計算所有帳戶存款淨額時自存款總額中予以扣除。

㈢增加庫存現金 (Cash on Hand Increase)

應包括於年度結束時增加之庫存現金。

㈣現金支出 (Cash Expenditures)

包括被告或犯罪嫌疑人於相關期間之總資金流出扣除銀行支出淨額，現金支出依下列公式計算之。

---

[38]　Ibid., 170.

現金支出計算公式 ❸

資金流出總額
――――――――
– 銀行支出淨額
――――――――
= 現金支出

　　被告或犯罪嫌疑人於分析期間之資金流出總額包括以現鈔或支票所為之所有支出。在分析過程，無需認定那一部分係以現鈔支付，或那一部分係以支票支付。資金流出總額可能包括購買資本資產或投資、償還貸款，已知之支出等。

・銀行支出淨額 (Net Bank Disbursements)

　　銀行支出淨額係現金支出公式的要件之一，此要件需以下列公式另行計算。

銀行支出淨額計算公式 ❹

全部帳戶之存款淨額
――――――――――
+ 期初餘額
――――――――――
= 可供使用之銀行資金淨額
――――――――――
– 期末餘額
――――――――――
= 銀行支出淨額 ❹

㈤已知來源資金 (Known Sources Fund)

　　已知來源資金包括但不限於薪資、營業收入、禮物所得、貸款所得及繼承。總收入扣除已知來源資金即得出不明來源所得。

銀行存款證明法狀況推演

　　繼續使用淨值法狀況推演的情境，分析王有真二○○○、二○○一年的財務資料，計算王有真的不明來源資金，發現二○○○年為 4,786,000 元，二○○一年則為 2,245,000 元，與淨值證明法分析結果一致。

---

❸　Ibid., 171.

❹　Ibid., 171.

❹　銀行支出淨額係指嫌疑人可以使用該銀行支票支付之最大金額。

表 5.3　銀行存款證明法分析表 ❷

	2000 年		2001 年		
存款總額⑵		2,216,000		1,958,500	
減：轉存金額⑵		66,000		10,000	
等於：淨存款		2,150,000		1,948,500	
流出資金					
購買珠寶⑶	500,000		600,000		
購屋頭期款⑹	5,000,000		0		
購車⑸	0		1,825,000		
每月償還房貸本金⑼	600,000		600,000		
支付信用卡⑽	146,000		300,000		
償還貸款⑻	60,000		120,000		
個人其他生活支出⑾	1,100,000		1,000,000		
總流出資金	7,346,000		4,445,000		
減：銀行支出淨額	1,825,000		1,901,000		銀行支出淨額 = 淨存款 + 前年餘額 - 存款餘額
等於：現金支出	5,521,000		2,544,000		
加：現金支出		5,521,000		2,544,000	
等於：總收入		7,671,000		4,4925,00	總收入 = 現金支出 + 淨存款
減：已知來源現金					
庫存現金⑴	100,000		0		
銀行帳戶孳息⑵	25,000		475,000		
貸款⑻	300,000		0		
薪資⑿	2,520,000		2,200,000		
已知來源資金總額	2,945,000		2,247,500		
減：已知來源資金		2,945,000		2,247,500	

❷　Ibid., 173.

等於：不明來源資金	4,786,000		2,245,000	不明來源資金 ＝ 總收入 － 已知 來源資金

　　雖然犯罪嫌疑人或被告如何處置其收入可能導致運用不同的舉證方法時產生差異，但從王有真案例來看，間接證明方法得出結果是相同的。目前在美國並無成文法 (Statutory) 准許以銀行存款證明法計算犯罪所得作為證據，但已有案例法 (Case Law) 接受此種計算方式 **❹**。若使用銀行存款證明法計算不明來源所得，司法警察機關在證據資料上必須先達表面可信 (Prima Facie) 程度，才可為法院接受，所以調查人員需對下列情事盡調查能事 **❹**：

㈠被告或犯罪嫌疑人曾從事獲利豐厚之事業或職業。

㈡被告或犯罪嫌疑人以自己之名義定期將資金存入其控制之帳戶。

㈢調查員已對存款進行徹底之分析並排除資金源自免稅 (Non-taxable Sources) **❹** 之可能性。

㈣來源不明之存款外觀上顯屬收入。

　　淨值證明法通常運用於當被告或犯罪嫌疑人的某些資產或負債於調查期間內發生變動。支出證明法係運用於資金之支出主要係為購買消費品，在被告或犯罪嫌疑人未取得資產或將資金存入金融機構。如果大部分之收入被存入銀行帳戶且有下列情事時，則建議考慮運用銀行存款證明法作為主要的舉證方法。無論前開任何一種方法，必需有下列情形之一者 **❹**：

㈠被告或犯罪嫌疑人未設置帳冊及記錄。

㈡無法取得被告或犯罪嫌疑人之帳冊及記錄。

---

❹ U.S. v. Gleckman (80F 2d394 (CA-8), 35–2 USTC 9645).

❹ Ibid., 174.

❹ 銀行存款證明法之案例中，嫌犯抗辯理由係以存款本身代表免稅來源，例如他人資金 (Other People's Money)、累計結餘 (Prior Accumulated Funds)、轉存現金提款 (Redeposits of Cash Withdrawals) 或帳戶間之轉帳 (Transfers of Funds between Accounts)。此種抗辯理由得以經由詳盡分析帳戶內存提活動予以反駁。

❹ Ibid., 174–175.

㈢被告或犯罪嫌疑人之帳冊及記錄不完整。

㈣被告或犯罪嫌疑人拒絕提供帳冊及記錄。

㈤被告或犯罪嫌疑人之帳冊及記錄看似完整實則不然。

貪污治罪條例在二○○九年四月新增第六條之一「財產來源不明罪」，「有犯第四條至前條之被告，檢察官於偵查中，發現公務員本人及其配偶、未成年子女自涉嫌犯罪時及其後三年內任一年間所增加之財產總額超過其最近一年度合併申報之綜合所得總額時，得命本人就來源可疑之財產提出說明，無正當理由未為說明、無法提出合理說明或說明不實者，處三年以下有期徒刑、拘役或科或併科不明來源財產額度以下之罰金。」記憶所及施行三年來，沒有一件起訴案，著者認為，原因之一在於，「財產來源不明」以公務員發生貪污為前提，既然已觸犯貪污治罪條例，檢察官無論在偵查方向，或是法律適用當然以貪污治罪條例第四條至第六條為主，幾乎不可能援引「財產來源不明罪」。其次，公務員對於不明來源的財產有無說明的義務❼。公務員服務法第五條：「公務員應誠實清廉，謹慎勤勉，不得有驕恣貪惰，奢侈放蕩，及冶遊賭博，吸食菸毒等，足以損失名譽之行為。」如果透過法律規範，由指定機關以前開「間接證明法」對特定的公務員財產予以計算，發現彼等除了薪水以外，有其他大筆與生活不相當的收入，這些公務員就有義務加以說明，因為公務員與國家本為特別權利義務關係，國家既對公務員有任用、銓敘、退休及撫卹等特別保障，公務員權利自當有所限制，所以公務人員的隱私權保障標準不應與一般民眾相同。

貪污治罪條例第六條之一「財產來源不明罪」，原本是要朝香港式的公務員財產來源不明罪的方向立法，但立法過程中出現究竟有無違背刑法「無罪推定原則」、「被告不證己罪原則」，以及「刑法謙抑原則」等不同聲音，妥協結果是雖完成立法，卻是窒礙難行。

馬總統在二○一一年二月即已宣布，「財產來源不明罪」應儘快修法。著者認為，我國對於貪污及金融犯罪被告的刑事責任已經不能說不重，馬總統

---

❼　範圍為全體公務員或限縮在依公職人員財產申報法必須定期申報財產者，可以再予討論。

就任三十五個月以來更是「每月起訴 123 貪官」 ❸，難道起訴貪官多就代表政府清廉，還是應讓有心想貪的官根本沒機會？前述透過法律規範，交由指定機關對於特定公務員的資金、財產予以計算，發現其有不明來源資金，無正當理由未為說明、無法提出合理說明或說明不實者，參酌公職人員財產申報法的精神，以先行政後刑事的方式處罰，而且配套訂定公務員的特別管理條例，對於曾受前開行政處罰者，不得出任一定層級或具特殊權力的職務。預防重於偵辦，相信如此才能加速達到倡廉目的。

肆、查核方式

一、實地查核

司法警察（官）、金融監理人員前往金融機構進行查核，優點在於可以掌握實際狀況，缺點為資金是移動的，可能遇到前述人員在前往 A 銀行查核後，發現部分資金，或是其他事證與 B 銀行有關，需要較多人力投入。

二、函請提供資料

司法（警察）機關、金融監理機關發函請金融機構，或是如中央銀行、證券交易所、聯合徵信中心、財金資訊公司等提供相關資料再進行研判。優點是節省人力，缺點則為公文往返耗費時間。

三、查核處所

㈠金融機構。
㈡金融聯合徵信中心。
㈢財金資訊股份有限公司。
㈣臺灣證券交易所。
㈤證券櫃檯買賣中心。
㈥期貨交易所。

---

❸　張國仁，〈馬總統倡廉每月起訴 123 貪官〉，《工商時報》2011/5/19, A16。

(七)票據交換所。

(八)上市（櫃）公司。

伍、查核標的

　　凡走過必留痕跡，無論透過任何類型金融機構交易，通常一定會留下跡證，在進行資金清查時必須先瞭解銀行交易方式及跡證可能留存的處所。

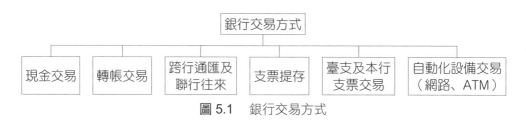

圖 5.1　銀行交易方式

圖 5.2　跡證可能留存處所

陸、資金查核面臨的問題

一、跨國資金查核

　　跨國資金查核是資金清查最棘手的問題之一。金融自由化帶來商業交易的便利，也提供犯罪集團洗錢的空間，任何犯罪所得「停靠」於單一地區（國家）機率微乎其微，金融犯罪更是如此。當資金流向國外的銀行時，目前所

能運用的管道似乎只有國際司法互助，或透過法務部調查局洗錢防制處請艾格盟聯盟 (Egmont Group) 協助，或許運氣好一點，資金流向國家與我國簽有防制洗錢合作備忘錄，可以請求協助。

真正棘手問題反在於資金流向本國銀行在香港或其他國家（地區）分行，當司法（警察）機關，或是金管會向位於該銀行總行調閱資料時，金融機構通常以「受限當地國客戶資料保密法之法律規定，礙難提供」回覆，在盧伯賢案、紅火案、金鼎證券併購案，以及陳水扁貪瀆洗錢案都曾面臨。

二、銀行傳票調閱

傳票是記錄金融機構每日所有交易的會計原始憑證，偵辦金融犯罪過程中，調閱及影印相關傳票是絕對必要的，目前司法（警察）機關，或是金管會可依據相關法律向金融機構調閱，因調查案件所需傳票，惟金融機構因空間因素，不可能將傳票長期置放於辦公處所，通常遇前述機關調閱時皆需派員自特定存放處所取回。

雖然金融機構應負擔打擊犯罪的社會責任，但畢竟有營運成本考量，前開機關在依職權調閱傳票時自應考慮金融機構立場，不是以「流刺網」的方式大海撈針，動輒要求金融機構提供一年，甚至數年的交易資料。

▶第三節 鑑識會計

在臺灣，將 Forensic Accounting 翻譯成「鑑識會計」，在中國大陸則稱為「司法會計學」、「法務會計學」或「法庭會計」；但依商業會計法第二條第二項規定，本法所稱商業會計事務之處理，係指商業從事會計事項之辨認、衡量、記載、分類、匯總，及據以編製財務報表，所以目的是在讓財務報表產生；顯然與「鑑識會計」真正的功用、目的未盡相等。

鑑識會計 (Forensic Accounting) 是由美國學者 Messior 所提出，嚴格說應稱之為鑑識審計 (Forensic Auditing)，猶如會計界的偵探或糾察隊，會計不再扮演被動簽證財報的角色，而是以絕對超然獨立的態度及專業判斷，接受政

府的委託從公司企業的財報數字中搜集證據和情報,同時執行評估公司政策、組織、紀錄與績效。尤其從 Forensic 一詞中譯為「法庭上的」、或「辯論的」等義，顧名思義，所謂鑑識會計人員在訴訟案件進行時，即等同如民事訴訟或刑事訴訟所規定的鑑定證人，其鑑定意見具有高度證據力，為法定證據之一種，可協助檢察官偵查或律師辯護，更有助於法官作出公正、客觀的裁判。

壹、發展背景

美國於一九四六年即有「鑑識會計」一詞，美國 IRS 和 FBI 都設有鑑識會計部門。但自安隆 (Enron Inc.) 案爆發後，歐美等跨國企業對公司治理需求大增，聘僱鑑識會計人員對自家財報進行審查，調查可能的詐欺並預先提出警訊，以減低財務風險，完善公司治理，並提升對自家財務報表之真實性，鑑識會計才為人所熟知。

在審計查核工作上，一般僅有「財務審計」、「遵行審計」及「作業審計」等三種。一般外部查核人員即會計師不論是規劃或執行查核工作，皆是被動接受企業經營管理階層的委任，由管理階層先編製妥報表交由會計師審核，而會計師亦只能被動接受報表，從中搜集訊息及證據，並加以觀察和分析，最後憑藉自己的專業判斷在查核報告上表示意見（譬如無保留意見、保留意見、否定意見、或無法表示意見等）。

我國目前為強化主管機關檢查之績效，賦予主管機關得隨時指定具備專業技術、知識及經驗之專業人員，更深入檢查財務、業務狀況及有關書表、帳冊，以保障投資安全。遂於證券交易法第三十八條之一規定增定類似於美國鑑識會計制度的規定：「主管機關認為必要時，得隨時指定會計師、律師、工程師或其他專門頭班或技術人員，檢查發行人、證券承銷商或其他關係人之財務、業務狀況及有關書表、帳冊，並向主管機關提出報告或表示意見，其費用由被檢查人負擔。」至於對投資大陸臺商之管理，則計畫擬定簽署國際機構的查證聲明，以查核在大陸投資的臺灣企業。惟會計專家對此認為，律師和會計師本身依法並無調查權，倘會計師執行鑑識會計的工作「被廠商拒絕時」，並無相對罰則或效果加以規範；同時，鑑識會計制度在國內仍屬於學

術理論，實務執行上定仍會產生爭議。

貳、特質與技能

　　鑑識會計主要任務在於分析、解釋、彙整和提出複雜但可理解並適當地支援財務和其相關事務問題之報告。宛如經濟警察，以高超的技術和專業知識，從財報數字中搜集證據與情報，非被動接受財報簽證。同時必須通曉相關法律概念和訴訟程式，更重要是必須能辨認交易事項實質內容。一般會計師僅就財務報告表示意見，通常只能看到公司提供交易結果的最後結論，但如資產鑑價或有其他財務問題（如上市公司有假銷貨、假應收帳款等），其查核就需要鑑識會計協助，因此其與傳統會計師及鑑識會計人員差異 ❹：

一、當鑑識會計人員辦理工作時，較不易於接受解釋和檔案表面之價值。

二、較深入事實和問題。

三、熟悉查核對象如何濫用和誤用控制程式，以及各種各樣欺騙方法迴避內部控制。

四、發揮有效搜集事實和證據，並且構成相關證明及支援其合理與合法性。

五、嫻熟訪查技巧，能夠從關係人、證人，或是相關主題得到有用訊息。

六、能夠精確解釋事實和證據。

七、敏銳的理解力和第六感，可以間接地證實、支援或反駁交易的事實和證據。

　　鑑識會計被期待是會計及財務專家。當公司繼續增長且變得更複雜，對要求揭露欺騙更為殷切，所以鑑識會計必需更熟練專業技能，以及更寬廣領域的能力持續增長。以下是鑑識會計人員必須具備之能力 ❺：

一、完整的財務會計知識及能力，能批評、分析財務報告。這些技能有助於揭露非常規交易及其來龍去脈。

二、瞭解虛偽詐欺 (Fraud) 的構成要件，不但要找虛假交易，更要對該交易是

---

❹　施顯超，〈鑑識會計〉，《財務規則研究彙編》，頁 130，行政院經濟建設委員會財務處，2008 年。

❺　前揭書，頁 131。

否已構成犯罪，包括貪污、業務侵占、洗錢等。

三、熟悉公司內部控制系統及設定風險評估能力，以達到管理目標。

四、具良好訊息專業能力，有助其在電子商務時代進行調查。

五、心理學的知識，瞭解犯罪行為、詐欺動機及預防措施。

六、豐富的法律知識（包括對審級制度及刑（民）事訴訟程式有一定程度瞭解）。

七、良好的人際關係及溝通技巧。

參、適用範圍

一旦鑑識會計介入調查，可能跨越不同領域。鑑識會計人員可以為案件進行詳細分析、揭露，使相關的問題清楚顯現，清楚將問題輪廓勾勒出來。下列領域經常被要求選派鑑識會計介入：

一、犯罪調查

協助司法警察機關，或是檢察官發現幕後黑手。

二、股東間爭執

特別是對於涉及經年老帳、詳細會計紀錄的爭執。例如經常出現一個共同的問題獲利分發或虧損分擔如何讓每位爭執的股東或合夥人接受。

三、保險求償

鑑識會計經常被請求針對汽車事故評定經濟損失，所以必須熟稔交通安全相關法規，也有可能對於醫療理賠案件，介入於被保險人經濟損失計算，以及財產保險，例如火災險損失的計算。

四、員工虛偽詐欺調查

受僱於企業所有人，對於忠誠度、誠信度有疑慮員工雇員，進行調查，包括資金流向追蹤及相關文獻詳細檢視。

五、企業經濟損失

企業經濟損失包括合約爭執、土地徵收、產品責任請求權、商標及專利侵權協議。

六、斡旋及仲裁

由於鑑識會計人員能夠掌握財務真實狀況，又瞭解熟悉法律及相關程式，如果介入協調爭端，可以事半功倍。爭端解決包括斡旋及仲裁，幫助個體及企業在最小成本與最少時間內解決爭端。

肆、查核流程

美國著名神學家 Tryon Edwards 曾經說過「正確是誠實的孿生兄弟，錯誤則是虛偽造假的近親」**❺❶**。鑑識會計不僅協助調查犯罪，對於企業內部舞弊 (Fraud) 更可發揮查核及風險控制的功能。鑑識會計協助犯罪調查不是侷限於白領犯罪 (White-Collar Crime)，在加拿大甚至被運用於兇殺案件調查，協助鑑識會計人員釐清：

一、分析兇手有無財務動機。

二、從被害者財務資料分析，有無涉及其他財務不法案件。

三、調查有無任何資金流向兇手，是否為買兇殺人案件。

鑑識會計任務四部曲**❺❷**：

一、問題確認及計畫檢視 (Problem Recognition & Review Planning)

鑑識會計人員透過溝通，確認已存在或潛在問題，其途徑可能透過內部稽核、外部控制機制，或是「告密者」(Tip)。鑑識會計人員應對包括檢舉的電子郵件、或是郵寄關於舞弊任何資料皆進行查證。當啟動對舞弊調查時，

---

❺❶ Accuracy is the twin brother of honesty; inaccuracy is a near kin to falsehood.

❺❷ THORNHILL, WILLIAM T., *FORENSIC ACCOUNTING: HOW TO INVESTIGATE FINANCIAL FRAUD*. ILLINOIS: IRWIN, 32–49 (1995).

調查人員需瞭解「所有調查可能會有不同故事，但最後以訴訟作為終局卻是共同的」，面對案子愈複雜愈需遵循前開原則。經由下列四個路徑執行前述原則：

㈠現有資料分析 (Analyzing Available Data)

㈡假設 (Creating a Hypothesis)

㈢預試 (Testing the Hypothesis)

㈣修正假設 (Refining and Amending the Hypothesis)

二、證據搜集 (Evidence Collection)

在此步驟，鑑識會計人員首先必須確認已搜集證據，是否具有可信度，或是有誤導之嫌；如有誤導之嫌，應重新計畫評估如何搜集新證據，如具可信度，應啟動對舞弊案件的全面調查。對於調查對象的蒐證應注意合法 (Act)、隱密 (Concealment)，以及可轉換性 (Conversion)。

三、證據評估 (Evidence Evaluation)

這是對舞弊調查最重要的步驟，因為透過對證據評估，以確認蒐集資料，是否足夠成為調查報告中的證據資料，或者足以佐證結論。雖然這個步驟並非最後結論，但卻需為最後結論準備，鑑識會計人員應評估是否應再對何種資料強化，或是進行訪談，俾調查結論更具證明力。

四、調查報告 (Report Findings)

通常鑑識會計人員在舞弊調查中，對於計畫資料蒐集、評估，以及相關資料管理都足以勝任，但是鑑識人員或基於自我保護心理，或受限於將數字資料轉換成文字，視製作調查報告為畏途，但是一個優秀的鑑識會計人員必須能將數字資料以清晰、簡潔、易讀的文字呈現，讓閱讀調查報告的人能夠瞭解掌握整個事件，或是調查對象行為。

五、執行步驟

每個鑑識會計查核案件都不盡相同，但執行步驟卻是大致相似，略述如下：

㈠與委託者見面討論

與委託者見面討論是有效掌握查核目標、事實、參與人員及問題的主要手段。

㈡執行衝突（爭議）查核

衝突檢查有利雙方關係之建立。

㈢進行初步調查

在詳細行動計畫發展之前，經常需要執行一次有效之初步調查。這將使隨後計畫能針對問題，提供更加完全的理解。

㈣規劃調查行動

計畫需考慮到與委託者初次見面及執行初步調查獲取的訊息，將達成目標之方法及步驟詳細規劃。

㈤獲得相關的證據

根據案件性質，開始蒐集相關資料，包括財務報告、金融交易資料、個人財產資料，以及其他足資證明資料。

㈥分析，分析內容應包括

1. 財產損害計算。
2. 交易數量結算。
3. 執行財產辨別。
4. 運用適當的折扣率執行現值演算。
5. 執行回歸或敏感度分析。
6. 電腦系統的運用，例如資料庫或電腦模型等。
7. 配合圖表解釋分析。

㈦調查報告彙整

關於案件調查性質、範圍、運用之方法、限制及研究結果等，另外相關

日程表、圖表，是解釋研究結果所不可或缺的。

▶第四節　訊問面談

　　訊問或面談 (Interview) 是一種透過面對面的口語交談，以完成特定目的的調查方式，它不僅是一種技巧，也是一種藝術。犯罪調查時稱為「訊問」；在行政權行使時稱為「面談」或「談話」。「訊問」是發現犯罪事實必要方法之一，訊問者在事先對案情瞭解後，透過「訊問」確認證人、犯罪嫌疑人，以及被告的陳述是否屬實。基於監理業務需要，金融監督管理委員會各業務局會請金融機構經理人前往進行說明，這種「面談」或「談話」有助對疑點釐清，金融監理官當然希望業者在談話過程誠實以對。為提升營運價值，強化公司治理、風險管理與內部控制，金融機構及上市（櫃）公司皆設有稽核機制。內部稽核人員為達到增加價值及改善機構之營運，協助機構透過系統化及紀律化之方法，評估及改善風險管理、控制及治理過程之效果，必要時得與公司員工進行「面談」或「談話」，以發現問題，瞭解癥結，進而共同尋求解決方案。

壹、訊問意義及目的

　　就司法機關來看，訊問工作即是一般所稱的「偵訊工作」，臺灣刑事訴訟法第九章「被告之訊問」中，對於偵查審判程序有關被告的訊問，有一般作法上的規定，司法警察官或司法警察人員在訊問犯罪嫌疑人時，亦準用之[53]。刑事訴訟法對於刑事程序中取得與犯罪情形有關之當事人供述的方式，依實施之主體及客體的不同，有「詢問」與「訊問」兩種用語。例如刑事訴訟法第四十三條之一第一項：「第四十一條、第四十二條之規定，於檢察事務官、司法警察官、司法警察行詢問、搜索、扣押時，準用之。」[54]刑事訴訟法第二

---

[53] 刑事訴訟法第 100 條之 2。

[54] 刑事訴訟法第 71 條之 1、第 100 條之 2、第 100 條之 3，以及第 158 條之 2，對於檢察事務官、司法警察機關執行職務使用「訊問」。

十條、第四十一條、第四十四條，以及第四十四條之一、第九十一條、第九十三條等規定，檢察官或法院對於被告、證人或鑑定人等採取的問話作為，稱為訊問。

惟刑事訴訟法第二百四十五條第二項：「被告或犯罪嫌疑人之辯護人，得於檢察官、檢察事務官、司法警察官或司法警察訊問該被告或犯罪嫌疑人時在場，並得陳述意見。但有事實足認其在場有妨害國家機密或有湮滅、偽造、變造證據或勾串共犯或證人或妨害他人名譽之虞，或其行為不當足以影響偵查秩序者，得限制或禁止之。」

訊問面談運用於金融調查與司法警察「偵訊」有很大差異，金融調查不止需要傾聽證人所說，更需觀察瞭解證人所行，特別是在金融監理官邀請業界前往就金融檢查結果，或是特定業務進行說明時。

金融調查的訊問目的，簡單說就是：發現真實情況。係為了調查犯罪事實與蒐集犯罪證據，訊問工作人員循合法的程序，讓犯罪嫌疑人將其所經歷或知悉的犯罪行為據實陳述，並將其陳述內容製作成筆錄形成證據，或依據其陳述的事實中發掘更多的犯罪資料，再進行蒐集證據，擴大偵查效果，並將所能偵得的真實事證，供司法機關依法作公平適當之處理。調查單位儘其所能的將偵查與訊問的結果，就事實部分，提供檢察機關起訴與法院審理之參考，其本身雖然並不負責案件的起訴與審理，但調查愈接近事實，證據愈確鑿，當然更能提高偵查品質，提升司法公信力與單位形象。

訊問面談在金融調查中是一種用於從證人、犯罪嫌疑人，或被告取得與案件相關資料、文書，以及其他可以證明犯罪事實的工具。訊問通常用於反方證人、犯罪嫌疑人，或被告，透過訊問取得他們的陳述，或是自白，以證明犯罪事實。面談或談話通常比較常用於關係人，或是女性證人，在司法警察機關或稱為「訪談」，訪談者通常利用這個程序，希望從被訪談者口中，釐清特定問題的疑點。

每一次訊問面談都不會相同 (Unique)，也不可能是突發奇想，或是偶然創見的，訊問談話者必須事前有完善周全準備，確定訊問談話標的。

檢察官、檢察事務官，或是司法警察機關在案件開始時可能因證據不足，

或其他原因，原以證人或關係人身分進行傳喚，但進行訊問後發現涉嫌犯罪，當場告知改以被告身分訊問時必須先依刑事訴訟法第九十五條規定，告知下列事項：一、犯罪嫌疑及所犯所有罪名。二、得保持緘默，無須違背自己之意思而為陳述。三、得選任辯護人。四、得請求調查有利之證據。

一、基本觀念

㈠保障人權

基於無罪推斷原則，對已有事證，給予犯罪嫌疑人澄清說明機會，如有辯明，應就其有利陳述之部分，命其指出證明之方法。

㈡程序正義

傳票或約談通知書送達、告知罪名、辯護人到場，以及不正方法訊問的禁止等，皆應符合法律規定及程序正義。

㈢忠實紀錄

不合法的訊問，迫使受訊問者作不自由的陳述，將難以發現真實。故無論訊問者使用強暴、脅迫加諸受訊問者的身體，抑或以脅迫、利誘、詐欺、疲勞訊問手段影響受訊問者，皆屬不合法的訊問，應絕對禁止使用。

㈣取得偵查資料或證據

從訊問犯罪嫌疑人中，不僅可以發現犯罪事實真相，進而蒐集直接或間接證據，以辨別犯罪事實之有無。另有關犯罪嫌疑人之犯罪構成要件、加重要件、量刑標準或減免原因等有關之事實，均應於訊問時，深切予以注意，訊問明確。倘犯罪嫌疑人提出有利之事實，更應就其證明方法及調查途徑，逐層追求，不可漠然置之。即使其自白犯罪，仍應調查其他必要之證據，詳細推敲是否與事實相符。

㈤發掘新線索（事證）

在訊問過程中，除了訊問犯罪嫌疑人本身犯罪事實外，更應調查相關事證，以求擴大偵破的效果。

二、訊問面談使用者

㈠司法警察（官）

警察機關及法務部調查局人員、海巡署人員、移民署人員於依法令就特定事項執行司法警察機關職權時❺。

㈡關務人員

海關緝私條例第十二條規定，海關因緝私必要，得訊問嫌疑人、證人及其他關係人。前項訊問，應作成筆錄，其記載事項，準用刑事訴訟法第三十九條至第四十一條之規定。

㈢稅務人員

稅捐稽徵法第三十條第一項：「稅捐稽徵機關或財政部賦稅署指定之調查人員，為調查課稅資料，得向有關機關、團體或個人進行調查，要求提示有關文件，或通知納稅義務人，到達其辦公處所備詢，被調查者不得拒絕。」

㈣金融監理官

金融監督管理委員會組織法第五條：「本會及所屬機關辦理金融檢查，於必要時，得要求金融機構及其關係人與公開發行公司提示有關帳簿、文件及電子資料檔等資料，或通知被檢查者到達指定辦公處所備詢。」

㈤上市（櫃）公司稽核人員

內部稽核目的在於增加組織效率，提升營運績效品質，內部稽核的工作重點包括財務狀況的正確性及員工忠誠度的查核，所以詐欺舞弊及相關不法的調查自為稽核人員的責任。

金管會辦理約詢現況

行政院金融監督管理委員會組織法第五條第一項：「本會及所屬機關辦理金融檢查，於必要時，得要求金融機構及其關係人與公開發行公司

---

❺　刑事訴訟法第 229 條、第 230 條、第 231 條。

提示有關帳簿、文件及電子資料檔等資料，或通知被檢查者到達指定辦公處所備詢。」

　　另同條第四項：「本會及所屬機關對涉有金融犯罪嫌疑之案件，得敘明事由，報請檢察官許可，向該管法院聲請核發搜索票後，會同司法警察，進入疑為藏置帳簿、文件、電子資料檔等資料或證物之處所，實施搜索；搜索時非上述人員不得參與。經搜索獲得有關資料或證物，統由參加搜索人員，會同攜回本會及所屬機關，依法處理。」

　　前揭對於訊問、搜索規定可以看出係參考稅捐稽徵法第三十條（調查）、第三十一條（搜索）的規定，對於防制金融犯罪賦予金融監理官訊問、搜索的權利，原本立意良善，但因立法過程非常匆促，除存有組織法、作用法同在一部法律中的問題，另未對執行訪談、搜索應準用刑事訴訟法相關規定予以規範。

　　雖然該會於二○○四年七月第四次委員會通過《行政院金融監督管理委員會及所屬機關執行行政院金融監督管理委員會組織法第五條規定應行注意事項》，對搜索聲請、訊問通知、輔佐人在場，以及訊問程序等予以規定，惟前開作為係對於人民一種強制處分，自應在法律中明白規定，準用刑事訴訟法相關規定❺❻。

貳、訊問工作的流程

一、準　備

　　訊問工作是案件發生後，就偵查所得，認有足夠的事證，針對特定涉嫌對象進行面對面的接觸。以對象的供述與原查證不利對象事證相印證，並給

---

❺❻　金管會成立迄今，從未主動針對個案向法院提出搜索聲請，辦理約詢似乎也只有在 2005–2007 年間執行過幾次；未再執行原因之一，因主事者認為金管會約詢紀錄屬傳聞證據，無證據能力，應回歸檢調機關約詢。

予涉嫌對象對其有利的部分提出說明的機會，及查明原本不確定或不清楚的部分。未經調查，不得直接進行訊問，亦不可以訊問代替查證，在沒有相當事證前，不宜進行訊問。訊問的結果所發現的真實情形，將作為案件移送基礎，影響當事人工作、名譽，乃至家庭甚鉅。

訊問工作是一種「鬥智」工作，訊問人員本身必須具備相關專業素養能力外，事前更應有周詳的計畫，作好完善的準備，方能事半功倍。

㈠瞭解案情，掌握方向

由於案件性質、牽涉人數、犯罪嫌疑人個人情況、案情複雜的程度等不同，案情的發展亦不同，在訊問前應先期決定訊問的方向。

㈡選擇訊問人員

絕對不是每一個人都能成為合格的訊問人員，而且每個個案要求的專業背景也不相同。所以在選擇訊問人員時必須考量案情，亦即案件性質；另外應注意體力強健、工作態度、反應敏捷、口才流利，以及能發揮團隊合作者為佳。切忌訊問絕對不需要個人英雄。

㈢先行瞭解受訊者背景

對於受訊者性別、年齡、籍貫、職業、學經歷、性格、信仰、興趣、嗜好、家庭狀況、交往關係、情緒態度應先行瞭解。

㈣詳閱卷證資料

研閱案卷是決定訊問成敗之關鍵，所以研閱案卷前，先檢查案卷是否完整，有無前案資料可供參考。其次，研閱案卷時要做摘記，但這些資料應在進入訊問室前消化，儘量避免將摘記攜入訊問室，一邊訊問一邊翻閱。

摘記內容如下：

1. 原始涉嫌資料及查證情形。
2. 構成犯罪要件之涉嫌事實、證據。
3. 犯罪嫌疑人之基本資料、背景資料及交往關係。
4. 本案涉及之關係人及其資料。本案待查證事項。
5. 有利於對象之資料與事證。

㈤擬訂執行計畫

　　案件執行前承辦人應先擬妥執行計畫，包括執行時間、執行地點，執行到案方式及任務編組等，就受訊問者的身體、健康、家庭狀況，預估可能的狀況，研擬因應措施，避免發生困擾與意外事件；另外有無需要進行測謊，以及受訊問者有無可能脫逃皆宜在執行計畫中考量。

㈥進行沙盤推演

　　集中大家的智慧，經充分討論，研擬計畫，使每個人都知道自己的任務與作法，以統一步調。針對案情特性、發展方向，擬訂訊問重點。訊問重點以 "Q & A" 方式設計，事先模擬當事人可能提出辯解陳述，並就現有事證、文書資料，或是證人證言整理出繼續回應的問題。

　　受訊問者若是有健康狀況不佳者，如遇突發狀況，如何因應；基於無罪推斷及偵查不公開原則，無論是在司法警察機關，或是金融監理機關訊問，皆應考量如何避免當事人在非自願情況下的曝光，所以進出動線可以在沙盤推演時予以考量。

二、環　境

　　訊問面談是一項專業的工作，不止對案情必須全盤瞭解，更需掌握受訊問者的身心狀況，所以場地安全為首要，不能讓受訊問者發生暴行、自傷，或是脫逃等行為。其次必須隱蔽，施行訊問的場所應不受外界之干擾，不可使外人窺察或聽見內部訊問的情形，俾利於保密與保護受訊問者。內部陳設應簡單，不該有的東西，絕不設置，室內擺設齊一化，訊問室要光線充足，保持整潔，擺設簡單。氣氛應嚴肅，保持寧靜莊重，讓受訊問者不得不尊重訊問人員，嚴肅的面對問題。換句話，光線、顏色、噪音、以及房間內的傢俱，都會對受訊問者造成影響。所以學者徐國楨對訊問室布置提出下列建議❺❼：

㈠建構隱密氣氛：避免設置在一般辦公室，必須有獨立空間。

㈡去除門鎖和障礙：不要有反鎖裝置，訊問室內傢俱擺設簡單。

㈢消除干擾分心因素：顏色必須使用素色，不要有任何圖片或裝飾，當然

❺❼　徐國楨，《揭開偵訊的神秘面紗》，頁 124–125，五南，2008 年第一版。

更不可以接聽電話。

㈣照度適當：以不會造成目眩的白色燈光為佳，光源置於頭部上方。

㈤降低噪音：訊問室內切忌裝置電話，空調噪音降至最低，以免分心。

㈥座位安排：訊問者與受訊者位置應直接面對面，距離四至五英尺，使用直背椅，兩者高度應一致。

三、記　錄

訊問的目的或在為已經取得資料，釐清疑點，尋求答案，或作為取得新資料的重要線索。在受訊者是犯罪嫌疑人或被告情況下，訊問的結果可能成為當事人是否有罪重要關鍵。刑事訴訟法第一百五十九條第一項規定，被告以外之人於審判外之言詞或書面陳述，除法律有規定者外，不得作為證據。是為傳聞法則的基本規定，所以訊問者應正確 (Accuracy) 而且完整 (Completeness) 的記錄訊問內容，方能在法庭上通過詰問的考驗。

上開「法律有規定者外」，係指刑訴法第一百五十九條之一至一百五十九條之五及第二百零六條的規定，傳聞證據的適用。包括「被告以外之人於審判外向法官所為之陳述，得為證據。被告以外之人於偵查中向檢察官所為之陳述，除顯有不可信之情況者外，得為證據」；「被告以外之人於檢察事務官、司法警察官或司法警察調查中所為之陳述，與審判中不符時，其先前之陳述具有較可信之特別情況，且為證明犯罪事實存否所必要者，得為證據。」以及傳聞證據的能力，「被告以外之人於審判外之陳述，雖不符前四條之規定，而經當事人於審判程序同意作為證據，法院審酌該言詞陳述或書面陳述作成時之情況，認為適當者，亦得為證據。」

四、結　束

不管是在司法（警察）機關、金融監理機關，或是稅捐機關，在忠實完成訊問面談記錄後，並不代表順利完成訊問，必須確認受訊問者已安全離開，這個訊問才算是圓滿結束。

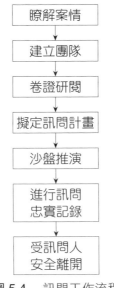

圖 5.4　訊問工作流程

參、訊問的技巧

　　金融調查訊問面談與傳統刑事案件訊問雖然殊途同歸，目的是為澄清事實，說明描述同案被告犯罪動機、手法，對於已有事證進行釐清，追查犯罪所得，或是發展新的調查方向，但是金融調查訊問面談另有一重要目的就是對於財物或財產的來源或流向予以瞭解。職故，在草擬訊問計畫時必須同時決定訊問面談時係採用何種方法進行提問，金融調查的提問法❺❽歸納如後：

一、事件發生先後法 (Chronological Method)

　　訊問者依據事件發生時間序對於受訊者進行提問；就內線交易而言，在對「內部人」訊問時，且就重大事件發生、知悉重大事件時間、決定買賣股票時間，以及買進賣出股票時間逐一調查才能建立案件全貌。

---

❺❽　INTERNAL REVENUE SERVICE, *FINANCIAL INVESTIGATION: A FINANCIAL APPROACH TO DETECTING AND RESOLVING CRIMES*, WASHINGTON, D.C.: DEPARTMENT OF TREASURY, 234–235 (1993).

二、文件提問法 (Questioning According to Document)

屬於標準金融調查訊問法，訊問者根據大額現金提款及匯款登記簿、聯行代收付日報表、退票紀錄，以及相關傳票；證券市場的股票交易日報表、股票交易明細報表，以及證券交易所或櫃檯買賣中心的監視分析報告，對受訊者進行訊問。

三、交易及事件提問法 (Questioning According to Transaction or Events)

訊問者根據交易提問。因受訊者或許僅與犯罪嫌疑人、被告進行交易，收受支付貨款，或是「單純」的提供帳戶供犯罪嫌疑人、被告使用，雖然不是真正「大咖」，但這個訊問卻經常成為案件發展的關鍵。

訊問如同一場球賽，不可能一開始即採全場緊迫釘人，一定要從熱身開始，因為一個訊問對於訊問者或是受訊問人都是智力、體力的競賽，所以成功的訊問必須遵循下列程序：

一、訊前互動

在運動前必需先進行暖身，開始訊問前有必要暖場，換句話，就是訊問者要營造與受訊者的關係 (Establishing Rapport)，雖有人天生容易與人打成一片，可以從天氣星座，進入到寵物飼養、時尚精品，無所不談。不管對象是證人、受害人、犯罪嫌疑人，或是被告，皆能在正式訊問開始前與受訊者建立一種信賴關係。但並非每個人都有此天賦，更何況對象性格是一項不確定因素，所以關係得依賴訊問者營造建立。關係建立會因訊問環境不同而有不一樣的定義，但基本建立在信賴 (Trust) 和愉快 (Comfort) 之上。

訊問者在準備訊問時必須詳細閱卷，瞭解掌握受訊者基本資料，包括姓名、出生地、出生年月日、家庭狀況、學經歷、專長、綽號……等。關係是否建立取決於下列幾個指標：

㈠受訊者認知到訊問人對案件或是他（她）沒有預設立場或偏見，而且訊問

人具有良好專業職能及經驗。

㈡訊問人觀察受訊者是否容易溝通、道德感、價值觀、行為準則，並透過眼睛瞭解受訊者的緊張程度。

㈢訊問人完成 "Q & A" 的模擬問答。

二、問題設計

訊問面談時，如何問非常重要，因為適當的問題會讓調查工作成效事半功倍，相反，不得體問題反讓受訊者提高警覺，在後續訊問過程，提高防衛性。所以訊問面談的問題必須加以設計，讓受訊者無從瞭解訊問者真正目的，相對提高其在回答時的真實性。請先閱讀下列兩個問題：

㈠你在過去五年內有無利用不正方法逃漏稅？

㈡為減少賦稅支出，企業界流行各種「節稅方法」，你在過去五年內有無使用任何方法進行「節稅」？

請判斷兩個問題，那一個比較容易得到真實回應？

問題設計要細緻、有敏感度，需要得到的供述應進行「包裝」，讓受訊者主動誠實的將所需答案供出。如果問題設計能夠發揮「引蛇出洞」，讓受訊者卸除防衛，進而據實陳述，就是好問題。當然問題設計者必須體認，這些問題與你和朋友、同事、家人談話時是大不同的，因為它最終目的在讓受訊者能夠自認己罪。

問題開始應先解除受訊者壓力，無論證人、犯罪嫌疑人，或是被告進入偵訊室，因為不知辦案人員到底掌握多少資料，想問什麼，內心必然充滿著緊張，訊問人員尚未開口，當事人即已開始精神武裝進行自我防禦，甚至拒絕開口，擔心回答不當掉入訊問人員布置的陷阱中。

不要期待偵訊開始的前一、二個小時內，可以從受訊問者口中得到任何有助於案件發展或是成案關鍵性供詞。開始訊問時宜先設法減輕受訊問者的疑慮，可以從一些無關重要的事項先問，例如其日常生活及家庭、經濟情況等，在不拘形式的氣氛中進行，使受訊問者逐漸放鬆其防衛心，循序漸進，最後始可觸及要證事項，如此可以解除受訊問者在偵訊室的重大壓力。

其次使用開放性問題 (Open Question)，例如，要瞭解董事會在併購案討論過程（通常會議紀錄僅記載決議事項），問題可以設計：「請你說明〇〇年〇〇月〇〇日第〇〇次董事會的會議過程。」

不論受訊問者身分是證人、犯罪嫌疑人，或是被告，接受訊問時多數會抱著多一事不如少一事心態，或是自我防衛心理，經過設計的問題可以讓受訊者誤以為訊問者已掌握充分的事證，而不敢肆無忌憚只有「不知道」、「不記得」兩種答案。當然問題設計時不能預設立場，對於犯罪嫌疑人及被告應假設其無罪。如果問題設計是要證明受訊者說謊，使用時機應在其否認後才提出。例如，上市公司財務部已將調降財報事項以電子郵件告知董事長，而董事長在知悉後即賣出持股，涉嫌內線交易，惟接受訊問時陳述，「雖然財務部有電子郵件寄送，卻是寄給我的秘書，當秘書提供給我，公司已依規定公告這個重大消息；我賣股票完全是理財規劃。」可以設計題目：「你秘書表示他在〇〇月〇〇日已將郵件轉寄給你，你沒有收到?」此時當事人會猜測、擔心訊問者已先行訊問過他的秘書，或是清查過公司電子郵件，這種情境下如果他說謊，態度自然立即改變。

三、進行步驟

訊問所用的程序、步驟，其實是取決於受訊者個性、案件類型、犯罪動機，以及在接受訊問時臨場反應而進行調整。前芝加哥警察科學犯罪偵防實驗室主任 John E. Reid 認為偵訊可以分成九個步驟❺❾，但在使用這些步驟時必須牢記：

(一)每一個個案並非都必須完整使用這九個步驟，其先後順序應視情況而訂，並非一成不變。

(二)使用任何一個步驟時，訊問者必須同時注意受訊者反應，作為採取下一步驟參考指標。

---

❺❾　轉引自 INBAU & REID [ET AL.], *CRIMINAL INTERROGATION AND CONFESSION*, MD: ASPEN PUBLISHERS, 212–214 (14TH ED., 2001).

步驟一	直接正面質問 (Direct Positive Confrontation)，明確告訴犯罪嫌疑人，「就是你做的」，這種質問必須重複提出。例如，「你在賣出股票前已經知道公司要調降下半年財測」。
步驟二	主題案例發展 (Interrogation Development)，訊問者假裝將責任歸責他人，幫受訊者在道德上找開脫理由。例如，「我知道這個貸款案你是在有壓力下核准的，對吧」。
步驟三	罪行否認的處理 (Handling Denials)，基本上是與前步驟合併使用，當受訊者否認其行為時，應適時幫受訊者在道德上找開脫理由，打斷他的話，不讓他重複否定自己行為。
步驟四	如何面對抗辯 (Overcoming Objection)，受訊者會對自己行為，或是前述道德上開脫理由進行抗辯。不同於否認，涉案程度高的受訊者，通常會以比較不具勇氣的「抗辯」取代「否認」解釋自己行為。
步驟五	維持被告注意力 (Procurement and Retention of Suspects Attention)，如果無法做到，這個訊問可能就會徒勞無功。訊問者必須口條清楚，或將座位調整與受訊者靠近，皆是有效的作法。
步驟六	消除被告被動態度 (Handling the Suspect's Passive Mood)，受訊者突然沉默，或只聽不說，或是試圖逃避訊問者眼光，即需進行此一步驟，受訊者可能放棄抵抗，誠實以對。
步驟七	以替代性問題提問 (Presenting an Alternative Question)，只要不妨害案件整體發展，建議在訊問人員及受訊者「可以接受」的中間路線設計問題。例如，「這是你第一次盜用客戶印章，還是過去已經有過許多次?」無論受訊者承認那一項事實，都已達到承認犯行目的。
步驟八	被告陳明案情細節 (Having the Suspect Orally Relate Various Details of the Offense)，要讓受訊者以口頭將案情，包括細節完整陳述，以供未來法院審理時作為證據之用。例如兇器棄置何處、犯罪所得藏匿地點等。
步驟九	被告自白 (Converting an Oral Confession into a Written Confession)，必須將前述口頭陳述轉為被告書面自白。

四、訊問方法

　　依據受訊問者回答方式，可分為報告法與問答法兩種。報告法乃由受訊問者依據所經驗的事實或意見為綜合性的陳述；問答法則係訊問人員與受訊問者針對事實進行一問一答。依我國刑事訴訟法規定，兩種方法均可採用，不過對於證人的訊問以採報告法為原則❻，但對於犯罪嫌疑人的訊問，為期

能夠有效蒐集犯罪證據，發現真實，則以問答法為妥當。惟受訊問者如係就犯罪嫌疑有所辯明時，則以報告法為宜，以免陳述情節支離破碎，反而愈加對其不利**❻**。

　　兩種訊問方法適用對象雖有原則性的規定，但實務上多半視實際情況交替使用，例如證人同時身為被害人，陳述時難免心情激動，往往分不清生活事實與法律事實，以致冗長不得要領，此時採用問答法由訊問者依據法定之犯罪構成要件，適時採提示性的問語，讓受訊者就要證事實補充陳述。至於對犯罪嫌疑人採用問答法，雖可彰顯出訊問者所欲知悉的犯罪事實，但前提應在掌握充分事證之下提出問題，使受訊問者不敢狡賴妄言，否則極易發生誘導訊問的情形。

　　報告法可以讓受訊問者盡情陳述，在訊問人員對受訊問者涉嫌事實掌握並不十分充分或對案情欲作更深入瞭解時，可採用報告法。訊問人員擬訂以一個問題及若干關連性的子題，在不提示證據的情況下，要求受訊問者作答，例如：「某月某日你當天的行蹤？」或「你與某人結識交往經過？」或設計表面與犯罪事實無直接關係的問題，讓受訊問者在不知不覺中，自然的陳述，當然，這些陳述中有真也有偽，有毫無保留的，亦有刻意隱瞞的，有矛盾的，也有不足的，甚且大部分是將責任轉嫁於他人。使用報告法時要把握多聽、少講的原則，受訊問者在陳述時，儘量不要隨意打斷，避免讓當事人產生警覺，反而展開閃躲、逃避、掩飾、欺瞞，增加訊問的困難。

　　歸納司法警察機關經常使用的訊問方法有下列數種：

㈠直接訊問法

　　對於案情輕微或已明朗化的案件，為節省時間，以開門見山之方式，直接訊問犯罪嫌疑人，取得供述，此為直接訊問法。

㈡突擊訊問法

　　受訊問者在接受訊問前對於司法警察、或金融監理官可能提問的問題也

---

❻　刑事訴訟法第 190 條第 1 項，訊問被告，應與以辯明犯罪嫌疑之機會；如有辯明，應命就其連續陳述；其陳述有利之事實者，應命其指出證明之方法。

❻　刑事訴訟法第 96 條，訊問證人，得命其就訊問事項之始末連續陳述。

會進行演練，甚至串證，所以如照正常程序訊問，經常會得到沙盤推演已預知的回答，因此案情研究非常重要，應整理出疑點或研判受訊問者無法自圓其說之關鍵問題，於適當時機突擊訊問，讓受訊問者措手不及而露出破綻。

㈢心理同情訊問法

訊問時對於犯罪嫌疑人之犯罪動機，犯罪後的心境及所受之委屈，以同情的態度，懇切的語調，使嫌犯深受感動，而將犯罪事實坦誠陳述之方法。此法在金融調查可用於受壓力而不得不配合的承辦人層級，對於經理人、累犯或狡詐者不易奏效。

㈣心理說服訊問法

訊問人員以豐富的學識經驗，縝密的思維理念，用事實作對照說明，直陳其非，以正義真理屈服對方，使其願意全盤供出。

㈤對質訊問法

嫌犯於訊問時，常有推諉，將責任轉嫁於他人之情形，金融犯罪通常是共犯結構，犯罪嫌疑人或被告於金融監理機關，或司法機關受訊問時，通常會相互推諉，甚至將責任推卸於在逃之共犯情形。或是供詞與其他關係人、共犯陳述有很大出入，為發現真實，可以在訊問時要求原告與被告，被害人與加害人，數嫌疑人間或證人與嫌疑人間相互對質交叉訊問，以釐清犯罪事實。

㈥實證訊問法

對於狡詐者，或有犯罪之習慣者，除非提示不利的證據，絕不輕易坦承犯罪。因此訊問前必先充分蒐集有關證據，包括證人證詞、書證，使其無法狡賴。金融犯罪具結構複雜、專業等特性，犯罪嫌疑人或被告在接受訊問前通常已與法務人員、律師進行演練，惟有「鐵證如山」，才有機會讓其承認犯罪事實。

㈦測謊訊問法

指利用測謊儀，將受測驗人經由儀器所產生的生理反應，如呼吸之加速或減緩，血壓之上升或下降，皮膚電阻之增加或相對減少等，經受過專門訓練和有經驗的人員來分析解釋，以辨別被測驗人說話的真偽之訊問方法。近年來經過不斷研究、測試、改進，準確度已大幅提高。

五、觀心術

《孫子兵法》的〈用間篇〉、〈謀攻篇〉中有言:「知彼知己,百戰不殆,不知彼而知己,一勝一負;不知彼,不知己,每戰必敗」。訊問的過程就如同作戰,受訊問者一定盡其所能對訊問者進行欺敵,所以任何語言都可能是經過偽裝、設計。因此,可以再借助「非言語行為」來幫助我們判斷受訊問者所陳述之真實性。

非言語行為通常會顯露人的真實想法、感覺與意圖,因此非言語行為有時會被說成是一種暗示(告訴我們當時真實心理狀態)。由於一般人通常不會意識到自己正在進行非言語溝通,因此肢體語言大多比言詞來得誠實,因為言詞是經過說話者有意識地精心構思,以達到其目的。透過觀察別人肢體行為,而達到瞭解這個人的感覺、意圖、行為,或者證明他所說的話是否真實,有人說這是一種「觀心術」。

肢體語言屬於一種非言語的溝通方式,也是一種傳遞資訊方法,它經由臉部表情、手勢、碰觸(觸覺)、肢體動作、姿勢、外觀裝飾品(例如衣著、珠寶、髮型等),甚至是一個人聲音、語調、音量(不是說話內容)而完成,相對於言語,肢體語言比較無法被掩飾。有人稱為非言語行為,約占所有人際溝通 60-65%[62]。

有時一個握手、擁抱,勝過千言萬語,如果沒有肢體語言,這個世界可能會變得聒噪不堪,所以肢體語言可能運用於各種人際互動上,所以學會觀察別人的肢體語言是對於人際關係的加分。在訊問工作時更是如此,如果訊問人員能夠透過觀察受訊問者的肢體語言,相信更可以瞭解對方感覺、意圖,以及行為。

由前 FBI 幹員 Joe Navarro 與 Marvin Karlins 合著的 *What Every Body Is Saying* 乙書,該書在臺灣翻譯成《FBI 教你讀心術》[63],提到成功判讀他人,

---

[62] Joe Navarro、Marvin Karlins 著,林奕伶譯,《FBI 教你讀心術》,頁 41,大是文化,2009 年 3 月第一版。

[63] 前揭書。

收集非言語情報，評估別人的想法、感覺、企圖，是一種需要不斷練習與適當訓練的技巧。以下介紹該書所提供的一些方法，作為一名訊問人員若能將其融入日常生活，相信很快就會練就特異功能——「觀心術」。

(一)要充分用心觀察

如果曾經觀看過 Discovery 頻道，對於動物及鳥類的視覺介紹時，可得知人類雖自詡為「萬物之靈」，但視覺卻遠不如許多動物。一個原因是天生眼睛的構造問題，另一個是人類在使用眼觀看時通常是受到大腦指揮，腦部在指揮眼睛觀看時，仍有其他功能在運作，而無法心眼合一。如同英國推理小說家柯南‧道爾筆下的名偵探福爾摩斯對拍檔華生醫生所說的：「你看了但你沒有觀察。」絕大多數人都是以最小的觀察力看待周遭環境，對世界中的細微變化漫不經心，沒有察覺到四周各種細節交織而成的繁複景象❻❹。

觀察要像聆聽一樣，「仔細聆聽」，去理解對方言語內容及含義；「仔細觀察」對於訊問而言非常重要，訊問者必須心眼合一，不是只有視覺。簡單來講，就是要有「環境意識」(Situational Awareness)，隨時意識到自己身處的環境，在腦海要有對周圍或眼前的實際狀況有非常具體的「畫面」。善用所有感官評估周遭環境，才能瞭解對方的肢體語言真正意義。

(二)瞭解行為所在場景

進行訊問時企圖透過對被訊問者的肢體語言瞭解彼等心中所想，或輔以觀察其言語陳述是否確實無訛，必須瞭解行為所在的背景環境。舉例來說，兇殺案現場的目擊者，可能會出現因回憶場景害怕而發抖。經過重大意外而生存者可能會有陷入發呆情形。因為大腦「思考」區域遭到腦緣系統 (Limbic System) 區域挾持的現象。思考區域受挾持結果，會出現類似顫抖、迷惘、緊張、焦慮等的行為，事實上這些行為是可預期的❻❺。

(三)從一般性非語言行為基本功入門

多數人心中不安或緊張時，會有不自主的抿嘴、咬嘴唇、咬指甲等肢體行為，這種多數人都會出現類似的肢體行為，稱為一般性非語言行為。「觀心」

---

❻❹　前揭書，頁 46。

❻❺　前揭書，頁 49。

如同中國武術的練功，必須循序漸進，從學習辨別解釋這些一般性非語言行為。

㈣更上層樓開始解讀特殊性非語言行為

前面所述的「一般性非語言行為」，只要有這種習慣者，每個人幾乎大同小異；當學習如何觀察「一般性非語言行為」後要進階瞭解「特殊性非語言行為」(Idiosyncratic Nonverbal Behavior)，這種行為會因人而異，例如有人在憤怒時會揪頭髮，其實代表他／她是在抑制自己情緒，這種因人而異的特殊性非語言行為，對一個人愈瞭解，或者與對方互動愈長，就愈容易發現這種資訊❻。

㈤在互動中先確立對方的基準行為

前面提到要學習觀心術必須先瞭解一般性及特殊性的非語言行為，但哪些非語言行為是有意義的，哪些是屬正常行為不具意義的，必須在與觀察對象的互動過程中，先瞭解受觀察者有哪些基準行為，即一般狀態下他們平常所呈現的姿態、頭手腳的擺放位置和方式、面部的表情、坐姿站姿行走奔跑的姿勢等等。例如當對方有攜帶物品（如帽子、提袋、錢包、行動電話）時，可以觀察當他們坐下來後，他們如何擺放這些物品，是放在桌上？拿在手上把玩？或者放在膝上緊靠在胸前？

如同武俠小說的練功，必須先清楚對方的「起手式」(Starting Position)，才能掌握他下一個招式是攻擊或是防守。觀心術必須先確立一個人的基準行為，才能據以觀察研判對方行為是否偏離正常。

㈥注意暗示行為

根據研究發現，兒童性侵害的加害人多數來自至親或是熟悉的友人。舉例來說，在一個聚會中小菁及父母遇到鄰居王伯伯，平時兩家互有往來，有一天父母親要她向王伯伯打招呼，平常總是會開口問候的小菁就是不願意，當母親主動牽起她的手要過去時，小菁此時畏縮不願向前的動作，就是她透露出給母親 "No" 的肢體語言。

這些多重暗示和肢體訊號的行為，就像是一片拼圖或組裝模型中的一部

---

❻　前揭書，頁51。

分，收集越多，解讀他人行為的精準度就越能提高❻。

小菁的行為脫離基準行為，而且有暗示行為，此時父母應注意可能發生什麼事，甚至警覺到有何不對勁？這就是暗示行為的效果。

㈦對於突然改變的行為必須提高警覺

即使是正常人在聽到將會影響他／她所期待盼望的事，或使生活需要面對重大轉變的訊息時，情緒都可能受到影響，甚至其行為會突然改變。

當人有特別注目的焦點或意圖時，可能會做出與平常不同的行為。透過仔細觀察這些個人行為的變化，有時可預知他的下一步動作，在他對其他人造成傷害前預先防範，阻止事件發生❻。例如，近年來國內發生數起患有精神疾病者傷害他人案例，如果觀察這些病患，應可以發現他們在攻擊他人前，部分行為可能突然改變，若有人注意到這些突然改變的行為而提高警覺，可能就會免除一場悲劇。

㈧必須分辨真實與誤導

犯罪嫌疑人或被告在接受訊問時防衛犯罪事實遭揭露，可能必須面對刑事責任，所以在語言及非語言行為自然會高度警戒，甚至刻意誤導訊問人員，在這種情況下，訊問人員若沒有經過充足的練習或相當的經驗，很容易被犯罪嫌疑人所誤導。因此，在觀察時必須審慎周密，不遺漏任何一個訊問對象表現出來的動作，觀察與對方平時的舉動是否有細微差異之處；謹慎判斷每個對方所透露出來的訊息來增加正確解讀的機率，進而看出對方所述是否真誠。

㈨破解自在與不安是基本功

當人在自在或不安時所表露出的行為，是判斷非言語行為時重要的兩個項目。想要解讀觀察對象心中的真意為何，學習「準確判讀對方的各種動作及其肢體動作所透漏出來的訊號，來觀察對方是處於自在或者不安的情緒」就顯得十分重要且實用。如果不確定對象何種表情是代表自在，那些肢體語言代表不安，可以試著反問自己「怎麼樣的動作能夠反映我的滿足、快樂、放鬆？心中有不滿、不悅、壓力、焦慮、緊張又會怎麼做？」在解讀非語言行

❻　前揭書，頁52。

❻　前揭書，頁54。

為，訊問者若能對受訊問者的自在或不安予以有效分辨，即可達到初步讀心目的❻。

㈩不動聲色的進行觀察

非語言觀察的練習可以從日常生活開始，但許多人一開始嘗試觀察非語言行為（動作）時，很容易會盯著人看，這種練習容易引起他人不愉快。在觀察別人時要學習不動聲色，簡單的說，就是不能讓對象有所察覺，當然更不可以讓他們感覺不舒服或不愉快。觀心術是可以透過不斷練習，雖不必像花豹在獵食前靜悄悄直視獵物，待時機成熟一躍而上，但不動聲色卻是基本前提。

六、電腦資訊運用與輔助

㈠資料庫運用

隨著資訊發達，各種資料庫建立，各類犯罪案件及犯罪嫌疑人資料檔案的建立，使得訊問人員迅速取得正確資訊，如前科資料（含移送、偵查、判決、執行），所涉及之其他案件等，有效提高防制、打擊犯罪的效果。另外引進影像處理的技術，將犯罪嫌疑人或被告的照片及文件等存入資料庫，再顯示於螢幕上，以圖片辨認，取代傳統的口頭描述，可以提高準確度。

採用大型電腦及指紋鑑定系統，提高處理速度及比對的功能率，使犯罪嫌疑人、被告（如冒名應訊）之身分得以迅速查明，縮短偵查流程。通緝資料（含司法、軍法通緝及各司法警察機關查訊者）可自動傳送登錄與撤銷，免通報、查訊及人工抄錄之繁瑣。電腦有分類與統計功能，對於案件容易進行分析比較，提供訊問人員即時正確的資料，以利案情之研判。

資料庫的建立，蒐集各類型犯罪相關案例、法院判例與解釋（司法院建構的「法律知識庫」，更將相關學術著作予以蒐集），除可供司法人員對於法律問題研究，更有助於提升偵查審判品質及效率。未來如可透過光學閱讀系統，提升中文電腦的文字處理能力，將有助訊問筆錄同步製作，不但提升筆錄公信力，同時有助受訊問者人權保障。

---

❻　前揭書，頁56。

㈡測謊技術

　　受到人權保障國際趨勢影響，傳統的偵查方式受到嚴厲的挑戰，科學儀器的輔助為必然趨勢，測謊已成為今日輔助司法機關發現真實的工具之一。測謊與情緒的作用密切相關，「說謊」對於大多數的人而言，即為一種情緒經驗，並且進而引發其他情緒。情緒係指個體經驗到愉快、悲傷、恐懼、憎恨、熱愛與憂慮等的意識狀態，不同於認知與意向的心理過程，為一個激動與強烈的情感狀態。測謊在其理論依據上，是心理與生理交互影響的結果，它認為犯罪嫌疑人從事犯罪行為後，其心理恐懼法律之懲罰，必然產生不安、焦急及畏懼等情緒狀態，因此，當測謊人員詢問其案情關鍵時，說謊就成為其防衛本能，從而引發生理反應之異常，經過測謊器記錄後，即可精確辨識有無說謊。見圖 5.5。

圖 5.5　測謊基本原理示意

　　當受訊者說謊時，可能呈現幾種生理反應❼⓿：

1.心跳速率與皮膚傳導。

2.皮膚溫度。

3.肌肉緊張。

4.內分泌腺活動。

　　目前較常使用的測謊儀器❼❶：

1.測量呼吸裝置。

---

❼⓿　CARLSON, J. & HATFIELD E., *PSYCHOLOGY OF EMOTION*, ORLANDO FLORIDA: HARCOURT BRACE JOVANOVICH (1992).

❼❶　ELAAD, E., "THE ROLE OF GUESSING AND VERBAL RESPONSE TYPE IN PSYCHOPHYSIOLOGICAL DETECTION OF CONCEALED INFORMATION," *THE JOURNAL OF PSYCHOLOGY*, 127, 455–464 (1993).

2.測量膚電反應裝置。

3.測量血壓裝置。

　　測謊鑑定的程序從資料收集、瞭解案情、重回案發現場勘查重建、測前晤談、題目設計修改、測謊情境控制、儀器測試、測後晤談、圖譜分析、測謊鑑定結論等，茲將測謊的程序說明如下❼²：

1.資料蒐集

⑴蒐集案情資料：包括偵察報告、調查筆錄、現場勘查報告、受測者背景
　　資料等書面資料之整理。

⑵訪談相關人員：與承辦人員商討，就案發當時現場及案情資料進行更進
　　一步的確認，以期更加瞭解受測者，並針對被害者、證人、關係人等進
　　行訪談，進而瞭解各方說法。

⑶重回案發現場勘查重建：藉由案情書面資料及訪談相關人員，返回案發
　　現場依證據資料重建犯罪現場，進行印證、加以確認。

　　歷經上述步驟，可進而針對相關疑點，預編題目架構，以利於測前晤談
及主測時之修正。

2.測前晤談

　　測前晤談乃是在主測試進行之前，以一連串預先設計的問題或以開放式
之方式針對受測者進行晤談，以達到下列目的：

⑴深入瞭解受測者，並瞭解受測者口語化或非口語化之反應。

⑵說明測謊的概念及儀器之原理，並將受測者之疑慮、緊張加以解釋排除，
　　以增加受測者之穩定性。

⑶讓受測者瞭解施測者的角色為客觀公正之第三者，以取得受測者之信賴。

⑷提出對於案情的相關疑點，請受測者加以說明，進而瞭解受測者觀點。

⑸獲得受測者之同意接受測試，並簽具同意書。

⑹瞭解受測者當時的生理狀態，記錄其健康狀況。

⑺修正並編排測試題目，並與受測者充分討論題目內容。

---

❼　羅時強，〈測謊「區域比對法」之本土化研究初探〉，高雄醫學大學行為科學研究
　　所碩士論文，2002 年。

3.主測試（儀器測試）

⑴測試環境：設置三至四坪的測謊室，布置簡單、色彩單調、具有標準化
的測謊桌椅，以及錄影、錄音設備。

⑵測試儀器：測試儀器應達標準化，並定期予以校正、保養。

⑶測試安置：當進行儀器測試時，請受測者自然、正常地坐著，幫其接上
呼吸管、血壓管、GSR 線，避免受測者刻意地移動與晃動。

4.測後晤談

⑴測試結束後，詢問受測者對於施測過程中有無問題或疑問。

⑵依受測者對於問題之反應與圖譜，必要時對其詢問，以期瞭解內心感受
與圖譜所象徵之意義，並作為圖譜分析之參考。

⑶若反應圖譜呈現明顯不實之反應，則應向受測者強調此為受測者本身之
生理反應圖譜，而非施測者或儀器之問題，以進而取得受測者之自白。

5.圖譜分析與測謊鑑定結論

對於測謊儀所收集到的圖譜，依據標準化的圖譜分析程序，進行客觀之
研判。測謊鑑定結論可分不實反應、無不實反應及無法結論三種反應。

▶第五節　小　結

貪婪 (Greed) 是金融犯罪主要動力。被告或犯罪嫌疑人通常會收受不法
所得，或加以掩飾隱匿。本章對於傳統調查方法（包括臥底偵查、行動蒐證、
監聽，以及搜索）、資金清查、鑑識會計，以及美國司法警察機關對於犯罪所
得調查常用的特定項目證明法，以及間接證明法，例如淨值證明法、支出證
明法，以及銀行存款證明法予以基礎介紹。

二○○九年貪污治罪條例修法增訂「財產來源不明罪」❼❸，明訂公務員

---

❼❸　貪污治罪條例第 6 條之 1：
　　有犯第四條至前條之被告，檢察官於偵查中，發現公務員本人及其配偶、未成年
　　子女自涉嫌犯罪時及其後三年內任一年間所增加之財產總額超過其最近一年度
　　合併申報之綜合所得總額時，得命本人就來源可疑之財產提出說明，無正當理由

涉及貪污罪時，有義務說明其本人、配偶或未成年子女戶頭內的財產來源。財產來源不明罪被視為打擊貪腐政客的陽光法案之一，不過施行至今將近兩年，起訴案件卻掛零。推測其原因可能包括：一、適用範圍限於公務員必須犯貪污罪、財產有異常變動時；二、司法警察機關目前尚未有對「財產總額計算」經驗；三、承辦貪污案件的檢察官為展現辦案決心，掌握足夠的證據，多半以貪污治罪條例第四條、第五條、第六條起訴；四、被告保持緘默等。

　　間接證明法或可提供司法警察機關、檢察官在偵辦貪瀆案件時對於不明來源財產計算的參考，然此種方式即便在美國執法機關 (Law Enforcement Agencies) 認為是一種「非常有威力的工具」，所以皆要求使用間接證明法計算不明財產來源必須同時基於無罪推論原則調查對所有對被告有利證據，以及計算結果達到表面可信 (Prima Facie) 程度。「樹立廉能政治的新典範，嚴格要求官員的清廉與效能，並重建政商互動規範，防範金權政治的污染」固為當前施政重點之一，但是無論司法警察（官）、金融監理官，乃至於機構內部稽核人員在使用此種方法時應遵行前述準則，方能在完善國家廉政體系之際，同時兼顧人權保障。

　　司法警察機關，或是金融監理官在偵辦金融犯罪時切忌以約談訊問方式代替蒐證，刑事訴訟法第九十五條規定，犯罪嫌疑人得拒絕陳述保持緘默，相關證據資料不易經由受訊者之陳述獲得，更難從自白中發掘新事證，過於急切約談（詢）使犯罪嫌疑人、被告及其辯護人得以洞悉偵辦方向，增加其他證據保全之困難。經常在訊問者希望得到犯罪嫌疑人，或被告自白時，會忽略對自白以外證據的補強，一旦不察犯罪嫌疑人或被告故意留下的破綻，日後在法院這份自白會成為翻供最佳基礎。

　　訊問成功與否，並無絕對的法則、技巧，只是看訊問者是否不斷的累積經驗、充分的準備，以及嚴守相關法律規定，恪遵無罪推斷原則。時代在進步，保持現狀就是落伍，所以訊問者本身對於個案所需的專業本職學能，亦應與時俱進，不斷自我提升，才能在訊問時圓滿達成擬定訊問計畫的原始目的。

未為說明、無法提出合理說明或說明不實者，處三年以下有期徒刑、拘役或科或併科不明來源財產額度以下之罰金。

第 **6** 章

金融調查的證據法則

　　基於法治國原則，以法律限制人民權利，其構成要件應符合法律明確性原則，使受規範者可能預見其行為之法律效果，以確保法律預先告知之功能，並使執法之準據明確，以保障規範目的之實現。刑事訴訟法第一百五十四條證據裁判主義之規定，乃揭櫫國際公認之刑事訴訟無罪推定原則，保障被告人權之重要指標，法院自應嚴守此一原則，在檢察官所舉證據及法院依法定職權調查所得之證據，足以證明被告有罪之前，自應推定其無罪。若所得證據其為訴訟上之證明，尚未達於通常一般人均不致有所懷疑，而得確信其為真實之程度者，自不能為有罪之認定，此為上開無罪推定原則之當然闡釋，自不能因犯罪之調查難易不同而有異，其理甚明❶。

本章學習目標

・案件偵查審理程序
・金融犯罪案件來源
・證據的種類及通則
・證據的保全

▶第一節　刑事訴訟程序

壹、偵　查

一、偵查意義

　　刑事偵查的權力來自國家，其目的在對犯罪者進行追訴，在經過法院公開審理後給予相當的罪責，可能爭奪彼等生命、自由，或是財產，以實現國家刑罰權。所以刑事被告不但是法院審判對象，更是檢察官、司法警察（官）偵查對象，惟民主法治國家對於基本人權皆有保障，故如何在偵查、審判過程中不侵害被告人權，而且使被告接受與罪責相當的處罰，應由刑事訴訟法

---

❶　參照最高法院 93 年台上字第 6750 號刑事判決。

予以規範。

　　審判乃以追訴而開始，追訴必須實施偵查，迨判決確定，尚須執行始能實現裁判之內容。是以此等程序悉與審判、處罰具有不可分離之關係，亦即偵查、訴追、審判、刑之執行均屬刑事司法之過程，其間代表國家從事「偵查」、「訴追」、「執行」之檢察機關，其所行使之職權，目的既亦在達成刑事司法之任務❷。

　　偵查目的在於獲得確切證據，在法庭讓法官形成有罪心證，將被告論罪，所以刑事訴訟法第二百四十五條第一項規定：「偵查，不公開之。」其目的在於偵查公開則犯罪行為人有逃亡、滅證之虞，另犯罪嫌疑人是否有罪尚未定案，一旦公開將使當事人名譽、甚至事業受到傷害，這種情形特別是在偵辦金融犯罪案件中特別明顯。雖然檢調機關在偵辦上市櫃公司通常會選擇在下午股市收盤後，但過去證券交易法並未明確規定，上市櫃公司遭檢調搜索為必須公開之重大訊息，故當檢調機關前往搜索上市櫃公司時部分媒體「風聞」前往，必定造成第二天該受調查公司股票無量下跌。例如，二〇一〇年震撼司法界的臺灣高等法院三位法官涉嫌貪瀆案，本案係由最高法院檢察署特別偵查組，以及臺北地方法院檢察署聯合偵辦，在偵辦過程媒體屢屢報導，犯罪嫌疑人等人沾染女色、外遇不斷；某犯罪嫌疑人在古董床上與應召女做愛等等。雖情節精采滿足一般民眾「知的權利」，但是犯罪偵查原應以該犯罪嫌疑人有違操守收賄的存證積極蒐集，這種婚外情、嫖妓情事，屬私領域行為是否適合以監聽、跟監取證，著者認為已有很大的討論空間，更何況這種只有執行本案人員才知道的「八卦內容」在媒體批露其消息來源如何自在人心？如果司法行政首長漠視這種現象，反以此為辦案所需必要之惡為安慰劑，臺灣數十年來在司法人權的努力成果等同歸零。

二、告　訴

　　刑事訴訟法第二百二十八條規定，檢察官因告訴、告發、自首或其他情事知有犯罪嫌疑者，應即開始偵查。執行偵查時，檢察官得限期命檢察事務

---

❷　參照司法院大法官解釋第 392 號。

官、司法警察（官）調查犯罪情形及蒐集證據，並提出報告。必要時，得將相關卷證一併發交。實施偵查非有必要，不得先行傳訊被告。被告經傳喚、自首或自行到場者，檢察官於訊問後，認為無聲請羈押之必要者，得命具保、責付或限制住居，但認為有羈押之必要者，得予逮捕，並將逮捕所依據之事實告知被告後，聲請法院羈押之。同法第九十三條規定，偵查中經檢察官訊問後，認有羈押之必要者，應自拘提或逮捕之時起二十四小時內，敘明羈押之理由，聲請該管法院羈押之。

告訴乃犯罪被害人或其他法定告訴權人向偵查機關或輔助偵查機關報告犯罪事實，請求追訴之意思表示。同法第二百三十二條，犯罪之被害人，得為告訴。惟刑事訴訟法第二百三十二條關於被害人告訴之規定，不包含國家在內，例如鹽務機關緝獲私鹽犯，函送偵查，仍係告發，而非告訴❸。

告訴應以書狀或言詞為之，以言詞為之者，應製作筆錄。檢察官或司法警察官實施偵查，發見犯罪事實之全部或一部係告訴乃論之罪而未經告訴者，於被害人或其他得為告訴之人到案陳述時，應訊問是否告訴，記明筆錄。

在實務上會有下列情形告訴人：㈠與公司經營權之爭有關者：此時須注意股東是否屬於直接被害人，是告發或是告訴性質，須首先做確認。㈡債權人之提出告訴：所謂債權人是指公司的債權人而言，例如廠商、供應商或是銀行等。

三、告　發

所謂告發係指被害人或第三人向偵查機關報告犯罪事實。刑事訴訟法第二百四十條，不問何人知有犯罪嫌疑者，得為告發。第二百四十一條，公務員因執行職務知有犯罪嫌疑者，應為告發。前者係法律對於告發者不限制資格，為私的告發，即不但被害人，第三人亦可為之；後者則屬基於職務而為，是公的告發。

告發雖非義務，但有時法律將其規定為義務，屬於此種例外者，如貪污治罪條例第十四條規定，辦理監察、會計、審計犯罪調查。督察、政風人員，

---

❸　參照最高法院 58 年台上字第 2576 號刑事判例。

因執行職務，對於明知貪污有據之人員，不為舉發者，處一年以上七年以下有期徒刑。告發程序與告訴同，即告發應以書狀或言詞向檢察官或司法警察官為之；其以言詞為之者，應製作筆錄。

就我國現行金融犯罪防制機制，告發相關金融犯罪案件可能有以下幾種情況：

㈠法院告發：法官在審理中主動發現應該偵辦者。或是法官於審理中認為檢察機關併案移送不適當而退回查證者。

㈡司法警察機關之告發：法務部調查局，或是刑事警察局。可分為是移送或是主動報請指揮偵辦。

㈢行政機關之告發：稅捐稽徵機關，海關，行政院金融監督管理委員會❹，或是其他相關行政機關在發現有犯罪情形時逕向檢察機關告發。

另外，公司內部人員或是公司相關的當事人、律師、會計師亦有告發可能。

四、自　首

刑法第六十二條規定，對於未發覺之罪向偵查機關報告自己犯罪事實為自首。檢察官或司法警察官於犯人自首後，應即開始偵查。自首與告訴、告發相同，以書狀或言詞為之，以言詞為之者，應製作筆錄。

略述幾種可能發生自首的情形：㈠大老闆的自首。這種情形通常是發生在案件已經無法隱瞞，即將爆發之際，希望得到減輕其刑。司法警察機關此

---

❹ 金管會案件移送流程略述如下：通常由櫃買中心 (OTC) 或證交所 (TWSE) 經由⑴平時例行管理、⑵財報審閱、⑶內控查核、⑷重大訊息查核、⑸股價明顯變化、⑹主管機關指示、⑺檢調司法機關來函、⑻檢舉函等管道，發現疑似不法案件後，由證期局、檢查局及櫃買中心或證交所組成之「不法案件審查小組」進行審查，若不法事證已較明確，則洽請駐會檢察官共同討論後，移送檢調單位偵辦。若不法事證尚未明確。則依審查小組決議，再進一步查證，若續行查證有不法，則再進行小組審查，程序同前，若續行查證並無不法，則由證期局、櫃買中心、證交所持續觀察或暫存。

時應辨明究竟是自白或自首，避免其藉「自首」以減輕自己的刑事責任；㈡員工的自首。通常是因為良心不安之故，如果能夠能保護他們，讓他們適用證人保護法之窩裡反條款（也有人稱這些人為污點證人）規定❺，可成為辦案的利器；㈢第三人的自首，例如利益輸送的掮客、在銀行拿取回扣者，如果對這些人繼續追查「上手」，將有助於案情向上發展。

五、偵查終結

偵查終結通常是指司法警察機關結束其偵查活動。司法警察機關所以終結其偵查，乃認為偵查已有結果，惟司法警察（官）如認為偵查已有結果，應將其偵查結果移送該管檢察官，此時，偵查僅能算告一段落，而是由檢察官續行偵查作為。

刑事訴訟法第二百三十一條之一，檢察官對於司法警察官或司法警察移送或報告之案件，認為調查未完備者，得將卷證發回，命其補足，或發交其他司法警察官或司法警察調查。司法警察官或司法警察應於補足或調查後，再行移送或報告。對於前項之補足或調查，檢察官得限定時間。

檢察官依偵查所得之證據，足認被告有犯罪嫌疑者，應提起公訴。另檢察官對於曾經判決確定者、時效已完成者、曾經大赦者、犯罪後之法律已廢止其刑罰者、告訴或請求乃論之罪，其告訴或請求已經撤回或已逾告訴期間者、被告死亡者、法院對於被告無審判權者、行為不罰者、法律應免除其刑者，以及犯罪嫌疑不足者應予（絕對）不起訴處分。對於刑事訴訟法第三百七十六條所規定，最重本刑為三年以下有期徒刑、拘役或專科罰金之罪等微罪，認為以不起訴為適當者，得為不起訴處分。刑事訴訟法第二百五十三條之一規定，被告所犯為死刑、無期徒刑或最輕本刑三年以上有期徒刑以外之罪，檢察官參酌刑法第五十七條所列事項及公共利益之維護，認以緩起訴為

---

❺　證人保護法第 14 條第 1 項：「第二條所列刑事案件之被告或犯罪嫌疑人，於偵查中供述與該案案情有重要關係之待證事項或其他正犯或共犯之犯罪事證，因而使檢察官得以追訴該案之其他正犯或共犯者，以經檢察官事先同意者為限，就其因供述所涉之犯罪，減輕或免除其刑。」

適當者，得定一年以上三年以下之緩起訴期間為緩起訴處分，命被告於一定期間內向被害人道歉、立悔過書、向被害人為損害賠償，以及一定之金額之緩起訴處分金❻。

貳、審　判

一、審判範圍

　　廣義之審判指案件繫屬於該管法院起至審判之終結為止的訴訟程序而言。刑事訴訟法第二編第一章第三節所稱之審判，係指廣義之審判而言。狹義之審判指審判期日所行之訴訟程序而言。

　　基於不告不理原則，法院不得就未經起訴之犯罪審判。刑事訴訟法第二百六十四條，檢察官提起公訴應將犯罪事實、證據及所犯法條記載於起訴書。固然檢察官得於第一審辯論終結前，就與本案相牽連之犯罪或本罪之誣告罪，追加起訴，使追加起訴犯罪同為審判對象，易言之，非由檢察官正式追加起訴，雖犯罪為法院調查所知，亦不得就未經起訴的犯罪加以審判。

　　法院審判應以起訴之犯罪事實為範圍，但法院在不妨害事實同一之範圍

---

❻　刑事訴訟法第 253 條之 2：

　　I 檢察官為緩起訴處分者，得命被告於一定期間內遵守或履行下列各款事項：

　　一、向被害人道歉。

　　二、立悔過書。

　　三、向被害人支付相當數額之財產或非財產上之損害賠償。

　　四、向公庫或該管檢察署指定之公益團體、地方自治團體支付一定之金額。

　　五、向該管檢察署指定之政府機關、政府機構、行政法人、社區或其他符合公益目的之機構或團體提供四十小時以上二百四十小時以下之義務勞務。

　　六、完成戒癮治療、精神治療、心理輔導或其他適當之處遇措施。

　　七、保護被害人安全之必要命令。

　　八、預防再犯所為之必要命令。

　　II 檢察官命被告遵守或履行前項第三款至第六款之事項，應得被告之同意；第三款、第四款並得為民事強制執行名義。

內，仍得自由認定事實適用刑罰。又起訴之內容雖包括犯罪事實及所觸犯之法條，惟犯罪事實證明與起訴所引法條不符者，為免犯罪與法條矛盾，法院審判可不受起訴法條之拘束，而得變更起訴法條。

二、審判開始

　　審判因起訴開始，第一審因起訴而開始審判，第二審、第三審則由上訴開始審判。爰審判開始原因依審級而不同。

(一)起訴或上訴：除起訴或上訴之外，尚包括類似於起訴之聲請，例如檢察官提起公訴、被害人提起自訴、當事人之上訴、檢察官聲請以簡易判決處刑，以及再審之聲請，但須經再審之裁定確定者。

(二)移送或移轉管轄：對已經判決或起訴之案件而為移送或移轉於他法院，包括因無管轄權之法院諭知管轄錯誤之判決而同時諭知移送於管轄法院，以及以裁定將案件移轉於其管轄區域內與原法院同級之他法院。

(三)發回：有下列情形之一者，上級法院將案件發回下級法院審判。

1. 第二審法院因原審判決諭知管轄錯誤、免訴、不受理係不當而撤銷之者，得以判決將該案件發回原審法院。(刑事訴訟法第三百六十九條第一項但書)

2. 第三審法院因原審判決諭知管轄錯誤、免訴或不受理係不當而撤銷之者，以判決將該案件發回第一審法院。（刑事訴訟法第三百六十九條）

3. 第三審法院因原審判決諭知管轄錯誤、免訴或不受理係不當或未諭知管轄錯誤係不當以外之情形而撤銷原審判決者，應以判決將該案件發回原審法院，或發交與原審法院同級之他法院。(刑事訴訟法第四百零一條)

4. 原判決違背法令，如係誤認為無審判權而不受理或其他有維持被告審級利益之必要者，得將原判決撤銷，由原審法院依判決前之程序更為審判。（刑事訴訟法第四百四十七條第二項）

三、審判程序

(一)審判期日

依刑事訴訟法第二百八十四條之一規定，第一審除簡式審判程序、簡易程序、最重本刑三年以下有期徒刑、拘役或專科罰金之罪及刑法第三百二十條、第三百二十一條竊盜罪外，通常程序案件均應行合議審判。審判長於定期時，應傳喚包括當事人、辯護人、被害人或其家屬、告訴人或告訴代理人等所有應到場之訴訟關係人。第一次審判期日之傳票，至遲應於七日前送達；刑法第六十一條❼所列得免除其刑案件，至遲應於五日前送達。

㈡審判程序

1. 朗讀案由（刑事訴訟法第二百八十五條）。

2. 人別訊問（刑事訴訟法第二百八十六條、第九十四條）。

3. 檢察官陳述起訴要旨，或自訴代理人陳述自訴意旨（刑事訴訟法第二百八十六條、第三百四十三條）。

4. 告知義務（刑事訴訟法第二百八十七條、第九十五條）。

5. 記載要旨❽（刑事訴訟法第四十四條）。

6. 確認證據（刑事訴訟法第二百七十三條）。

7. 確認證據調查範圍（刑事訴訟法第一百六十一條）。

8. 程序分離（刑事訴訟法第二百八十七條）。

---

❼ 刑法第 61 條：

犯下列各罪之一，情節輕微，顯可憫恕，認為依第五十九條規定減輕其刑仍嫌過重者，得免除其刑：

一、最重本刑為三年以下有期徒刑、拘役或專科罰金之罪。但第一百三十二條第一項、第一百四十三條、第一百四十五條、第一百八十六條、第二百七十二條第三項及第二百七十六條第一項之罪，不在此限。

二、第三百二十條、第三百二十一條之竊盜罪。

三、第三百三十五條、第三百三十六條第二項之侵占罪。

四、第三百三十九條、第三百四十一條之詐欺罪。

五、第三百四十二條之背信罪。

六、第三百四十六條之恐嚇罪。

七、第三百四十九條第二項之贓物罪。

❽ 審判長認為適當時審判筆錄得僅記載要旨。

9. 調查證據❾：調查自白（刑事訴訟法第一百五十六條）、供述證據調查（刑事訴訟法第一百六十三、第一百六十五至一百六十七條之七、第二百八十八條、第二百八十八條之一）、非供述證據調查（刑事訴訟法第一百六十四至一百六十五條、第一百六十五條之一）、被告自白（刑事訴訟法第一百六十一條之三）、詢問被告（刑事訴訟法第一百六十三條）、訊問被訴事實（刑事訴訟法第一百六十一條之三、第二百八十八條）、訊問科刑資料（刑事訴訟法第二百八十八條）。

10. 言詞辯論（刑事訴訟法第二百八十九條）。

11. 科刑範圍（刑事訴訟法第二百八十九條）。

12. 最後陳述（刑事訴訟法第二百九十條）。

交互詰問

交互詰問（Cross-Examination）有人稱為交叉詰問，好萊塢電影或是港劇一旦有法庭活動的劇情時，觀眾就會為辯方律師、檢察官你來我往的舌戰而拍手。刑事案件在法庭開庭調查時，可以由檢察官、辯護律師或被告分別對證人直接問話，使證人講出對自己一方有利的證據；或是發現對方所舉的證人為誇大不實的虛偽陳述時，可以當庭提出質問，讓證人的虛偽陳述洩底而不被採信。因為進行交互詰問，必須遵守一定的順序，一方問完才輪到另一方發問，故稱為交互詰問。

司法院於一九九九年七月六日至八日召開全國司法改革會議，就刑事訴訟制度之改革達成「確立檢察官實質舉證責任」、「促進當事人實質

---

❾ 最高法院 93 年度台上字第 279 號刑事判決：「刑事審判採直接審理，非經顯示於審判庭，能由法院直接調查及供訴訟當事人詰問、辯論之證據，不得作為認定事實之基礎。是故證人以聞自原始證人在審判外之陳述作為內容之陳述，係屬傳聞之詞，其既未親自聞見或經歷其所陳述之事實，縱令其於審判期日為該項出自傳聞之供述，亦不能擔保其陳述內容之真實性」。換句話說，證據調查乃是刑事審判的核心，所有要作為法官評價的證據，必須先經過審判庭檢驗。

平等(強化辯護功能)」、「嚴謹證據法則」、「落實及強化交互詰問之要求」、「限制訊問被告及調查被告自白之時期」、「除簡易案件外，第一審應採行合議制」、「除簡易案件外，第一審應採行合議制」、「推動刑事審判集中審理制」、「區分認定事實與量刑程序」等多項共識結論。

　　將落實檢察官實行公訴作為強化交互詰問的前提，惟有如此才能改變刑事審判進行方式。法務部有感落實檢察官實行公訴的重要性，於二〇〇〇年六月一日於苗栗及士林地方法院率先實施交互詰問，而臺北地方法院亦於二〇〇一年六月一日跟進。二〇〇三年九月一日刑事訴訟法修正後，交互詰問已全面實施。

▶第二節　證據原則及種類

　　我國刑事訴訟法第一編第十二章「證據」，計有五節，第一節「通則」即證據法基本原則，包括「無罪推定原則」、「證據裁判原則」、「自由心證原則」。基於無罪推定原則，被告未經審判證明有罪確定前，推定其無罪，在刑訴法第一百五十四條第一項明白規定。同條第二項「證據裁判原則」，犯罪事實應依證據嚴格證明[10]，所以要求證據必須有「證據能力」，而且經過「合法調查」，無證據能力，未經合法調查，當然不可以作為犯罪判斷依據。至於有「證據能力」，而且經過「合法調查」的證據，未必其證明力是相當，證據的證明力是由法院本於確信自由判斷[11]。

---

[10]　刑事訴訟法第 154 條：

　　Ⅰ 被告未經審判證明有罪確定前，推定其為無罪。

　　Ⅱ 犯罪事實應依證據認定之，無證據不得認定犯罪事實。

[11]　刑事訴訟法第 155 條：「證據之證明力，由法院本於確信自由判斷。但不得違背經驗法則及論理法則。無證據能力、未經合法調查之證據，不得作為判斷之依據。」

壹、基本原則

一、無罪推定原則

　　無罪推定原則 (Presumption of Innocence)，係指在未經審判證明有罪確定前，應推定被告無罪。一七六四年七月，義大利刑法學家貝卡利亞 (Cesare Beccaria) 在其名著《論犯罪與刑罰》(*Crime and Punishment*) 中，抨擊殘酷的刑訊逼供和有罪推定，提出了無罪推定的理論構想：「在法官判決之前，一個人是不能被稱為罪犯的。只要在還未斷定他違反破壞國家給予承諾的保護契約前，不能任意剝奪國家對他的保護。」

　　無罪推定原則是現代法治國家刑事司法通行的一項重要原則，是國際公約確認和保護的基本人權，也是聯合國在刑事司法領域制定和推行的最低限度標準之一，所以世界人權宣言第十一條第一項規定：「凡受刑事控告者，在未經獲得辯護上所需的一切保證的公開審判而依法證實有罪以前，有權被視為無罪。」有些國家是將這種權利規定在憲法中，例如義大利、葡萄牙。我國刑訴法第一百五十四條第一項，被告未經審判證明有罪確定前，推定其為無罪。

二、證據裁判原則

　　刑訴法第一百五十四條第二項後段規定：「無證據不得認定犯罪事實」，法條雖僅就「犯罪事實」規定「應依證據認定之」，但不表示犯罪事實以外其他事實不需要證據即可認定。所有事實皆需以證據認定，只不過「犯罪事實」是藉以確定刑罰權的基礎事實，所以在事實認定需要的證據自應比其他事實認定所需要證據更為嚴謹。可參考日本刑訴法第三百十七條規定：「事實應依證據認定之」，未侷限於「犯罪」，用字更為周延❷。

　　另最高法院九十三年台上字第二二五一號判決，於判決要旨中表示：「法院所應調查之待證事項，依其內容，有實體爭點及程序爭點之分；而其證明

❷　林俊益，《刑事訴訟法概論（上）》，頁 368–377，新學林，2010 年 9 月十一版。

方法，亦有嚴格證明及自由證明之別。實體之爭點，因常涉及犯罪事實要件之該當性、有責性及違法性等實體法上事項，均與發見犯罪之真實有關，自應採取嚴格之證明，故其證據調查之方式及證據能力，均受法律所規範，適用直接審理原則……」。

三、自由心證主義

刑事訴訟法就證據之證明力，採自由心證主義。刑事訴訟法第一百五十五條第一項規定：「證據之證明力，由法院本於確信自由判斷。」「自由」二字極易造成一般民眾誤解，誤認法官判斷證據之證明力，無須任何憑據，可不受限制，完全取決於個人意志，故同條文後段規定「但不得違背經驗法則及論理法則」。另外二○○四年七月二十三日司法院大法官釋字第五八二號解釋，「證據裁判原則以嚴格證明法則為核心，亦即認定犯罪事實所憑之證據，須具證據能力，且經合法調查，否則不得作為判斷之依據。」簡單的說，就是法官採用的證據必須先經法庭調查，在能夠認定犯罪事實情況下才可採用。

四、被告自白強度減弱

刑事訴訟法第一百五十六條規定，被告之自白，非出於強暴、脅迫、利誘、詐欺、疲勞訊問、違法羈押或其他不正之方法，且與事實相符者，得為證據（第一項）。被告或共犯之自白，不得作為有罪判決之唯一證據，仍應調查其他必要之證據，以察其是否與事實相符（第二項）。同時檢察官須對自白任意性負責舉出證明方法，以免造成法官因具瑕疵之自白而產生不利被告的心證，以求保證被告權益。

為保障被告人權，維護程序正義，兼顧社會公益，刑事訴訟法規定違背法定障礙事由與禁止夜間詢問所取得自白及不利陳述，不得作為證據。

五、排除非法取得證據

刑事訴訟法第一百五十八條之二第一項規定「違背第九十三條之一第二項、第一百條之三第一項之規定，所取得被告或犯罪嫌疑人之自白及其他不

利之陳述，不得作為證據。但經證明其違背非出於惡意，且該自白或陳述係出於自由意志者，不在此限。檢察事務官、司法警察（官）詢問受拘提、逮捕被告，或犯罪嫌疑人時，違反第九十五條第二款、第三款❸規定時，亦準用第一百五十八條之二第一項規定。」對於應具結而未具結所取得證言、鑑定意見，亦不得作為證據。另得在斟酌人權保障及公共利益均衡維護情況，由法官對司法警察（官）因違背法定程序取得之證據，認定其有無證據能力。

六、傳聞法則規定及確認審判外陳述證據能力

　　我國刑事訴訟採直接審理原則及言詞審理原則，保障被告之反對詰問權，規定被告以外的人在法院審判外所為言詞或書面陳述，原則上不得採為證據，但為兼顧現實需要及發現真實，在司法警察（官）的陳述及其他紀錄、證明文書在符合必要性、可信性要件下，本於例外從嚴立場，可以有證據能力❹。

七、證人個人意見排除

　　證人之個人意見或推測之詞，除以實際經驗為基礎者外，不得作為證據❺。

八、交互詰問運作

　　改良當事人進行主義架構下，訴訟程序進行應由當事人扮演積極主動角色，當事人之間對立辯證為主軸，有關詰問證人、鑑定人之次序、方法、限

---

❸　刑事訴訟法第 95 條：

　　訊問被告應先告知左列事項：

　　一、犯罪嫌疑及所犯所有罪名。罪名經告知後，認為應變更者，應再告知。

　　二、得保持緘默，無須違背自己之意思而為陳述。

　　三、得選任辯護人。

　　四、得請求調查有利之證據。

❹　參見刑事訴訟法第 159 條至第 159 條之 5。

❺　參見刑事訴訟法第 160 條。

制、內容，即為人證調查核心程序。在眾多原則下有一個基本主軸，就是證人由誰聲請傳喚，就由誰先行主詢問，次由對方進行詰問，期能透過詰問程序運作，辨明供述證據的真實性❶❻。

貳、證據種類

一、直接證據與間接證據

直接可以用來證明法律上需要證明的事實者，稱為直接證據；如果僅用以證明推測法律上需要證明事實存在者為間接證據。在法定證據主義下，直接證據與間接證據區別頗為重要，但在自由心證主義下，此二者在法律上並無區別實益。

二、本證與反證

對於某種事實負舉證責任一方所提出證據稱為本證，刑事訴訟法第一百六十一條，檢察官就被告犯罪事實，應負舉證責任，並指出證明之方法。同法第三百二十九條，檢察官於審判期日所得為之訴訟行為，於自訴程序，由自訴代理人為之。上述為求法官在心證上產生確信效果的證據稱為本證；相對的，如果係妨礙法官在心證上產生確信證據則為反證。

三、供述證據與非供述證據

證據內容有證人敘述的稱為供述證據，例如警訊筆錄；沒有證人敘述內容的證據為非供述證據，例如槍械。供述證據屬傳聞的一種，刑事訴訟法第一百五十九條，被告以外之人於審判外之言詞或書面陳述，除法律有規定者外，不得作為證據。但向法官所為之陳述得為證據，向檢察官所為之陳述，除顯有不可信之情況者外，得為證據❶❼。另第一百五十九條之二規定，於檢

---

❶❻　參見刑事訴訟法第 166 條至第 167 條之 6、第 168 條之 1、第 170 條、第 171 條。

❶❼　刑事訴訟法第 159 條之 1：

　　Ⅰ 被告以外之人於審判外向法官所為之陳述，得為證據。

察事務官、司法警察官或司法警察調查中所為之陳述，與審判中不符時，其先前之陳述具有較可信之特別情況，且為證明犯罪事實存否所必要者，得為證據。

四、人證與物證

人證也稱口頭證據，係某人對某事基於所見、所知，以具結方式向法庭確認其屬實。以有形實體物作為證據者稱為物證，例如賄款、兇刀，或是因他人暴力而致受傷的肢體。

米蘭達宣言 (Miranda Warning)

好萊塢警匪片經常可以看到的場景，警察向犯罪嫌疑人說出的第一句：「你有權保持沉默。如果你不保持沉默，那你所說的一切都能夠用來在法庭作為控告你的證據。你有權在受審時請律師在一旁諮詢。如果你付不起律師費的話，法庭會為你免費提供律師。你是否完全瞭解你的上述權利？」

這就是著名的「米蘭達宣言」，或稱「米蘭達警告」(Miranda Warning)❶，即犯罪嫌疑人、被告在接受訊問時，有保持沉默和拒絕回答的權利。

一九六三年三月三日深夜，一位在美國亞利桑那州鳳凰城某影院工作的女孩下班回家時遭歹徒綁架並性侵。警察在三月十三日逮捕嫌犯米蘭達，並讓被害人指認，米蘭達亦坦承不諱同時自白，法院據此最後判決他有期徒刑三十年。在監獄服刑時米蘭達多次寫信給聯邦最高法院表示自己是被迫招供，警察違反憲法修正案第五條，強迫被告對自己作證，

Ⅱ 被告以外之人於偵查中向檢察官所為之陳述，除顯有不可信之情況者外得為證據。

❶ Miranda v. Arizona, 384 U.S. 436 (1966).

聯邦最高法院同意被告的觀點，認為被告雖然肉體未受強迫，甚至也沒有人直接告訴他必須招供，但卻存在「心理上」的壓迫。聯邦最高法院後來明確規定，訊問前警察必須明確告訴被訊問者下列權利：一、有權保持沉默；二、如果選擇回答，所說的一切都可能作為對其不利的證據；三、有權在受訊問時要求律師在場；四、如果沒有錢請律師，法庭有義務為其指定律師。

▶第三節　證據保全

證據保全的目的在發現真實、保障告訴人、犯罪嫌疑人或被告權益，而防止證據滅失或礙難使用的情形。

壹、保全階段

告訴人、犯罪嫌疑人、被告或辯護人於證據有湮滅、偽造、變造、隱匿或礙難使用之虞時，偵查中得聲請檢察官為搜索、扣押、鑑定、勘驗、訊問證人或其他必要之保全處分。檢察官受理前項聲請，除認其為不合法或無理由予以駁回者外，應於五日內為保全處分。如果檢察官駁回前項聲請或未於前項期間內為保全處分者，聲請人得逕向該管法院聲請保全證據[19]。

刑事訴訟法第二百十九條之三規定，保全證據聲請，應向偵查中之該管檢察官為之；如果案件尚未移送或報告檢察官者，應向負責調查之司法警察官或司法警察所屬機關所在地之地方法院檢察署檢察官聲請。

案件如進入第一審法院審判中，被告或辯護人認為證據有保全之必要者，得在第一次審判期日前，以調查證據方式，向法院或受命法官為聲請為保全證據處分。如果情形急迫時，亦得向受訊問人住居地或證物所在地之地方法院提出聲請，檢察官或自訴人於起訴後在第一次審判期日前，認有保全證據

---

[19]　刑事訴訟法第 219 條之 1。

之必要者，亦同❷。

貳、保全程序

一、偵查中

（一）聲請人：告訴人、犯罪嫌疑人、被告，或辯護律師。

（二）聲請要件：證據有湮滅、偽造、變造、隱匿或礙難使用之虞。

（三）受理機關：

　1.偵查中：該管檢察官。

　2.調查中：司法警察（官）所屬機關所在地之地方法院檢察署檢察官。

（四）聲請要式：以書狀提出❹。

二、審判中

（一）聲請人：告訴人、犯罪嫌疑人、被告，或辯護律師。

（二）聲請期間：得在第一次審判期日前。

（三）受理機關：

　1.法院或受命法官。

　2.情形急迫時得向受訊問人住居地或證物所在地之地方法院提出聲請。

（四）聲請要式：以書狀提出。

三、證據保全衡量

（一）對　人

　　金融犯罪犯罪嫌疑人或被告通常有在國外「生存」的能力，甚至在案發前已將部分犯罪所得隱藏於國外，為防範彼等畏罪潛逃，造成日後案件偵查追訴困難，財政部、金融監督管理委員會等，本有法律依據得向內政部入出國及移民署等對涉案人予以限制出境❷之行政機關，應主動依職權進行。依

---

❷　刑事訴訟法第 219 條之 4。

❹　刑事訴訟法第 219 條之 5。

據最高法院九十二年度台抗字第四二四號、九十三年度台抗字第五十七號、九十三年度台抗字第一四五號刑事裁定見解，認為限制出境係一種強制處分，必須由檢察官依刑事訴訟法第二百二十八條第四項規定訊問後為之較為適當❷。故行政機關在案件告發（移送）前，或擔心打草驚蛇，實可依《入出國及移民法》、《國民涉嫌重大經濟犯罪重大刑事案件或有犯罪習慣不予許可或禁止入出國認定標準》，以行政處分方式為之。

　　金融犯罪通常是結構性、集團性犯罪，所以為瞭解犯罪嫌疑人彼此有無犯意的聯絡對於如財報不實、內線交易，以及操縱股價，或未經許可經營期貨交易業務等通訊保障及監察法第五條第一項所列罪名（包括證券交易法第

❷　稅捐稽徵法第 24 條第 2 項：「在中華民國境內居住之個人或在中華民國境內之營利事業，其已確定之應納稅捐逾法定繳納期限尚未繳納完畢，所欠繳稅款及已確定之罰鍰單計或合計，個人在新臺幣一百萬元以上，營利事業在新臺幣二百萬元以上者；其在行政救濟程序終結前，個人在新臺幣一百五十萬元以上，營利事業在新臺幣三百萬元以上，得由財政部函請內政部入出國及移民署限制其出境；其為營利事業者，得限制其負責人出境。但已提供相當擔保者，應解除其限制。」
銀行法第 62 條第 1 項：「銀行因業務或財務狀況顯著惡化，不能支付其債務或有損及存款人利益之虞時，主管機關應派員接管、勒令停業清理或為其他必要之處置，必要時得通知有關機關或機構禁止其負責人財產為移轉、交付或設定他項權利，函請入出國管理機關限制其出國。」
銀行法第 62 條之 1：「銀行經主管機關派員接管或勒令停業清理時，其股東會、董事會、董事、監察人或審計委員會之職權當然停止；主管機關對銀行及其負責人或有違法嫌疑之職員，得通知有關機關或機構禁止其財產為移轉、交付或設定他項權利，並得函請入出國管理機關限制其出國。」
保險法第 149 條之 6：「保險業經主管機關依第一百四十九條第四項規定為監管、接管、勒令停業清理或命令解散之處分時，主管機關對該保險業及其負責人或有違法嫌疑之職員，得通知有關機關或機構禁止其財產為移轉、交付或設定他項權利，並得函請入出境許可之機關限制其出境。」

❸　被告經傳喚、自首或自行到場者，檢察官於訊問後認有第 101 條第 1 項各款或第 101 條之 1 第 1 項各款所定情形之一而無聲請羈押之必要者，得命具保、責付或限制住居。

一百七十一條或第一百七十三條第一項之罪；期貨交易法第一百十二條或第一百十三條第一項、第二項之罪），危害社會秩序或國家安全情節重大，而其通訊與案情相關，難以其他方法蒐集證據，則需向該管法院申請核發通訊監察書。

秘密通訊自由

　　秘密通訊自由是憲法所保障的基本人權，國家為偵辦犯罪，不得已要監聽人民的通訊，除了應有法律依據外，監聽的要件應該具體、明確，踐行的程序更應合理、正當，才能符合司法院釋字第六三一號解釋保障人民秘密通訊自由的意旨。

　　通訊保障及監察法在二〇〇七年十二月十一日修正施行，偵查中案件的通訊監察，改由法官審慎核發監聽票，國安監察案件改由臺灣高等法院專責法官審查後，已大幅降低監聽件數。至於一般通訊監察改由法官審慎核發，監聽件數及話線數亦大幅降低，例如：監聽新制施行前，二〇〇四年平均每月上線監聽 7,349 件、監聽 50,698 線，監聽新制施行後，平均每月上線監聽 1,514 件、監聽 5,580 線，前後相較，每月監聽件數已大幅降低僅剩 20.60%，且監聽線數亦大幅降低僅剩 11.01%[24]。

㈡對　物

　　在對物的強制處分中，搜索應屬強度高的處分，特別是對金融犯罪而言。能否以調卷或命交付方式達到證據保全目的，必須考慮到擠兌、或是股價爆跌等副作用，一旦決定搜索金融機構、上市（櫃）公司，除考量時機、編組等作業流程外，司法機關更應以哀矜勿喜的心態，嚴守偵查不公開的原則。對於已風聞而至的媒體，若勸導其離開無效，宜依刑事訴訟第一百四十四條規定，執行扣押或搜索時，得封鎖現場，禁止在場人員離去，或禁止前條所

---

[24]　2009 年司法院年終記者會公布資料。

定之被告、犯罪嫌疑人或第三人以外之人進入該處所。對於違反前項禁止命令者，得命其離開或交由適當之人看守至執行終了。

四、證據保管

司法警察（官）調查中由檢察官所為的證據保全，保全之證物由該管檢察官保管，檢察官得發交司法警察（官）查證。司法警察（官）調查中由法官所為的證據保全，由司法警察（官）所屬機關所在地之地方法院檢察署檢察官保管，檢察官得發交司法警察（官）查證。

檢察官受理保全之證物，地檢署另分保字案件，檢察官得以指揮偵辦方式，將保全之證物發交司法警察（官）查證；承辦之司法警察（官）應於查證完畢即歸還。該案經司法警察（官）調查完畢，如將案件移送檢察官偵辦時，該保字案件即併入本案。

五、證據排除

面對金融犯罪狡詐被告，以及不斷推陳出新的金融商品，司法警察機關在執行犯罪調查過程，事實上真可以用初一、十五不一樣來形容其瞬息萬變。程序正義當然是證據調查必須遵行的鐵律，可是面對已發生的急迫情況，要求彼等百分之百遵守程序正義而錯失取證機會，有其事實上困難，所以司法警察人員若在取證過程違法，應由法院對該證據加以排除是法治國家的通則。

美國在排除違法證據上是採強制排除理論，司法警察人員違法取證法院應立即排除該非法取得證據，法官並無裁量權。一九六一年聯邦最高法院在Dollree Mapp v. State of Ohio, 367 U.S. 643 (1961) 案表示：目前既已有過半數的州採取證據排除法則，而且加州最高法院也發現以其他方式防止執法人員非法取證，無論是行政懲處、民事或刑事訴訟，因取證困難及機關首長，或司法機關瞭解辦案需要而同情、維護執法人員等原因，無法有效達到目的，為維護司法正直 (Judicial Integrity)，依據聯邦憲法增修條文第十四條程序正當原則 (Due Process Clause) 的規定，聯邦憲法增修條文第四條之保護亦可用來對州政府主張，故非法搜索、扣押、逮捕取得證據在州法院也應該被排除。

美國對違法取得證據原則上採取強制排除制度，法官並無裁量權，但證據排除法則並不適用於大陪審團及民事等程序，而且聯邦最高法院認為，「憲法並無證據排除法則的規定，證據排除法則係司法機關所創設，以防止違法的方式，保護聯邦憲法增修條文第四條規定的權利」。證據排除法則既是司法機關所創設，法院當然可以修正，所以累積許多判例後，有彈劾被告 (The Impeachment Exception) 及善意的例外 (The Good-Faith Exception) 的證據排除法則例外存在❷❺。

　　另外一九二〇年美國最高聯邦法院認為，如果法院允許使用稅務機關未經合法程序扣押的 Silverthorne Lumber Company 帳冊，無異鼓勵警察機關規避憲法第四條修正案 (Circumvent the Fourth Amendment)，建立「毒果樹原則」(Fruit of the Poisonous Tree)❷❻。聯邦最高法院在 Nardone v. United States, 308 U.S. 338 (1939) 案中，對於非法監聽 (Tapping Wires) 取得資料，認定不得作為證據。並在 Walder v. United States, 347 U.S. 62 (1954) 案確定其範圍，認為不僅以違法方法取得證據應予以排除，其因違法方法取得的情報，再依該情報所蒐集證據亦應該排除。

　　我國刑事訴訟法第一百五十六條第一項，被告之自白，非出於強暴、脅迫、利誘、詐欺、疲勞訊問、違法羈押或其他不正之方法，且與事實相符者，得為證據。第一百五十八條之二第一項規定，違背第九十三條之一第二項、第一百條之三第一項之規定，所取得被告或犯罪嫌疑人之自白及其他不利之陳述，不得作為證據。但經證明其違背非出於惡意，且該自白或陳述係出於自由意志者，不在此限。檢察事務官、司法警察官或司法警察詢問受拘提、逮捕之被告或犯罪嫌疑人時，違反第九十五條第二款、第三款之規定者，準用前項規定（第二項）。第一百五十八條之三，證人、鑑定人依法應具結而未具結者，其證言或鑑定意見，不得作為證據，屬絕對排除的規定。

　　特別提醒司法警察機關或金融監理機關，在執行金融犯罪調查時必須跳

❷❺　吳巡龍，〈刑事證據法入門：證據排除〉，《月旦法學教室》，57 期，頁 60–70，2007 年 7 月。

❷❻　Silverthorne Lumber Company v. United States, 251 U.S. 385 (1920).

脫「被告自白」是倚天劍、屠龍刀的思維。司法院大法官釋字第五八二號解釋中表示：「刑事訴訟法據以規定嚴格證明法則，必須具證據能力之證據，經合法調查，使法院形成該等證據已足證明被告犯罪之確信心證，始能判決被告有罪；為避免過分偏重自白，有害於真實發見及人權保障，並規定被告之自白，不得作為有罪判決之唯一證據，仍應調查其他必要之證據，以察其是否與事實相符。基於上開嚴格證明法則及對自白證明力之限制規定，所謂『其他必要之證據』，自亦須具備證據能力，經合法調查，且就其證明力之程度，非謂自白為主要證據，其證明力當然較為強大，其他必要之證據為次要或補充性之證據，證明力當然較為薄弱，而應依其他必要證據之質量，與自白相互印證，綜合判斷，足以確信自白犯罪事實之真實性，始足當之」，以及著者在本章最後對法官進行質性研究分析結果應足以為調查人員借鏡。

　　刑事訴訟法第四百十六條第二項第一款規定，關於羈押、具保、責付、限制住居、搜索、扣押或扣押物發還、因鑑定將被告送入醫院或其他處所之處分及第一百零五條第三項、第四項❷所為之禁止或扣押之處分，受處分人若有不服者，得向所屬法院聲請撤銷或變更。經受處分人聲請而撤銷者，審判時法院得宣告所扣得之物，不得作為證據。第一百三十一條第四項規定，逕行搜索執行後未陳報該管法院或經法院撤銷者，審判時法院得宣告所扣得之物，不得作為證據。

　　二○○三年二月刑事訴訟法新增第一百五十八條之四❷，賦予法官應審酌人權保障及公共利益之均衡維護，就違背法定程序取得之證據，認定有無

❷　刑事訴訟法第 105 條第 3 項：「法院認被告為前項之接見、通信及受授物件有足致其脫逃或湮滅、偽造、變造證據或勾串共犯或證人之虞者，得依檢察官之聲請或依職權命禁止或扣押之。但檢察官或押所遇有急迫情形時，得先為必要之處分，並應即時陳報法院核准。」

　　第 4 項：「依前項所為之禁止或扣押，其對象、範圍及期間等，偵查中由檢察官；審判中由審判長或受命法官指定並指揮看守所為之。但不得限制被告正當防禦之權利。」

❷　除法律另有規定外，實施刑事訴訟程序之公務員因違背法定程序取得之證據，其有無證據能力之認定，應審酌人權保障及公共利益之均衡維護。

證據能力。至於人權保障及公共利益之均衡維護，如何求其平衡，因各國國情不同，學說亦是理論紛歧。若依實務所見，一般而言，違背法定程序取得證據之情形，常因個案之型態、情節、方法而有差異，法官於個案權衡時將斟酌：㈠違背法定程序之情節；㈡違背法定程序時之主觀意圖；㈢侵害犯罪嫌疑人或被告權益之種類及輕重；㈣犯罪所生之危險或實害；㈤禁止使用證據對於預防將來違法取得證據之效果；㈥偵審人員如依法定程序有無發現該證據之必然性；㈦證據取得之違法對被告訴訟上防禦不利益之程度等各種情形，以為認定證據能力有無之標準，俾能兼顧理論與實際需要。

法院辦理刑事訴訟案件應行注意事項第九十五條規定，檢察官對被告犯罪事實應負舉證責任，並指出證明之方法，係指檢察官除應就被告之犯罪事實負提出證據之責任外，並應負說服之責任，使法官確信被告犯罪構成事實之存在。而法院於第一次審判期日前，審查檢察官起訴或移送併辦意旨及全案卷證資料，依客觀之論理與經驗法則，從形式上審查，即可判斷被告顯無成立犯罪之可能者，例如：

㈠起訴書證據及所犯法條欄所記載之證據明顯與卷證資料不符，檢察官又未提出其他證據可資證明被告犯罪。

㈡僅以被告或共犯之自白或告訴人之指訴，或被害人之陳述為唯一之證據即行起訴。

㈢以證人與實際經驗無關之個人意見或臆測之詞等顯然無證據能力之資料（有無證據能力不明或尚有爭議，即非顯然）作為起訴證據，又別無其他證據足資證明被告成立犯罪。

㈣檢察官所指出之證明方法過於空泛，如僅稱有證物若干箱或帳冊若干本為憑，至於該證物或帳冊之具體內容為何，均未經說明。

㈤相關事證未經鑑定或勘驗，如扣案物是否為毒品、被告尿液有無毒物反應、竊占土地坐落何處等，如未經鑑定或勘驗，顯不足以認定被告有成立犯罪可能等情形。

法官應以裁定定出相當合理之期間通知檢察官補正證明方法。其期間，宜審酌個案情形及補正所需時間，妥適定之。

▶第四節 美國證據判定標準

英國思想家邊沁 (Jeremy Bentham) 曾說：「證據的範疇即為知識的範疇。」又說：「證據是正義的基礎。」證據的重要性不言可喻。證據規則或證據法是關於證據的可採性 (Admissibility)、相關性 (Relevancy)、價值量 (Weight) 和充分性 (Sufficiency) 以及證明責任 (Burden of Proof) 等問題的法律原則和規則的總稱。

英美證據法要求作為裁判根據的證據必須具有可採性，即該證據不是透過非法手段取得的，惟有經過米蘭達宣言和非法證據排除規則等有關證據可採性規則檢驗後的證據，才能被法庭採納作為認定事實的根據。否則，被告有權利以程序違法提出上訴。另外，英美證據法要求作為裁判根據的證據必須經過合法程式以提出以及交互詰問，傳聞證據不能被採納作為裁判的根據。

相關性包括實質性和證明性，實質性是指某一證據所證明的問題對於解決案件而言是否具有實質的意義；證明性則指某一證據所具有的使爭議問題可能更為真實或者更為不真實的一種傾向。因為證據必須作為裁判依據，故應有實質性。

美國的證據法具有對抗式訴訟和陪審團制度的特徵，證據在刑事案件作用是要讓法官、陪審團相信被告有罪，所以許多證據規則都是因應陪審團的功能而訂定。例如，舉證責任屬於原告和被告而不屬於法官。

依美國法律證據可以分為兩種類型 (Types of Evidence)，即直接證據 (Direct Evidence) 和間接證據 (Indirect Evidence) 或旁證 (Circumstantial Evidence)；以及三種形式 (Forms of Evidence)，包括言詞證據 (Testimonial Evidence)、實物證據 (Tangible Evidence) 和司法認知 (Judicial Notice)。其中，實物證據即案件中的「展示物品」(Physical Exhibit)，它包括實在證據 (Real Evidence) 和示意證據 (Demonstrative Evidence)。前者指案件中「實實在在的東西」，如兇器、偽造的支票等。後者是透過一些視聽材料，以表明案件中的某些情況，如現場模型、圖示等。司法認知是指那些無須專門證明即可由法

官確認的事實，例如水的成分是 H_2O；舊金山市屬加州的司法管轄權；透過檢驗血液確定是否醉酒是一種可以採納的科學方法等。

對於任何一個國家的執法機關 (Law Enforcement) 而言，證據存在的價值在於證明犯罪事實，就刑事案件而言，證據必須「超越合理懷疑」(Beyond a Reasonable Doubt)，對於多數民事案件，要有讓第三人相信兩造中的一方超出另一方的證據。

壹、超越合理懷疑 (Beyond a Reasonable Doubt)[29]

在美國國稅局所出版的 *Financial Investigation: A Financial Approach Detecting And Resolving Crimes* 乙書中提到，基於「無罪推斷」原則，在判決確定前應假設其無罪，法治國的刑事訴訟程式中被告是否有罪應由國家負舉證責任，刑事訴訟中確立的證據標準被稱為「超越合理懷疑」，即陪審團只有在檢方提出的證據能夠排除所有合理的懷疑之後，才可以判定被告人有罪。換言之，如果陪審團成員，在正常、謹慎情況下對被告是否犯罪仍存有合乎情理的懷疑，則陪審團會認為檢察機關提供的證據未達到「超越合理懷疑」的標準，就會判定被告無罪。

司法警察機關應切記，我們每天可以從報紙、八卦雜誌、電視談話節目得到許多關於個案的不同情節或是意見，但要說服陪審團不是到庭陳述這些「傳聞」，而是應評估所陳現在法庭證據是否能「超越合理懷疑」。所謂合理懷疑是一種確信的程度 (The Degree of Certainty)，或是處理日常生活中許多重要利害關係 (Transacting the More Important Concerns)。例如你每晚在住家附近散步，遇到十字路口會暫停，因路口有停車再開標示。突有一輛車在同一路口因看見標示而停，你與駕駛四目交錯，對方向你揮手示意，此時你知道可以穿越街口，你基於「超越合理懷疑」，相信車輛不會通過路口。

貳、優勢證據 (Preponderance of the Evidence)[30]

在民事訴訟中採取的是優勢證據 (Preponderance of the Evidence) 法則，

---

[29]　INTERNAL REVENUE SERVICE, *FINANCIAL INVESTIGATION: A FINANCIAL APPROACH DETECTING AND RESOLVING CRIMES*, 42–45 (1998).

[30]　Ibid.

根據該法則，在民事訴訟中應當比較雙方的證據的證明力或價值，來確定哪一方的舉證更為優越。所謂「優勢證據」(Preponderance of the Evidence) 是指證明某一事實存在或不存在的證據，其分量與證明力比反對的證據更有說服力，或者比反對的證據的可靠性更高。這樣在舉證方面處於優勢地位的一方的證據將獲得支持。例如，甲將一萬元存放在乙處，乙給甲開具一個收據，收據中記載乙收到了甲的一萬元，半年後甲找乙要求償還一萬元，乙提出該款項是甲委託其購買貨物的貨款，本案便涉及到優勢證據法則的問題。

「優勢證據」特點在於優勢證據法則並不是要比較雙方當事人舉證的數量而主要是比較雙方當事人證據的價值和證明力。優勢證據法則是建立在合理相信的原則的基礎上，也就是說，首先在比較雙方證據的證明力的基礎上，法官要支持哪一方當事人的請求或主張，必須確立該當事人所提出的證據能否達到使人合理相信的程度。也就是說儘管一方的請求與另一方的抗辯相比較，如果支援其請求的證據的證明力沒有達到能夠使人合理相信的程度，也不應該得到支持。只要證據的說服力可以使法官和陪審團能夠合理的相信該事實的存在，該證據克服了懷疑和疑問 (Overcome Doubt or Speculation)，即可以對該證據所證明的事實予以認定。第三，優勢證據主要適用於雙方當事人舉證的方向完全相反，提出的證據各執一詞，如果一方對另一方提出的證據沒有作出反駁，才能適用。優勢證據通常是雙方都要提出證據時才可能發揮作用，但是在舉證責任倒置原則下，無須雙方皆提出證據，自然不需要優勢證據規則。

參、簡明證明 (Clear and Convincing Evidence)[31]

除「超越合理懷疑」及「優勢證據」外，美國法上尚有另外一種證明程度的要求——「簡明證明」。「簡明證明」乃介於「超越合理懷疑」及「優勢證據」間之證明標準，其意義通常被認為是當事人說服法庭其陳述具有「高度可能性」(High Probable)。相對於「超越合理懷疑」及「優勢證據」對某種權利之待證事實若要求優勢證據，未必能夠充分保障該等權利；若要求超越

---

[31]　Ibid.

合理懷疑，似乎又有過度保護情形，其結果將導致不當資源浪費或成本支出。美國法「簡明證明」通常是被利用在未達施以刑罰程度的人權侵害。例如強制在精神病院治療、停止親權、剝奪國籍及驅逐出境等。由於證明標準提高，原告滿足舉證責任難度隨之提高，法院較不易做出不利被告誤判，間接達到對於人權保障。換言之，前面所述的權利剝奪是刑事訴訟法上所保障的生命、自由與名譽等權利以外的權利剝奪。這些權利剝奪所造成的損害及影響雖高於對其單純財產上權利的剝奪，但尚無法與刑事訴訟法所保障的生命、自由與名譽等權利相等，因此採用中間標準使各待證事項舉證更為合理化❸❷。

肆、正當理由 (Probable Cause)

為了確保被告或犯罪嫌疑人的人身保護，以及對於政府行使政府權力的權限，美國憲法增修條文第四條規定：「人民有保護其身體、住所、文件與財物之權，不受無理拘捕、搜索與扣押，並不得非法侵犯。除有正當理由，經宣誓或代誓宣言，並詳載搜索之地點、拘捕之人或收押之物外，不得頒發搜索票、拘票或扣押狀」❸❸。

「正當理由」是核發搜索、羈押令狀的重要評估因素，司法警察機關必須對犯罪行為的所有事實、情況進行綜合研判，確認其合理可信，被告、犯罪嫌疑人，或是相關事證確實在內者，據以向法院提出拘提、搜索聲請。整體而言，「正當理由」證據強度須高於單純直覺 (Hunches) 或懷疑 (Suspicion)，但低於優勢證據 (Preponderance of the Evidence)。

---

❸❷　陳志龍，〈超越合理懷疑與證據證明〉，《臺北大學法學論叢》，第 69 期，頁 187–223，2009 年 3 月。

❸❸　Amendment IV: The right of the people to be secure in their persons, houses, papers, and effects, against unreasonable searches and seizures, shall not be violated, and no warrants shall issue, but upon probable cause, supported by oath or affirmation, and particularly describing the place to be searched, and the persons or things to be seized (1791).

伍、可疑情事 (Suspicious Situation)

　　相較於「超越合理懷疑」，「可疑情事」是在光譜儀的另一端。美國聯邦最高法院一九六八年在 Terry v. Ohio, 392 U.S. 1 (1968) 案中認為，警察如對犯罪嫌疑人有合理懷疑 (Reasonable Suspicion)，認為其已完成犯罪，或正著手進行，雖無「正當理由」證據，但基於自我保護前提，認有「可疑情事」❸❹存在時，對嫌疑人進行盤查，或是對其衣物「簡易搜索」(Quick Surface Search) 以確認是否攜帶犯罪工具或武器，甚至留置 (Detainment)，並未違反美國憲法增修條文第四條對於不合理搜索扣押 (Unreasonable Searches and Seizures) 的禁止規定。

▶第五節　小　結

　　金融調查目的在於搜集、分析相關證據，讓證據物件透過交互詰問的嚴格檢驗，成為證據資料，讓被告認罪，或是能形成法官有罪的心證，簡言之，要讓搜集來的證據「說話」，具有證據能力。當然被告或辯方律師在詰問過程必定先從證據取得是否合乎法律規定、有無經過合法調查程式進行檢視，希望透過程式來「否定」檢方所提出的證據，特別是在無被害者 (Non-victims) 的犯罪，例如金融犯罪。辯方最喜愛檢調所移送法院的證據中有仍需倚賴調閱相關文書、帳冊資料的情況，特別是這些證據資料是被告所持有，而檢方未能或是無法在強制處分過程中取得，例如海外交易資料。重大金融犯罪定罪率低在目前社會氛圍確實傷害到民眾法律感情，經過實證研究❸❺發現：不同司法機關對於金融犯罪原因及防制對策的看法其實存有差異。

---

❸❹　可疑情事必須建立在「顯明而足資判斷」的事實，而非單純警察的感覺。(This reasonable suspicion must be based on "specific and articulable facts" and not merely upon an officer's hunch.)

❸❺　詹德恩，〈金融犯罪成因及防制對策之研究——以司法、金融監理及金融機構人員之觀點為核心〉，國立中正大學犯罪防治所博士論文，2006 年。

　　雖是笑話但卻有其可信度，司法界流傳，調查局只要達到「合理懷疑」(Reasonable Doubt) 就可以偵辦移送，檢察官標準稍高，但不過是「證據明確」(Clear and Convincing Evidence) 即可起訴。透過金融調查，提升證據的證明力，並經得起交互詰問嚴格的合法調查程式，方有機會說服法官，認定「犯罪事實」存在，亦為改善重大金融犯罪定罪率偏低的不二法門。

法官不喜歡的證據思維[36]

- 以被告自白為證據的思維。
- 被告未自白，筆錄卻載為被告已自白。
- 被告僅出聲（哼），或未出聲，筆錄卻載為承認。
- 被告僅作部分陳述，筆錄超過陳述內容自行加載。
- 被告僅就非構成要件部分陳述，筆錄卻記載構成要件部分之陳述。
- 共犯時事實並無可區別性，僅追查部分被告，其餘未進行調查追訴。
- 向被告偽稱其他共同被告已承認，或勸說某被告先予承認，辦案人員將向法官求情免於受羈押。
- 社會矚目案件，未完全調（偵）查妥適即遽予起訴或移送。
- 就被告所述遭受刑求部分，「剛好」未錄音，或向法院表示錄音資料佚失。
- 性侵案件被害人，或重大金融案件之證人，僅進行表相詢問，並未就被告涉案經過或與本案有關之事實就其見聞事實為充分詢問，至審判時法官傳喚，被害人、證人或另有考量，或已不復記憶，或客觀上已無法傳喚到場，致失去對訴訟事實釐清先機。
- 對本案所附證據之證據能力有誤會，致未取得關鍵性證據，致被告有脫罪空間。

---

[36]　係整理著者於 2005 年 6 月至 12 月間，訪談平均年資超過 15 年的 6 位法官資料而得。

第 **7** 章

洗
錢

　　我國洗錢防制法自一九九七年施行迄今已逾十四年，疑似洗錢交易申報 (Suspicious Activity Reports, SARs) 數量雖不能完全呈現一個國家防制洗錢系統是否健全，但是卻能在某種程度反映金融機構對金融犯罪防制的重視程度，特別是與同一時期建置洗錢防制機制香港、日本相比較之下，臺灣金融機構仍有很大的進步空間。

　　在前總統陳水扁因貪瀆洗錢案為司法機關偵辦後，金融監理機關似乎才意識到臺灣的金融體系可能成為被有心者利用作為洗錢管道的危機，故加強對於洗錢防制的金融檢查，據瞭解二〇一〇年申報量有可能超過四千件，雖然此種趨勢值得鼓勵，但恐已衍生另一個問題，即負責受理申報的調查局洗錢防制處是否有足夠人力能承擔，因為目前僅有九人負責受理疑似洗錢交易報告❶。

本章學習目標

・洗錢的管道及步驟
・國際防制洗錢組織的標準
・美國法例及我國現況
・執行「認識客戶」

表 7.1　　日本、香港、臺灣疑似洗錢申報統計 ❷　　　　　　單位：件

時間 國家	2006	2007	2008	2009
日本	113,860	158,041	235,260	272,325
香港	14,557	15,457	14,838	16,062
臺灣	1,034	1,741	1,643	1,845

---

❶　《法務部調查局洗錢防制年報》，頁 10，2009 年。
❷　資料來源：法務部調查局、香港聯合財富情報組 (JFIU)、日本犯罪收益移轉防止管理官方 (JAFIC) 網頁。

▶第一節 洗錢的過程

壹、何謂洗錢

簡單地說，洗錢是將髒錢進行漂白，以切斷司法機關的追緝。多數犯罪的目的就是為實行犯罪活動的個人或組織謀取利益，洗錢則是對這些犯罪所得進行加工處理，隱藏掩飾其非法來源。透過洗錢可讓犯罪嫌疑人或被告享用其非法所得而且避免非法收入來源遭司法機關沒收，所以洗錢對於有收益的犯罪行為就特別重要。

人口販運、毒品製造銷售、保險欺詐、行賄受賄、組織賣淫、內線交易，以及非法侵占，都可能為被告帶來鉅額利益，洗錢能夠將這些非法所得「合法化」。不讓外界瞭解其從事非法活動的事實和這些犯罪活動的參與人員。他們透過偽裝資金來源、改變資金形態或將資金轉移到其他不易受他人關注的地方來實現其目的。

洗錢通常可定義為隱藏資金的存在及其非法來源，或使用犯罪所得收入，並偽裝其收入來源使其表現為合法所得的過程。洗錢也可指任何隱藏或偽裝非法所得的真實情況，使其表現為源自合法經營活動所得的活動。洗錢的核心是詐欺，因為透過資產的偽裝，讓型式上有了合法收入的外衣，或將其偽裝成是與真正所有者不存在任何關係的第三方所擁有，以遮蔽矇騙司法機關的注意。一九八九年「打擊清洗黑錢行動特別組織」(Financial Action Task Force, FATF) 將洗錢定義為：

一、明知來源為犯罪所得，為了隱藏或偽裝其非法來源或協助任何參與犯罪的個人逃避其犯罪活動的法律制裁，而將財產予以轉移。

二、明知來源為犯罪所得，而隱藏或偽裝其真實性質、來源、所在地、其位置、移動、與財產相關的權利或財產所有者情況。

三、明知其來源為犯罪所得或參與犯罪所得，而占有、擁有或使用這些財產。

洗錢定義的另一重要構成要件是「明知」，前開三點中，都提到了「明知

其源於犯罪所得」。FATF 關於洗錢的四十項建議和歐盟關於防止利用金融系統進行洗錢和恐怖融資第三條指導方針都明確指出，證明洗錢犯罪行為包括可從「客觀事實情形」推斷出來的心理狀態來證明洗錢犯罪的「意圖」和「明知」。而在美國對於是否「明知」必須考慮「有意忽視」(Willful Blindness) 是否存在，以判斷是否有洗錢的該當。所謂「有意忽視」係指「故意避免瞭解事實」或「有意對其漠不關心」。因為有意忽視等同於事實上知道資金的非法來源或知道洗錢交易中某一客戶的真實意圖。

　　二〇〇一年十月 FATF 將資助恐怖分子 (Terrorism Financing) 也納入了洗錢犯罪，擴大了洗錢犯罪的內涵。然而洗錢所涉資金主要來自犯罪所得，如毒品走私和欺詐，而資助恐怖分子所涉資金的來源卻往往各不相同。

　　我國洗錢防制法第二條規定，本法所稱洗錢，指下列行為：一、掩飾或隱匿因自己重大犯罪所得財物或財產上利益者。二、掩飾、收受、搬運、寄藏、故買或牙保他人因重大犯罪所得財物或財產上利益者。

貳、洗錢三階段

　　洗錢通常包括一系列非常複雜的交易，這些交易往往難以區分。通常我們可將其分為三個階段：

一、處理 (Placement)

　　第一階段為處理犯罪活動所得現金，洗錢人員將非法所得引入到金融系統中，透過國內和國際金融機構、賭場、商店、貨幣兌換所、和其他商業企業，將其投入流通。可能涉及下列交易：

㈠將大筆現金拆分為小筆現金，分散直接存入銀行帳戶。

㈡將現金走私出國境，存入外國金融機構，或購買諸如藝術品和貴金屬和寶石之類的高價值商品，再次出售獲得以支票或銀行轉帳形式的支付。

二、離析 (Structuring)

　　經過層層金融交易，模糊其來源，將非法所得與其真實來源分離開來。

包括將犯罪所得轉變為其他形式，並建立層次複雜的金融交易來偽裝資金的來源與真實所有者，避免追查蹤跡。該階段交易可能有下列情形：

㈠將現金存款從一個帳戶電匯到另一個帳戶。

㈡將現金存款轉變成金融票據（如旅行支票）。

㈢出售昂貴商品和金融票據。

㈣投資不動產與合法企業。

㈤利用在境外金融中心註冊設立的紙上銀行進行電匯。

三、整合 (Layering)

透過以普通商業資金的形式再次進入總體經濟體系，為非法資金提供表面合法的掩護。洗錢人員可能選擇將資金投資到不動產、奢侈品或正當合法的商業。這一階段包括將已經洗白的資金重新投放到實體經濟中，成為合法企業資金。經過整合階段後，若要再區分何為合法或何為非法財富就難上加難了。

參、洗錢管道

為防止各國司法（警察）機關追緝犯罪資金來源以及流向、查獲真正幕後金主或破獲整個組織，犯罪集團會透過各種不同管道洗錢，一來保護組織的命脈，並斷絕司法（警察）機關，透過資金流向，拼出整個犯罪集團的圖像。

一、以合法企業掩護非法

將合法與非法資金混合，藉由企業的商業行為作為掩護，是洗錢的重要管道。

二、製造不實之進出口交易

將進口價格以低報高，或是製造不存在的假交易，將黑錢匯至國外。

三、現金攜帶與走私

利用航空（輪船）公司的從業人員，或是經常入出國境的單幫客攜帶入出境。

四、透過金融機構交易 (Transaction Through Financial Institutions)

利用銀行、證券公司等進行交易。

五、透過非傳統金融機構的方式

與珠寶商、外幣兌換所進行交易，甚至使用儲值卡，或其他類型塑膠貨幣作為洗錢的工具。

六、使用電子銀行 (Electronic Banking)

以網際網路進行的各種金融交易活動，其具有隱密性 (Anonymous)；快速性 (Rapid)、不易辨識性 (Uneasy to Identify Unauthorized Access)、跨國性 (Transnational)，以及難以追蹤 (Untraceable) 等特性，極易被犯罪者利用作為洗錢之管道。

七、地下通匯 (Alternative Banking)

地下通匯系統係指透過不受任何權責機關管理、監督及審計的體制外地下金融業，將資金自甲地匯至乙地。其方式有可能透過電話、傳真、網路或與正式銀行體系混合 (Intertwine) 運用，特色是資金有匯兌之名，卻無匯兌之實 (Transfer Without Movement)。此種方式快速、隱密、簡便，不留下任何痕跡，可以規避主管機關對於貨幣的管制及在資金移轉過程中書面資料的掌控，容易為被洗錢者所利用。

八、非營利組織 (Non-Profit Organization)

世界各先進國家對非營利組織，包括社會服務、慈善團體、福利機構、

慈善基金會、寺廟教堂等，或因管理機關事權未見統一，或因相關法規的不全與限制，或因承辦人員欠缺專業能力，以致無法嚴格監督審核，造成非營利組織之財產、資金、財務，易遭操控及誤用，甚至被恐怖分子組織利用作為募集資金與洗錢之管道。

肆、造成的損害

過去金融專家擔心洗錢防制法令會危及金融市場自由化，或開放金融市場會推動洗錢犯罪的發展，這些擔憂基本上是沒有根據的。在很多國家，洗錢已經威脅到其國內的經濟和金融系統，目前全球金融業多數認為應加強對於洗錢的防制。

洗錢和資助恐怖分子可能摧毀各國的經濟穩定、證券市場繁榮以及良好的社會秩序。這些犯罪可能發生在任何一個國家，但在發展中國家或新興市場經濟國家以及金融體制脆弱的國家發生可能造成更為嚴重的影響和後果。因為這些國家和經濟往往規模較小，容易被犯罪勢力和恐怖分子勢力攪亂，因此洗錢活動的負面影響在這些國家往往會被擴大。

洗錢和資助恐怖分子可能導致下述各種影響：

一、增加犯罪和貪腐

成功的洗錢可增加犯罪的收益，一個國家成為洗錢天堂就會吸引大量潛在的犯罪分子進入該國。

二、威脅合法商業活動

眾所周知，洗錢會利用合法商業活動掩飾非法資金來源，嚴重衝擊個體經濟。犯罪集團會利用表面上為合法的公司或企業從事合法經營活動，但這些公司或企業其實受控於犯罪分子，他們將非法活動所得與合法經營所得資金混合，來隱藏其真實收入來源。

三、影響金融機構競爭力

洗錢和資助恐怖分子可能危害一個正常金融機構發展，因為其會對單個銀行或其他金融機構，如證券公司和保險公司等的穩定性造成負面影響。事實上，犯罪活動一直與全世界一些銀行的破產具有直接聯繫，即曾涉入為販毒組織、軍火商及獨裁者洗錢。例如在一九九一年被英格蘭銀行接管後宣布關閉的國際信貸商業銀行 (Bank of Credit & Commerce International, BCCI)。

國際信貸商業銀行 (Bank of Credit & Commerce International, BCCI)

一九七二年在盧森堡 (Luxembourg) 註冊成立，創始人是巴基斯坦人阿貝迪 (Agha Hasan Abedi)。

BCCI 的高級主管利用境外金融中心為哥倫比亞犯罪集團洗錢，金額高達三千兩百萬美元，遭罰款一千五百萬美元，故有「海洛因銀行」(Cocaine Bank) 之稱。

BCCI 為恐怖組織提供援助，恐怖組織在全球進行恐怖活動需要鉅額資金支持，而這些資金的轉移就是通過銀行洗錢來完成的。如基地組織領導人賓拉登 (Osama bin Laden) 的父親是 BCCI 的股東，「九一一事件後」美國媒體曾報導，雖 BCCI 已倒閉，但賓拉登在該行亦設有數個帳戶，而且該組織機構和各種人際網絡仍為賓拉登恐怖組織的洗錢活動發揮作用。另外美國中央情報局也曾藉由 BCCI 向尼加拉瓜反對勢力提供資金，以及軍火交易。

BCCI 因使用境外金融中心，因此有非常長的時間沒有任何政府的金融監理機關予以監督。一九八八年，因該銀行涉及欺詐交易引起美國司法部注意，在美國海關 (US Customs)、國稅局 (IRS)、緝毒局 (DEA)，

以及聯邦調查局 (FBI) 的合作下，開展了代號 C❸的調查行動。調查發現該銀行為販毒集團洗錢，金額高達三千四百萬美元，並於一九九〇年起訴包括 BCCI 的經理人在內數十位被告。

一九九〇年十一月，英格蘭銀行董事會收到一份報告，報告是根據從阿貝迪的得力助手，國際信貸商業銀行的經理斯沃勒‧納克維那裡搜出的一份私人檔案寫出的，詳盡提供了通過這家銀行進行鉅額詐騙的證據。在納克維檔案中列舉的犯罪行為中，包括轉移存款、向阿貝迪的朋友們假貸款、以及通過其他銀行為這些詐貸所得進行掩飾隱匿。

一九九一年一月，英格蘭銀行董事會獲知國際信貸商業銀行的未入帳存款累計約有六億美元，遂於三月授權獨立會計師事務所對 BCCI 進行審計，同年七月下令關閉 BCCI。

四、危害經濟政策及決策

洗錢過程中涉及大量貨幣，在一些新興市場國家這些非法所得可能使政府的預算相形見絀，原因為因洗錢而在總體經濟統計方面產生的計算失誤，導致政府和決策者失去了對經濟政策制定的控制權。

五、稅收損失

犯罪活動中避稅可能具有最顯著的總體經濟影響，洗錢減少了政府稅收，間接損害誠信納稅人的利益。

六、國家名譽受損

打擊清洗黑錢財務行動特別組織 (FATF) 二〇〇〇年至二〇〇六年，每年公布「不合作國家（地區）」(Non-Cooperative and Territories, NCCT) 要求所有會員國對於與前述名單上國家（地區）機構的金融交易應嚴格予以審查。

---

❸ C 代表 Cash。

▶第二節　國際防制洗錢組織及標準

壹、打擊清洗黑錢財務行動特別組織 (Financial Action Task Force, FATF)❹

　　一九八九年在防制洗錢領域是非常重要的一年，七大工業國 (G7)❺ 在巴黎舉行年度經濟高峰會議，席間發起成立 FATF，並以法國作為該工作小組的第一任主席國。FATF 最初被稱為七大工業國國際金融反洗錢特別工作小組，如今已經發展成為世界各國政府打擊洗錢犯罪活動的最重要的推動力量，目前該組織秘書處仍設於法國巴黎。當然，國際貨幣基金組織 (IMF) 和世界銀行亦在防制洗錢議題上努力推動。

　　該組織在二〇〇〇年會員國數量已達三十一個，二〇一〇年會員國數量則增加到目前的三十六個。而成為 FATF 會員國必須符合下列標準：

一、有其策略上的重要性。

二、FATF 地區型組織 (FATF-Style Regional Body) 的正式成員並積極參與該組織的活動。

三、由部長或具有相同層級的個人提交一份正式函件，做出書面政治承諾，在一合理時間限制內執行 FATF 建議，並實施互相評估程序 (Mutual Evaluation)❻。

四、將洗錢和資助恐怖分子予以罪刑化，要求金融機構確認其客戶身分，保持客戶交易記錄並報告可疑交易，並建立有效的金融情報中心 (FIU)。

　　下列是與 FATF 有聯盟關係的組織機構：

一、亞太防制洗錢組織 (Asia Pacific Group on Money Laundering, APG)。

二、歐洲議會評估反洗錢措施特設專家委員會 (Committee of Experts on the

---

❹　資料來源：FATF 官網，http://www.fatf-gafi.org，最後瀏覽日期：2011/3/26。

❺　加拿大、法國、德國、義大利、日本、英國及美國。

❻　參見本章第四節

Evaluation of Anti-Money Laundering Measures and the Financing of Terrorism, MONEYVAL)。

三、南美反洗錢特別工作小組 (Financial Action Task Force of South America Against Money Laundering, GAFISUD)。

另有一些國際團體和組織具 FATF 的觀察員地位,是 FATF 地區型組織,並擁有與 FATF 相似的形式和職能。有些 FATF 會員國同時也是這些組織的成員。

一、加勒比海地區金融反洗錢特別工作小組 (The Caribbean Financial Action Task Force, CFATF)

二、歐亞反洗錢組織 (The Eurasian Group on Combating Money Laundering and Financing of Terrorism, EAG)

三、東南非洲反洗錢組織 (The Eastern and South African Anti-Money Laundering Group, ESAAMLG)

四、西非官方反洗錢組織 (Inter Governmental Action Group against Money Laundering in West Africa, GIABA)

五、中東北非反洗錢特別工作小組 (The Middle East & North Africa Financial Action Task Force, MENAFATF)

只要介紹打擊清洗黑錢財務行動特別組織,就必須提到該組織所制定出的《四十項建議》(Forty Recommendations)。目前四十項建議已是全球各國訂定防制洗錢法律的基本準據。一九九〇年首次公布的四十項建議包括法律制度 (Legal System)、金融及非金融機構體系應有標準 (Measures Taken by Financial and Non–Financial Institution)、制度性措施 (Institutional Measures),以及國際合作 (International Co–operation) 四大部分。其中的建議 1-3 屬於法律制度,旨在對洗錢行為罪刑化;建議 4-25 為金融及非金融機構體系應有標準,內容包括金融機構對客戶認識、審查,以及交易紀錄留存;建議 26-34 是制度的建立,例如建立獨立而且有充分職權的金融情報中心;建議 35-40 係對國際合作予以原則性建議,包括司法互助、引渡等。

四十項建議先後在一九九六年曾經修正,二〇〇一年發生美國「九一一

事件」後，FATF 將防堵恐怖主義組織的資金議題亦納入其任務，並於同年十月公布《八項反恐特別建議》(8 Special Recommendations)，是項建議主要目標在於斷絕恐怖主義組織的金援，並用以補充原有的四十項建議。二〇〇三年復予修訂，最近一次修正為二〇〇四年十月。目前這個標準已成為全球性防制洗錢的藍圖，國際貨幣基金組織和世界銀行更將四十項建議視為打擊洗錢和資助恐怖分子的國際標準。

　　FATF 認為由於各國擁有不同法律和金融體系，因此他們不能使用單一的完全相同的措施來打擊洗錢和資助恐怖分子，建議為各國根據其特殊現實情況與憲法框架執行建議，設定最低執法標準。

　　打擊恐怖主義組織已成為世界防制洗錢的趨勢，故 FATF 在二〇〇三年修訂的四十項建議時將打擊防堵非法資金流動納入，其範圍包括：

一、將打擊資助恐怖分子列入。

二、擴大各國法律所應涵蓋的行業種類，包含房地產經銷商、貴金屬交易商、會計師、律師以及信託服務提供商。

三、就認識客戶及實質審查等予以具體化的執行程序，包括對高風險客戶與往來交易的強化身分識別措施。

四、對於洗錢的前置犯罪❼(Underline Crime) 予以更明確定義。

五、對於境外金融中心設置的紙上銀行❽(Shells Bank) 嚴格禁止，並應提高法人及公司戶的透明度。

六、加強防衛性的條款，特別是對跨國資助恐怖分子調查的國際合作條款。

　　二〇〇四年十月，FATF 通過第九項特別建議，呼籲會員國停止與資助恐怖分子和洗錢有關聯的跨境貨幣以及金融票據流通，並沒收相關資金，同時呼籲各國加強對於洗錢和資助恐怖分子情資共享。

　　現行四十項建議重點如下：

---

❼　即我國洗錢防制法所規定的「重大犯罪」。

❽　在洗錢天堂 (Money Laundering Havens) 例如加勒比海、南太平洋的一些國家，申請設立銀行只要繳交數百元美金的註冊（登記）費，以及在該國有一聯絡地址或郵政信箱，這種銀行通稱「紙上銀行」。

㈠指定的犯罪類型

將洗錢的前置犯罪予以明確化。在其詞彙表 (Glossary) 中將跨國組織犯罪、恐怖分子、貪污、人口販運、詐欺、內線交易及操縱股價等列為前置犯罪 (Designated Categories Offences)。

㈡「意圖」(Intent) 及「明知」(Knowledge) 作為刑責構成要件

從客觀實際情況若可推斷有洗錢之事實，即可推論被告對犯罪行為「明知」，這與一些國家中的「漠視」(Willful Blindness) 或對事實瞭解故意逃避 (Deliberate Avoidance of Knowledge of the Facts) 類似。另建議對法人施加刑事責任，若刑事處罰不可行時，則應對其課以民事或行政責任。

㈢擴大金融機構範圍

將賭場、房地產經紀人、貴金屬和寶石交易商、律師及公證人、會計師，以及提供信託服務者列入金融機構。

㈣最終受益人 (Beneficial Ownership)

提高對企業及信託財產的最終受益人的透明度，金融機構應辨別瞭解誰是真正最終受益人，並採取合理措施以核對彼等身分，若不能確定帳戶的受益人，不應為其開立帳戶或業務往來。

㈤建立客戶實質審查 (Customer Due Diligence, CDD) 措施

金融機構必須認識客戶並使用可靠、獨立原始檔案、資料和資訊來核對客戶身分。金融機構應採取合理措施辨別最終受益人，核對受益人的身分，以瞭解確認真正最終受益人。對於法人和以其他法律關係委任的客戶，應採取合理步驟，瞭解客戶所有權關係和控制權結構。

㈥建立對政治敏感人物 (Politically Exposed Person, PEP) 和關係帳戶的客戶實質審查

建議金融機構對高風險業務領域或有可疑政治背景的人物的交易實施更為嚴格的客戶實質審查。FATF 認為應對諸如包括金融機構的關係人和政治敏感人物之類的高風險客戶，以及其交易實施強化實質審查❾。

㈦匿名帳戶 (Anonymous Account or Account in Obviously Fictitious

---

❾ 目前新加坡、香港皆已實施。

Name) 禁止

金融機構不應給予任何匿名或明顯使用假名開設的帳戶。

㈧紙上銀行 (Shell Bank)

各國不應准許紙上銀行設立或允許其繼續經營，金融機構應拒絕與其建立或保持業務關係。

㈨現金交易報告 (Cash Transactions)

建議指出各國應考慮建立現金交易報告體系❿。

㈩國際合作

各國在洗錢和資助恐怖分子調查中應迅速、積極且高效地提供盡可能廣泛的相互司法協助。

又前述八項反恐特別建議內容如下：

一、立即採取行動，批准和實施聯合國關於資助恐怖分子的相關文件，如一九九九年聯合國通過的《制止向恐怖分子提供資助的國際公約》。各國應立即執行聯合國關於防止和制止恐怖融資行為的決議，尤其是安理會第一三七二號決議。

二、將資助恐怖分子、恐怖分子行為以及其組織罪刑化，並將前述犯罪列為洗錢前置犯罪。任何個人，只要其以直接或間接手段，蓄意提供或收集資金，企圖將其(a)用於實施恐怖分子行為；(b)提供給恐怖組織使用；或(c)提供給個別恐怖分子利用；或明知資金將被如此使用即屬資助恐怖分子。

三、每個國家都應採取措施，立刻凍結恐怖分子、資助恐怖分子行為者和恐怖組織的資金或其他資產，並對其進行扣押、沒收。

四、對任何與恐怖分子關聯的可疑交易進行申報。

五、為其他國家的執法機關和主管機關對在調查資助恐怖分子上予以廣泛的協助。

六、對地下匯款系統加強防制洗錢的要求。

七、加強對國際與國內電子資金用戶的身分識別。

---

❿　即我國洗錢防制法第 7 條達一定金額的通貨交易。

八、確認各法人團體，特別是非營利組織，不受恐怖分子組織利用作為洗錢
管道。

貳、巴塞爾銀行監管委員會 (Basel Committee on Banking Supervision, BCBS)[11]

BCBS 的秘書處由位於瑞士巴塞爾的國際清算銀行 (Bank for International Settlement, BIS) 負責。BIS 致力於推動各國中央銀行及其他機構實現貨幣與金融穩定的合作，專為各國中央銀行以及各國際組織提供服務。

銀行監理機關通常並不對各國的洗錢的刑事起訴或其他反洗錢問題方面負責。但有責任確保銀行制定嚴謹的「認識客戶」(Know Your Customers, KYC) 的程序，以避免金融機構為犯罪集團利用作為洗錢工具，同時有助提高金融行業的道德與職業標準。

一九八八年，BCBS 公布「防止犯罪分子利用銀行系統洗錢」，某種程度上承認金融機構有為犯罪集團利用為洗錢管道之虞。但卻是預防銀行遭利用的重要作為，故 BCBS 分別在確認客戶身分、法律規範、嚴格遵守道德標準和當地法律法規、不違反客戶隱私保密前提下，加強與國內執法機構全力合作、員工培訓，以及記錄保存和審查等項目制定各種原則。

一九九七年 BCBS 的「有效銀行監管核心原則」(Core Principles for Effective Banking Supervision)，為全球金融監理機構提供基本原則。「銀行業監管者必須確定銀行制定了充分的政策、實施方法和各種程序，其中包括嚴格的 KYC 策略，從而在金融行業提高道德和職業標準並防範銀行被犯罪利用之虞」，這些原則同時督促各國接受 FATF 的四十項建議。

隨著一九九七年亞洲金融海嘯發生，銀行監理發生重大變化，各個國家累積實施「核心原則」的經驗，對監理法規制度有調整必要，故二〇〇六年對前開核心原則評估方法予以修正。其中第十八項原則，濫用金融服務 (Abuse of Financial Service) 建議在 KYC 策略中應包含下列機制：

[11] 資料來源：巴塞爾銀行監管委員會官網，http://www.bis.org，最後瀏覽日期：2011/3/26。

一、必須建立對客戶及其商業往來關係的確認機制。

二、客戶身分必須予以確認審核，其中包含其最終受益人、風險評估的更新。

三、建立對於非尋常或是可疑交易的確認機制。

四、將負有決策的資深經理人帳戶與 PEP 帳戶一樣，列為高風險帳戶管理。

五、制定對於客戶身分、交易資料確認、保存的相關法規，前揭紀錄至少應
　　保留五年。

參、歐洲聯盟 (European Union)

　　一九九一年六月，歐盟理事會通過《關於防止利用金融系統洗錢的指導
方針》(Council Directive of 10 June 1991 on Prevention of the Use of the
Financial System for the Purpose of Money Laundering)，該指導方針要求歐盟
會員國實現其指定的結果（必要時，可對各國法律進行修訂）❷，頒布實施
防止其國內金融系統被利用為洗錢的法律。但僅針對一九八八年《維也納公
約》中所確定的毒品走私方面的洗錢活動，可是也鼓勵會員國將前置犯罪擴
展到其他形式的犯罪。二〇〇一年歐洲議會和歐盟理事會對前述指導方針修
正，作成了第二份指導方針 (Directive 2001/97/EC of the European Parliament
and of the Council of 4 December 2001 Amending Council Directive 91/308/EEC
on Prevention of the Use of the Financial System for the Purpose of Money
Laundering)。

　　第二份指導方針將第一份指導方針範圍做了延伸，不再侷限於毒品相關
的犯罪活動。將前置犯罪擴大到違背歐洲共同體金融利益的貪污和詐騙犯罪
在內的一切嚴重犯罪活動，防制洗錢規範的「金融機構」擴及外匯兌換所和
匯款機構納入。另對洗錢概念予以明確定義：

一、明知財產來自於犯罪或為參與此類活動所得，為了隱匿或掩飾該財產的

---

❷　歐盟因其「國家共同體」的獨特性使其與其他國際組織有極大差異，其可制定具
　　有法律效力的措施，有時甚至無需獲得各會員國國會的批准。此外，在指導方針
　　方面，歐盟法律優先於各會員國國內法律，準此，歐盟所頒布的標準影響力超過
　　FATF 或 BCBS，但應僅限於歐盟國家。

非法來源,或協助任何參與該活動實施的個人逃避對其行為的法律制裁,而轉變或轉移財產。

二、明知財產來自於犯罪活動或來自於參與此類活動所得,而隱匿或掩飾其真實性質、來源、位置、處理、移動、相關權利或所有權。

三、在收受時明知其來自於犯罪活動或參與此類活動所得,而獲取、占有或使用該財產。

四、參與、合夥或企圖實施上述提及的任何一種犯罪行為,或協助、教唆、方便實施此類行為或對其提供諮詢。

指導方針將有申報疑似洗錢交易義務者擴及律師、會計師、稅務顧問、房地產經紀商、公證人等。

二〇〇五年,在 FATF 修訂後的四十項建議基礎之上,歐盟制定第三份防制洗錢指導方針即《關於防止利用金融系統洗錢和恐怖融資的指導方針》Directive 2005/60/EC of the European Parliament and of the Council of 26 October 2005 on Prevention of the Use of the Financial System for the Purpose of Money Laundering and Terrorist Financing) 規定會員國必須在二〇〇七年十二月十五日前實施。參考 FATF 最新的四十項建議,第三份歐盟指導方針擴大其適用範圍,將「洗錢」和「資助恐怖分子」定義為兩種不同的犯罪。不侷限在對犯罪所得資金的操縱,還包括為恐怖活動的目的而募集資金和財產。對於必須執行 KYC 及申報可疑交易報告對象,擴展至信託和公司服務提供商、人壽保險仲介以及商品現金交易額超過一萬五千歐元的銷售商。詳細規定基於風險的客戶實質審查方法,對客戶進行實質審查範圍,都應視其可能涉及的洗錢或資助恐怖分子風險而定。同時規範規定各會員國必須保留相關可疑交易報告的使用及其結果的全面的統計資料,例如,被報告的可疑交易數量;對這些報告展開的後續調查;以及每年接受調查的案件、被起訴的人員以及被判刑的人數。要求金融機構辨識審核所有法人或自然人的帳戶的最終受益人的身分。

第三份防制洗錢指導方針與二〇〇一年第二份指導方針不同之處在於明確將信託、公司服務提供商、所有現金交易額超過一萬五千歐元的商品交易

商賦予申報及確認客戶身分義務。另將「高知名度政治人物」(PEP) 定義為被委以或曾被委以重要公共職務的自然人、其近親屬，或其眾所周知的密友。但符合這一定義的人員可能因會員國社會、政治和經濟差異而各不相同。

　　通常只有全國性的政治（公共）職務，以及認為其地位重要且有影響力，才能被定義為 PEP。而所謂與 PEP 來往密切者，必須以他們的關係是眾所周知的前提下才行；另當事人若不再擔任重要職務一年之後，可不被認定為是 PEP。

肆、世界銀行 (World Bank)

　　世界銀行和國際貨幣基金 (IMF) 二〇〇一年以來，兩大機構一直要求那些受益於其金融和結構援助計畫的國家建立有效的洗錢防制體系，該主張有助於全球防制洗錢體系建立❸。特別在利用其背景下，透過防制金融系統弊端，推動打擊金融犯罪和洗錢，因此其可以協助增強各國金融監督管理，透過 OECD, BCBS 合作對請求援助國家要求執行國際防制洗錢標準。

　　二〇〇九年世界銀行公布 Preventing Money Laundering and Terrorist Financing－A Practical Guide for Bank Supervisors❹，建議如何設計有效的 AML/CFT 制度 (Supervisory Framework)。

　　監理者角色：

一、應有充分授權且獨立行使職權

二、可以負責任

三、有權取得相關資訊

四、有訂定相關法規權限

五、有充分資源及執行處罰的權責

　　制度必須以標準化或依據風險高低建構，而且能夠同時從實地 (On-site) 或非實地 (Off-site) 監理。

---

❸　IMF & World Bank 對第三世界國家、境外金融中心影響力絕對超過 FATF。

❹　資料來源：World Bank，http://www.worldbank.org/，最後瀏覽日期：2011/3/26。

▶第三節　美國洗錢防制法對國際的影響

全球最早有洗錢防制法令的國家是美國，美國最早為防制洗錢制定的法律為一九七〇年《銀行記錄和外國交易法》(Bank Records and Foreign Transaction Act in 1970)，本法第一篇與第二篇 (Title I & II)，通常被稱為《銀行秘密法》，為日後美國洗錢防制法的立法基礎，也代表美國反制洗錢活動所作的努力。過去的近三十年，銀行秘密法不斷持續演進以對付不斷更新的洗錢手法、新興金融商品及進步的科技，甚至可以說，美國洗錢犯罪史如同一場犯罪集團與執法機關在進行洗錢棋局的較量❶。

壹、一九七〇年銀行秘密法 (The Bank Secrecy Act, BSA)

銀行秘密法主要目的在於「要求建立有助於犯罪、稅務及法規調查的特定報告」❻，然而，本法規並不以附加此報告或記錄為必要條件，相反地，本法成為賦予美國財政部長採取適當管制措施的依據。如同聯邦最高法院解釋，BSA 本身並不會對任何人進行處分；行政處分和刑事裁罰只用於違反財政部公布的法規❼；如財政部公布之規定，銀行秘密法主要重點是「現金交易報告」，即是在美國境內所有金融機構對於超過一萬美元的現金存提交易，必須向主管機關申報「現金交易報告」(即 Form 4789, Currency Transaction Reports, CTRs)；另外對於攜帶超過現金一萬美元者必須向海關申報「通貨或貨幣工具國際輸送報告」(即 Form 4790, International Transportation of

---

❶ 美國刑事司法體系陷入此種發展，究竟是科技不斷進步或是為將洗錢者施以制裁所致，抑包含兩者的迷思。

❻ 銀行秘密法草擬時，美國國會關心兩項主要問題，因其將涉及美國法規、稅務和刑法的執行；一是國內金融機構必須保留正確而適當的交易紀錄並申報疑似洗錢交易；此外，國會對於在美國境內為數眾多的外國金融機構，由於渠引用本國嚴格的銀行保密法律而規避美國洗錢防制法的行為感覺力不從心。

❼ California Bankers Assn., 416 U.S. at 26. opinion by Justice William Rehnquist.

Currency or Monetary Instruments, CMIRS）**❸**。

貳、一九八六年洗錢防制法 (Money Laundering Control Act, MLCA)

　　銀行秘密法施行後效果有限，因美國財政部並未把重點放在嚴格要求金融機構執行銀行秘密法的申報要求上**❸**。

　　一九八五年二月，美國財政部在波士頓銀行 (Bank of Boston) 違反銀行秘密法案後，改革過去執法方式，走進另一積極的新時代。當時波士頓銀行由於未對來自瑞士客戶的十億六千萬美元的一千一百筆交易向 IRS 申報，財政部對其處以五十萬美元的罰款──此舉有效地告知金融機構應遵守銀行秘密法的規定**❷**。由於另有其他銀行陸續遭受罰款處罰，美國社會對於銀行業的運作愈來愈感到懷疑，公眾及媒體的聲音引起美國立法者的注意遂有一九八六年毒品防制法 (Anti-Drug Abuse Act of 1986) H 篇 (Subtitle H) 的訂定，或者通稱一九八六年十月通過洗錢防制法 (Money Laundering Control Act,

---

❸　例如在入境美國時，飛機上空服員即會發給乘客數種表格，這是其中一種。

❸　當金檢體系在對金融機構檢查時，偏重於作業程序過程是否完備、是否符合標準程序，反而較不重視是否遵守銀行秘密法相關規定，例如有無依法對從業人員施以洗錢防制課程、有無法律遵循專責人員 (Compliance Officer) 等，Money Laundering Legislation: Hearing on S. 572, 1335, and S. 1385 Before the Senate Comm. on the Judiciary, 99th Cong., 1st Sess. 90 (1985)(statement of Sen. Joseph Biden Jr.)。

❷　See Money Laundering Control Act of 1986 and the Regulations Implementing the Bank Secrecy Act: Hearing Before the Subcomm. on Financial Institutions Supervision, Regulation and Insurance of the House Comm. on Banking, Finance and Urban Affairs, 100th Cong., 1st Sess. 61, 75–76 (1987)(statement by Francis A. Keating, II, Assistant Secretary for Enforcement, U.S. Department of Treasury)：「在波士頓銀行案後，很明顯的……更多的金融機構願意遵守銀行秘密法，因而監督單位可比較放鬆其對銀行秘密法之遵行的檢查。因此，金融機構用心瞭解法規遵循意義及銀行秘密法內容及條文」，前揭書。

MLCA) ❷；本法中有三個重要條文，用以規範下列有關洗錢犯罪：

一、禁止涉及特定不法行為所得的金融交易 (Financial Transaction Offense)，即 18 U.S.C. §1956(a)(1)。

二、禁止跨國性輸送犯罪所得 (International Transportation Offense)，即 18 U.S.C. §1956(a)(2)。

三、禁止財務源自犯罪所得 (Monetary Transaction in Property) 之金錢交易，18 U.S.C. §5317。

　　另外這個法律也對規避申報門檻而設計的交易予以禁止 ❷，以及對洗錢者及協助其洗錢的金融機構均有民事、刑事處罰及沒收規定 ❷。

　　在 18 U.S.C. §1956 和 Title 18 U.S.C. §1957 皆是將「明知」(Knowledge) 列為構成要件，差異在於 §1956 調查無金額限制，或是有無金融機構涉案；§1957 則是對超過一萬美元通貨交易 (Monetary Transactions)，或是透過金融機構累計 (Aggregate of Money Transaction) 金額達一萬美元的交易規範應予申報。§1956 分三個方面打擊洗錢者：§1956(a)(1) 針對「交易」予以規範，知悉該筆交易資金因非法取得，而仍進行交易或意圖進行，有類似銀行秘密法 (Bank Secrecy Act, BSA) §5313 有關現金交易報告規定 ❷。§1956(a)(2) 對於意圖或運送犯罪所得進出美國，類似 BSA §5316 所強調者予以罪刑化 ❷。§1956(a)(3) 則是規範對於洗錢意圖的禁止，協助某一非法活動、對於不法資金掩飾隱匿、

---

❷　Pub. L. No. 99–570, 100 Stat. 3207 (codified as amended at 18 U.S.A. §§1956–1957, 31 U.S.C. §§5324–5326)。除了新的犯罪形式和沒收條款，洗錢防制法同時修訂詐欺貪污組織法 (Racketeer Influenced and Corrupt Organizations Act, RICO) 1961 條，將違反洗錢法規定在「詐欺」的定義中，主要旨意在於 RICO 對於資產沒收的規定，遠較其他法律嚴格。See LARA W., SHORT, REBERT G. CLORARD AND JOHN T. LEE, THE LIABILITY OF FINANCIAL INSTITUTIONS FOR MONEY LAUNDERING, 109 BANKZNG L.J. 46, 61–62. (1992).

❷　見 31 U.S.C. §5324 (1995).

❷　18 U.S.C. §§981–982 (1995).

❷　18 U.S.C. §1956(a)(1) (1995); 見 31 U.S.C. §5313 (1995).

❷　18 U.S.C. §1956(a)(2) (1995); 見 31 U.S.C. §5316 (1995).

規避聯邦或州法規定之申報要求及允許誘捕行動 (Sting Operation)。

違反 §1956(a)(1) 可處以二十年以下有期徒刑，或科，或併科五十萬美元以下罰金，或涉及犯罪所得價值二倍的罰金。構成要件為：存在源自特定犯罪的不法所得；被告知悉金錢之來源；使用金融交易，以及具備犯罪意圖。

執法人員必須先證明該筆資金源自「特定不法」，所謂特定不法，即我國洗錢防制法中所謂「重大犯罪」，規定在 18 U.S.C. §1956 和 §1957 的 Table Depicting Specified Unlawful Activity，包括毒品交易、貪污索賄、軍火走私、破產詐欺、竊取公共財物等，以組織犯罪和金融犯罪為主。司法機關不能僅憑涉嫌人缺乏「所得」源自合法的證據，據以推斷該所得源於「重大犯罪」。當然政府並不一定要直接追溯所得係由某不法活動而來 ❷❻，只要有足夠的證據證明合理懷疑之外的事實，即可由情況證據 (Circumstantial Evidence) 推論金錢為不法所得 ❷❼。例如在 United States v. Massac, 867 F .2d 174(3ʳᵈCir. 1989) 案中，洗錢之定罪成立乃是政府推論被告涉及毒品交易，並且曾經將現金電匯至海地。

參、美國愛國者法案 (U.S. Patriot Act)

「九一一事件」為美國本土自立國以來，第一次遭受到攻擊，故有認識瞭解和摧毀防堵資助恐怖組織（分子）的迫切需要。職故，美國國會頒布了強化洗錢法律，並要求銀行對於客戶進行嚴格審查，其強度遠超過前述 BSA 1970，以及 MLCA 1986 兩個法律。二〇〇一年十月的《愛國者法》也稱為美

---

❷❻ United States v. Blackman, 904 F.2d 1250, 1257（1990 年第八巡迴）, reh. and reh en banc denied, 1990 U.S. App. LEXIS 14536 (1990). 見 United States v. Torres. 53 F.3d 1129, 1137 （1995 年第十巡迴）（政府單位的證詞，被告無合法收入來源和電匯得來的金錢非合法來源之所得，並不足以支持違反 1956 條洗錢法，但若政府之證詞伴隨其他證人指證被告涉及毒品交易便可充分支持違反洗錢法。）

❷❼ United States v. Turner, 975 F.2d 490, 497 (1992). 「雖然政府並不能直接證明被告使用的金錢……來自毒品交易，對陪審團而言可以從證據合理推論金錢來自毒品交易」Ibid. (引用 U.S. v. Blackman 一案為例, 904 F.2d 1250, 1257 （1990 年第八巡迴）。)

國公法 107–56(U.S. Public Law 107–56)，該法的第三編稱為《二○○一國際反洗錢和反恐怖融資法》(International Money Laundering Abatement and Anti–Terrorist Financing Act of 2001)。

　　愛國者法案賦予了美國政府影響世界所有金融機構和企業的資產的能力，並對這些機構的權力予以限制，所以無論是美國本國或是跨國的企業都受到影響。值得注意是，美國財政部在愛國者法案下頒布的法規明確規範外國金融機構若欲進入美國市場時，必須遵守該法相關規定，其中影響較大者包括：

一、第 311 條款 (Section 311)

　　重大涉及洗錢關注特別措施 (Special Measures for Primary Money Laundering Concerns) 即 31 U.S.C. 5318A。本條款規定，凡經美國財政部認定該機構或組織為「重大涉及洗錢關注」(Primary Money Laundering Concern) 的國家、國外金融機構、跨國交易，或是某類的帳戶，得施以漸進適度的措施。簡言之，當美國認定前述國家、機構為「重大涉及洗錢關注」對象後，可強制命令美國的銀行中止與這些被認定對象交易。

二、第 312 條款 (Section 312)

　　規範關係帳戶和私人銀行帳戶 (Correspondent and Private Banking Accounts)，即 31 U.S.C. 5318(i)。要求對國外關係（包括機構與外國金融機構的所有帳戶關係）帳戶和私人銀行帳戶實施「強化實質審查」。

三、第 313 條款 (Section 313)

　　禁止美國銀行、證券經紀商和經銷商為外國未受監督且無實體的紙上銀行持有關係帳戶 (Prohibits U.S. banks and securities brokers and dealers form maintaining correspondent accounts for foreign unregulated shell banks)(31 U.S.C. 5318(j))。要求金融機構採取合理步驟，不應在美國為未在任何國家有實質營業場所的外國銀行或受其委託設立、保管、或處置帳戶。

四、第 319(b) 條款 (Section 319(b))

外國銀行關係帳戶的記錄 (Records relating to Correspondent Accounts for foreign Banks)：允許財政部長或司法部部長發傳票 (summons or subpoena) 給在美國擁有關係帳戶的外國銀行，即規定於 31 U.S.C. 5318(k)。傳票可索取任何涉及該帳戶的記錄，包括在美國境外的記錄。外國銀行必須在美國指派一名註冊經理人來收受此類傳票送達。此外，為外國銀行持有此類帳戶的美國銀行、證券經紀商和交易商必須保存註冊經理人以及外國銀行所有人的姓名等記錄。如果外國銀行未能履行或拒絕接受傳票，財政部或司法部可命令美國金融機構關閉其關係帳戶。

肆、外國資產控制辦公室 (Office of Foreign Assets Control, OFAC)❷❽

除前述法律外，在外國的金融機構與企業必須瞭解由美國財政部外國資產控制辦公室 (OFAC) 頒布實施的法規所帶來的境外風險。OFAC 根據美國外交貿易政策和國家安全目標，會對進行國際毒品走私販、和從事有關大規模殺傷性武器的擴散活動的特定國家（地區）施以經濟貿易制裁。OFAC 在總統緊急權力或特殊法律授權下，對這些國家（地區）的金融交易實行管制並與其他國家合作，凍結其在美國以外的第三國資產。

OFAC 若規定禁止交易進行並要求封鎖出現在其定期發布的名單上的個人和組織的財產，該機構有權對違反其發布的查封令的人員處以重罰。

所有美國人都必須遵守 OFAC 規定；這裡所說的美國人包括無論居住在何處的所有美國公民和有永久居留權的外國人、所有在美國的自然人和法人，以及在美國成立的公司及其海外分公司。某些前述的計畫，例如有關古巴和朝鮮的計畫，所有美國公司擁有或美國公司控制的外國子（孫）公司也都必須遵守。

---

❷❽　資料來源：www.treasury.gov/offices/enforcement/ofac/，最後瀏覽日期：2011/3/25。

▶第四節　我國防制洗錢現況

壹、實證發現的結果

　　法規遵循 (Compliance) 是金融機構監理非常重要的一個概念，因為無論公司風險控制、績效管理，乃至公司治理皆必須植基於法規遵循。所謂法規遵循，簡言之，就是遵守法律、法規（包括各種行政函釋）、自律組織所訂的規範，以及公司作業準則。雖然在美日等國，法令遵循部門 (Compliance Officer) 早已是金融機構常設部門，然而臺灣金融機構該部門卻是冷衙門，不是人員不足，就是多屬兼職，特別是證券商更明顯。

　　一九九七年巴塞爾銀行監管委員會 (BCBS) 公布「有效銀行監管核心原則」(Core Principles for Effective Banking Supervision)，共分七類，二十五項原則；其中第三類即是「審慎法令與規章」，核心原則第十五項：「銀行主管機關必須確定銀行是否已具有妥適政策、實務及程序，此包括嚴格的瞭解客戶 (Know Your Customers, KYC) 準則，以促使銀行採行高的道德和專業標準，並防止銀行有意或無意地被刑事罪犯所利用」。國際證券組織 (International Organization of Securities Commission, IOSCO) 於「法規遵循於中介市場的功能」(Compliance Function at Market Intermediaries Final Report) 的原則和建議指出，每個中介市場 (Intermediary) 應該建立及維護法規遵循功能；法規遵循必須植基於證券法規要求以及合宜監理程序，發揮評估、建議、確認、監督以及報告中介市場的功能。

　　我國銀行法第四十五條之一規定，銀行應建立內部控制及稽核制度。證券交易法第十四條之一亦明文，對於公開發行公司證券交易所證券商應建立財務業務內部控制制度。事實上，相關金融法對於內部控制皆有規定，其目的即在於透過內部控制及稽核，俾落實法規遵循。

　　「人頭帳戶」是臺灣金融機構一個特有現象，雖然銀行或證券商的人頭帳戶產生原因各有不同，但金融機構從「認識客戶」(KYC) 出發，降低為犯

罪集團利用的風險，應是共同的目標。

　　我國洗錢防制法賦與金融機構，對一定金額交易以及疑似洗錢交易有申報義務❷。金融機構從業人員應瞭解，客戶交易情形是否與彼等身分相當、該客戶是否屬高風險群皆為判斷是否有可疑交易的重要指標。然檢視近五年金融機構申報疑似洗錢交易申報情形（見表 7.2）❸，不但因金融機構行業別而有差異；吊詭的是，在證券業證券商直接接觸客戶，證券集中保管事業屬後臺作業，但一家集保結算所申報情形卻遠超過約兩千家的證券商（包含分公司在內）。

表 7.2　93–97 年金融機構申報疑似洗錢交易申報情形

年度	本國銀行	保險公司	證券業	
			證券商	集保公司
93	4,496	0	5	17
94	653	4	2	236
95	958	50	1	162
96	983	63	0	227
97	1,053	15	8	108

一、研究方法

　　為得知影響證券從業人員法規遵循認知之關鍵因素，以及關鍵因素間的因果關係，著者二〇〇九年曾進行實證研究❸，設計 DEMATEL 專家問卷，為求研究審慎，在問卷發放前，係先經由專家審查調整後，成為正式專家訪談問卷。DEMATEL 專家訪談對象，皆為國內證券業從業十年以上之資深專

---

❷　洗錢防制法第 7 條：「金融機構對於達一定金額以上之通貨交易，應確認客戶身分及留存交易紀錄憑證，並應向法務部調查局申報。」
　　洗錢防制法第 8 條：「金融機構對疑似犯第十一條之罪之交易，應確認客戶身分及留存交易紀錄憑證，並應向法務部調查局申報；其交易未完成者，亦同。」

❸　資料來源：《法務部調查局洗錢防制工作年報》。

❸　詹德恩，〈證券業從業人員對法規遵循認知研究〉，《2009 年倡廉反貪研討會論文集》，國立中正大學犯罪防治學系、臺灣嘉義地檢署、嘉義縣政府政風處主辦。

業經理人。問卷回收後，經由 DEMATEL 分析，得知影響證券商從業人員法規遵循認知的關鍵因素，分析其因果關係，並提出提升證券業從業人員法規遵循之相關建議。

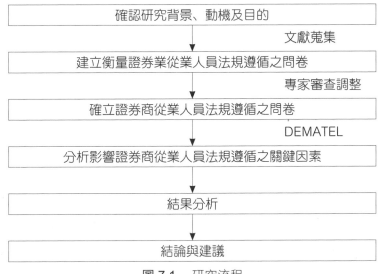

圖 7.1　研究流程

二、研究發現

　　證券業從業人員對法規遵循認知強度之相關計算從表 7.3 發現，專家認為「機構責任認知」之 D – R 值為 1.94，為最大且正，在整體衡量指標中最為顯著，且影響別的指標比被其他指標影響還多，為影響其他指標的重要「觸媒」，其可歸類為「因群組」。除此之外，曝險認知 (0.89)、作業風險認知 (0.38)、風險評估政策 (0.34)、風險警覺程度 (0.33)、個人責任認知 (0.27)、業務單位自評品質 (0.20) 與認識客戶 (0.07)，亦為影響其他指標比被影響還多，亦將其歸納為「因群組」中。因此，若能增加證券業從業人員對法規遵循認知中的「機構責任認知」，能有助於提升整體之核心能力，甚至改善「因群組」中其他指標，即透過「機構責任認知」的提升，能增進證券業從業人員對法規遵循認知及其他因素，進而提高整體核心能力。而「風險警覺程度」的 D + R 值為 18.01 為最大，即表示「風險警覺程度」深受衡量證券業從業人員對法規

遵循認知中其他指標的影響，可由此觀察到「風險警覺程度」是整體核心能力改變的主軸部分。

從圖 7.2 DEMATEL 因果關係圖可看出，「風險警覺程度」會影響其他因子，亦會受證券業從業人員對法規遵循認知中其他因子所影響，其為整體構面之重要樞紐。而「機構責任認知」則可以影響其他證券業從業人員對法規遵循認知中主要因子，即可視為構面中的「觸媒」。

表 7.3 證券業從業人員對法規遵循認知衡量構面 D + R 與 D − R 統整

名稱	關聯度 D + R	影響度 D - R
曝險認知	16.79	0.89
作業風險認知	16.16	0.38
風險評估政策	14.56	0.34
風險型態分類	13.32	−0.34
業務單位自評品質	14.86	0.20
曝險應變程序	13.29	−1.27
認識客戶	15.95	0.07
高金融犯罪曝險人員辨識	16.27	−1.39
非傳統交易流程曝險	16.71	−0.35
法規熟悉程度	16.51	−0.73
風險警覺程度	18.01	0.33
個人能力認知	15.86	−0.34
機構責任認知	16.42	1.94
個人責任認知	15.85	0.27

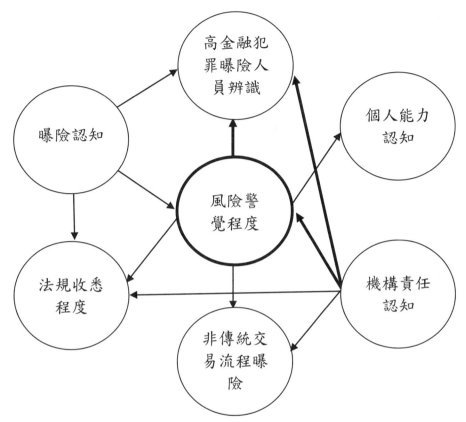

圖 7.2　證券業從業人員對法規遵循認知衡量 DEMATEL 因果關係
$T_{ij} < 0.48$：不畫線　　$0.48 \leq T_{ij} < 0.52$：——→　$T_{ij} \geq 0.52$：——→

三、結論與建議

　　金融機構若產生問題將對國家之經濟產生重大影響及傷害，故法規遵循是金融機構監理相當重要的一環，尤以第一線接觸客戶的證券商最為重要。透過研究者設計之「證券業從業人員對法規遵循認知之問卷」調查發現，機構責任認知是影響證券業從業人員對法規遵循認知的最重要因素，因此若能提升機構責任認知，將有助於證券業從業人員對法規遵循認知的整體提升。此外，曝險認知、作業風險認知、風險評估政策、風險警覺程度、個人責任認知、業務單位自評品質與認識客戶，皆為影響證券業從業人員對法規遵循

認知的重要因素。藉由觀察證券業從業人員的風險警覺程度，可以瞭解到證券業從業人員對法規遵循認知程度的多寡。

若要提升證券業從業人員對於法規遵循的程度，建議證券商可先朝向強化機構本身的責任認知為首要步驟，藉由相關資料透過主管或公司活動加強宣導。其次，再朝向曝險認知、作業風險認知、風險評估政策、風險警覺程度、個人責任認知、業務單位自評品質與認識客戶等方面的加強，循序漸進的影響公司員工，以達成促進證券業從業人員對法規遵循認知之功效。最後，如欲瞭解施行之成果，則可藉由檢視從業人員對風險警覺程度的能力，檢視證券業從業人員對法規遵循認知之作用成效。

貳、APG 相互評鑑發現的問題 (Asia Pacific Group on Money Laundering Mutual Evaluation)

FATF 及地區性組織 (FATF-style Regional Bodies, FSRBs) 會對其會員國進行相互評鑑 (Mutual Evaluation)，透過評鑑機制檢視各會員國對於 FATF 防制洗錢的 40+9 建議（以下稱 FATF「40+9」建議）執行情形。當然要實施評鑑必須先有標準讓會員國可據以建置自己的防制洗錢機制，FATF 在二〇〇二年時公布評鑑方法論 (Methodology for Assessing Compliance with the FATF 40 Recommendations and 9 Special Recommendations)，相關資料法務部調查局在二〇〇四年曾將其翻譯後出版。

APG 二〇〇〇至二〇〇五年開始進行第一巡迴評鑑 (1st Round)，二〇〇五至二〇一一進行第二巡迴評鑑 (2nd Round)，我國分別於二〇〇〇年及二〇〇七年接受評鑑。評鑑團 (Evaluation Team) 通常由法律 (Law)、執法 (Law Enforcement)，以及金融管理 (Financial Regulatory) 三個領域專家及 APG 秘書處成員組成，評鑑進行前先由受評鑑國（地區）提供相關法規及資料，嗣由評鑑團進行實地評鑑 (On-site Visiting)。評鑑報告公布後，受評鑑國家（地區）需於 APG 年會對評鑑內容進行說明，並提出策進作為。

二〇〇七年來臺進行評鑑人員包括金融領域專家 Mr. Razim (Director, Financial Intelligence Unit, Reserve Bank of Fiji)、Mr. Hyun Soo Kim (Deputy

Director, Korea FIU)，執法領域專家 Mr. Craig Hamilton (Detective Sergeant, New Zealand Police Force)，以及法律領域專家 Ms. Janet Maki(Ombudsman, Cook Islands)。該次評鑑範圍❷：

一、法律體系和相關制度上作為 (Legal System and Related Institutional Measure)

二、預防性作為——金融機構 (Preventive Measures—Financial Institutions)

三、預防性措施——特定非金融事業體與專業人士（Preventive Measures—Designated Non-Financial Business and Professions，簡稱 DNFPB）

四、法人、法律合意及非營利組織 (Legal Persons and Arrangements & Non-Profit Organizations)

五、國內與國際合作 (National and International Co-Operation)

　　下面為二〇〇七年評鑑發現問題：

一、法律體系和相關制度上作為

㈠尚未將資助恐怖分子罪刑化。

㈡對於跨國境現金移動 (Cross-Border Currency Movement) 管制出現弱點。

二、預防性作為（金融機構）

㈠金融機構大致具備相當專業反洗錢與打擊資助恐怖分子作為，然而許多作為都採用注意事項方式 (Guidelines)，有違 FATF 對於相關作為應從法律 (Laws)、法規 (Regulations)，或其他有強行力措施 (Enforceable Means) 之建議。客戶審查設定門檻仍然很高，另將利益擁有狀態併入客戶審查之一部分，尚需有各有明確規範。

㈡在某些地方現有紀錄保存規定尚有不足，包括非現金交易紀錄、低於現金一百萬元以下現金交易紀錄、交易完成或帳戶終結後要保有紀錄五年以上之要求、國際性交易未被納入要求範圍。

---

❷　法務部調查局，《2007 年中華台北接受亞太防制洗錢組織相互評鑑報告》，2007 年。

㈢除銀行外未對金融機構課以複雜、異常大額或無明顯經濟或合法目的之異常型態交易進行監視及保存紀錄之特別義務。

㈣對於資助恐怖分子可疑金融交易申報要求不符合國際最低要求標準。

㈤證券業內控機制獨立性仍有不足。

㈥金管會對於銀行業違反遵循規定之處罰尚有不足。

㈦保險代理人及經紀人尚未納入反洗錢與打擊資助恐怖分子規範。

㈧僅銀行法第二十九條規範非銀行不得經營國內（外）匯款，並無其他法律（規）(Laws & Regulations) 對提供金錢或有價商品交易者 (Money or Value Transfer Service Providers) 予以規範。

三、預防性措施（特定非金融事業體與專業人士）

㈠洗錢防制法只涵蓋銀樓業單一非金融事業體及專業人士 (DNFBP)，尚未對律師、會計師、公證人、不動產仲介商等要求反洗錢與打擊資助恐怖分子。

㈡課以銀樓業反洗錢與打擊資助恐怖分子預防性作為與國際標準有落差。

㈢銀樓業被要求申報疑似洗錢交易，但成效值得懷疑。

四、法人、法律合意及非營利組織

認為非營利組織已有相當健全防護作為，所以並未對這些組織及其可能被利用為洗錢風險進行評估。

五、國內（外）合作

㈠目前中華民國僅與美國訂有司法互助協定，其他國家若針對反洗錢及打擊資助恐怖分子調查、起訴或相關法律作為需要協助時，僅能透過法院 (Court Orders) 或司法請求函 (Letters Rogatory)。

㈡沒收分享機制需由參與機關提出，目前無任何沒收財產進行分享。

評鑑雖然發現我國洗錢防制體系仍然有不少改善成長空間，但擔負金融情報中心任務的法務部調查局洗錢防制處卻被評鑑團認為：「是一個成熟、具

備良好功能及效能的金融情報中心」。

▶第五節　執行認識客戶 (KYC)

　　根據統計，臺灣百分之九十以上的警示帳戶是以真實資料開戶（自願性的人頭戶），且都符合銀行要求的雙重身分證明文件。因此建立並落實有效「認識客戶」(KYC) 制度不僅在防制洗錢，甚至對於今天臺灣最嚴重的詐騙案件皆能達到預防成效。

　　專家認為，一套健全的「認識客戶」(KYC) 程序是防制洗錢的最好方法。反洗錢法規程序都是建立在資訊瞭解之上，金融機構瞭解對客戶及其交易掌握的資訊越多，越能有效防制洗錢。

壹、健全的 KYC 程序

　　健全的認識客戶程序，依遵循下列十個原則：

一、充分瞭解個人和企業客戶的資金來源。

二、建立對每位客戶預期交易活動的資料概況。

三、應視產品和服務項目定義客戶。

四、對客戶或帳戶面臨的風險進行評估和評等。

五、根據所面對的風險進行帳戶和交易監控。

六、檢查異常客戶或異常帳戶的交易。

七、對檢查結果建檔。

八、對 KYC 系統審查。

九、適當的內（外）部稽核。

十、培訓員工認識 KYC 的重要性。

貳、客戶開戶身分識別與查核

　　一個健全的「認識客戶」程序應該有可靠的客戶識別和開戶查核手續。金融機構應採用能夠確定客戶真實身分的開戶程序，設立對特定客戶帶來的

風險相對應的識別標準。巴塞爾委員會 (BCBS) 公布的《關於銀行客戶的實質審查》(Customer Due Diligence for Banks) 是對客戶識別最佳操作實務指南。二〇〇三年二月公布的《關於開戶和客戶識別的一般指引》對開戶和客戶識別需要遵守準則予以規範。

一、新客戶應確實填寫基本資料

在臺灣的金融機構對需要開設個人帳戶的每位新客戶，都應該要求客戶填寫下列資料：

　　㈠國籍。

　　㈡真實姓名。

　　㈢身分證統一編號或護照（居留證）號碼。

　　㈣戶籍地址及通訊地址（最好不要使用郵政信箱）。

　　㈤電話（含行動電話）、傳真號碼以及電子郵件地址。

　　㈥職業、受雇機構及職務。

　　㈦簽章。

二、金融機構應採取核對之步驟

　　㈠雙重身分證明文件。

　　㈡透過聯合徵信中心的「Z 系統通報案件紀錄資訊」標準作業程序 (SOP)，作為驗證客戶身分參考。

　　㈢以電話或電子郵件進行查核，特別是戶籍地、工作地點與擬開戶的機構無地緣關係，又無正當理由者。

金融機構應該對客戶財產、資金來源以及客戶業務範圍的資訊，予以瞭解，特別是大額存款、現金交易，或以現金為名轉帳為實的交易。或是客戶居住地或工作處所與開戶地點的有相當的距離，應要求客戶說明捨近求遠到本機構開戶的原因。並且執行金管會發布的《銀行對疑似不法或顯屬異常交易之存款帳戶管理辦法》相關規定辦理。特別是有下列情形，應拒絕客戶之開戶申請：

㈠疑似使用假名、人頭、虛設行號或虛設法人團體開立存款帳戶者。

㈡持用偽、變造身分證明文件或出示之身分證明文件均為影本者。

㈢提供之文件資料可疑、模糊不清、不願提供其他佐證資料、或提供之文件資料無法進行查證者。

㈣客戶不尋常拖延應提供之身分證明文件者。

㈤客戶開立之其他存款帳戶經通報為警示帳戶尚未解除者。但為就業薪資轉帳開立帳戶需要，經當事人提出在職證明或任職公司之證明文件者，不在此限。

㈥受理開戶時有其他異常情形，且客戶無法提出合理說明者。

三、對於公司戶金融機構應該要求開戶者提供下列資訊

㈠公司中英文名稱。

㈡業務運營的主要場所。

㈢通訊地址。

㈣聯絡人電話和傳真號碼。

㈤營利事業登記、稅籍資料、組織章程，或是主管機關相關核准文件。

㈥董事會關於開戶、確定帳戶控制權屬的決議。

㈦企業的性質、宗旨以及合法性。

四、金融機構可對申請開立公司戶的客戶進行查核

㈠審查最近的財務報表。

㈡請其提供往來之律師或會計師資料，向這些專業人士查詢。

㈢調查其向金融機構貸款情形，或是有無遭解散或撤銷登記。

㈣從客戶之前的銀行獲取參考資訊。

㈤在可能的情況下，赴營業處所訪問。

㈥透過電話、信函或電子郵件調查。

㈦如果代理人不是該企業的工作人員，機構也應該採取合理的步驟，查核企業客戶的開戶代理人的身分和信譽。

疑似洗錢交易 SAFE 四部曲

Screen: 識別交易符合可疑交易指標?

Ask: 向客戶提問。

Find: 審核客戶已有資料、紀錄。

Evaluation: 綜合前述結果進行評估。

▶第六節　小　結

　　我國洗錢防制法第一條開宗明義,「為防制洗錢,追查重大犯罪,特制定本法」,一九九〇年發生臺灣第一件「洗錢案」,香港商人王德輝遭綁架,將贖金港幣二億六千萬元透過香港港興金銀珠寶有限公司與臺灣共犯杜〇〇等人進行「洗錢」,惟當時並無洗錢防制法,對於幫助洗錢者,僅能以刑法贓物罪論處。洗錢防制法第十一條規定❸,為自己重大犯罪所得洗錢,處五年以上有期徒刑;為他人重大犯罪所得洗錢,處七年以上有期徒刑。刑罰加重了,是否洗錢在臺灣就不會發生?難道真如管仲所說「刑罰繁而意不恐」?答案是否定的。臺灣如此,美國不也是如此,從「九一一事件」,到「安隆 (Enron) 案」,無論恐怖組織、重大金融犯罪,只要犯罪有鉅額非法所得,被告無不處心積慮洗錢,以掩飾隱匿其犯罪所得。不管利用任何管道洗錢,資金最後還是會流向(經)金融機構,所以金融機構如何建立並落實 KYC 政策,並將其與風險管理概念結合,實為有效防制洗錢的基石。

---

❸　洗錢防制法第 11 條:

　Ⅰ 有第二條第一款之洗錢行為者,處五年以下有期徒刑,得併科新臺幣三百萬元以下罰金。

　Ⅱ 有第二條第二款之洗錢行為者,處七年以下有期徒刑,得併科新臺幣五百萬元以下罰金。

第 **8** 章

財產沒收

　　貪婪是金融犯罪的動力，財富則是其犯罪最終目的。被告或犯罪嫌疑人通常於司法（警察）機關對其進行偵查、追訴時，即會透過現代化科技，在短短幾小時內，即可透過金融機構，或是非傳統型的金融機構將犯罪所得移轉海外，即便最後判決確定，入獄服刑，被告仍將贓款隱藏於海外，此時追回贓款就變得相當重要。

　　我國因受限於過去兩岸對立，中國大陸長期在國際社會杯葛臺灣，致臺灣司法機關長期以來對於移轉到海外不法所得的資金追徵、沒收工作成效非常有限❶。

　　二○○八年臺灣爆發前總統陳水扁貪瀆，並將不法資金移轉至美國、瑞士、開曼群島等地進行洗錢。二○一○年七月十四日美國司法部助理檢察總長 (Assistant Attorney General) Lanny A. Breure 和移民及海關執法局 (U.S. Immigration and Customs Enforcement, ICE) John Morton 宣布，就陳水扁及其家屬於紐約州和維吉尼亞州的房地產提出民事沒收訴訟 (Civil Forfeiture Complaints)，本案若能成功，將與臺灣進行沒收分享之國際合作，進而有效打擊遏阻貪污者利用美國金融機構進行洗錢❷。

本章學習目標

· 財產沒收法制發展
· 美國財產沒收制度
· 我國沒收法制相關問題

---

❶　據 2011 年 2 月 16 日中央社新聞報導，法務部表示，去年查扣貪瀆、重大經濟犯罪、毒品等案件的不法所得，總計高達新臺幣 26 億餘元，其中有關查扣前總統陳水扁案件的不法所得，就占 18 億餘元。根據法務部公布最新資料顯示，法務部在 2010 年查扣的不法犯罪所得，金額高達 26 億餘元，其中貪瀆、重大經濟犯罪、毒品等案件犯罪所得，金額高達 7 億 8726 萬多元，另有關前總統陳水扁案件已查扣的資產約 18 億元。相較 2009 年查扣的 3 億餘元，多出 23 億元。

❷　"Forfeiture complaint seeks to recover bribery proceeds paid to former Taiwan President and his family"。資料來源：http://www.justice.gov，最後瀏覽日期：2010/9/1。

▶第一節　財產沒收的發展

刑罰是國家依據刑法的規定，以剝奪法益為手段，對於犯罪主體所加之公法上刑事制裁，是國家主權行使中，最為嚴厲之手段，亦是最具強制力量而富伸縮性的法律效果❸。回顧自有法律以來，對於犯罪行為人乃是藉刑罰加予其痛苦，以平衡其犯罪行為及其所侵害法益；另藉此方法預防行為人再犯，同時教育社會大眾，勿學習犯罪行為，準此，報應與預防應是刑罰的主要目的。報應屬於中性，與報復其實截然不同，雖然報應思想是源於復仇概念，然報復是出自仇恨心理及侵略攻擊的人性，而報應則是藉著刑罰的痛苦來平衡犯罪所造成的損害，以期達成實現正義理念，另藉加強倫理的力量，以建立社會共同遵循的規範，實現法治社會境界。

犯罪學理性選擇理論主張，行為人會對遭受逮捕的風險、可能遭受的刑罰強度以及獲得利益等因子進行評估，求得最大利益，爰若刑罰在犯罪行為人身體自由予以限制，卻無法有效或即時對於犯罪行為取得之利益予以剝奪，則自減損犯罪防制成效，斲傷公平正義，甚至可能包容社會的價值觀。

現今刑罰中對於犯罪所得的剝奪，自以沒收最具強制力。我國刑法第三十八條規定，違禁物、供犯罪所用或犯罪預備之物，以及犯罪所生或所得之物得沒收之。關於金融犯罪，受到前述特性影響，單就犯罪所得計算，可能在不同審級就會有不同見解，更何況其與傳統刑案不同，不會有犯罪現場及跡證，司法機關在偵審過程自必耗費時日❹。過去貪瀆犯罪、金融犯罪偵審過程短則三年五載，長的甚至超過十年，定讞後縱宣告沒收被告犯罪所得，

---

❸　林山田，《刑罰學》，頁 45，商務印書館，1998 年初版。

❹　在民氣可用情況下，近年無論司法機關或金融監理機關對於重大金融犯罪強調「速審速決」方符合正義之聲甚囂塵上，然而不要忘記既屬「重大」其必然複雜，速審速決究係為「形式正義」，或「實質正義」。縱使金融商品發達的美國，一旦案件進入刑事程序，亦是耗費時日，以證券不法案件而言，進入刑事程序其實不到 10%。

因財產早已移轉，已無實益。職故，法律上才會有追徵、追繳及抵償的設計，其實，追徵、追繳及抵償並非不同概念，而是一種概念下的不同用語，都是剝奪犯罪所得的利益，所不同的是剝奪利益形式，到底是金錢、或是已經轉換的利益或物件而已❺。著者認為，無論沒收、追徵、追繳及抵償，因其程序發動必須在法院判決確定後，爰其前提必須能對行為人的財產或財物上利益先行保全，否則實難達「剝奪」的刑罰目的。

對任何制度改進，必須先研究其發展歷史。我國刑法第三十八條規定，對於下列之物沒收之：違禁物、供犯罪所用或犯罪預備之物，以及因犯罪所生或所得之物。其中供犯罪所用或犯罪預備之物，以及因犯罪所生或所得之物，限於犯罪行為人者。

英美沒收制度起源於古代「對物訴訟」(in Rem) 程序，當時是不問物的所有人有罪與否，一直到中世紀發展成為刑事沒收制度，而美國民事沒收制度則是繼續沿襲「對物訴訟」概念。英美學者一般將贖罪奉獻視為財產沒收制度的最早起源，贖罪奉獻物 (Deodand)，拉丁文為 deo dandum，其意為 "Give to God"，在普通法 (Common Law) 中代表「某物現實中被法庭沒收，實係為眾人利益而奉獻於上帝」❻。中世紀英國對涉及犯罪之物處理確實受「贖罪奉獻物」影響，當事人將涉及犯罪之物所有權移轉給封建領主或國王即可達到贖回自身罪過 (Sins) 目的。然而十九世紀，以「贖罪奉獻物」為名施行的沒收制度發展成司法絕對主義，法院在沒收時不考慮受害者立場，侵害人民財產權。一八四六年在社會壓力下，英國國會廢除贖罪奉獻物法令❼。

在英美國家，「贖罪奉獻物」被視為民事沒收的起源，而刑事沒收源起中世紀「土地重還」(Escheats and Reversions of An Estate to A Feudal Lord) 制度。美國聯邦最高法院法官 Justice Harry Blackmun 在 Austin v. United States 案闡

❺　柯耀程，〈沒收、追徵、追繳與抵償制度之運用與檢討〉，《法令月刊》，第 59 卷 6 期，頁 4–26，2008 年 6 月。

❻　LEONARD W. LEVY, *A LICENSE TO STEAL: THE FORFEITURE OF PROPERTY*, CHAPEL HILL: UNIV. OF NORTH CAROLINA PRESS, 1–5 (1996).

❼　Ibid., 19.

述，早期普通法沒收方式有三種：贖罪奉獻物、土地沒收，以及海事法沒收❽。如前述刑事沒收源起「土地重還」制度，所謂土地重還並非單純的土地沒收 (Forfeiture of Estate)，而是泛指包含土地在內所有財產，所以有學者稱為「抄家式沒收」。

美國獨立後憲法第三條第三款：「……國會有權宣告對叛國罪的懲罰，以及對於公民權的剝奪，但是其剝奪不得施以血統玷污❾」❿。在此之後的一百多年時間美國沒有刑事沒收法律，直到一八六二年內戰發生，為沒收南方「叛亂者」在北方的財產，而在一八六二年通過《沒收法》(Confiscation Act of 1862)。這是一個具有懲罰性質的法案，其並未給當事人任何救濟途徑，而是對財物或財產上利益直接剝奪，因此其合法性頗受質疑。不過在一八七〇年 Miller v. United States 案中，聯邦最高法院認為前開法案合憲，因為它是國家戰爭時期的權力顯示（The Nation's War Powers）而非刑罰措施⓫。

▶第二節　美國法制

美國資產沒收途徑有三類：行政沒收 (Administrative Forfeiture)、民事沒收 (Civil Judicial Forfeiture) 以及刑事沒收 (Criminal Judicial Forfeiture)，其中 Administrative Forfeiture 無須經過法院裁定，最能發揮即時效果⓬。

財產沒收法是打擊犯罪的有效工具，美國自殖民時代起，財產沒收即為一重要的司法概念；自一七八九年國會草擬有關民事沒收之法律以來，迄今

❽　Austin v. United States, 113 S. Ct. 2801, 2806–2807 (1993).

❾　血統玷污 (Corrupt Blood) 指在抄家式沒收制度下，觸犯重罪者其財產要永遠被沒收，同時永久剝奪子嗣繼承權。

❿　Article III, Section 3："The Congress shall have power to declare the punishment of treason, but no attainder of treason shall work corruption of blood or forfeiture except during the life of the person attainted."

⓫　Miller v. United States, 78 U.S. 268, 307 (1870).

⓬　GREGORY M. VECCHI, *ASSETS FORFEITURE: A STUDY OF POLICY AND ITS PRACTICE*, NORTH CAROLINA: CAROLINA ACADEMIC PRESS (2001).

已有超過二百種民（對物訴訟）刑（對人訴訟）事沒收之法律經國會通過，部分聯邦沒收法令年代久遠，為了因應時代變遷之需要，政府修訂或制訂了許多有關打擊組織犯罪、毒品走私、防制洗錢及其他非法活動之沒收法令，其中較重要者如恐嚇詐財及貪污組織法 (Racketeer Influenced and Corrupt Organizations Act, 1970)、受控制資產法 (The Controlled Substances Act, 1978)、全面犯罪防制法 (Comprehensive Crime Control Act, 1984)、毒品防制法 (Anti-Drug Abuse Act, 1988)、金融機構賠償與強制執行法 (Financial Institution Reform Recovery and Enforcement Act)、關稅貿易法 (Customs and Trade Act of 1990)、犯罪防制法 (Crime Control Act of 1990)、緊急經費調撥法 (Dire Emergency Supplemental Appropriations Act of 1991)、司法部及相關機關沒收分配法 (Department of Justice and Related Agencies Appropriations Act of 1992)、財政部及州政府沒收分配法 (Treasury, State and General Government Appropriations Act of 1993) 等，使美國刑事沒收法制漸趨完備。

　　除了民刑事相關法律規定及其可用來作為沒收犯罪之非法所得之依據外，尚有行政沒收權之設計。財產沒收是政府打擊犯罪的有效利器，一九八四年美國政府通過沒收法 (Comprehensive Forfeiture Act, 1984)，賦予司法機關沒收犯罪所得之權力，成為瓦解犯罪集團經濟架構之重要工具。為了有效利用沒收之財物，充分發揮打擊犯罪之效果，聯邦法律增訂了有關沒收分享之規定，根據相關法律，聯邦政府成立了全國性的財產沒收計畫 (Asset Forfeiture Program)，並在司法部及財政部下分別成立財產沒收基金 (The Asset Forfeiture Fund, AFF)，結合所屬執法機關共同運作。以下將司法部財產沒收計畫 (The Department of Justice Asset Forfeiture Program) 有關狀況予以說明[13]。

壹、沒收分享制度之目的

　　基於剝奪罪犯不法利益加強打擊犯罪之原則，沒收分享制度設計之目的為：

---

[13]　資料來源：美國司法部網頁，http://www.justice.gov/，最後瀏覽日期：2011/3/26。

一、追訴、遏阻犯罪，並剝奪嫌犯從事犯罪之資產及非法收益。

二、透過公平分配，加強與國外、聯邦各州執法機關之合作。

三、增加政府歲收，充實執法機關預算，強化執法角色。

四、保障個人權益。

　　基於以上目的，沒收計畫之管理係以財務為導向，以最小的支出，創造打擊犯罪之最大效果。美國司法部認知，基於保障善良大眾之合法權益，應以準商業管理之模式，經營管理以確保扣押及沒收之財產在司法程序進行中之經濟價值。沒收基金計畫由聯邦執行署 (U.S. Marshal Services) 專職人員負責，下設扣押財產保管基金 (Seized Asset Deposit Fund, SADF)，負責暫時保管依法查扣之現金、非法財產、不法收益等，俟法院判決沒收後即移由財產沒收基金 AFF 處理。

貳、依據及運作

　　司法部財產沒收基金依據聯邦法典第二十八篇第五百二十四條 (c) (1)❶

---

❶　28 U.S.C. § 524(c)(1)：

There is established in the United States Treasury a special fund to be known as the Department of Justice Assets Forfeiture Fund (hereafter in this subsection referred to as the "Fund") which shall be available to the Attorney General without fiscal year limitation for the following law enforcement purposes - (A) the payment, at the discretion of the Attorney General, of any expenses necessary to seize, detain, inventory, safeguard, maintain, advertise, sell, or dispose of property under seizure, detention, or forfeited pursuant to any law enforced or administered by the Department of Justice, or of any other necessary expense incident to the seizure, detention, forfeiture, or disposal of such property including - (i) payments for - (I) contract services; (II) the employment of outside contractors to operate and manage properties or provide other specialized services necessary to dispose of such properties in an effort to maximize the return from such properties; and (III) reimbursement of any Federal, State, or local agency for any expenditures made to perform the functions described in this clause; (ii) payments to reimburse any Federal agency participating in the Fund for investigative costs leading to seizures; (iii) payments for contracting for

所設。分別由司法部及財政部運作管理並由所屬查緝機關 (Investigation Bureau) 共同參與執行。聯邦調查局、緝毒局、移民局等隸屬司法部之機關，隸屬財政部之秘勤局、國稅局、菸酒武器局，以及隸屬內政部之郵局、及公園警察等均納入司法部財產沒收計畫之運作，但自一九九三年起海關、國稅局、調查處、秘勤局、菸酒武器局、海岸巡防隊等機關則改納入財政部之沒收基金運作因此改由司法部副部長負責督導沒收計畫之執行，其底下另設有沒收執行處提供行政支援。查緝機關，依據相關法律規定，得直接執行扣押程序，惟聯邦、州或地方之執法機關，認為其他機關執行之扣押行為，有違反聯邦法律之情形時，得於三十日內向原扣押單位請求移轉扣押權。

參、扣押財產管理與沒收

一、刑事沒收
二、民事沒收
三、行政沒收

　　司法沒收由司法部刑事調查處支援全國九十四個檢察署辦理，行政沒收則由聯邦查緝機關執行。扣押財產在裁定沒收前，由司法部執行處 (U.S. Marshal Service) 負責管理與經營，該處並負責裁定沒收後之財產處分與出售等問題。

---

the services of experts and consultants needed by the Department of Justice to assist in carrying out duties related to asset seizure and forfeiture; and (iv) payments made pursuant to guidelines promulgated by the Attorney General if such payments are necessary and directly related to seizure and forfeiture program expenses for - (I) the purchase or lease of automatic data processing systems (not less than a majority of which use will be related to such program); (II) training; (III) printing; (IV) the storage, protection, and destruction of controlled substances; and (V) contracting for services directly related to the identification of forfeitable assets, and the processing of and accounting for forfeitures。

肆、沒收財產處分

依法裁定沒收之財產其處分方式包括:

一、由原查緝機關留存作公務用途。

二、交由參與查扣作業之州政府及地方執法機關作公務使用。

三、沒收之違禁品依法銷毀。

四、拍賣。

財產沒收基金 (AFF) 是司法部財產沒收計畫在財政部所設之專戶,專責處理分配沒收拍賣後之款項。由司法部執行處及各地檢察長組成之委員會共同管理,司法部副部長負責監督執行。而司法部執行處應依年度執行狀況,每年向委員會依法提出報告,各查緝機關應提供查緝狀況及獲補償情形,俾執行處製作報告。執行處每月應將財報表送陳處長核閱,司法部查緝處應依據各單位提供之資訊編列年度預算。

伍、管理經營

為確保扣押財產之價值,沒收基金得依法委請專業人員進行保管(如骨董字畫)或營運(如高球場餐廳等),並基於保存扣押物之價值之需要,做必要之行政管理訓練等支出,其項目如:

一、沒收計畫之運作管理、設備、人員訓練等。

二、扣押財產之保管、經營支出:扣押物之倉儲、保管、儲存、包裝、運輸、保養、安全、鑑價等支出,及委由專業公司或人員提供服務之經營及管理契約支出,扣押財產如有營業中之事業,其管理支出應由該事業之營收負擔之。

三、沒收程序之支出:為保全政府經由沒收程序獲得最大之利益,在申請扣押財產沒收之程序中,所需之書狀報告、翻譯、專家證人(如會計師)、廣告、訴訟代理人旅費及交通費等及委請外國政府機構取得執行扣押所需之資訊及專業服務所需之支出。

四、調查蒐集購買證據支出。

五、獎金支出（提供檢舉人及線民獎金）。

陸、分配原則 ❶⑤

一、依沒收財產之淨值分配。

二、參與扣押之檢調機關依其提供協助之情形參與分配。

三、分享之財物限用於申請日所述加強查緝非法之公務用途。

四、申請分享之機關須證明在扣押沒收過程中有提供協助之事實。

五、申請分享案應於沒收裁定後六十日內為之。

六、與州及地方執法機關之分享以增加並不排擠其執法資源為原則。

七、分配之額度充分反映沒收過程出力之程度。

八、分享之現金與財物不得用於非公務用途。

柒、分配決策

一、價值低於一百萬美元之行政沒收：授權查緝機關首長依行政程序，按規
　　定進行分配。

二、價值低於一百萬美元之司法沒收：由該管法院檢察長於司法程序完成後，
　　依規定進行分配。

三、價值高於一百萬美元之行政司法沒收或跨區案件：由地區檢察長徵詢相
　　關查緝機關之意見後，送陳司法部副部長或其指定之代理人裁決。

四、不動產沒收：由司法部副部長或其代理人裁決，分配予查緝機關公務使
　　用，惟受配機關如未依規定使用時 AFF 收回該不動產，登記註冊在美國
　　政府名下。

捌、境外犯罪之財產查扣與沒收

一、依　據

　　美國聯邦法典第十八篇第九八一條為民事沒收規定，其 (a)(1) 規定：在

---

⑮　同註 ⑬。

美國境內任何財物或財產上利益的交易，如有違反洗錢防制法相關規定 (Section 1956, 1957, 1960) 將被沒收。(a)(1)(B)(i) 規定，涉及販賣、運送及散布核子、化學、生物或是放射線，或其他管制性武器或技術者，美國政府對其財物或財產上利益將依法定程序進行民事沒收❻。

　　一九九六年十月洗錢防制法 (MLCA) 修訂增列有關洗錢犯罪之追訴與沒收，將下列七種犯罪列為境外前置犯罪 (Predicate Crime)❼之範圍：

㈠製造運送販賣管制物質

㈡綁架

㈢強盜

㈣恐嚇

㈤銀行詐欺

㈥謀殺

㈦暴力破壞

---

❻　§ 981 Civil Forfeiture (a)(1)The following property is subject to forfeiture to the United States:

(A) Any property, real or personal, involved in a transaction or attempted transaction in violation of section 1956, 1957 or 1960 of this title, or any property traceable to such property.

(B) Any property, real or personal, within the jurisdiction of the United States, constituting, derived from, or traceable to, any proceeds obtained directly or indirectly from an offense against a foreign nation, or any property used to facilitate such an offense, if the offense- (i) involves trafficking in nuclear, chemical, biological, or radiological weapons technology or material, or the manufacture, importation, sale, or distribution of a controlled substance (as that term is defined for purposes of the Controlled Substances Act), or any other conduct described in section 1956 (c)(7)(B).

❼　Predicate Crime 亦有稱 Underline Crime 即我國洗錢防制法第三條所稱「重大犯罪」。

二、合作管道

　　㈠非正式管道：警察或執法單位之聯繫

　　㈡正式管道

　　1. 雙邊司法互助協定 (Mutual Legal Assistance Treaty, MLAT)

　　2. 多邊協定（如《維也納反毒公約》）

　　3. 委託書 (Letters Rogatory or Letters of Request)

三、分配原則

　　依據國外政府參與及提供資訊、證據之情形，經檢察總長核定，可獲分配沒收財產淨值之百分之四十至百分之八十不等。

玖、沒收成效

　　根據美國司法部統計資料，二〇〇八年透過司法部財產沒收計畫 (The Department of Justice Asset Forfeiture Program) 沒收金額為美金 1,327,604,903 元；二〇〇九年增加到美金 1,404,822,898 元；二〇一〇年總額為美金 1,600,370,705 元，可以看出美國政府已逐年顯現出對於犯罪所得剝奪的成效。另從表 8.1 看出，加州、佛羅里達州、麻薩諸塞州，以及紐約州在二〇一〇年沒收總金額皆超過美金一億元 [18]。

---

[18]　These figures represent official accounting transactions. They do not reflect total forfeiture activity for any jurisdiction.

　　(1) The negative balance in District of Columbia is due to interagency transfers to non-DOJ agencies.

　　(2) The "Other" line comprises deposits made to the Asset Forfeiture Fund (AFF) where a district has not been identified. Examples include U.S. Treasury Assets Forfeiture Fund Reimbursement for U.S. Attorney costs

表 8.1　2010 年美國司法部財產沒收計畫成效統計　　　單位：美元

State or Territory	Fiscal Year 2010
Alabama	$4,652,052
Alaska	$1,492,562
Arizona	$16,910,432
Arkansas	$3,706,938
California	$109,481,189
Colorado	$50,525,782
Connecticut	$4,287,431
Delaware	$0
District of Columbia	$98,992,212
Florida	$226,375,446
Georgia	$38,394,574
Guam	$34,948
Hawaii	$701,612
Idaho	$233,406
Illinois	$45,422,153
Indiana	$4,935,333
Iowa	$2,661,389
Kansas	$3,595,847
Kentucky	$4,777,836
Louisiana	$33,116,884
Maine	$670,708
Maryland	$28,355,880
Massachusetts	$113,395,021
Michigan	$15,829,529
Minnesota	$3,830,154
Mississippi	$8,956,890
Missouri	$18,857,505
Montana	$167,745
Nebraska	$5,661,781

Nevada	$6,971,554
New Hampshire	$3,785,933
New Jersey	$20,361,332
New Mexico	$8,648,101
New York	$647,685,676
N. Carolina	$12,731,084
N. Dakota	$51,644
N. Mariana Island	$0
Ohio	$29,824,776
Oklahoma	$7,135,765
Oregon	$1,977,370
Pennsylvania	$27,711,040
Puerto Rico	$19,561,544
Rhode Island	$2,693,730
S. Carolina	$12,038,683
S. Dakota	$255,410
Tennessee	$14,556,137
Texas	$92,261,439
Utah	$2,082,047
Vermont	$1,524,815
Virgin Island	$594,905
Virginia	$11,896,271
Washington	$6,479,586
West Virginia	$2,579,735
Wisconsin	$7,032,209
Wyoming	$237,361
Other	$7,791,046
Investment Income	$3,862,697
Total	$1,600,370,705

▶第三節　我國情況

沒收是將人民財產權強制移轉給國家，此與憲法第十五條對人民財產權保障有所衝突，實質上它是一種侵害人民財產權的公法行為。同樣的作為沒收替代手段的追徵與抵償，以及作為沒收前置手段的追繳，都屬於侵害人民財產利益的公法行為。因而法院在決定是否宣告沒收、追徵、追繳或抵償時，即應注意比例原則的適用，藉以衡量行為目的與人民基本權所受侵害兩者之間的衝突，只有在符合比例原則的情況下，國家才可以宣告沒收、追徵、追繳或抵償[19]。

壹、法律規定

我國從一九三五年迄今，刑法第三十八條規定，「沒收」的核心乃在於對「犯罪所得之物」，亦即剝奪犯罪所得。從刑罰學觀點來看，屬於一種財產刑，對於犯罪所得予以剝奪，方能符合應報理論。又基於社會防禦原理，在二〇〇五年刑法修正時於第三十四條增訂第三款「追徵、追繳或抵償」為從刑。另在刑法第一百二十一條、第一百二十二條、第一百三十一條、第一百四十三條尚有追徵之規定；貪污治罪條例第十條、組織犯罪防制條例第七條、毒品危害防制條例第十九條、洗錢防制法第十四條亦有追繳、追徵或抵償之規定。原因在於避免犯罪所得不符刑法第三十八條沒收規定，致被告在判決確定後繼續享用犯罪所得成果，乃有此自犯罪行為人強制收回機制。

貳、實務運作

沒收具有保安處分性質。最高法院九十五年台上字第六四八二號判決：「㈠沒收含有保安處分之性質，在剝奪犯罪者因犯罪而取得之財產上利益，以遏止犯罪，與罰金屬刑罰之性質有別。毒品危害防制條例第十九條第一項

---

[19]　林孟皇，〈從審判角度看犯罪所得查扣〉，法務部 97 年犯罪所得之扣押與沒收研討會，2008 年 11 月 18 日。

規定『犯第四條至第九條、第十二條、第十三條或第十四條第一項、第二項之罪者，其供犯罪所用或因犯罪所得之財物，均沒收之，如全部或一部不能沒收時，追徵其價額或以其財產抵償之』，係刑法第三十八條第一項第二款、第三款沒收之特別規定。於共同正犯，因其犯罪所得係合併計算，且於全部或一部不能沒收時以其財產抵償之，為避免執行時發生重複沒收、抵償之情形，故各共同正犯之間係採連帶沒收主義，於裁判時僅諭知連帶沒收，不得就全體共同正犯之總所得，對各該共同正犯分別重複諭知沒收。」

　　沒收客體僅限於有體物。雖然在學界上多認為，刑法第三十八條所稱之「物」兼指動產與不動產，但實務上見解，沒收客體僅限於有體物。例如司法院院字第五七四號(一)謂：「刑法第六十條所定沒收之物，除他項法令有特別規定外，仍應以動產為限。」院字第二五一四號則謂：「所謂財物兼指動產及不動產而言，其財產上不法之利益，並不包括在內。」

　　就銀行存款來看，對於存款人而言係屬消費寄託契約之債權人，所寄託金錢之所有權已移轉於銀行（民法第六百零三條、院解字第二八八五號解釋、最高法院五十七年台上字第二九六五號判例等參照）。若依上開實務、學說見解，能否認為該寄託金錢係「物」而沒收，實有疑義。若存摺帳戶等普遍性的理財工具，在適用刑法第三十八條時皆無法沒收，則很多犯罪所得皆無法加以沒收。針對這點二○○七年 APG 來臺進行第二回合相互評鑑時曾指出，臺灣現行法律體制對於犯罪所得沒收之物及財產上利益並無明確認定，造成財產利益在大部分法律之適用情況下是無法加以沒收❷⓿。

　　就刑法第三十八條與相關實務見解、解釋來看，關於「因犯罪所得之物」，係指因犯罪「直接」取得者而言（院字第二一四○號解釋）。故犯罪所得變換之對價或所變得之物（例如賄賂購買之不動產）亦不能沒收。

　　在實務上就曾發生，被告將犯罪所得轉手變換購買股票或不動產，依現行實務解釋及刑法第三十八條第一項第三款之解釋，這些股票或不動產亦不在得沒收之列，雖然實務解釋所謂犯罪所生包含變得之物，但參照二○○六

---

❷⓿　法務部調查局，《2007 年中華臺北接受亞太防制洗錢組織相互評鑑報告》，頁
　　36–40，2007 年 12 月。

年刑法修正之立法理由，所謂犯罪所生應是犯罪過程中所產生之物品，例如：偽造文書罪過程中所產生之印文，並非在此所談之犯罪變得之物；所謂犯罪變得之物在法律體系中可以涵蓋進去的只有洗錢防制法第四條第三款所謂「犯罪所得變得之物亦在犯罪所得之物」概念內，除此之外，在刑法與其他特別法對於犯罪所得之物或變得之物皆不能加以沒收，皆不在犯罪所得之物的範圍內，現在檢察機關在查扣犯罪所得時常是「已經變得之物」，例如，被告透過犯罪所得之現金存入銀行存摺帳戶中，已從現金變成消費寄託債權，此消費寄託債權已是變得之物，在實務上，除非是毒品案件最高法院判例認為在此情況下可以沒收，在其他情況中實務普遍認為不能沒收。

　　目前除違禁物外，沒收客體以屬於犯罪行為人者為限，故於第三人可責或不當得利取得之情況下仍無法沒收。最高法院九十七年度台抗字第一八五號裁定謂：「公司之自然人股東或負責人，因犯罪行為為公司取得之物，如法律上所有權屬於公司，即非犯人所有，自不在得沒收之列。」無論貪污或金融犯罪，被告通常會利用紙上公司為犯罪工具，一旦查獲犯罪所得之財產亦多在紙上公司名下，例如，在力霸案中被告雖百分之百持有控制東○公司，但因被告完全將犯罪所得移植入公司，最高法院見解認為公司自然人股東與公司本身，在法律上屬於完全不同權利主體，既然所有權屬於公司就非犯人所有，因此依據刑法第三十八條第三項就不在得沒收之列，其實這造成實務上十分嚴重的操作問題，亦即一旦被告能將財產移置公司名下，即便此公司是由被告百分之百持有之公司，依目前刑法之規定亦無法加以沒收。

　　這種情形無異於鼓勵被告或犯罪嫌疑人將犯罪所得移至第三人或紙上公司名下，讓他們得以保有不法所得，等待主刑執行完畢後繼續享用犯罪成果，這種情況不但與人民的法律感情其實有著相當遙遠的距離，更有違 FATF「40+9」建議中所強調，對於移至第三人名下的犯罪所得，應透過適當之法律程序予以沒收之國際趨勢與原則。

參、沒收分享

　　我國洗錢防制法第十四條規定，觸犯洗錢罪其因犯罪所得財物或財產上

利益，除應發還被害人或第三人者外，不問屬於犯人與否，沒收之。如全部或一部不能沒收時，追徵其價額或以其財產抵償之。同法第十五條規定，依前條第一項沒收之犯罪所得財物或財產上利益為現金或有價證券以外之財物者，得由法務部撥交檢察機關、司法警察機關或其他協助查緝洗錢犯罪之機關作公務上使用。外國政府、機構或國際組織依第十六條所簽訂之條約或協定或基於互惠原則協助我國執行沒收犯罪所得財物或財產上利益者，法務部得將該沒收財產之全部或一部撥交該外國政府、機構或國際組織。另行政院應訂定前二項沒收財產之管理、撥交及使用辦法。

　　二○○四年七月法務部依洗錢防制法第十五條第三項規定訂定洗錢犯罪沒收財產管理撥交及使用辦法，因受限於我國財政主計單位法令限制，職故該辦法第二條即排除現金及有價證券的分享。第四條規定：「檢察機關、司法警察機關或其他協助查緝洗錢犯罪之機關得於收受前條第一項之通知後三個月內，向法務部提出撥交該沒收財物作其公務使用之申請。但因故無法於三個月內提出申請者，得以書面敘明正當理由，向法務部為延緩提出之申請，並以一次為限。」自該法訂定迄今無任何案例，APG 在二○○七年對我國進行相互評鑑時指出，「因為不明原因，迄今尚無任何沒收財產經由此一機制進行分享。」❷❶針對前開問題，提出下列建議供未來政策參考：

一、是否考慮仿照美國設立專責管理單位：現行規定必須由檢察機關、司法警察機關主動提出申請；各檢察署可能還可考慮由執行科辦理該項業務，無論法務部調查局、或警察機關在案件移送後即行歸檔，案件經檢察署、法院起訴定讞，承辦人只不過將起訴書或判決書併卷歸檔，即使有心，但卻沒有餘力（應該是人力及能力皆短缺）來追蹤原案件沒收物為何、多少，再據以提出申請。

二、對犯罪所得沒收分享來源予以擴大：前開辦法係依洗錢防制法訂定，換句話只有依洗錢防制法沒收的財產才能「申請」分享，如係觸犯貪污治罪條例、或是毒品危害防制條例，是否還得區分沒收的犯罪所得中何者經過洗錢，才能分享。司法機關在一定限制下對於沒收犯罪所得分享，

---

❷❶　前揭註，頁 10。

甚至透過國際合作進行跨國分享已成為國際趨勢，準此，未來應將沒收貪瀆、毒品、販運人口、販賣軍火等犯罪所得列為司法機關分享之標的。

三、分享標的應包含現金及有價證券：依我國主計、審計相關法令限制，洗錢犯罪沒收財產管理撥交及使用辦法第二條：「本辦法所定得為管理、撥交及使用之沒收財物，以現金或有價證券以外得為公務使用之財物為限。」不僅在排除現金、有價證券的作法未能與國際趨勢接軌；假設前述使用辦法公布後，有一司法警察機關因查緝洗錢而扣押一戶公寓，案經法院判決確定，該不動產為使用犯罪所得購買，宣告沒收，地檢署如何執行「沒收」，又司法警察機關能否申請不動產「撥交」，恐在實務上皆存有許多問題。行政院未來可能需召集相關部會研修包括財政、主計的相關法令，才能期在司法領域的國際合作上有所成果。

肆、修法發展

二〇〇五年二月二日修正之刑法總則在第三十四條第三款增加「追徵、追繳或抵償」為從刑[22]，另增訂第四十條之一：「法律有規定追徵、追繳或抵償者，於裁判時併宣告之。」[23]學者蔡墩銘認為，刑法第三十四條從刑增加第

---

[22] 修正理由：「依本法規範從刑之種類，除褫奪公權及沒收外，在第一百二十一條、第一百二十二條、第一百三十一條、第一百四十三條尚有追徵之規定；貪污治罪條例第十條、組織犯罪防制條例第七條、毒品危害防制條例第十九條亦有追繳、追徵或抵償之規定。按價額之追繳、追徵或抵償之規定為現今刑事法制所承認之從刑，且德國及日本立法例亦設有相類之規定，宜於刑法總則中明定之，爰增訂第三款之規定。」

[23] 立法理由：「1. 修正條文第三十四條第三款增列『追繳、追徵或抵償』為從刑之一，係以法律之規定將犯罪所得，收歸國家所有，如本法分則第一百二十一條、第一百二十二條、第一百三十一條、第一百四十三條、公職人員選舉罷免法第八十八條、總統副總統選舉罷免法第七十五條、第七十六條、毒品危害防制條例第十九條、貪污治罪條例第十條、組織犯罪防制條例等，避免因該犯罪所得因不符刑法第三十八條沒收之規定，致犯罪行為人仍得於判決確定後享受犯罪之成果，故有自犯罪行為人強制收回之必要。惟無論追繳、追徵或抵償，其所得來自於他

三款追徵、追繳、抵償的規定。因為它變成獨立的處分，是可以不宣告沒收直接宣告追徵，過去是無法沒收時才追徵、追繳、抵償，現在變成獨立之處分，似乎可以不宣告沒收直接宣告追徵、追繳、抵償。此外，這三種情形有無前後之順序？例如，無法追徵才實施抵償？不能追繳才實施抵償？這並非替代處分，過去是替代處分，而今並非替代處分；所以，若僅宣告追徵未宣告抵償，若無法追徵時是否能實施抵償？這三者係平行關係或是互相補充的關係？換言之，無法追徵時才實施追繳、抵償，是否有此順序？或是，並無順序存在，宣告追徵而無法追徵時，不能再實施抵償❷❹。

另學者甘添貴教授認為，追徵係於無法沒收時代替沒收的司法處分，將其獨立為從刑，其實頗有疑問，它本身是一個易刑處分，財產抵償雖有存在的必要，但也是易刑處分❷❺。

因此，著者認為第三十四條似可回歸原來的規定，將追繳作為沒收前的手段，追繳後則加以沒收；無法沒收時，再追徵或以財產抵償。故追徵或以財產抵償，都是無法沒收時的易刑處分，也就是代替沒收的司法處分。

為解決我國現行刑法在沒收規定的主要缺失，包括：一、沒收客體限於有體物，故無形之財產上利益不得沒收；二、除違禁物外，沒收客體以屬於犯罪行為人者為限，故於第三人可責或不當得利之情況下仍無法沒收；三、欠缺追徵規定，除有特別規定外，沒收客體不存在時，無法以追徵方式剝奪其不法利得；四、因係從刑，未宣告主刑時不得宣告沒收，若犯罪行為人係無責任能力人或因死亡、逃匿時亦無從沒收。基於「使無人能因犯罪而受利益」的理念，消除鉅額不法利益犯罪之經濟上誘因，上述缺失實有改正之必要。

人，故欲將此項所得收歸國家所有，自應以法律規定者，始得追繳、追徵或抵償，以符法律保留之原則。2.本條之規定係屬從刑，依法應附隨於主刑，故應於裁判時一併宣告之，爰明定宣告之時期。」

❷❹ 余麗貞，〈犯罪所得之沒收、追徵、追繳、抵償──現行法令之檢討〉與談資料，法務部97年度犯罪所得之扣押與沒收研討會，2008年11月18日。

❷❺ 同前揭註

法務部已參照行政罰法、洗錢防制法、人口販運防制法及相關國際公約與立法例❷⑥加以已完成查扣犯罪所得刑法修正草案，將於送行政院審查通過後，送請立法院審議。主要內容包如下。

一、刪除追徵、追繳或抵償為從刑之規定（修正條文刑法第三十四條）

本法於二〇〇五年修正時，雖將追徵、追繳或抵償列為從刑之一，惟追徵與抵償係全部或一部不能沒收時之代替措施，故其性質應為沒收之易刑處分而非刑罰；其次，追繳立法體例不一，或為沒收之先行措施，或為沒收不能時的代替措施，難以理解其性質。基於制度簡明化的要求，本法僅以沒收作為剝奪違禁物及與犯罪有關財產之措施，而以追徵作為替代之易刑處分。抵償之概念已涵蓋於追徵，追繳之概念亦已涵蓋於沒收、追徵之內。

---

❷⑥ 參照之國際公約、立法例有：聯合國 2003 年反腐敗公約（United Nations Convention against Corruption，簡稱反腐敗公約）、聯合國 2000 年打擊跨國有組織犯罪公約（United Nations Convention on Transnational Organized Crime，簡稱巴勒摩公約）、聯合國 1988 年禁止非法販運麻醉藥品和精神藥物公約（United Nations Convention against Illicit Traffic in Narcotic Drugs and Psychotropic Substances，簡稱維也納公約）、歐洲理事會 2005 年關於清洗、搜查、扣押和沒收犯罪收益與資助恐怖活動公約 (Convention on Laundering, Search, Seizure and Confiscation of the Proceeds from Crime and on the Financing of Terrorism)、聯合國毒品與犯罪防制辦公室(United Nations Office on Drugs and Crime，簡稱 UNODC) 2005 年防制洗錢與資助恐怖行動法範本 (Model Legislation on Money Laundering and Financing of Terrorism)、美國法典 (U.S. Code)、德國刑法、瑞士刑法、日本刑法、日本昭和 49 年（1974 年）之刑法改正草案、日本有關處罰組織的犯罪與規範犯罪收益之法律（組織的な犯罪の処罰及び犯罪収益の規制等に関する法律，簡稱組織犯罪處罰法）、日本有關國際合作為圖防止助長毒品相關不正行為的麻藥及精神藥取締法等之特別規定法律(国際的な協力の下に規制薬物に係る不正行為を助長する行為等の防止を図るための麻薬及び向精神薬取締法等の特例等に関する法律，簡稱麻藥特例法) 及香港「有組織及嚴重罪行條例」等。

二、擴大沒收物的要件（客體範圍）與人的要件（修正條文刑法第三十八條）

聯合國反腐敗公約等國際公約，均要求沒收客體包括有形及無形財產在內。爰參照洗錢防制法，明定本條之沒收範圍包括「物或財產上利益」。又第三人以惡意或因他人犯罪不當取得利益時，如未剝奪顯失公平正義。遂參考行政罰法、美國法典及瑞士刑法等立法例，明定第三人以惡意或因他人犯罪取得利益時，得於其所受財產價值範圍內酌予沒收，以防止脫法及填補制裁漏洞。

三、增訂替代沒收之追徵規定，並明定為沒收之易刑處分（新增條文刑法第三十八條之一）

除刑法分則編或其他法律另有規定外，於沒收客體全部或一部不能沒收時，並無代替沒收之追徵或抵償規定。故如犯罪所得已不存在時，既無法沒收，復無法追徵。爰參照行政罰法、日本、德國與瑞士刑法等立法例，明定因犯罪所得之物或財產上利益，因事實上或法律上原因（如滅失或第三人善意取得）而不存在時，得追徵其價額。

四、增訂於無法宣告主刑時，亦得單獨宣告沒收或追徵其價額（修正條文刑法第四十條）

犯罪行為人有死亡、逃匿等情形，如無法宣告沒收，將形成犯罪行為人或其親屬保有犯罪所得之不當情況。爰參照聯合國反腐敗公約、德國刑法、美國法典等立法例，明定犯罪行為人係無責任能力人或因死亡、逃匿時亦得單獨宣告沒收。

▶第四節　小　結

犯罪學理性選擇理論的兩大要素，分別是犯罪機會及風險評估，犯罪發

生必須有潛在的犯罪者及犯罪的機會；犯罪者在行為前會進行評估，評估遭逮捕風險、評估獲利情形、評估刑罰痛苦；簡言之，理性選擇是一種經濟思考模式，經過此種思考才決定犯罪與否。貪瀆及金融犯罪是一種身分犯，犯罪行為人通常需從事公職或金融業，而且有一定層級地位，方有機會遂行犯罪。綜觀我國貪污治罪條例，以及銀行法、證券交易法、保險法等金融相關法律的刑事責任，近十年來可以說是愈修愈重，刑罰如此嚴峻，貪污、內線交易，以及侵占等犯罪即不「再有、再行」? 韓非子「故治民者，刑勝，治之首也」與老子「法令滋彰，盜賊多有」孰是孰非? 貪污、金融犯罪動機是貪婪，目的在於財富，透過完善的資產沒收機制，有效剝奪被告及犯罪嫌疑人的不法所得才是遏止貪污、金融犯罪的重要手段之一。

第 **9** 章

國際合作

　　日常生活中我們說到法律，通常指的是國內法，用來規範社會行為，維持社會秩序，限制人民不得做出危害國家、社會或他人利益的行為，如果違反可能必須面對刑事處罰及民事執行的制裁 (Sanctions)。金融犯罪因具跨國性 (Transnational) 特徵，以及受限於司法管轄權，從偵查審理到沒收追徵皆須仰賴各國互助方能成就。現今國際法學者承認國際法基礎是「公諾」(Common Consent)，所謂公諾並非國際社會所有國家均須明示就相關規則一一加以承認，而是指國際間大多數國家已加明許或默認的解釋。若問某項規則是否得有公諾，乃是事實問題而非理論問題。國際法的成立大都依據習慣，而習慣的形成則需要許多國際間國家在相互往來關係上的行為規則，先有少數國家遇事以同樣方式行動，而構成所謂成例，而其他國家也都起而仿行，乃構成習慣❶。

　　國際法是否為法律有不同見解，英國法學家奧斯丁 (John Austin, 1790–1859) 認為，法律是政治主權者的命令，這種命令是統治者加諸被統治者的，國際法缺乏這種特性，故應屬於道德範圍 (Domain of Positive Morality)。而學者奧本海 (Lassa Francis Lawerence Oppenheim, 1859–1919) 在其《國際法》乙書認為，國際法當然是法律，並列舉法律條件為：㈠必須有社會、㈡社會中有人類行為準則、㈢必須有社會之承諾，可藉外力以執行。至於社會中有無成文法，或是立法、司法機關存在無關宏旨。國際間因利害而產生之往來合作早已形成社會，國際聯盟（League of Nations，簡稱國聯）❷成立更

---

❶　張道行，《國際公法》，頁 3，國立編譯館，1979 年 4 月修訂六版。

❷　國聯是凡爾賽條約簽訂後組成的國際組織，1934 年 9 月 28 日至 1935 年 2 月 23 日為最高峰時期，曾擁有 58 個會員國。宗旨是減少武器數量、平息國際糾紛及維持民眾的生活水平。其存在的 26 年中，國聯曾協助調解某些國際爭端和處理某些國際問題。不過國聯缺乏軍隊武力，必須依賴大國援助，尤其是在制裁某些國家的時候，所以國聯缺乏執行決議的強制力。另由於它的設計上仍不盡完善，譬如曾規定全面裁減軍備但卻未能付諸實現，或是採取制裁侵略者的行動之前須先經理事會全體一致投票，以及美國沒有加入國際聯盟，更使國聯喪失了堅定溫和的支持力量，因此國聯無從阻止國際糾紛，不能有效阻止法西斯的侵略行為及第二次世界大戰的爆發。二次戰後為聯合國取代。

從無組織發展為有組織，另文明國家元首、政府及國會，以及社會輿論都認為於必要時國際法可藉外力以執行，較之國際道德、國際禮貌專賴各國良心者顯有不同❸。

　　金融犯罪隨著國際貿易的日益繁榮而有更多發展空間，當國際金融市場日漸擴大時，金融犯罪伴隨洗錢活動可以滲透的範圍相對的也更加廣闊。犯罪在單一國家時有刑法可以對犯罪嫌疑人或被告進行追訴，然一旦犯罪活動跨越國界時如何偵查、追訴已成為當前刑事司法體系一項重要課題。特別是一九七○年起全球經濟進入現代化，西方先進國家已完成工業化與都市化，紛紛躋身成為已開發國家。亞洲國家也開始將國家經濟轉變為出口導向策略，開始利用廉價的勞動力發展工業，這段時間也使得了臺灣、韓國、新加坡、香港因為經濟起飛而獲得亞洲四小龍的封號。隨著新興市場的誕生，金融服務的需求隨之提高，當然提供犯罪集團有更多洗錢「揮灑」的空間。

　　二○○一年美國發生「九一一事件」後，同年十月遵循打擊清洗黑錢財務行動特別組織 (Financial Action Task Force, FATF) 即公布防制資助恐怖主義八項特別建議 (Special Recommendations on Terrorist Financing)❹，建議各國應將資助恐怖分子罪刑化，簽署、認同，或以其他方式加入、履行抑制恐怖分子公約，並履行聯合國安理會相關決議；「特別建議」的目的在於從全球化的觀點，結合防制洗錢四十項建議，來防堵不法資金的移轉隱匿。

　　面對全球化的時代，不僅在刑事案件調查需要進行國際合作，金融監理也不例外，巴塞爾銀行監管委員會 (Basel Committee on Banking Supervision, BCBS)❺、國際清算銀行 (Bank for International Settlements , BIS)、國際證券監理組織 (International Organization of Securities Commissions, IOSCO)、國際保險監理官協會 (International Association of Insurance Supervisors, IAIS) 即是

---

❸　岑德彰譯，《奧本海國際法》，商務印書館，1977 年一版。

❹　2004 年已修正為 9 項，與 40 項建議被稱為防制洗錢「40+9」。

❺　由比利時、加拿大、法國、德國、義大利、日本、盧森堡、荷蘭、西班牙、瑞典、瑞士、英國及美國的中央銀行及金融監管機關共同於 1975 年成立。國際銀行監理官會議 (International Conference on Banking Supervisors, ICBS) 為其下的組織。

金融監理中不同行業別的國際合作平臺。

本章學習目標

・相關的國際公約
・司法互助協定
・跨國犯罪調查
・國際金融監理

▶第一節　國際公約

　　十九世紀全球在刑事事件的國際合作，多數僅限簽訂雙邊合作的締約國，針對逃亡的重大竊案、謀殺案被告予以遣返，使其接受刑事偵查審理程序。少數國家❻因為不願與其他國家締約，成為重大刑事案件犯罪嫌疑人或被告逃亡藏匿的天堂，並逐漸發展成對政治異議人士、違反人權者安身立命之處。準此，國際公約，或是多（雙）邊條約簽署，成為解決前開司法追訴困境的途徑，而在初期其功用是以合作打擊人口及奴隸販運、猥褻出版品，以及毒品交易為主。

壹、聯合國第七及第八屆預防犯罪和刑事司法大會

　　一九八五年、一九九〇年舉行的聯合國第七屆、第八屆預防犯罪和刑事司法大會 (United Nations Congress on the Prevention of Crime and the Treatment of Offenders) 通過以下幾個示範協定（公約）❼。

---

❻　以原係殖民地領土後來獨立的國家居多。

❼　CLARK, ROGER STENSON, *THE UNITED NATIONS CRIME PREVENTION AND CRIMINAL JUSTICE PROGRAM: FORMULATION OF STANDARDS AND EFFORTS AT THEIR IMPLEMENTATION*, PHILADELPHIA: UNIVERSITY OF PENNSYLVANIA PRESS, 199–226 (1994).

一、「換囚示範協定」(Model Agreement on Transfer of Foreign Prisoners)❽

㈠對已判決定讞之外國籍被告應承諾優先遣返其母國 (Home Country) 服刑。

㈡換囚應由母國或是定其刑國家提出。

㈢雙方同意基於人道、互惠原則及在請求方、受請求方及受刑事裁判確定人（被判刑人）均同意移交情況下，接返（移管）被判刑人。

㈣被告所餘刑期至少為六個月。

㈤外國籍被告文化、宗教應予尊重；在教育、工作上應視同本國籍被告對待。

㈥監禁與否標準應與本國人相同。

㈦任何應告知的訊息必須使用其所瞭解語言。

二、「引渡示範協定」(Model Agreement on Extradition)

㈠可引渡之犯罪指締約雙方法律規定，以監禁或其他方式剝奪自由一年以上，且未執行刑期至少四個月者。

㈡政治犯及請求國所提引渡原因之罪，業於請求國作出終審判決之罪不得引渡。

㈢請求國所提引渡原因之罪應判處死刑，除非請求國對被請求國予以充分保證不會判處死刑，或是不予執行，否則被請求國可以拒絕請求。

㈣緊急情況下請求國可在提交引渡請求書前申請被請求國先行逮捕通緝者，聲請書應透過國際刑警組織 (Interpol) 以電子郵件，或有書面記錄的任何方式傳送。

---

❽ 我國國民經判決確定在泰國監獄服刑者已逾百人，其中過半與毒品案件有關，受到語言隔閡及法律資源缺乏，受歧視之事時有所聞，中國法治促進會自 2002 年即開始推動政府與泰國進行刑事判決執行受刑人的交換，然泰國刑事判決執行合作程序法的對象必須是國家 (State)，在其「一個中國」政策下迄今尚難突破。

㈤被請求國應依本國法律程序處理引渡請求，並迅速將決定通知請求國。

㈥一旦通知准予引渡，應儘速安排移交，被請求國應通知請求國對應行移
　交者扣押時間。

國際刑警組織（Interpol）

　國際刑警組織成立於一九二三年，總部設於維也納，設有會員大會、執行委員會、秘書處、國家中央局、顧問等機構，一九四六年總部遷至法國巴黎，一九八九年十月再遷至里昂，以迄今日。專門調查及打擊跨境罪案。是聯合國外規模第二大的國際組織，也是全球最大的警察組織，有一百八十四個成員國，每年預算超過三千萬歐元，經費由成員國捐助。

　由於國際刑警組織需保持政治中立，它並不會介入任何政治、軍事、宗教或種族罪行，也不會介入非跨國罪案。主要以調查恐怖活動、組織罪案、毒品、走私軍火、偷運人蛇、洗錢、兒童色情、高科技罪案及貪污等罪案。

　該組織建有一個存有一百五十餘萬名國際刑事罪犯的資料檔案庫，和一座用以鑑定貨幣及其他有價證券真偽的實驗室。它傳送的國際通知分別以紅、綠、藍、黑四色標示輕重緩急和內容主題。國際刑警組織的電子郵件網路系統每年可處理一百萬封阿拉伯文、英文、法文和西班牙文的各種「通報」。

　依該組織憲章規定，成立之宗旨為：㈠依「世界人權宣言」之精神及在不同國家之法律範圍內，確保並促進刑事警察官署間最大可能之互助；㈡建立並發展一切有助於有效預防並阻止犯罪之機構。

　組織本身並無警力可資運用，對各國警察亦無指揮權，僅係於尊重各國法律的原則下，以互惠的方式協調合作，互通犯罪情報，遏阻跨國

性犯罪。各會員國與總部間的日常運作主要是以國際刑警通訊網路，各會員國接收來自總部源源不斷的電文通報，從中吸取全世界犯罪情勢，並預作防範。

　　臺灣業於一九八四年退出國際刑警組織，惟內政部警政署刑事警察局仍與國際刑警組織各中央局保持密切聯繫。

三、「刑事事件互助示範條約」(Model Treaty on Mutual Assistance in Criminal Matters)❾

㈠透過司法互助條約約定某些特定犯罪為合作範圍，亦有採取「雙方可罰」❿之犯罪作為合作範圍。

㈡司法互助內容包括送達文書、調查取證、執行搜索扣押、檢查物件和場地、提供資料和證據，以及提供有關文件和記錄原件或經認證副本，包括銀行、財務、公司或商務記錄。

㈢司法互助不適用於逮捕或扣押某人俾予引渡、在被請求國執行於請求國所為的刑事判決、轉送在押被告使其服刑，以及刑事訴訟事件的移轉。

㈣請求國可請被請求國協助邀請某人在請求國刑事事件訴訟程序出庭，除其為被告外，請求國應支付津貼、旅費及生活費，同時對其安全予以保證。

---

❾　臺灣與外國簽署之司法合作協定極少，主要國家中，僅有美國與我國簽署刑事司法互助協定。協定內容僅有一般之司法互助，如文書送達、調查取證、移交贓證物、確認關係人之所在等；並不包括人犯移交。過去雖曾與南非簽署引渡協定，但未包括司法偵查程序中所需調查取證協助。

❿　在請求方及被請求方皆構成犯罪。若請求協助方之法律規定為犯罪，但被請求方之法律並未立法處罰此種行為，則無法提供協助。

四、「刑事事件轉移訴訟示範條約」(Model Treaty on The Transferor Proceedings in Criminal Matters)

㈠根據締約國法律某人涉嫌犯罪時，該國為正當司法工作需要，可以請求相對締約國對被告進行追訴。

㈡以尊重國家主權、司法管轄權，以及不干涉他國內政為原則。

㈢有助公理正義、被告的社會安置，以及被害者利益實現。

㈣請求所需文件應對進行移轉訴訟行為說明，包括犯罪時間、地點、犯罪調查結果、嫌疑人身分、國籍和住所合理準確陳述，以及請求國據以認定該行為犯罪的法律規定。

㈤提起訴訟請求行為必須在兩國法律皆屬犯罪。

㈥政治、稅捐犯罪可拒絕請求。

㈦基於一事不二理原則，在被請求國接受對嫌疑人提起訴訟請求，除必要調查，請求國應停止對該案刑事訴訟程序。

五、「有條件判刑或有條件釋放罪犯移轉監督示範條約」(Model Treaty on the Transfer of Supervision of Offenders Conditionally Sentenced or Conditionally Released)

㈠以實踐《世界人權宣言》(University Declaration of Human Right)❶❶、《公民權利及政治權利國際公約》(International Covenant on Civil and Political Rights)❶❷，並保障涉及刑事訴訟被告所應有訴訟權利為基礎。

㈡有條件判刑或有條件釋放罪犯進行移轉監督，有助於非機構的矯正運用。

㈢法院予以終審判決並且宣告緩刑，或判決後部分或全部予以減輕其刑，或予以假釋者，適用本條約。

---

❶❶　1984 年通過。

❶❷　1966 年 12 月 16 日聯合國大會第 2002 號決議通過，與《經濟社會文化權利國際公約》(International Covenant on Economic, Social and Cultural Rights)、《世界人權宣言》同被稱為《國際人權憲章》(International Bill of Human Rights)。

㈣所請求刑事事件必須在兩國皆列犯罪行為。

㈤不論已終審宣告或仍在受審被告（或訴訟代理人），有權向判刑國表示移轉監督及履行所限制條件，締約國應將本條約相關規定告知被告（或其親屬）。

㈥判刑國和執行國在移轉監督中應確保犯罪被害者權利，特別是在回復原狀或賠償權利，不應受移轉而影響。

貳、打擊犯罪的國際公約

一、一九八八年《聯合國禁止非法販運麻醉藥品與精神藥物公約》❸

　　聯合國已經注意到毒品的非法生產與地下市場需求量的大增已經對於人類健康造成嚴重的毒害，且對於社會、經濟發展與文化、政治基礎帶來不良的影響。因為毒品的非法販運是一種國際性的犯罪活動，且毒品可為毒梟帶來鉅額利潤，從而利用這筆龐大的財富來滲透各國政府機構，為毒品販運的途中所可能產生的風險打點相關官員，造成政府的腐敗，面對大額金錢交易，也透過在各國設立的合法企業來掩飾並與當地的金融企業進行交易，而過去金融企業在缺乏相關的法律規範下，這類的金錢交易容易變成洗錢行為。聯合國體認到根除非法販運是所有國家的共同責任，因此必須在國際合作的範圍內進行協調。為了打擊國際間的毒品販運行為，若能有效監控非法販運的資金流向並加以攔截，將可以對毒梟的金錢流造成重大影響，洗錢防制成為當時國際間打擊非法販運毒品的有利手段之一。

　　一九八八年十二月巴塞爾銀行監管委員會通過《關於防止犯罪分子利用銀行體系洗錢聲明》❹。該文件明確闡述銀行對於洗錢防制的基本原則，同

---

❸　United Nations Convention Against Illicit Traffic in Narcotic Drugs And Psychotropic Substances, 1988, http://www.unodc.org/pdf/convention_1988_en.pdf

❹　Prevention of Criminal Use of the Banking System for the Purpose of Money-Laundering (December 1988), Bank for International Settlements (BIS), http://www.bis.org/publ/bcbsc137.pdf

時強調銀行在辦理業務時應該確實查核客戶的真實身分並拒絕異常與可疑的
交易內容，也強調應該與執法機關保持合作關係，儘可能的使銀行免於成為
洗錢管道。

二、一九九〇年歐盟通過《關於清洗、搜查、扣押和沒收犯罪收益的公約》❶⑮

　　歐盟考慮到例如毒品、人口販運等犯罪日益嚴重而且已經成為了國際性
問題，為了保護社會，極力的希望在所有成員國之間採取一致的刑事政策共
同打擊犯罪，其中於第六條規定針對洗錢罪有明確的定義，並要求各締約國
應當採取必要立法和其他措施，在其國內法中將下列故意行為確立為犯罪：

㈠明知財產是犯罪收益，為了消除或掩蓋該財產的非法來源，或幫助任何
　參與該上游犯罪的人逃避其行為的法律後果，而轉移或轉讓該財產。

㈡明知這些財產是犯罪收益，隱瞞或掩飾其真實性質、來源、處所、部署、
　移動、所有權及相關權利。

㈢在不違背其憲法原則和法律制度基本概念的前提下：

　1.在接受財產時明知其為犯罪收益而獲得、占有或使用該財產。

　2.參與、合夥或共謀實施，企圖實施和幫助、教唆、便利和參謀實施本
　　條規定的任何犯罪行為。

　　該條文認為任何人對於犯罪收益進行非法移轉或掩蓋來源等行為都是犯
罪的行為，並要求成員國必須在內國法中訂定對於洗錢行為的罰則。歐盟也
針對會員國間的國際合作與調查協助訂出方針，希望藉由此公約能夠在歐盟
的領域中逐漸縮小犯罪集團的資金來源，進而減少犯罪發生。

---

⑮　Convention on Laundering, Search, Seizure and Confiscation of the Proceeds from
　Crime, Council of Europe, http://conventions.coe.int/treaty/en/treaties/html/141.htm，
　最後瀏覽日期：2011/2/19。

三、一九九九年聯合國通過《制止向恐怖主義提供資助的國際公約》❻

第五十四屆聯合國大會通過此公約，認為阻絕恐怖主義分子的資金來源是國際社會共同打擊恐怖主義的一大重點。公約第二條定義了「資助恐怖主義」的犯罪行為內容：係指任何人以任何手段，直接或間接地提供或募集資金，並意圖將全部或部分資金用於實施可使平民或在武裝衝突中未積極參與行動的其他人死亡或重傷的任何行為；第五條則要求締約國應根據其本國法律原則訂立相關法律確立刑事、民事、行政等責任，使得犯下資助恐怖主義罪行的人得以受到法律制裁；第七條針對賦予締約國管轄權的法律依據，不論犯下資助恐怖主義罪行的人是在該國國境內或該國設立於他國境內的政府設施等實施，該國皆可立法明定有無管轄權；第九條要求締約國收到情報或知悉犯下資助恐怖主義罪行的人可能在其國境內時，應該按其內國法採取必要措施並調查事實。本公約可謂是同時敦促締約國間基於司法互助展開國際合作交流事宜，期待透過強化各國反恐決心斷絕恐怖分子的經濟命脈。

四、二〇〇〇年聯合國通過《聯合國打擊跨國有組織犯罪公約》❼

該公約於二〇〇〇年底於義大利簽署，顯示出國際社會對於跨國犯罪的全球性政治意志，認為凡是犯罪行為跨越國境則執法也應跨越國家的藩籬，在全球化的影響下，跨國犯罪的機會變得更多，而所有國家也應該利用全球化的優勢來捍衛人權及遏止犯罪、貪污與人口販運等組織犯罪行為。公約第一條確立「有組織犯罪集團」的定義，由三人或多人所組成，在一定時間內為了實施一項或多項嚴重犯罪或以直接、間接取得金錢或其他利益共謀本公約確立的犯罪行為的有組織結構集團，並在第五條要求締約國必須將其規定

為刑事犯罪；另外六條則要求各締約國對於下列洗錢行為訂立刑事責任：

㈠明知財產為犯罪所得，而隱瞞或掩飾該財產非法來源的行為，或為協助任何參與實施上游犯罪者規避其法律後果而移轉或轉讓財產的行為。

㈡明知財產為犯罪所得而隱瞞或掩飾該財產的真實性質、來源、所在地、處置、轉移、所有權或相關權利。

㈢在符合其本國法律制度基本概念下：

1. 在取得財產時，明知其為犯罪所得而仍受領、占有或使用，

2. 參與、合夥或共謀實施，實施未遂，以及幫助、教唆、便利和參謀實施本條所確立的任何犯罪行為。

對於洗錢防制工作上，則於第七條訂有打擊洗錢活動的措施，要求締約國在其力所能及的範圍內，對銀行及非銀行金融機構及在適當情況下對其他特別容易被用於洗錢的機構，政府應該建立綜合性的國內管理與監管制度，加強金融機構驗證客戶身分並保留交易記錄且針對疑似洗錢交易向監管機構報告，以便於遏止並查明任何形式的洗錢活動，締約國也應該基於打擊洗錢的決心上，讓司法、執法與金融監管機構不論於全球性、區域性或雙邊關係上皆能發展合作關係。

五、二〇〇三年通過《聯合國反腐敗公約》 [18]

為了有效防制貪瀆問題，聯合國於二〇〇三年十月通過該公約，並於二〇〇五年十二月十四日正式生效，目前有一百四十個國家簽署，使得世界各國針對貪污腐敗問題的解決將有更具效果的利器出現。該公約是聯合國歷史上第一個通過關於國際反腐敗公約，對如何預防貪瀆 (Prevention)、將貪瀆罪刑化 (Criminalization)、透過國際合作 (International Cooperation) 打擊貪污，以及對犯罪所得的沒收 (Asset Recovery) 等議題以公約的形式進行法律上的規範，同時也確立了打擊貪腐應有的決心與措施，奠基了各締約國就打擊貪腐及開展多邊國際合作的法律基礎，在預防性措施、刑事入罪化及引渡合作等

[18] United Nations Convention against Corruption, http://www.unodc.org/unodc/en/treaties/CAC/index.html#UNCACfulltext，最後瀏覽日期：2011/2/9。

方面有了初步架構，另在針對不法資產追回的議題上，更開創了一種全新的
國際合作模式，這是首次在國際公約中確立了「貪污公款必須返還」原則，
更能強化反貪腐的成果。所有簽約國家必須依據公約所設立的反貪腐標準訂
立相關法案、鼓勵人民舉發貪腐行為並給予最嚴密的安全保護，對於因貪腐
所獲得不法利益往往與洗錢行為掛鉤，因此對於不法資產各國家應該盡力查
緝並且透過國際合作交流情報以協助他國的查緝行動。其中公約第十四條明
文各國應建立預防洗錢的措施：

㈠締約國在其權限範圍內，應對銀行和非銀行金融機構，包括對辦理資金
　或者價值轉移正規或非正規業務的自然人或者法人，在適當情況下對特
　別易於涉及洗錢的其他機構，建立全面的國內管理和監督制度，以便遏
　止並監測各種形式的洗錢，此種制度應著重於驗證客戶身分和視情況驗
　證實際受益人身分、同時保持交易記錄並規定對可疑交易進行回報。

㈡在不影響本公約第四十六條的情況下，確保行政、管理、執法和專門打
　擊洗錢的其他機關（在本國法律許可時可以包括司法機關）能夠根據本
　國法律規定的條件，在國家和國際展開合作和交換訊息，並應當為此目
　的考慮建立金融情報機構，作為國家中心收集、分析和傳遞關於潛在洗
　錢活動訊息的機構。

㈢締約國應當考慮實施可行的措施，監測和跟蹤現金和有關流通票據跨境
　轉移的情況，但必須有保障措施，以確保訊息的正當使用而且不致以任
　何方式妨礙合法資本的移動。這類措施可以包括要求個人和企業報告大
　額現金和有關流通票據的跨境轉移。

㈣締約國應當考慮實施適當而可行的措施，要求包括匯款業務機構在內的
　金融機構，在電子資金劃撥單和相關電文中列入關於發端人準確而有用
　的訊息；在整個支付過程中保留這種訊息；對發端人訊息不完整的資金
　轉移加強審查。

㈤籲請締約國在建立本條所規定的國內管理和監督制度時，在不影響本公
　約其他任何條款的情況下將區域、區域間和多邊組織的有關反洗錢舉措
　作為參考。

㈥締約國應當為打擊洗錢的目標共同努力，進而在司法機關、執法機關和金融監管機關之間開展能夠促進全球、區域、分區域及雙邊交流的合作。

該公約第四十三條也針對執法機關的合作要求締約國：

㈠應當在符合本國法律制度和行政管理制度的情況下相互密切合作，以加強打擊本公約所涵蓋的犯罪的執法行動的有效性。締約國尤其應當採取有效措施，以便加強並在必要時建立各國主管機關、機構和部門之間的聯繫渠道，以促進安全、迅速地交換有關本公約所涵蓋的犯罪的各個方面的情報，在有關締約國認為適當時還可以交換包括與其他犯罪活動的聯繫的有關情報。並同其他締約國合作，就下列與本公約所涵蓋的犯罪有關的事項進行調查：

　1.這類犯罪嫌疑人的身分、行蹤和活動，或者其他有關人員的所在地點。

　2.來自這類犯罪的犯罪所得或者財產的去向。

　3.用於或者企圖用於實施這類犯罪的財產、設備或者其他工具的去向。

㈡促進各締約國主管機關、機構和部門之間的有效協調，並加強人員和其他專家的交流，包括根據有關締約國之間的雙邊協定和安排派出聯絡官員交換情報並協調，希望儘早查明本公約所涵蓋的犯罪而酌情採取的行政和其他措施。

㈢為實施本公約，締約國應當考慮訂立關於其執法機構間直接合作的雙邊或多邊協定或者安排，並在已經有這類協定或者安排的情況下考慮對其進行修正。如果有關締約國之間尚未訂立這類協定或者安排，這些締約國可以考慮以本公約為基礎，進行針對本公約所涵蓋的任何犯罪的相互執法合作。締約國應當在適當情況下充分利用各種協定或者安排，包括利用國際或者區域組織，以加強締約國執法機構之間的合作。

㈣締約國應當努力在能力所及的範圍內開展合作，以便對本公約所涵蓋的借助現代技術實施的犯罪作出反應。

另外對於因貪腐行為所得的不法資產，通常會透過洗錢管道進行移轉，因此必須加強金融機構對於疑似洗錢行為的反制工作，除了核實客戶身分外也必須對帳戶的性質與交易內容進行適當的記錄，故本公約在第五十二條對

於預防與監測洗錢行為有以下規範：

㈠在不影響本公約第十四條的情況下，各締約國均應當根據本國法律採取
必要的措施，以要求其管轄範圍內的金融機構核實客戶身分，採取合理
步驟確定存入大額資金之帳戶實際受益人身分，並對正在或者曾經擔任
重要公職的個人及其家庭成員和與其關係密切的人或者這些人的代理人
所要求開立或者保持的帳戶進行強化審查。對這種強化審查應當作合理
的設計，以監測可疑交易從而向主管機關報告，而不應當將其理解為妨
礙或者禁止金融機構與任何合法客戶的業務往來。

㈡為便利本條第一款所規定措施的實施，各締約國均應當根據其本國法律
和參照區域、區域間和多邊組織的有關反洗錢舉措：

　1.就本國管轄範圍內的金融機構應當對哪類自然人或者法人的帳戶實行
　　強化審查，對哪類帳戶和交易應當予以特別注意，以及就這類帳戶的
　　開立、管理和記錄應當採取哪些適當的措施，發出諮詢意見。

　2.對於應當由本國管轄範圍內的金融機構，對其帳戶實行強化審查特定
　　自然人或者法人身分，除這些金融機構自己可以確定的以外，還應當
　　酌情將另一締約國所請求的或者本國的自行決定通知這些金融機構。

㈢在本條第二款第 (1) 項情況下，各締約國均應當實行措施，以確保其金融
機構在適當期限內保持涉及本條第一款所提到人員的帳戶和交易的充分
記錄，記錄中應當至少包括與客戶身分有關的資料，並儘可能包括與實
際受益人身分有關的資料。

㈣為預防和監測根據本公約確立的犯罪所得轉移，各締約國均應當採取適
當而有效的措施，在監管機構的幫助下禁止設立有名無實和並不附屬於
受監管金融集團的銀行。此外，締約國可以考慮要求其金融機構拒絕與
這類機構建立或者保持代理銀行關係，並避免與外國金融機構中那些允
許有名無實和並不附屬於受監管金融集團的銀行使用其帳戶的金融機構
建立關係。

㈤各締約國均應當考慮根據本國法律對有關公職人員確立有效的財產申報
制度，並應當對不遵守制度的情形規定適當的制裁。各締約國還應當考

慮採取必要的措施，允許本國的主管機關在必要時與其他國家主管機關交換這種資料，以便對根據本公約確立的犯罪的所得進行調查、主張權利並予以追回。

㈥各締約國均應當根據本國法律考慮採取必要的措施，要求在外國銀行帳戶中擁有利益、對該帳戶擁有簽名權或者其他權力的有關公職人員向有關機關報告這種關係，並保持與這種帳戶有關的適當記錄。這種措施還應當對違反情形規定適當的制裁。

▶第二節　司法互助協定（Mutual Legal Assistance Treaties, MLATs）

壹、臺美刑事司法互助協定

過去臺灣與美國就司法互助案件，雖然經常透過執法機關基於互惠原則相互交換情報資料，唯兩國之間並沒有正式的司法互助協定，僅能仰賴雙方長期累積下來的默契甚至仰賴兩國官員間的私人情誼來維持，這樣的模式雖然具備彈性卻因沒有明文化的規範，來規範兩國之間就司法互助內容的權利義務關係，容易造成兩國司法互助關係的不穩定，例如兩國的政權更替則有可能影響到執法機關首長的異動，且不時對兩國累積的默契造成動搖，或者可能因為案件屬性不同影響到兩國交換情報的意願，諸多不確定的狀況對於司法互助長遠來看是不利的。在過去的跨國犯罪常與毒品交易有關，臺灣與美國為了要共同努力遏止毒品犯罪，並在犯罪偵查與訴追方面提供更大合作，在一九九二年簽署了《北美事務協調委員會與美國在臺協會在犯罪偵查與訴追方面合作之瞭解備忘錄》，其主要內容為：

一、作為本瞭解備忘錄締約雙方之美國在臺協會與我國北美事務協調委員會將針對雙方所代表領域之執法機關曾協助或參與偵查、處理或其他行動而得以訴追之刑事案件，盡最大努力合作。

二、當執法官員之證詞攸關犯罪訴追成功與否時，雙方將盡最大努力促成適

當官員針對該等刑事案件出庭作證。

三、出庭作證之要求將視個案情形，直接由美國在臺協會或北美事務協調委員會任一方指派之代表提出。此等要求須以書面為之，且將詳細敘述訴追性質、所需證人之姓名及（或）身分，及該等證人將被要求作證之事項。

四、提出要求之一方將支付證人因作證目的而旅行所需之所有合理費用，並僅能要求證人於完成作證及任何必需之準備工作所需之最短期間內出庭作證。

　　該備忘錄雖然展現了兩國在司法互助上的初步共識與決心，但對於更重要的協助搜索、引渡與沒收分享等部分因為涉及司法管轄權問題而易觸及敏感的國家主權問題，導致在該備忘錄簽署後的數年間無法有更進一步的發展。至一九九四年前後，美國因對涉嫌自香港走私毒品至紐約後潛逃回臺灣的黃嫌展開通緝，而積極要求臺灣司法機關將其引渡至美國受審，臺灣則以黃嫌具有中華民國國籍而無可遣返或交付給美方的理由，此事件成為讓美國開始慎重考慮與臺灣簽訂司法互助協定的遠因之一，美國也自一九九八年開始推動與臺灣簽訂司法互助協定的工作。一九九六年，陽明海運之臺灣籍商船「福明輪」遭船上菲籍水手向加拿大警方指控將船上羅馬尼亞偷渡客丟棄於公海，導致福明輪駛進哈立法克斯港後，船上臺灣籍船長、船員等人隨即遭加國警方逮捕，直到九個月後加國法院判決該國無管轄權而無權引渡事件才宣告落幕[19]，但在期間加國同意臺灣派遣檢察官及警察赴當地展開境外查案，過程中卻因臺灣與加國間無司法互助協定而無從進行調查，且臺灣派遣的檢察官所受到的際遇遠遠不同於羅馬尼亞所派遣的檢察官，這使得當時法務部體認到司法互助的重要性並加強推動相關工作[20]。

[19] 加國釋放福明輪六船員，華視新聞，1997/3/7，http://news.cts.com.tw/cts/general/199703/199703070001796.html，最後瀏覽日期：2011/3/26。

[20] 宋耀明，〈臺美刑事司法互助協定之簽訂與實踐〉，《刑事政策犯罪研究論文集(六)》，2005/11/29，http://www.moj.gov.tw/ct.asp?xItem=29774&ctNode=28261&mp=001，最後瀏覽日期：2011/3/26。

在美國發生九一一恐怖攻擊之後，全球一致團結對抗恐怖主義，對於各國間共同打擊犯罪成為當時反恐戰爭的重要議題，特別是針對恐怖主義分子透過洗錢行為獲得資助犯罪資金，在金融已走向全球化的當今，各國勢必加強金融監管與司法互助的層面，透過情報的分享交流及執法機關的協助偵查才能夠有效打擊跨國性的恐怖主義犯罪行為。當時臺灣也表態支持反恐主義的立場，法務部更主動提出與美國訂立司法互助協定的意願，二〇〇一年十一月由時任臺灣駐美代表程建人與美國在臺協會理事主席卜睿哲 (Richard Bush) 完成《臺美刑事司法互助協定》草簽，隨後行政院會議決議通過並送立法院審議，隔年二〇〇二年三月二十六日在美國華府，臺灣終於與美國簽訂了《駐美國臺北經濟文化代表處與美國在臺協會間之刑事司法互助協定》。

該協定第二條明確規定了雙方應經由各相關主管機關提供有關調查、訴追、犯罪防治及相關刑事司法程序中之相互協助，協助應包括：

一、取得證言或陳述。

二、提供供證之文件、紀錄及物品。

三、確定關係人之所在或確認其身分。

四、送達文件。

五、為作證或其他目的而解送受拘禁人。

六、執行搜索及扣押之請求。

七、協助凍結及沒收資產、歸還補償、罰金之執行程序。

八、不違反受請求方所屬領土內法律之任何形式之協助。

國際間針對犯罪所沒收的資產常有「沒收分享」的制度，係指合作破案的國家對經由合作所沒收的贓款贓物進行分割，為西方國家對抗毒品犯罪與其他跨國性犯罪採的新措施，而沒收分享與傳統的司法互助協定不同，有些甚至不以訂立司法互助協定為前提要件，根據美國二〇〇一年有關洗錢年報資料顯示，若以二〇〇〇年為例，美國司法部分享給巴貝多十萬美元、加拿大三萬七千八百零九美元、厄瓜多爾一萬四千八百五十美元、香港九十萬零七千四百零三美元、瑞士二十二萬六千四百四十七美元、泰國一萬九千一百四十四美元、英國六十一萬二千五百美元❷。不管資產存在何處，不管沒收

令是在哪個司法管轄區裡執行，國家之間分享因犯罪所沒收的資產對國際合作來說是一種鼓勵，能夠加強在資產沒收案中的合作，最重要的是剝奪犯罪分子的犯罪所得 ㉒。對於「沒收分享」制度，該協定在第十七條明定犯罪所得或犯罪工具須依締約雙方所屬領土內之法律規定予以處理。締約之任何一方在其所屬領土內之法律所許可之範圍，且認為適當時，得移轉該財物、變賣所得之全部或部分予他方，此即為臺美刑事司法互助協定中的沒收分享制度。

　　法務部與美國完成《臺美刑事司法互助協定》後，雙方聯絡窗口已建立隨時以行動電話、傳真、電子郵件等方式聯繫之慣例，以便處理緊急案件。二〇〇三年八月完成第一件美國司法部請求協助調查之重大跨國洗錢及詐欺案，涉案人嗣遭美國法院羈押；同年十一月法務部向美方提出首件司法互助案件，並聯繫美方臺灣將指派檢察官就「蘇澳興隆號漁船疑遭挾持案」赴美訊問證人，以期釐清真相 ㉓。在此之後，臺灣與美國即依據該協定產開了密切的司法互助關係，在二〇〇二年至二〇〇六年間，臺灣接受了來自美國共計二十七件司法互助請求，也對美國提出二十三件司法互助之請求 ㉔。

㉑　謝立功，〈加強國際合作共同打擊犯罪〉，國政研究報告，國家政策研究基金會，2007/1/30，http://www.npf.org.tw/post/2/592，最後瀏覽日期：2011/3/26。

㉒　"We believe that asset sharing among countries enhances international forfeiture cooperation by creating an incentive for countries to work together, regardless of where the assets are located or which jurisdiction will ultimately enforce the forfeiture order. The most important issue is to take the criminal proceeds away from the criminals." By STEVEN L. PETERSON, *MONEY LAUNDERING ENFORCEMENT: FOLLOWING THE MONEY*, ECONOMIC PERSPECTIVES—AN ELECTRONIC JOURNAL OF THE U.S. DEPARTMENT OF STATE, VOL. 6, NO. 2, 11–14 (MAY 2001).

㉓　《檢察制度世紀回顧》，臺灣高等法院檢察署，http://www.tph.moj.gov.tw/ct.asp?xItem=198702&ctNode=28712，最後瀏覽日期：2011/2/9。

㉔　法務部調查局，《2007 年中華臺北接受亞太防制洗錢組織相互評鑑報告》，頁 346，2007 年 12 月。

貳、海峽兩岸共同打擊犯罪及司法互助協議

　　臺灣自一九八七年開放國人赴中國大陸地區探親開始，了卻許多人在幾十年來的心願，兩岸在絕對分隔了四十年後終於重新展開民間交流。這項開放在歷經超過二十年後，兩岸的交流逐步由起初的探親到後來的通郵、通商，特別在通航方面已經實現了兩岸城市直接互飛的大三通模式，這對於兩岸日益密切的經貿往來更注入一股絕佳的活力，只是在高度經濟交流的背後其中也挾帶著跨國性的犯罪行為，一九九〇年代臺灣陸續實施如「治平專案」等的全國掃黑行動，使得許多黑道分子透過偷渡等方式潛逃至大陸躲藏，再利用兩岸官方之間的執法縫隙，趁勢在大陸重新從事人口、毒品走私販運與洗錢等犯罪行為。

　　過去兩岸間的官方對話常因涉及複雜的政治關係遲遲無法簽署司法互助協定，使得兩岸在缺乏法源基礎下無法有效共同打擊犯罪，導致在相同語言、偷渡行為興盛的狀況下，中國大陸成為臺灣通緝犯藏匿的首選地區，例如：喧騰一時的東帝士集團掏空案，該公司總裁即透過當時良好的政商關係輕易取得超額貸款，後因投資失利及弊案相繼爆發後留下數百億債務並選擇潛逃至中國大陸至今，儘管該公司總裁在臺灣列為重大案件通緝犯，卻在中國大陸因為鉅額投資而成為創造當地就業率並繁榮經濟的大企業家更為中國的繳稅大戶；二〇〇一年伍姓前立委因八里污水廠弊案因圖利特定廠商達十四億元，遭求處十五年徒刑後，以出國考察為由逃往中國大陸，至二〇〇八年九月因病過世於上海；一九九六曾〇〇因炒作順大裕公司股票與臺中銀行超貸案共掏空國內資金高達三百四十餘億㉕，而在二〇〇四年潛逃至中國大陸。

　　二〇〇七年初，對於不斷有經濟罪犯逃往中國大陸以規避司法訴追的行為，最終引發臺灣朝野與民眾廣大的輿論批評，迫使立法院國會辦公室舉辦跨黨派的座談會，會中指出光是警政署於二〇〇六年十月公布的《要案（緊急）查緝專刊》中所列出九十五位在逃重大要犯中有七十八位逃往中國大陸，

㉕　〈順大裕、臺中商銀案遲遲相扣〉，《自由時報》，2007 年 8 月 6 日，http://www.libertytimes.com.tw/2007/new/aug/6/today-fo3.htm，最後瀏覽日期：2011/2/9。

比重高達八成二而令人震驚❷。雖然於一九九〇年兩岸透過紅十字會簽訂《金門協議》同意將一、違反有關規定進入對方地區的居民（但因捕魚作業遭遇緊急避風等不可抗力因素必須暫入對方地區者，不在此列）；二、刑事嫌疑犯或刑事犯進行遣返作業，但當時訂立協議的背景在於處理大陸偷渡客與非法越界船隻的遣返問題，而非完整的司法互助協定，使得大陸方面得拒絕協助逮捕罪犯，長久下來的成效有限，會後決議由立法院組成跨黨派小組赴中國大陸協商及研擬共同打擊犯罪的辦法，至二〇一〇年初根據法務部調查局的資料顯示，逃亡大陸的通緝犯尚有八十六位❷。

　　對於臺灣罪犯潛逃至中國大陸的問題，不只對臺灣的社會治安與經濟造成危害，同樣的也會成為大陸當局的隱憂，以近年來猖狂的詐騙集團為例，表面上涉及詐欺取財，但其背後鉅額不法獲利資產的流向問題透露出詐騙集團已經兩岸高度分工構建起龐大的洗錢網絡，臺灣近年經過執法機關強力查緝並組成 165 反詐騙專線進行反詐騙宣導的影響下，詐騙集團開始出現「經營困難」的狀況，而中國大陸反倒因沿海經濟起飛但部分地方的資訊還不是很通暢，因此成為兩岸詐騙集團下手的新目標❷。由此可見，兩岸極需建立司法互助協定的理由並非僅止於臺灣單方的需求，對於橫跨兩岸的犯罪行為若無法有效打擊，將會對臺灣與大陸的經濟與社會治安造成極大程度的負面影響。

　　調查局自二〇〇三年至二〇〇八年共偵辦地下通匯案件五十九案，匯兌金額高達新臺幣 143,292,682,924 元，其中兩岸地下通匯四十八案，金額 87,096,294,019 元，其他地區地下通匯十一案，金額 56,196,388,905 元。另根據中國國家外匯管理局二〇〇三年八月新聞稿，當年八月二十五日，福建省

---

❷　〈臺警政署：外逃重刑犯 82% 藏匿大陸〉，《大紀元時報》，2007/1/18，http://www.epochtimes.com/b5/7/1/17/n1592694.htm，最後瀏覽日期：2011/2/9。

❷　法務部調查局逃犯線上查詢系統，搜尋潛逃地點為中國，http://www.mjib.gov.tw/cgi-bin/crimes/manage-main?mode=general&edition=chinese，最後瀏覽日期：2011/6/10。

❷　〈詐騙集團分工專業……大陸受訓　臺灣詐騙〉，《聯合晚報》，2008/7/28。

公安廳協調福州、泉州、莆田、南平、寧德市公安機關，對相關涉案地區「地下錢莊」窩點及關係網絡開展集中統一行動，共出動警力一百八十八人，衝擊非法買賣外匯窩點十八個，逮捕涉案人員三十名，查獲用於非法交易的美金、日幣、港幣、澳大利亞元等外幣折合人民幣 237.29 萬元及人民幣現金 13.82 萬元，凍結涉案銀行帳戶六百多個及這些帳戶內之資金共折合人民幣近 5,000 萬元。又中國規模較大的地下錢莊，其「莊主」一般有出國的經歷，或其家庭成員在國內、外兩頭均開設錢莊，互相呼應。除此之外，和其他地區的地下錢莊相比，福建地下錢莊的一個最大特點是有辦理新臺幣業務㉙。

　　二〇〇九年四月二十六日，兩岸經由海基會與海協會於第三次江陳會上簽署《海峽兩岸共同打擊犯罪和司法互助協議》作為將來兩岸政府對於共同打擊犯罪議題上相關措施的準據。

一、雙方同意在民事、刑事領域相互提供以下協助：

　㈠共同打擊犯罪。

　㈡送達文書。

　㈢調查取證。

　㈣認可及執行民事裁判與仲裁判斷（仲裁裁決）。

　㈤接返（移管）受刑事裁判確定人（被判刑人）。

　㈥雙方同意之其他合作事項。

二、對於共同打擊犯罪，雙方同意著重打擊下列犯罪：

　㈠涉及殺人、搶劫、綁架、走私、槍械、毒品、人口販運、組織偷渡及跨境有組織犯罪等重大犯罪。

　㈡侵占、背信、詐騙、洗錢、偽造或變造貨幣及有價證券等經濟犯罪。

　㈢貪污、賄賂、瀆職等犯罪。

　㈣劫持航空器、船舶及涉恐怖活動等犯罪。

　㈤其他刑事犯罪。一方認為涉嫌犯罪，另一方認為未涉嫌犯罪但有重大社會危害，得經雙方同意個案協助。

㉙　詹德恩，〈兩岸地下通匯成因及防制〉，《展望與探索》，頁 97–106，第 6 卷第 7 期，2008 年 7 月。

三、於協助偵查，雙方同意交換涉及犯罪有關情資，協助緝捕、遣返刑事犯與刑事嫌疑犯，並於必要時合作協查、偵辦。

四、在人員的遣返問題上，雙方同意依循人道、安全、迅速、便利原則，在原有基礎上，增加海運或空運直航方式，遣返刑事犯、刑事嫌疑犯，並於交接時移交有關卷證（證據）、簽署交接書。

五、關於司法互助的實際內容則針對「送達文書」、「調查取證」、「罪贓移交」、「裁判認可」、「罪犯接返（移管）」及「人道探視」有具體明文。

　㈠第七條（送達文書）

　1.雙方同意依己方規定，盡最大努力，相互協助送達司法文書。

　2.受請求方應於收到請求書之日起三個月內及時協助送達。

　3.受請求方應將執行請求之結果通知請求方，並及時寄回證明送達與否的證明資料；無法完成請求事項者，應說明理由並送還相關資料。

　㈡第八條（調查取證）

　1.雙方同意依己方規定相互協助調查取證，包括取得證言及陳述；提供書證、物證及視聽資料；確定關係人所在或確認其身分；勘驗、鑑定、檢查、訪視、調查；搜索及扣押等。

　2.受請求方在不違反己方規定前提下，應儘量依請求方要求之形式提供協助。

　3.受請求方協助取得相關證據資料，應及時移交請求方。但受請求方已進行偵查、起訴或審判程序者，不在此限。

　㈢第九條（罪贓移交）

　　雙方同意在不違反己方規定範圍內，就犯罪所得移交或變價移交事宜給予協助。

　㈣第十條（裁判認可）

　　雙方同意基於互惠原則，於不違反公共秩序或善良風俗之情況下，相互認可及執行民事確定裁判與仲裁判斷（仲裁裁決）。

　㈤第十一條（罪犯接返（移管））

　　雙方同意基於人道、互惠原則，在請求方、受請求方及受刑事裁判確定

人（被判刑人）均同意移交之情形下，接返（移管）受刑事裁判確定人（被判刑人）。

㈥第十二條（人道探視）

雙方同意及時通報對方人員被限制人身自由、非病死或可疑為非病死等重要訊息，並依己方規定為家屬探視提供便利。

至二○一○年底，兩岸簽署該協議一年多以來對於共同打擊犯罪的功效上已經漸漸浮現，兩岸執法機關的合作趨近密切且雙方高層都下放合作權限，使得互助上可以更徹底落實。據報導指出，透過共同合作聯手打擊橫跨兩岸詐騙集團所逮捕的人數已超過五千人，使得臺灣當年度所發生的詐騙案件較上一年度減少約一萬件。除了詐騙案件外，對於經濟犯罪、治安犯罪、毒品犯罪的合作上也不遺餘力，自該協議二○○九年六月二十五日生效以來，至二○一○年十月底的統計數據顯示，雙方犯罪情資交換九百五十五件、調查取證一百六十六件、重要訊息通報一千一百二十一件，業務交流六十三件、訴訟文書送達八千四百二十一件，至十一月底兩岸司法互助請求超過一萬兩千件，較上一年度同期增加一倍。而有關罪犯接返部分也有所突破，依協議第十一條規定，受刑人家屬向臺灣法務部提出申請後，福建警方基於人道主義於同年四月二十一日將原本應於大陸服刑但身患重病的臺灣受刑人移送回臺執行，這是第一次有在大陸服刑的臺灣受刑人被移管回臺；同年十一月十日臺灣同意透過兩岸直航班機將潛逃至臺灣的大陸犯罪嫌疑人移送給大陸執行，這也是第一次臺灣應大陸提出的司法互助請求協助緝捕並遣返大陸犯罪嫌疑人❸⓪。

雖然兩岸司法互助機制在對於共同打擊犯罪上有顯著的幫助，但因兩岸司法制度的差異及該協議第七條僅規定相互認可及執行民事判決與仲裁判斷，對於刑事判決並未規定，將導致刑事訴訟中的證據能力問題及刑事判決確定後的判決承認問題，這些協議不完備之處目前尚待雙方共同解決，否則

❸⓪　〈兩岸司法協議簽署第一年盤點：合作全面展開〉，《法制日報》，海峽兩岸關係協會，2010/12/28，http://big51.batie.chinataiwan.org/gate/big5/www.arats.com.cn/luoshi/201012/t20101229_1666731.htm，最後瀏覽日期：2011/2/9。

將有可能讓臺灣受刑人在大陸服刑完畢後回到臺灣有再度受到訴追或處罰的可能性；又兩岸間的司法互助協議不像其他國家是建立在「國家與國家」的直接聯繫上，而是透過雙方的「白手套」也就是臺灣的海基會與大陸的海協會執行，造成兩岸司法互助機制啟動上必須再經過兩會的中間程序，層層的關卡將會造成司法程序變得繁複與冗長，這些問題期待兩岸能在日後商定更為全面與直接的協議內容，整體而言該協議已盡可能的擱置雙方對於主權的爭議問題，由兩岸人民交流福祉出發，透過司法互助機制實現共同打擊犯罪的社會利益。

參、外國法院委託事件協助法

由於臺灣的政治環境特殊以及非屬聯合國的會員國，在參與國際性組織上常遭逢困難，與其他國家之間的國際交流也常因事涉雙方主權的確認而無法有更近一步發展，以致對於打擊犯罪的國際合作中遲遲無法與各國簽訂司法互助協定，更遑論透過外國政府將逃亡罪犯引渡回臺受審。目前為止，臺灣僅與美國及中國大陸簽有司法互助協定，另外與多米尼克、多明尼加共和國、南非共和國、史瓦濟蘭共和國、馬拉威共和國、哥斯大黎加共和國及巴拉圭共和國共七國簽有引渡條約，逃亡上述國家之罪犯，自可依引渡條約規定向各該國請求引渡[31]。

即使如此，臺灣對於全球打擊跨國犯罪的努力與付出則未曾懈怠，對於請求臺灣司法機關協助的國家即便與臺灣未訂有司法互助協定或相關條約，只要對方國家願意基於平等互惠原則下進行交流，臺灣多願基於國際合作及以《外國法院委託事件協助法》為法源依據提供對方國針對調查犯罪所需之必要協助，只要符合該法規定要件始得為之[32]：

一、法院受託協助民事或刑事事件，以不牴觸中華民國法令者為限。

二、委託事件之轉送，應以書面經由外交機關為之。

---

[31]　〈我國與外國有關刑事司法互助之條約協定〉，法務部，http://www.moj.gov.tw/ct.asp?xItem=12821&ctNode=27465&mp=555，最後瀏覽日期：2011/2/9。

[32]　外國法院委託事件協助法第 2 條至第 5 條。

三、委託法院所屬國，應聲明中華民國法院如遇有相同或類似事件須委託代辦時，亦當為同等之協助。

四、法院受託調查民事或刑事訴訟上之證據，依委託本旨，按照民事或刑事訴訟法關於調查證據之規定辦理 ❸。

　　惟該法自一九六三年制定至今已接近半世紀，對於內容的執行方式並未詳細規定，對此則建議可參考臺美刑事司法互助協定之規範，增訂外國向臺灣請求司法協助時之執行方式，使得該法可以更臻完備 ❸。

　　對於司法互助之請求，有感於國家司法機關之間的對話容易涉及敏感政治問題，為了突破政治現實，若請求國與臺灣同為國際組織之會員時，將可透過會員間的合作關係來解決，臺灣為亞太防制洗錢組織 (The Asia/Pacific Group on Money Laundering, APG) 及艾格盟聯盟 (The Egmont Group) 正式會員國，不論是臺灣對於外國的司法互助請求或者外國對於臺灣的請求均可利用會員間的合作方式在國際間相互交換分享金融犯罪的重要情報並嘗試逐步與各國之金融情報中心 (FIUs) 簽署洗錢防制合作備忘錄，以求積極參與司法互助之目標。

▶第三節　跨國犯罪調查

壹、查明自然人正確英文（外文）姓名

一、透過外交部查詢：司法機關可以向外交部領事事務局函查。

二、利用網路蒐尋取得：網際網路發達，提供金融犯罪更寬廣空間，相對司法（警察）機關亦可以其人之道還治其人之身，透過網路找尋或媒體報

---

❸　〈無條約協定時我國積極參與司法互助之途徑〉，法務部，http://www.moj.gov.tw/ct.asp?xItem=27905&ctNode=11896&mp=202，最後瀏覽日期：2011/2/9。

❸　慶啟人，〈臺灣目前洗錢防制如何與國際接軌〉，金融整併與洗錢防制研討會，臺灣競爭力論壇，2008/9/26，http://www.tcf.tw/index.php?option=com_content&task=view&id=1713，最後瀏覽日期：2011/2/9。

導，或是簽署合約都有可能篩選出犯罪嫌疑人或被告英文姓名。

三、透過同案共犯提供。

四、必須注意有無其他別名：犯罪嫌疑人或被告可能以別名 (Also Know As, A.K.A.)「行走天下」，或申請外國護照，另我國護照除音譯姓名，亦可記載別名。

貳、查明公司英文名稱

一、公司英文名稱與音譯不同

金融犯罪牽涉公司機率很高，這些公司無論是經營已久實體公司，或是虛設行號的空頭公司，絕大多數有其完全不同於中文發音或意義的英文名稱，例如「力霸」，以拼音方式為 "Li-Ba"，但該公司在國外係以 "ReBar" 進行商業行為。若涉及外國公司必須注意其在國際間通用英文名稱，例如渣打銀行，在國際使用 "Standard Chartered Bank"。

二、使用「國際貿易局出進口廠商管理系統」進行查詢❸⑤

輸入廠商中文名稱，或統一編號，可以查得公司英文名稱、中英文營業地址、代表人，以及基本資料，亦可進行反向查詢，輸入英文名稱，查詢前述資料。

三、向經濟部投資審議委員會調取相關資料

辦理外國人投資申請案件審核、華僑投資人身分認定及更換華僑投資代理人核定、大陸地區人民來臺從事商務活動申請案件審核、科技產業及研發機構申請外國籍學生來中華民國實習申請審核、外國投資人或外國法人投資人代表申辦居留簽證審核、國外投資申報案件等業務。故在調查外國投資個案上，可透過管道瞭解其為「真外資」，或是國內資金披上外國法人外衣的「假

---

❸⑤　國際貿易局出進口廠商管理系統，http://fbfh.trade.gov.tw/rich/test/comindex.asp 最後瀏覽日期：2011/2/9。

外資」。

四、使用網路搜尋引擎查詢

可以利用 Yahoo、Google 等搜尋引擎查詢。

參、我國境內境外金融帳戶資料調查

境外公司 (Offshore Company) 在法律上是外國法人，成立境外公司有取得外資身分、享受租稅優惠、便利海外籌資等不同目的。境外公司並不等於紙上公司，不全然是負面目的，國內許多金控、電子公司法人股東中都有境外投資公司參與。我國法律許可境外公司可以在本國銀行，或是外國銀行在臺分行的國際金融業務分行開設以外幣計價帳戶，即所謂 OBU(Offshore Banking Unit)❸❻帳戶，在開設此帳戶時必須提出股東名冊。所以因業務需要必須調閱相關資料時，應發函給國際金融業務分行，或是總行所屬國際金融業務單位，而非一般營業單位。

國內各種商業期刊雜誌經常可以看到刊登代辦境外公司的廣告，目前這些代辦公司多由管理顧問公司、律師事務所、會計師事務所經營，彼等業務包括：協助境外國家（地區）選擇、註冊登記、銀行開戶、設立收受郵件信箱，以及日後境外公司所需年費繳交。若尚未確認犯罪嫌疑人境外公司設立國家（地區）以及國外往來銀行，透過代辦公司是另一種清查管道❸❼。

肆、外匯資料清查

---

❸❻ 國際金融業務條例規定，特許本國或外國銀行在臺灣境內設立國際金融業務分行，可以經營外國法人或自然人在我國境內之收受外匯存款、外幣授信、金融債券、有價證券及信用狀等業務；不受管理外匯條例、銀行法及中央銀行法等有關規定限制，許多本國籍公司在境外，例如開曼群島 (Cayman Island)、英屬維京群島 (British Virgin Islands) 等另設公司，再以外國法人名義回臺開立 OBU 帳戶，以取得跨國資金調度方便，並享有存款利息免稅等優惠。

❸❼ 目前有能力協助代辦境外公司多有其熟悉國家（地區），以及往來銀行。

　　我國目前規定，進行外匯交易或收支，如果結匯金額未超過等值於新臺幣五十萬元，僅需填寫「匯出匯款申請書」（圖 9.1）及「切結書」，若過新臺幣五十萬元以上，必須填具的「切結書」則由「外匯收支或交易申報書」（圖 9.2）替代。申報義務人必須填寫中（英）文姓名（公司名稱）、身分證統一編號（公司統編）、匯款性質、受款銀行及帳號、匯款方式、幣別等。如果個人進行單筆結匯超過美金五十萬元，公司單筆結匯超過美金一百萬元必須提供與該交易有關合約書或其他相關證明文件❸。前述資料金融機構每月定期向中央銀行申報。職故，司法（警察）機關只要向中央銀行外匯局調閱各銀行申報之「外匯支出明細查詢」，可清查每筆外匯匯出金額、受款國家、受款銀行帳號等。但必須注意任何金融交易都有保存期限，一般金融機構約在五年，中央銀行外匯資料約保存七年。

---

❸　外匯收支或交易申報辦法第 5 條：「下列外匯收支或交易，申報義務人應檢附與該筆外匯收支或交易有關合約、核准函等證明文件，經銀行業確認與申報書記載事項相符後，始得辦理新臺幣結匯。一、公司、行號每筆結匯金額達一百萬美元以上之匯款。二、團體、個人每筆結匯金額達五十萬美元以上之匯款。三、經有關主管機關核准直接投資、證券投資及期貨交易之匯款。四、於中華民國境內之交易，其交易標的涉及中華民國境外之貨品或服務之匯款。五、依本行其他規定應檢附證明文件供銀行業確認之匯款。」

匯出匯款賣匯申請書(副本)　　　　臺灣銀行　　　　日期
　　　　　　　　　　　　　　　　　BANK OF TAIWAN　　　DATE_____

匯出匯款編號：

| 受款地區國別(Destination of Remittance) | 國外受款人身分別 Beneficiary's Status | □政　府 Government　□公營事業 Public Enterprise　□民　間 Individual | 匯款方式 BY MEANS OF | □電匯 CABLE　□信匯 MAIL　□票匯 DRAFT |

申請人名稱(APPLICANT)：
身分證
營利事業 統一編號(ID. NO.)：　　　生日(DATE OF BIRTH)：
地址(ADDRESS)：

電話(TEL.)：

受款銀行名稱(BENEFICIARY'S BANK NAME)：
地址(ADDRESS)：

外匯去處
□匯往國外 Abroad
□旅行支票 Traveller's Check
□存入外匯存款 Foreign Currency Deposit
□匯往國內他行 Domestic Bank
□外幣現鈔 Foreign Currency Notes
□其他 (請詳細註明) Others

幣別金額(Amount)_____

繳款方式
□以新台幣結購 Cash In New Taiwan Dollars　幣別金額_____(Amount)
□以外匯存款提出 Foreign Currency Deposit　幣別金額_____(Amount)
□外幣現鈔 Foreign Currency Notes　幣別金額_____(Amount)
□出口或匯入款轉匯 From other Inward Remittances　幣別金額_____(Amount)
□其他 (請詳細註明) Others　幣別金額_____(Amount)

匯款分類名稱及編號(PURPOSE OF REMITTANCE)：
(如係於本國港口通關之進口貨款請勾選右欄)　□700 已進口　□701 未進口

受款人帳號(BENEFICIARY'S A/C NO)：
受款人名稱(BENEFICIARY'S NAME)：
地址(ADDRESS)：

備註 (REMARKS)：　　　簽章 (SIGNATURE)：

送作業中心

| 交易序號 | 櫃台機編號 | 櫃員編號 | 主管卡號 | 更正記號 | 交易日期 | 匯款人身分別 | 貨款 | 匯款分類名稱及編號 |

認證欄（請勿填寫）

| 幣別 CURRENCY | | 外幣金額 FOREIGN AMOUNT | 匯率 RATE | 新台幣金額 N.T. SEQUIVALENT |

遠期外匯契約編號　　外匯
通報序號

| 身分證/營利事業統一編號 | 現鈔 | | | |

受款地國別　原幣 外匯存款　　匯費Charges
繳款 外幣現鈔　　郵電費Postage
方式 其他　　　　雜項手續費Commission
轉帳銀行　　現金
台幣活存
台幣　繳款 支存
　　　方式 應收/退　　台幣費用小計
　　　　　其他　　　　應收新台幣總額

金額大寫_____

_____ 銀行 具

圖 9.1　匯出匯款申請書 ㊲

㊲　匯出匯款申請書，以臺灣銀行範本為例。

外匯收支或交易申報書（結購外匯專用）
Declaration Statement of Foreign Exchange Receipts and Disbursements or Transactions (For settlement of purchase only)

☐ 結購外匯直接匯出　　☐ 結購外匯轉匯國內他行　　☐ 結購外匯存入外匯存款
　Direct outward remittance　　Remittance into another domestic bank　　Deposit into foreign currency deposit account
☐ 結購外幣現鈔或旅行支票　　☐ 其他（請註明用途）：
　Foreign currency cash or traveler's check　　Others (indicate usage):

一、申報日期：＿＿＿年＿＿月＿＿日
　　Date of Declaration: (Yr) (Mo) (Dy)

二、申報義務人：
　　Declarant:

三、申報義務人登記證號：
　　Declarant's ID No.:

　　☐ 公司行號：統一編號：
　　　Company or firm: Uniform No.:
　　☐ 團　體：統一編號：
　　　Association: Uniform No.:
　　（無統一編號者）設立登記主管機關：
　　（If Uniform No. unavailable) Competent authority for establishment and registration:
　　　　　登記證號：
　　　　　Registration No.:

　　☐ 我國國民：身分證統一編號
　　　ROC citizen: Citizen's ID No.:
　　　　　出生日期：＿＿＿年＿＿月＿＿日
　　　　　Date of birth: (Yr) (Mo) (Dy)

　　☐ 外國人：外僑居留證號碼：
　　　Foreign Individual: Alien Resident Certificate No.:
　　　　　出生日期：＿＿＿年＿＿月＿＿日
　　　　　Date of birth: (Yr) (Mo) (Dy)
　　　　　居留證發給日期：＿＿＿年＿＿月＿＿日
　　　　　Date of issuance: (Yr) (Mo) (Dy)
　　　　　居留證到期日期：＿＿＿年＿＿月＿＿日
　　　　　Date of expiry: (Yr) (Mo) (Dy)
　　　（無外僑居留證者） 國別　　護照(證照)號碼
　　　(Without Alien Resident Certificate) Nationality　Passport No.

四、外匯支出或交易性質：
　　Nature of foreign exchange disbursements or transactions:
　　（性質超過一種者，應加填每種性質之金額）
　　(if more than one category, indicate amount for each category)
　　☐ 進口貨品價款（☐ 已進口　☐ 未進口）
　　　Disbursements of the import of goods (☐ already imported ☐ not yet imported)
　　☐ 公司、行號、團體償付非居民服務支出
　　　Disbursements for provision of services to non-residents by a company, a firm or an association
　　　（應具體填性質）(indicate in detail the nature of the service provided)

　　☐ 其他匯出款項(應具體填性質)
　　　Other outward remittance (indicate in detail the nature of the transaction)

五、匯款金額 Amount remitted:

六、受款地區國別 Remittance to (country):

　　茲具結以上所報均屬真實
　　The undersigned hereby declares that all information provided above is true and correct.
　　　　　　此　致 To
中央銀行 Central Bank of the Republic of China (Taiwan)

申報義務人及其負責人簽章 (Signature of the Declarant and its responsible person)
地址 Address:　　　　　　　　電話 Tel：

(以下各欄由銀行業填寫) (The banking enterprise shall fill out the section below)

送件編號：　　　　　　　　　銀行業簽章及日期：
Case No.:　　　　　　　　　　 Bank seal and date:
外匯水單編號：
Foreign Exchange Memo No
第一聯（中央銀行外匯局）　　　　　　 (21 公分 X 29.7 公分)
First Copy (to be kept by Department of Foreign Exchange, Central Bank of the Republic of China (Taiwan))

注意：
Notes:
一、申報義務人務請審慎擇實申報，申報後除有「外匯收支或交易申報辦法」第12條之情形外，不得要求更改申報書內容。
The Declarant shall exercise deliberation in making a truthful declaration. Except for the situations under Article 12 of the Regulations Governing the Declaration of Foreign Exchange Receipts and Disbursements or Transactions, the declarant may not request to make changes to the contents of the Declaration Statement after the declaration is made.
二、申報義務人申報不實，依管理外匯條例第20條第1項規定，處新臺幣3萬元以上，60萬元以下罰鍰。
Untruthful declarations are subject to a fine of more than New Taiwan dollars 30,000 and less than New Taiwan dollars 600.000 pursuant to Paragraph 1. Article 20 of Foreign Exchange Control Act.
三、本申報書匯款金額不得塗改，其餘部分如經塗改，應由申報義務人在塗改處簽章，否則本申報書不生效力。
The remittance amount stated in the Declaration Statement should not be altered. If any other section stated in the Declaration Statement is altered, the declarant shall affix his/her seal or signature next to the alteration; failure to do so shall render the Declaration Statement invalid.

銀行業負責輔導
申報義務人員簽章
Signature of Banking
Enterprise Personnel
Advising the Declarant

圖 9.2　外匯收支或交易申報書 ❿

❿　外匯收支或交易申報書，以臺灣銀行範本為例。

伍、利用洗錢防制網路

　　我國調查局洗錢防制處在一九九八年以「臺灣調查局洗錢防制中心」(MLPC, Taiwan) 名義加入「艾格盟聯盟」(Egmont Group)，目前該組織會員已超過一百個，因成員為各國「金融情報中心」(Financial Intelligence Unit, FIU)，而且彼此簽署雙（多）邊洗錢防制備忘錄 (Memorandum)❹可以進行洗錢情資交換，值得注意的是這些備忘錄多會對情資用途加以限制，例如不得提供於第三方 (Third Party)，或是作為法院判決證據。

▶第四節　國際金融監理

　　隨著金融國際化，金融機構赴海外設立分支機構日漸增加，跨國金融交易金額快速成長，商品內容益趨複雜，為因應金融市場全球化之挑戰，並達有效監理之目的，各國金融主管機關需要透過跨國金融監理之合作參與，進行金融監理資訊交換與合作事宜，以維護金融穩定。

壹、訂定簽署多邊（雙邊）金融監理規範（協議）

一、多邊規範（協議）

　　銀行監理方面有巴塞爾銀行監理委員會 (Basel Committee on Banking Supervision, BCBS)；證券監理方面有國際證券監理組織 (The Technical Committee of the International Organization of Securities Commissions, IOSCO)；保險監理有國際保險監理協會 (International Association of Insurance Supervisors, IAIS)，另有國際貨幣基金 (International Monetary Fund, IMF) 等。上開國際性組織的會員國大多由各國金融監理機關所組成，並透過召開年會

---

❹　調查局洗錢防制處目前已簽署合作備忘錄國家（地區）：阿爾巴尼亞、巴拉圭、帛琉、德國、波蘭、韓國、菲律賓、馬紹爾群島，以及美國等 17 個（統計至 2011 年 1 月）。

討論、協商等方式，對銀行、證券、保險業的監理希望能採取全球較一致性的監理模式。國際組織的優點在於會員組成範圍廣泛，包含全球主要經濟體。舉例而言，國際證券監理組織目前有一百零八個各國證券主管機關參與，巴塞爾銀行監理委員會之成員則由十三個已開發經濟體之中央銀行與金融業務主管機關組成，WTO 則有一百四十九個會員國。會員的管轄範圍涵蓋主要跨國金融服務業的母國及所欲提供服務的市場國，各國金融監理機關在這些已經有成熟運作經驗的國際組織內的合作，能分享關於跨國金融服務業的全部資訊及監理難題，制訂對跨國金融服務業最完備的監理規範。

二、雙邊規範（協議）

雙邊備忘錄之內容通常訂有關於特定金融機構或集團的資訊交換事項（例如提供金融資訊的程度、範圍或法令之諮詢）、實地檢查合作（如對本國金融機構於國外分行之檢查事項），以及平時連繫（如窗口開設與方式）及資訊保密（如一般會明訂保密之義務，亦不可任意交由第三機關使用）等。

無論多邊或雙邊備忘錄，均非正式國際法之文件，不具有拘束力，亦不得強制簽署機關執行。

三、國際合作注意事項

處理金融議題的國際組織或在此等組織之內所制訂的多方或雙方規範或協議，一般均訂有保密之義務，接收資訊方若因第三機關合法之要求，必須提供透過金融監理合作協議所取得之資訊，在提供資訊前應先諮詢並獲得原始提供資訊方同意，以確保該第三機關能確保資料機密性。此外，除了 WTO 各協定外，國際組織內之標準、準則或建議等文件，一般而言，對國家或金融服務業並不具拘束力，其效力無法凌駕於內國法。以國際證券多邊監理與資訊交換備忘錄 (IOSCO MMOU) 為例，MMOU 不具有任何強制力以拘束簽署國，僅係透過審核各申請組織其本國之法律規定，是否有得為提供其他簽署國所請求協助之金融犯罪資訊並為交換之法律基礎作為准駁申請組織是否成為簽約國之依據❷。

貳、我國參與國際金融監理組織

　　金管會自成立以來，即積極地向各國宣傳臺灣的單一金融監理機制，擴大我國金融國際能見度❹。此外，金管會亦持續與各國金融主管機關洽簽雙邊金融監理合作備忘錄，透過與各國建立實質合作關係，以協助我國金融業開拓海外市場等工作。

一、關係之推動

　　業與英、法、美、荷蘭、澳大利亞、義大利、印度、埃及、約旦、摩洛哥、加拿大、杜拜等三十五個金融監理機關完成簽署金融業監理備忘錄，並督導證券期貨周邊單位與重要國際證券期貨市場自律機構簽訂 MOU，俾利進行跨國資訊交換等事宜。

二、國際組織活動參與

㈠國際證券監理組織 (IOSCO)

　　IOSCO 成立於一九八三年，為證券業最重要之國際證券主管機關組織，金管會業於二○○七年六月成為 IOSCO 多邊監理與資訊交換備忘錄 (IOSCO MMOU) 之 B 級會員，臺灣證券交易所、期貨交易所、證券櫃檯買賣中心與證券商業同業公會皆屬於 IOSCO 附屬會員 (Affiliate Member)。目前 MMOU 申請及簽署之會員國共十九個國家(其中十個國家是亞太區域委員會之會員)，B 級會員有十六個國家 (其中四個國家是亞太區域委員會之會員)。

---

❹ MMOU 第 6 條 (a) 規定：「本備忘錄表達出各成員組織在其管轄權限範圍內之法律與規章的規範下，對共同合作與資訊交換之合意。本備忘錄各個條款不具有法律上之拘束力或效力凌駕於成員組織當地之法律。」

❹ 金管會前主委龔照勝在 2005 年 10 月 14 日因金管會 2004 年 7 月成立後，處理臺灣資本市場地雷股，以及債券型基金風暴得宜，受邀為亞洲第三人，臺灣第一人在美國紐約證券交易所敲開盤鐘者 (前兩位亞洲人分別是江澤民及胡錦濤)，敲鐘實況透過 CNN, CNB 等國際媒體轉播。

㈡國際保險監理協會 (IAIS)

　　IAIS 成立於一九九四年，係保險業最重要之政府間國際組織，我國係國際保險監理協會 (IAIS) 之創始會員國，並積極參與 IAIS 之各項活動，另金管會於二〇〇九年四月間甫舉辦畢第四屆亞洲保險監理官論壇，希望能凝聚亞太地區保險監理重要議題之共識，俾於國際性之保險監理協會議，如國際保險監理官協會、國際會計準則理事會所舉辦之各項會議，提出符合亞洲地區保險業及保險監理特性的建議。

㈢巴塞爾銀行監理委員會 (BCBS)

　　巴塞爾監理委員會成立之目的在形成銀行監理準則與規範，以維持全球之金融穩定，為因應國際間金融機構跨業經營及金融商品日漸複雜化之趨勢，其於二〇〇四年所發布的新版資本協定已成為國際之金融監理標準，亦為現行各國金融主管機構遵循之圭臬，我國雖非會員國，惟亦如同其他主要國家於二〇〇六年底實施❹。另每兩年舉行一次由 BCBS 舉辦之國際銀行監理官會議 (ICBS)，金管會均獲邀出席與會。

㈣世界貿易組織 (WTO)

　　一九九五年成立之世界貿易組織是世界上唯一處理國家間貿易規範的國際性組織，其功能在於提供各會員國進行關於各協定內容之貿易談判。為協助我國金融服務業排除市場障礙，開拓海外市場，金管會對我國政府在參加杜哈回合多邊服務業談判時亦參與其中。

參、進行跨國業務檢查

　　隨著金融業國際化、自由化影響，本國銀行已在亞洲、大洋洲、歐洲、美洲，以及非洲設置兩百五十四個分行或分支機構❺。我國銀行在國外的分

---

❹　新巴塞爾資本協定的核心，在於確保各個會員國內，每一個跨國業務的銀行都能夠擁有適足的資本，以因應風險。在新的巴塞爾資本協定架構之下，金融機構的資本要求更具風險敏感性 (Risk-Sensitive)，而且在資本計提的計算上，運用到更多的內部評等系統 (Internal Rating System) 來評估風險。因此新巴塞爾資本協定對於內部風險的評估，訂定詳細的最低要求 (Minimum Requirements)。

行（機構）需依當地國法律推動業務及管理，同時必須符合我國相關金融法令之規定；相同道理美國花旗銀行、香港渣打銀行等外國銀行在臺灣設立的分行遵循相同法則，因此各國金融監理機關會派員赴海外對本國銀行在海外設立的分行實施金融檢查。惟此種檢查與司法調查相同，係在他國行使管轄權，為國際法所不允許，故須基於平等互惠，以及獲得當地國金融監理機關同意，且不違反當地法律情況下，派員前往檢查，金管會檢查局對於本國銀行海外分行有其時間表進行定期檢查，另也可因個案，先得到當地國金融監理機關同意後前往實施專案檢查，例如嘉義地方法院檢察署二〇〇六年偵辦盧〇〇等賭博洗錢案，因被告利用人頭帳戶及紙上公司將不法所得美金一億八千八百餘萬元及港幣兩千五百三十六萬餘元匯至本國銀行在香港分行，我國金融監理機關即曾在事後前往進行洗錢防制業務專案檢查。

表 9.1　本國銀行在外國分行（機構）統計 ❹❻
中華民國 99 年 9 月底　　　　　　　　　　　　　　單位：家

國家別 Countries＼機構別 Institutions		總計 Total	分行 Branches	代表人辦事處 Representative Offices	其他分支機構 Others
總計	Grand Total	254	89	37	128
亞太地區 Asian and Pacific Area	計 Subtotal	165	54	32	79
	中國大陸 Mainland China	11	–	10	1
	日本 Japan	6	6	–	–
	印尼 Indonesia	10	–	–	10
	印度 India	2	1	1	–
	帛琉 Palau	1	1	–	–
	柬埔寨 Cambodia	1	1	–	–
	香港 Hong Kong	26	18	2	6
	泰國 Thailand	7	–	3	4
	馬來西亞 Malaysia	5	2	1	2
	菲律賓 Philippines	30	2	2	26
	越南 Vietnam	51	8	13	30
	新加坡 Singapore	8	8	–	–

❹　行政院金融監督管理委員會銀行局統計資料，統計至 2010 年 9 月。
❻　〈本國銀行在外國分行（機構）統計〉，行政院金融監督管理委員會銀行局，http://www.banking.gov.tw/ftp/stat/bas/31030.xls

	澳大利亞	Australia	5	5	–	–
	澳門	Macau	2	2	–	–
亞西地區 West Asia Area	計	Subtotal	1	–	1	–
	巴林	Bahrain	1	–	1	–
歐洲地區 European Area	計	Sobtotal	10	7	2	1
	比利時	Belgium	1	–	–	1
	波蘭	Poland	1	–	1	–
	法國	French	1	1	–	–
	英國	United Kingdom	6	5	1	–
	荷蘭	Netherlands	1	1	–	–
北美地區 North America Area	計	Subtotal	73	24	1	48
	加拿大	Canada	10	2	–	8
	美國	U.S.A.	63	22	1	40
中南美地區 Center South America Area	計	Subtotal	4	3	1	–
	巴西	Brazil	1	–	1	–
	巴拿馬	Panama	2	2	–	–
	薩爾瓦多	Salvador	1	1	–	–
非洲地區 African Area	計	Subtotal	1	1	–	–
	南非	South Africa	1	1	–	–

資料來源: 本國銀行 Web 申報資料檔。
Source: Provided by Individual Institutions.

▶第五節　小　結

　　隨著全球化的來臨，犯罪已不再侷限於有形的國界內，從人口販運、毒品槍械走私、偽（變）造信用卡、詐欺、洗錢等皆有跨境進行之可能，前述犯罪之著眼點——「利」。隨著金融自由化的發展，對外匯實施管制國家逐漸減少，金融國際性金融商品不斷推陳出新，使前述犯罪不法所得能夠「迅速安全」進行移轉至境外，職故，資金清查必須仰賴國際合作方能釐清最終受益人，揪出真正的「藏鏡人」。

　　過去二十年受到中國在國際社會打壓，雖然司法（警察）機關非常努力，但相較其他領域國際合作的成就，司法這個區塊相對弱勢（最明顯的例子即

是與臺灣簽有司法互助協定國家僅有美國），近年來中國大陸更成為重大金融犯罪被告藏匿的天堂，許多重大金融犯罪被告，例如曾○○、王○○、郭○○等都曾經遠赴大陸逃避司法機關追緝，實在令從事司法互助的司法（警察）人員相當挫折；令人欣慰在兩岸關係和緩後，二○○九年簽署《兩岸共同打擊犯罪及司法互助協議》，根據警政署刑事警察局統計，在遣返通緝犯方面，二○○九年六月二十五日到二○一○年十二月三十一日為止，總共從中國大陸遣返七十五名臺灣通緝犯回臺，二○一一年一月一日到一月二十五日也有五人。其中包括涉及貪污的前法官、涉及重大金融犯罪的前立法委員與前銀行總經理，以及重大槍擊要犯。在跨境詐欺方面，二○○九年共計三萬八千八百零二件，犯罪不法所得為新臺幣一百零二億餘元；二○一○年減少為二萬八千八百二十件，減少九千九百八十二件，金額減少四十一億餘元❹，顯見兩岸合作打擊犯罪已略見成效。

　　隨著兩岸情勢趨緩，交流日益頻繁，未來兩岸人民互相可在對岸金融機構不受任何限制開立銀行、證券帳戶是指日可待，雙方政府應該放下主權概念，在打擊犯罪上不僅要兩岸四地合作，中國大陸更應協助臺灣重返相關國際組織（例如國際刑警組織），避免彼此成為對方通緝犯或是不法所得洗錢的天堂。

---

❹　中央社即時新聞，〈兩岸打擊犯罪成效日漸顯著〉，2011/2/6，http://www.cna.com.tw，最後瀏覽日期：2011/3/26。

中、外文對照

■以下收錄本書內文出現之國際條約、外國法規、組織團體名稱及重要詞彙，括號內的
數字代表出現之章次。

A

Abuse of Financial Service　濫用金融服務 (7)

Adjusted Net Capital, ANC　最低淨資本額要求 (4)

Administrative Forfeiture　行政沒收 (8)

Administrative Inspection　行政檢查 (4)

Administrative Investigation　行政調查 (4)

Administrative Law Judge, ALJ　行政法官 (4)

Alternative Banking　地下通匯 (7)

Anomie Theory　無規範理論 (2)

Anonymous Account or Account in Obviously Fictitious Name　匿名帳戶 (7)

Anti-Drug Abuse Act of 1986　美國一九八六年毒品防制法 (7)

Anti-Money Laundering/Combating Financing Terrorism, AML/CFT　防制洗
錢與打擊資助恐怖分子 (1)

Asia Pacific Group on Money Laundering, APG　亞太防制洗錢組織 (7)

Asia Pacific Group on Money Laundering Mutual Evaluation　APG 相互評鑑
發現的問題 (7)

Asset Forfeiture Program　美國財產沒收計畫 (8)

B

Bank Deposit Method　銀行存款法 (5)

Bank for International Settlements, BIS　國際清算銀行 (9)

Bank of Credit & Commerce International, BCCI　國際信貸商業銀行 (7)

Basel Committee on Banking Supervision, BCBS　巴塞爾銀行監管委員會

Development Model　生涯發展理論 (2)

Dire Emergency Supplemental Appropriations Act of 1991　美國緊急經費調撥法 (8)

Direct Evidence　直接證據 (6)

Directive 2005/60/EC of the European Parliament and of the Council of 26 October 2005 on Prevention of the Use of the Financial System for the Purpose of Money Laundering and Terrorist Financing　關於防止利用金融系統洗錢和恐怖融資的指導方針 (7)

Disgorgement of Illegal Profit　返還不法利益 (4)

Drug Enforcement Administration, DEA　美國緝毒局 (1, 4, 7)

Due Process Clause　程序正當原則 (6)

E

Electronic Banking　電子銀行 (7)

Embezzlement　侵占 (1)

European Union, EU　歐洲聯盟 (7)

Expenditures Method　支出證明法 (5)

F

FATF-Style Regional Bodies, FSRBs　FATF 地區性組織 (7)

Federal Bureau of Investigation, FBI　美國聯邦調查局 (1, 4, 7)

Federal Deposit Insurance Corporation, FDIC　美國聯邦存款保險公司 (4)

Federal Law Enforcement Training Center, FLETC　美國聯邦執法人員訓練中心 (4)

Financial Action Task Force of South America Against Money Laundering, GAFISUD　南美反洗錢特別工作小組 (7)

G

H

I

J

K

L

M

Over the Counter Center, OTC　臺灣證券櫃檯買賣中心 (6)

P

Point-of-Payment Scheme　給付時點法 (5)

Politically Exposed Person, PEP　高知名度政治人物 (7)

Postal Inspection Service　郵政監察局 (4)

Predicate Crime　前置犯罪 (8)

Preponderance of the Evidence　優勢證據 (6)

Presumption of Innocence　無罪推定原則 (6)

Prevention　貪瀆 (9)

Probable Cause　合理懷疑 (5)；正當理由 (6)

Property Crime 財產犯罪 (1)

R

Racketeer Influenced and Corrupt Organizations Act, 1970　美國恐嚇詐財及貪
污組織法 (8)

Racketeering　敲詐索贖 (1)

Rational Choice Theory　理性選擇理論 (2)

Routine Activity Theory　日常活動理論 (2)

Royal Canadian Mounted Police, RCMP　加拿大皇家騎警 (1, 4)

S

Searching　搜索 (5)

Securities and Investment Board, SIB　英國證券及投資委員會 (4)

Seized Asset Deposit Fund, SADF　美國扣押財產保管基金 (8)

T

W

其　他

參考文獻

壹、中文文獻

一、專　書

1. 甘添貴，《體系刑法各論（第二卷）》，瑞興圖書出版，2004 年 2 月再版。

2. 行政院法規委員會，〈行政院 94 年度第 2 次法制研討會實錄：行政調查制度之研討〉，行政院秘書處，2006 年。

3. 岑德彰譯，《奧本海國際法》，商務印書館，1977 年一版。

4. 孟維德，《白領犯罪：現象、理論與對策》，亞太圖書，2001 年。

5. 林山田，《刑法各罪論（上冊）》，作者自版，2005 年 9 月第五版。

6. 林山田，《刑罰學》，頁 45，商務印書館，1998 年初版。

7. 林山田、林東茂、林燦璋，《犯罪學》，三民書局，2007 年增訂四版。

8. 林俊益，《刑事訴訟法概論（上）》，新學林，2010 年 9 月十一版。

9. 林奕伶譯，《FBI 教你讀心術》，大是文化，2009 年 3 月第一版。

10. 金桐林，《銀行法》，三民書局，2010 年 4 月修訂七版。

11. 徐國楨，《揭開偵訊的神秘面紗》，五南出版社，2008 年第一版。

12. 高如星、王敏祥，《美國證券法》，法律出版社，2000 年 1 月第一版。

13. 康樹華，《犯罪學》，五洲出版社，1999 年。

14. 張甘妹，《犯罪學原論》，三民書局，1999 年修訂十三版。

15. 張孟起，《鴻源暴風檔案》，時報出版，1995 年。

16. 張道行，《國際公法》，國立編譯館，1979 年 4 月修訂六版。

17. 黃富源、范國勇、張平吾，《犯罪學概論》，三民書局，2002 年初版。

18. 黃榮堅，《刑法問題與利益思考》，元照出版，1995 年初版。

19. 趙海寬、趙景文、廖有明主編，《金融違法犯罪與金融監管》，中國經濟出版社，1998 年。

20. 劉連煜，《新證券交易法實例研習》，元照出版，2009 年增訂七版。

21. 蔡德輝、楊士隆，《犯罪學》，五南出版社，2009 年五版。

22. 賴英照，《最新證券交易法解析》，元照出版，2009 年再版。

二、期刊論文

1. 吳巡龍，〈刑事證據法入門：證據排除〉，《月旦法學教室》，第五十七期，2007 年 7 月。

2. 李慶應，〈彰化四信與國票事件的沈思〉，《台灣經濟金融月刊》，第三十一卷第十期，1995 年 10 月。

3. 林孟皇，〈從審判角度看犯罪所得查扣〉，法務部 97 年犯罪所得之扣押與沒收研討會。

4. 柯耀程，〈沒收、追徵、追繳與抵償制度之運用與檢討〉，《法令月刊》，第五十九卷第六期，2008 年 6 月。

5. 殷乃平，〈金融監理制度的檢討與建議〉，《台北銀行月刊》，第二十七卷第十期，1997 年 10 月。

6. 郭土木，〈期貨交易詐欺及內線交易行為之探討〉，《證券暨期貨月刊》，第十八卷，2000 年 3 月。

7. 陳志龍，〈超越合理懷疑與證據證明〉，《臺北大學法學論叢》，第六十九期，2009 年 3 月。

8. 黃榮堅，〈侵占脫離物與錯誤〉，《臺灣本土法學雜誌》，第十五期，2000 年。

9. 詹德恩，〈兩岸地下通匯成因及防制〉，《展望與探索》，第六卷第七期，2008 年 7 月。

10. 詹德恩，〈略論刑事訴訟程序變革對司法警察機關的衝擊〉，《刑事法雜誌》，第四十七卷第六期，2003 年。

三、學位論文

1. 林盟詳，〈金融控股公司監理法制之探討與發展動向〉，國立中正大學財經法律學研究所碩士論文，2004 年 7 月。

2. 林蕙玲，〈論金融統合監理之架構〉，政治大學風險管理暨保險學系所碩士論文，2000 年。

3. 黃相博，〈我國金融監理制度一元化之法制化研究〉，中正大學法律學研究

所碩士論文，1999 年。

4. 詹德恩，〈金融犯罪成因及防制對策之研究——以司法、金融監理及金融機構人員之觀點為核心〉，國立中正大學犯罪防治所博士論文，2006 年。

5. 羅時強，〈測謊「區域比對法」之本土化研究初探〉，高雄醫學大學行為科學研究所碩士論文，2002 年。

四、其　他

1. 〈順大裕、臺中商銀案還還相扣〉，《自由時報》，2007 年 8 月 6 日。

2. 月旦法學，〈偵查中檢察官與司法警察角色定位學術研討會會議紀實〉，《月旦法學雜誌》，第一百零九期，2004 年 6 月。

3. 司法院，2009 年年終記者會資料。

4. 宋耀明，〈臺美刑事司法互助協定之簽訂與實踐〉，《刑事政策犯罪研究論文集㈥》，法務部 2005 年。

5. 孟維德，〈組織犯罪分析與預警式控制〉，《刑事政策與犯罪論文集㈦》，法務部，2004 年。

6. 法務部，〈法務部財政部共同成立金融犯罪查緝小組〉，《法務通訊》，第二〇五九期，2002 年 8 月 1 日。

7. 法務部調查局，《2007 年中華臺北接受亞太防制洗錢組織相互評鑑報告》，2007 年。

8. 法務部調查局，《法務部調查局洗錢防制年報》，2009 年。

9. 法務部調查局，《法務部調查局經濟犯罪防制工作年報》，2009 年。

10. 施茂林，〈金融犯罪法庭舉證〉，法務部司法官訓練所 93 年度金融犯罪實務研習會講義，未出版。

11. 施顯超，〈鑑識會計〉，《財務規則研究彙編》，行政院經濟建設委員會財務處，2008 年。

12. 張國仁，〈馬總統倡廉每月起訴 123 貪官〉，《工商時報》，2011 年 5 月 19 日。

13. 梁耀鑌，〈法官如何迎接兆元金融黑洞〉，《司法研究年報》，司法院，2004 年。

14. 黃仁德、曾令寧（計畫主持人），《各國金融制度趨勢發展之研究》，行政院

金融監督管理委員會檢查局委託研究計畫，2005 年。

15.詹德恩，〈證券業從業人員對法規遵循認知研究〉，《2009 年反貪倡廉研討會論文集》，國立中正大學、臺灣嘉義地檢署、嘉義縣政府主辦。

16.臺灣高等法院檢察署，《臺灣法務統計專輯》，第三十期，2009 年。

五、網路資料

1.慶啟人，〈臺灣目前洗錢防制如何與國際接軌〉，金融整併與洗錢防制研討會，臺灣競爭力論壇，2008/9/26，http://www.tcf.tw/index.php?option=com_content&task=view&id=1713。

2.謝立功，〈加強國際合作共同打擊犯罪〉，國政研究報告，國家政策研究基金會，2007/1/30，http://www.npf.org.tw/post/2/592。

貳、英文文獻

一、專書

1. Barefoot J. Krik, *Undercover Investigation*, MA: Butterworth–Heinemann, 1995.

2. Bennett, Wayne, *Criminal Investigation*, MN: West Publishing Company, 4th ed., 1994.

3. Bryan A. Garner, *Black's Law Dictionary*, MN: West Group, 7th ed., 1999.

4. Carlson, J. & Hatfield E., *Psychology of Emotion*, Orlando Florida: Harcourt Brace Jovanovich, 1992.

5. Clark, Roger Stenson, *The United Nations Crime Prevention and Criminal Justice Program: Formulation of Standards and Efforts at Their Implementation*, Philadelphia: University of Pennsylvania Press, 1994.

6. Clifford L. Karchmer, *Illegal Money Laundering: A Strategy and Resource Guide for Law Enforcement Agencies*, Washington, D.C.: Police Executive Research Forum, 1988.

7. Douglas, John E.; Burgess, Ann W.; Burgess, Allen G.; Ressler, Robert K., *Crime Classification Manual: A Standard System for Investigating and Classifying Violent Crimes*, CA: Jossey-Bass 1997.

8. Financial Crimes Enforcement Network, *Compendium of International Anti-Money Laundering Conventions & Agreements*, Washington, D.C.: GPO, 1995.

9. Gregory M. Vecchi, *Assets Forfeiture: A Study of Policy and Its Practice*, North Carolina: Carolina Academic Press, 2001.

10. H. Richard Firman & Peter Andreas (ed.), *The Illicit Global Economy and State Power*, MD.: Rowman Littlefield Publishers, 1999.

11. Hesketh, Howard E., *Administrative Law, The Environment and Energy Hand Book Series*, MI: Ann Arbor Science Publishers, 1982.

12. *How Countries Supervise Their Securities Markets, Banks and Insurers*, London: Central Banking Publication, 1999.

13. Inbau & Reid, et al., *Criminal Interrogation and Confession*, MD: Aspen Publishers., 14th ed., 2001.

14. Internal Revenue Service, Department of the Treasure, *Financial Investigations: A Forensic Accounting Approach to Decting Resolving Crimes Student Textbook*, U.S. Washington, D.C.: Government Printing Office, 2002.

15. Internal Revenue Service, Department of Treasury, *Financial Investigations: A Financial Approach to Detecting and Resolving Crimes*, Washington, D.C.: Government Printing Office, 1993.

16. Jay S. Albanese, *Organized Crime*, NJ: Pearson Education, 2003.

17. Larry J. Siegel, *Criminology*, C.A.: Thomas Wadsworth, 2000, 2009.

18. Leonard Orland (ed.), *Corporate and White Collar Crime: An Anthology*, OH: Anderson Publishing Company, 1995.

19. Leonard W. Levy, *A License to Steal: The Forfeiture of Property*, Chapel Hill: Univ. of North Carolina Press, 1996.

20. Neal Shover & John Paul Wright (ed.), *Crimes of Privilege: Readings in White-Collar Crime*, MA: Oxford University Press, 2001.

21. Office of Technology Assessment Congress of the United States, *Information Technologies for The Council of Money Laundering*, Washington, D.C.: Government Printing Office, 1995.

22. Ronald V. Clarke, *Situational Crime Prevention: Successful Cases Studies*, N.Y.: Harrow & Heston, 1997.

23. Stephen E., *Criminology: Explaining Crime and Its Contest*, OH: Anderson Publishing, 1996.

24. Thornhill, Willian T., *Forensic Accounting: How to Investigate Financial Fraud*, Illinois: IRWIN, 1995.

二、期　刊

1. Dan T. E. Chan & Hsiao-Ming Wang, "A review of Taiwan's Money Laundering Laundering Control Act of 1997", *International Journal of Comparative and Applied Criminal Justice* Vo1. 7, No.1, 2003.

2. Elaad, E., "The Role of Guessing and Verbal Response Type in Psychophysiological Detection of Concealed Information", *The Journal of Psychology*, Vol. 127, 1993.

3. Keane, C., "The Impact of Financial Performance on Frequency of Corporate Crime: A Latent Variable Test of Strain Theory", *Canadian Journal of Criminology*, July 1993.

4. Steven L. Peterson, "Money Laundering Enforcement: Following the Money, Economic Perspectives", *An Electronic Journal of the U.S. Department of State*, Vol. 6, No. 2, May 2001.